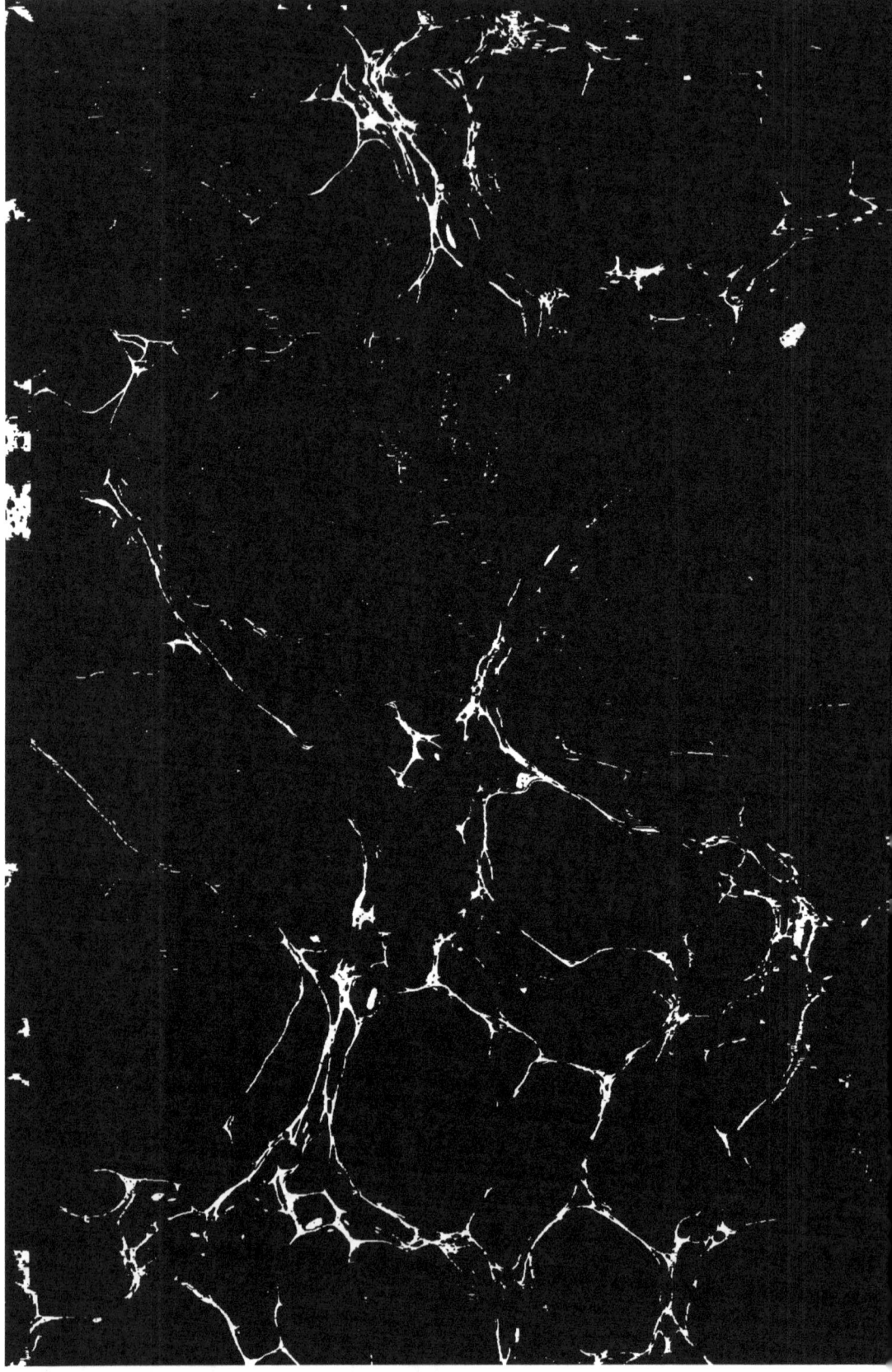

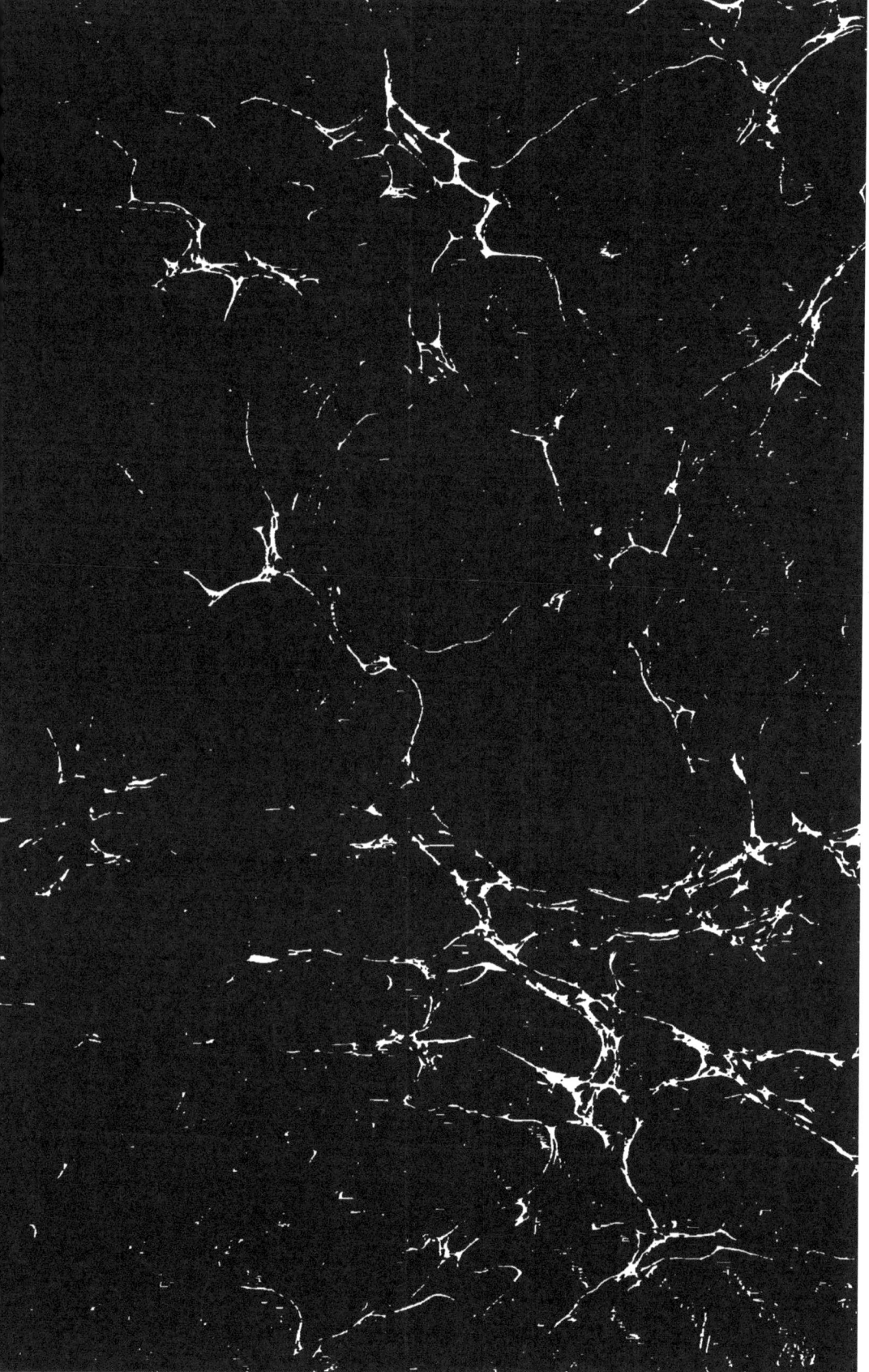

L 45/10.

HISTOIRE

DE

FRANCE.

PARIS, IMPRIMERIE DE BÉTHUNE ET PLON,
RUE DE VAUGIRARD, 36.

HISTOIRE

DE

FRANCE,

PAR LES ÉCRIVAINS CONTEMPORAINS.

Comprenant les Annales de la
Monarchie française; depuis
les grandes chroniques de
Saint-Denis, jusqu'aux
Mémoires de la
Révolution.

PUBLIÉE AVEC NOTES ET COMMENTAIRES,

PAR

PAULIN PARIS ET EDOUARD MENNECHET.

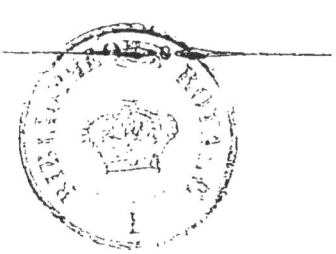

PARIS,

TECHENER, LIBRAIRE,

12, PLACE DU LOUVRE.

1836.

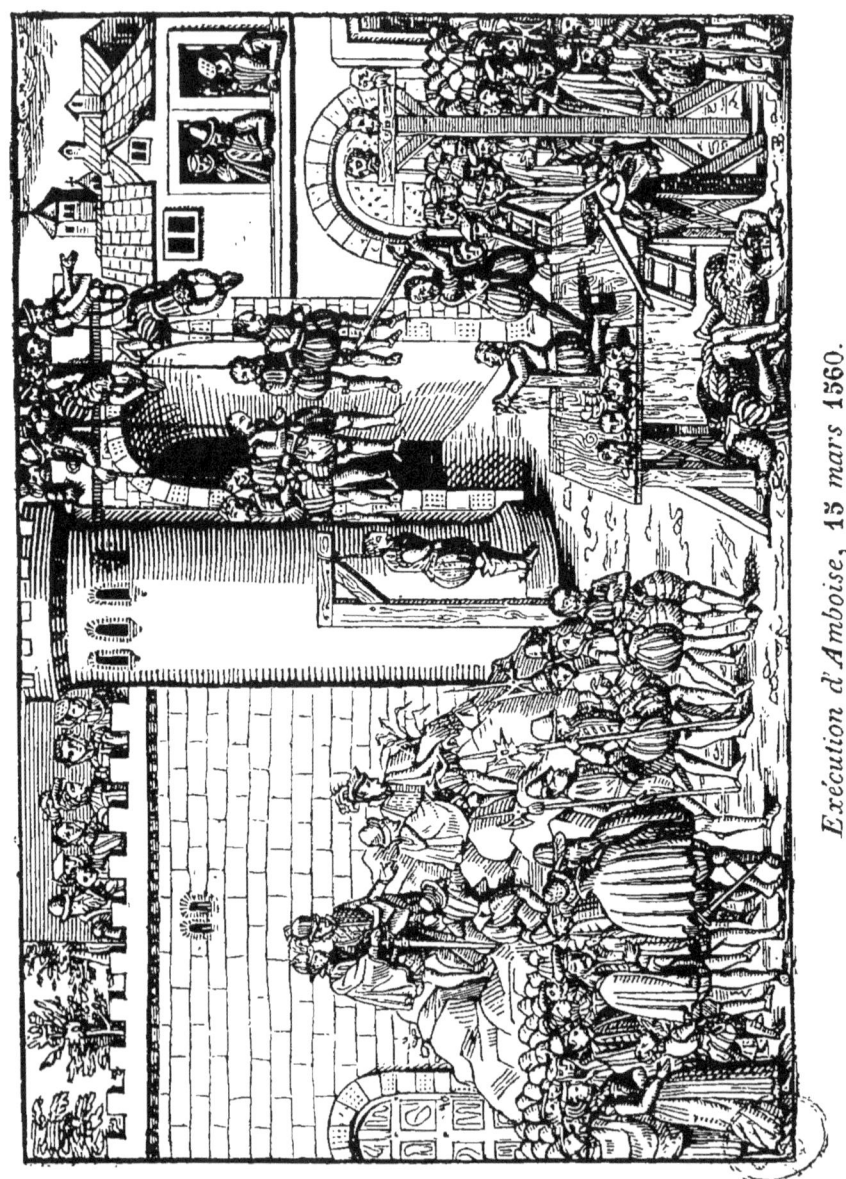

Exécution d'Amboise, 15 mars 1560.

HISTOIRE

DE

L'ESTAT DE FRANCE,

TANT DE LA RÉPUBLIQUE QUE DE LA RELIGION,

SOUS LE RÈGNE DE FRANÇOIS II.

I.

HISTOIRE

DE

L'ESTAT DE FRANCE,

TANT DE LA RÉPUBLIQUE QUE DE LA RELIGION,

SOUS LE REGNE DE FRANÇOIS II,

PAR RÉGNIER, SIEUR DE LA PLANCHE,

PUBLIÉE PAR M. ÉD. MENNECHET.

TOME PREMIER.

PARIS,

TECHENER, LIBRAIRE,

12, PLACE DU LOUVRE.

—

1836.

PARIS, IMPRIMERIE DE BÉTHUNE ET PLON,
RUE DE VAUGIRARD, 36.

SUR RÉGNIER DE LA PLANCHE.

A la mort aussi funeste qu'imprévue du roi Henri II, la France se divisa en deux camps ; l'un prit pour chefs le roi de Navarre, le prince Louis de Condé et le connétable de Montmorency ; l'autre se rangea sous les ordres des princes lorrains, le duc François de Guise et le cardinal de Lorraine. Ces puissants ennemis, dont Henri II avait peine à contenir la haine toujours prête à éclater, cessèrent de se contraindre, dès que l'autorité royale fut tombée entre les mains du triste et chétif enfant qu'on nommait le Roi. François II, à peine âgé de 17 ans, faible et maladif, était sans pouvoir et sans volonté en présence de sujets si redoutables et si ambitieux. L'impérieuse Catherine de Médicis, dédaignée naguère, se vit tout à coup, par son seul titre de mère, rappelée à exercer l'influence qu'elle avait perdue comme épouse. Placée entre les deux partis, elle crut un moment qu'il lui serait facile, en les opposant l'un à l'autre, de les dominer tous les deux : elle se trompait. Entre ces irréconciliables ennemis, plus le choix était dangereux, plus il était inévitable. Catherine craignit-elle en se prononçant pour les princes français, chefs naturels de l'État, de leur donner une autorité dont ils pourraient s'armer contre elle-même et contre son fils? Pensait-elle, en se jetant entre les bras des princes de Lorraine, que leur reconnaissance lui laisserait exercer à son gré l'autorité royale? Il est à croire, du moins, qu'elle consulta plutôt l'intérêt de son ambition que celui de la France. Elle se flatta de faire des Guises ses créatures, elle en fit ses maîtres; car leur génie dominait le sien. Elle ne tarda pas à s'en apercevoir; mais il était trop tard.

Les guerres civiles qui commencèrent d'éclater sous le règne de François II, et qui désolèrent la France pendant de si longues années, ont pris dans l'histoire le nom de guerres de religion; mais l'ambition des grands et la faiblesse des rois en furent les véritables causes. La religion servit de prétexte afin que le peuple s'en mêlât; mais, quand on observe avec soin la conduite et les caractères des principaux chefs, tant de la ligue que de la réforme, on est tenté de croire que leur foi n'était ni bien vive, ni bien sincère, soit qu'elle restât fidèle au catholicisme, soit qu'elle adoptât les doctrines de Luther. La lutte fut politique plus encore que religieuse, et l'altière domination des Guises fit plus de huguenots que les prédications de tous les apôtres du protestantisme. La haine qu'ils inspirèrent fit haïr sans examen la religion qu'ils professaient, et leur fanatisme enfanta l'apostasie. Le plus grave événement du règne si court de François II, la conjuration d'Amboise, ne suffit-elle pas d'ailleurs pour prouver qu'il s'agissait moins de la religion que de la royauté? Peut-être si les Guises s'étaient faits huguenots, Condé serait resté catholique.

Peu de temps après que l'indiscrétion de La Renaudie, plus encore que la prévoyance des Guises, eut fait échouer cette conjuration dont le succès paraissait infaillible, la reine-mère, effrayée de cette audacieuse tentative qui pouvait se renouveler, et peut-être aussi inquiète de l'immense ascendant que cette victoire donnait aux princes lorrains, songea sérieusement à calmer l'irritation des protestants. Le désaveu solennel qu'avaient fait les princes du sang de toute participation au complot, et même la part qu'avait prise le prince de Condé à la destruction des rebelles, semblaient lui faire désirer un rapprochement qui eût affermi sa puissance incertaine, s'il eût été son ouvrage. Pour y parvenir, elle parut consentir à employer les voies de la douceur et de la persuasion envers les protestants, et, afin de bien connaître l'état des affaires concernant la religion, elle eut l'idée d'interroger l'homme qui passait pour en être le mieux instruit : cet homme était Louis Regnier, sieur de La Planche, confident du connétable de Montmorency, et l'un des plus zélés partisans de la réforme. Le cardinal de Lorraine ne permit cette entrevue qu'à la condition qu'il y serait invisible et présent tout à la fois. Catherine y consentit, de peur d'exciter les soupçons des Guises, que commençaient à alarmer ses projets de tolérance à l'égard des religionnaires. Caché derrière une tapisserie, le défiant cardinal devint, par sa seule présence, un obstacle à toute parole de conciliation. La Planche, d'abord embarrassé, ne tarda pas à reprendre assurance, et il répondit à toutes les questions de Catherine avec une franchise et une fermeté qui ne font pas moins d'honneur à son habileté qu'à son courage. Les promesses ne le séduisirent pas plus que les menaces ne l'effrayèrent, et l'indiscret témoin de cette entrevue n'eut pas lieu d'être flatté de la manière dont La Planche s'exprima sur le compte des princes lorrains. Il les présenta comme un obstacle plus grand encore que la religion, au rétablissement de la paix : il les montra étrangers à la France par leur naissance, et ennemis du royaume par leur ambition : il osa même demander qu'on rendît aux princes du sang l'autorité qui leur appartenait, et, à cet effet, il proposa la convocation des états-généraux.

Quatre jours de prison lui apprirent que c'était moins la vérité qu'on voulait savoir, que les secrets du connétable. Il fallut sans doute toute la protection de la reine-mère pour que le terrible cardinal se contentât de cette vengeance.

Tous les historiens de cette époque parlent avec détail de cette entrevue, et rendent hommage au noble caractère qu'y montra La Planche. Tous également, et entr'autres le sage et judicieux De Thou, le présentent comme *très-versé dans les affaires* et *très-habile dans les négociations*. Si la reine-mère jugea qu'il était l'homme qui pouvait le mieux l'éclairer sur la cause véritable des factions qui agitaient la France à cette époque, nous pensons qu'il était de notre devoir de suivre l'exemple de Catherine de Médicis, et de demander à cet historien la vérité sur le règne si court et si agité de François II.

Mais cette vérité que nous cherchons, La Planche nous l'a-t-il dite en effet? Son zèle pour les doctrines de la réforme ne l'a-t-il pas entraîné à dénaturer les faits qui leur étaient contraires; et même en admettant sa bonne foi, la passion n'a-t-elle pas quelquefois égaré ses jugements? Nous devons le reconnaître hautement : l'historien n'a jamais pu dépouiller le huguenot. Sa partialité pour l'église réformée se révèle à chaque page. Heureusement la violence même de ses sarcasmes contre Rome et le clergé catholique tient en défiance contre la sévérité de ses accusations. Comme il était avant tout honnête homme, nous devons lui rendre la justice de dire qu'il ne fait jamais à ses opinions religieuses le sacrifice d'une vérité. Doué d'un esprit enclin à la satire, il s'abandonne souvent à ce penchant; mais c'est plutôt dans la manière dont il juge les faits que dans l'énoncé des faits mêmes qu'il montre ses doctrines. Ses contemporains reconnaissent tous sa véracité, et nous n'avons trouvé les événements qu'il raconte contestés par aucun historien de son temps. Ceux-là même qui blâment ses opinions et qui les combattent le plus vivement, reconnaissent son exactitude et sa sincérité. Nous avons donc préféré cet historien à tout autre, d'abord parce qu'il nous a paru rapporter le plus de faits curieux sur cette intéressante époque de notre histoire, ensuite parce que, malgré quelques longueurs de détail, sa narration se fait remarquer par un style clair, animé, rapide et souvent pittoresque. Elle est semée de réflexions profondes, d'observations fines, de comparaisons ingénieuses et même de discours éloquents. La Planche déploie fréquemment une merveilleuse érudition historique et une connaissance complète de la législation française. Ce n'est donc pas seulement l'extrême rareté des exemplaires de son histoire, dont la dernière édition est de MDCXXVI, qui nous a déterminés à la comprendre dans notre collection, c'est plutôt encore le mérite réel et incontestable de cet historien.

Que si l'on nous accuse d'avoir choisi un historien imbu des doctrines du protestantisme, nous répondrons que presque tous les annalistes de nos guerres de religion appartiennent au parti de la réforme. Les catholiques étant les plus forts et les plus nombreux, les protestants cherchèrent à se montrer les plus habiles. Ils commencèrent par attaquer l'Église et finirent par ébranler le trône. Pour justifier cette double révolte, le triomphe était nécessaire. Vaincu sur les champs de batailles, le protestantisme se réfugia dans les livres. La foi catholique devait être profondément enracinée dans le cœur des Français, pour n'en pas être arrachée par le torrent des écrits et des pamphlets qui inondèrent notre pays. La réforme n'était pas alors, à notre avis, une foi véritable : elle eut bien ses apôtres et ses martyrs, mais peu de croyants : son origine était encore trop récente pour s'être empreinte d'un caractère sacré. Les moyens violents que l'on employa pour l'étouffer, pris sans mesure, sans justice et sans discernement, souvent même pour obéir à une toute autre passion qu'un sentiment religieux, ces moyens, que condamne la religion même qu'on voulait défendre, firent presque entièrement le succès de la réforme. Les annalistes de l'époque, qui appartenaient au protestantisme, ne manquèrent pas d'énumérer longuement et d'exagérer les persécutions dont ils étaient victimes, tandis que les historiens de l'opinion catholique se firent un devoir de les taire. De là vient qu'à très-peu d'exceptions près, toutes les annales de nos guerres religieuses sont dues à des écrivains réformistes. De Thou lui-même n'a pu se défendre, dans son histoire, de se montrer favorable, sinon au protestantisme, du moins aux protestants. On ne doit donc pas s'étonner que La Planche, zélé réformiste et chaud partisan du connétable, ait montré ouvertement sa partialité pour les adversaires des Guises et de la Cour. Nous terminerons ces observations par l'*Advertissement au lecteur* placé en tête du livre de La Planche, et que nous n'hésitons pas à lui attribuer. Dès ce temps-là c'était une ruse familière aux écrivains de parler d'eux-mêmes et de leurs ouvrages sous le nom d'un ami ou du libraire éditeur.

« Pource que l'autheur de ceste histoire n'y a mis son nom, et d'autant aussi qu'il estoit de la religion, et récite tellement les choses avenues, qu'avec cela il y interpose son jugement ; il pourroit estre suspect à quelques uns comme s'il avoit plustost suyvi quelque sienne passion que la vérité. A ceste cause j'ai pensé qu'il estoit requis d'en rendre quelque raison, à fin qu'une si mémorable histoire soit recueillie, comme pour certain elle le mérite. Ainsi donc, quant au premier de ces deux points, encores que Dieu ait desjà retiré à soy celuy qui a travaillé à ceste œuvre, de sorte que sa personne n'a plus à craindre aucun péril du costé des hommes, toutesfois pour la malice des temps, il a semblé bon de le taire :

joint que cela ne fait rien à la substance de son histoire, pour la rendre fausse ou véritable. Quant à ce qu'il y ajouste son jugement, il a ensuyvi en cela l'exemple des meilleurs historiens tant Grecs que Latins : comme sont entre autres Polybe Grec, Cornelius Tacitus Latin, et Philippes de Commines entre nos François. Car, à vray dire, le fruict de l'histoire ne gist pas au simple récit de ce qui s'est dit ou fait : mais à bien savoir considérer les causes et les issues de ce qui y est récité pour en faire son proufit, apprenant par les fautes d'autruy, et se façonnant par l'exemple des choses bien et vertueusement entreprinses et exécutées, en quoy celuy qui escrit l'histoire nous peut principalement aider, pourveu que la raison jointe à la vérité gouverne son entendement vuide de toute passion. Or que celuy qui est autheur de ce labeur ait esté tel, encores qu'il charge grandement quelques uns et descharge les autres, il se peut aisément juger, en ce que hors mis quelques secrets qu'il a eu bon et certain moyen de descouvrir, ayant cognu les plus grands des deux costez, et usé d'une merveilleuse diligence, il n'a quasi rien escrit ici qui ne se puisse vérifier par plusieurs actes et escrits publiez, dont chascun a peu avoir cognoissance, et que les effects qui sont ensuyvis au règne de Charles neufiesme, sur tout en la première guerre civile, n'ayent par trop vérifié, n'estant pour certain icelle guerre advenue par autres que par ceux qui voulant renouer les malheureux desseings que Dieu leur avoit miraculeusement rompus, sont finalement tombez en la fosse qu'ils préparoyent aux autres. »

Ed. MENNECHET.

HISTOIRE

DE

L'ESTAT DE FRANCE,

TANT DE LA RÉPUBLIQUE QUE DE LA RELIGION,

SOUS LE RÈGNE DE FRANÇOIS II.

OUTRE ce qu'ordinairement la fin des rois est le commencement des remuemens des royaumes, la mort tout inopinée du roy Henry deuxiesme, et l'estat auquel il laissa son royaume ne pouvoient faillir de faire ouverture aux grandes et plus qu'estranges calamitez depuis survenues les unes sur les autres; et lesquelles, continuant encore aujourd'huy, deviennent peu à peu irremédiables. La vraye cause s'en trouvera aux dissolutions extrêmes des grands et petits : lesquelles commencèrent à se desborder, estant le roy François premier parvenu à la couronne, jeune prince plein de son vouloir, et gouverné par une très mauvaise femme Loyse de Savoye, et conseillé par un sien chancelier feu Anthoine du Prat, l'un des plus pernicieux hommes qui furent oncques; et dès-lors eussent couvert et noyé tout l'estat de France, n'eust esté que l'ambition de l'empereur Charles, cinquiesme du nom, ne permit à ce roi (prince de son naturel non moins généreux que voluptueux) de vaquer du tout à ses plaisirs et délices. A luy succéda Henry deuxiesme son fils, prince de doux esprit, mais de fort petit sens, et du tout propre à se laisser mener en lesse :

TOM. I.

sous lequel, l'ambition et l'avarice de ceux qui le possédoient remplirent de sang l'Allemagne et l'Italie, mirent en vente et comme au plus offrant les loix et toute justice, espuisèrent les bourses des pauvres et des riches, par infinies exactions, dont infinies calamitez s'ensuyvirent. Ce roi fut chastié de ces déportemens. Premièrement par la paix non moins dommageable que honteuse pour la France, quelque couverture (1) qu'on prinst des mariages de ses sœur et fille : et finalement en sa propre personne, quand estant mortellement navré (2) d'un esclat de lance qui le frappa dans l'œil, le dernier jour de juin 1559, comme il courait en lice contre le comte de Montgommery, duquel coup il mourut le dixiesme du mois suivant. La comédie de ses grands appareils fut tournée en une très piteuse tragédie, qui en a depuis engendré tant d'autres, que nous n'en pouvons encore voir la fin. Mais surtout, deux crimes par trop horribles, et toutes fois contraires l'un à l'autre (à savoir l'athéisme et la magie, dont l'un nie toute divinité, l'autre met le diable au lieu de Dieu), passèrent dès-lors bien avant en la France, principalement entre ceux qui faisoient leur compte qu'en persécutant très-asprement les luthériens, qu'ils appelloyent pour lors, ils feroyent deux coups d'une pierre, couvrant leur impiété, et s'agrandissant des confiscations. Et ce qui aggrava en ce faict l'ire de Dieu, fut que la cognoissance des bonnes lettres (moyen singulier ordonné de Dieu pour apprendre à le cognoistre duement, et par conséquent pour la conservation du genre humain) ayant esté ramenée en France par le roi François, plus anobly par cela que pour autre chose advenue de son temps, se tourna aux esprits malins et curieux en occasion de toute meschanceté, ce qui s'est trouvé principalement en certains grands

(1) Prétexte.
(2) Blessé.

esprits, adonnez à la poésie françoise, qui lors vindrent à sourdre comme par troupes : les escrits des quels ords (1) et sales, et remplis de blasphèmes, sont d'autant plus détestables, qu'ils sont emmiellez de tous allechemens qui peuvent faire glisser, non-seulement en toute vilaine et puante lubricité, mais aussi en toute horrible impiété, tous ceux qui les ont entre mains. Dieu doncques ayant frappé ce chef en premier lieu, lequel toutesfois estoit peut estre (hors mise la qualité de roy) des moins coulpables de ces fautes, il falloit aussi que les membres fussent chastiez; ce que le Seigneur commença bien tost à faire par eux-mesmes; et dure encor à présent ce chastiment, tant sont les uns acharnez sur les autres, à la ruine inévitable de tout le corps, si Dieu n'y pourvoit luy-mesme bien tost. A cela se trouvèrent les choses du tout disposées par le décez inopiné de Henry, lequel ayant finalement apperceu l'ambition et avarice insatiable de ceux de Guise, qui lui avoyent fait rompre les trèves si solennellement jurées, dont estoyent ensuyvies tant de pertes irréparables, avoit entièrement résolu, après avoir achevé ces mariages, et renvoyé les estrangers, de les déchasser arrière de soy, comme une peste de son royaume. Mais Dieu s'en vouloit encore servir comme d'instrumens de sa vengeance, rompant entièrement ceste délibération et plusieurs autres, par cette mort entrevenue. D'autre part, quant à la noblesse, une bonne partie ne demandoit qu'à se reposer en sa maison, après tant de travaux, ne se souciant beaucoup du public : l'autre partie estoit divisée par factions, chascun regardant à soustenir le parti de ceux de la grandeur desquels ils estimoient que leur advancement dépendoit. Les officiers de cour faisoient de mesme, et se tenoient prests pour suyvre le vent qui souffle-

1) Bas.

roit. Quant à l'estat de justice, et nommément des parlemens, tout y estant vénal jusques à la conscience, hors mis quelque petit nombre de gens de bien, à qui il estoit à grand peine loisible de soupirer, et qui se trouvoyent encore estonnez de la tyrannie exercée en la précédente mercuriale, le reste y ayant esté fourré par les menées et pratiques des gouverneurs du feu roi, chascun d'eux regardoit à fortifier de conseil et tous autres moyens ceux desquels ils estoient les créatures, ne craignant rien plus une mauvaise conscience qu'un juste gouvernement. Quant aux ecclésiastiques, les plus grands brusleurs leur estoyent les pilliers de la foy. Le surplus, qui est le tiers estat qu'on appelle, estoit tellement matté, qu'il n'avoit ne sentiment ne mouvement. Tous ceux-ci estoyent attendant, comme pauvres esclaves, entre les mains de qui ils tomberoyent, tant pour la jeunesse du roy, n'ayant encor atteint dix-sept ans, et qui ne promettoit rien de soy à l'advenir, que pour estre du tout abolie l'authorité des estats, qui sur tout en telles occurrences avoient accoustumé de pourvoir aux afaires. Or y avoit-il deux bandes principales en la cour, l'une de ceux qu'on appeloit connestablistes, l'autre de ceux de Guise. Car quant aux princes du sang, auxquels il attouchoit principalement de restablir l'ordre accoustumé, ils estoyent si lasches qu'ils n'avoient esgard ni au public ni à leur particulier. La royne mère, italienne, florentine, et de la race de Médicis, et qui plus est, ayant depuis vingt-deux ans eu tout loisir de considérer les humeurs et façons de toutes ces gens, regardoit ce jeu, et sceut si bien empoigner l'occasion, qu'elle gagna finalement la partie, par les moyens que je diray. Quant à Anne de Montmorency, connestable, encore que il n'y eust homme au monde à qui elle fust tant redevable, comme à celuy lequel seul proprement avoit moyenné son mariage, et depuis empesché que, sous prétexte de sa stérilité, elle ne fust répudiée, si désiroit-elle qu'il fust reculé, sachant qu'il estoit ce qu'il estoit, à savoir premier officier de la couronne, homme entendu plus qu'homme de ce monde ès afaires du royaume, et tellement hautain que jamais il ne la souffriroit monter jusques où elle prétendoit. Elle estoit aussi advertie qu'incontinent après la blesseure du roi, il avoit envoyé vers Henry de Bourbon, roi de Navarre, comme premier prince du sang, pour le solliciter de venir en cour, tenir le degré qui lui appartenoit, durant le bas âge du roy, faisant en cela un acte d'un vray François et d'homme de bien, combien qu'il soit vraysemblable qu'il avoit aussi esgard à son particulier. Le moyen de le chasser gisoit à se rendre assez forte pour luy faire peur, et puis à se haster de se mettre la première en possession. Pour ce faire, considérant que c'estoit une chose nouvelle en France, que de voir une royne veuve, et sur tout estrangère, entreprendre le principal gouvernement du royaume de son autorité privée, en quoy elle pourroit avoir de grands empeschemens, si elle avoit en teste toutes ces deux bandes; elle résolut premièrement d'en mettre l'une de son costé, à savoir ceux de Guise, qu'elle s'asseuroit de manier à son appétit, comme ceux qui luy seroyent non moins redevables que si elle les avoit ressuscitez du tombeau, les avançant si haut alors qu'ils faisoyent leur compte d'estre du tout abattus. Davantage, elle jugeoit sagement qu'à toutes aventures, s'il advenoit mescontentement où trouble aucun pour cela qu'elle entreprenoit, la coulpe seroit toujours plutost rejettée sur eux que sur elle. Et si les cognoissoit finalement si audacieux, sur tout en la nécessité où ils estoyent réduits, qu'il n'y avoit rien qu'ils n'entreprinssent, à son adveu, ainsi qu'elle l'avoit résolu; aussi luy fut-il aisé de mettre le tout en exécution, ayant le roy son fils à leur dévotion, marié à la royne d'Ecosse, niepce de ceux de Guise, s'appellant haut et clair les oncles du roy. Et pour couvrir le reculement du connestable, elle print une couleur fort propre, à savoir qu'il avoit dict quelque temps auparavant au roy, comme en se raillant, qu'il s'esbahissoit qu'il n'avoit enfant qui luy resemblast aucunement, hors mis sa fille bastarde avouée, et mariée au mareschal de Montmorency, fils aisné dudict connestable : ce qu'elle faisoit semblant de prendre fort à cœur, comme s'il l'eust voulu taxer de mauvais gouvernement de sa personne. Elle n'avisa aussi moins dextrement à donner ordre que le mariage de madame Marguerite, sœur du roy, avec le duc de Savoye, nonobstant le misérable estat où le roy estoit, se parachevast, afin qu'il ne restast aucune occasion de trouble par dehors, qui luy donnast empeschement au dedans. Et fut fait ce mariage dans la chapelle des Tournelles, sans solennité aucune. Davantage, pour mieux encore s'asseurer de tous les potentats d'Italie, il ne fut oublié de promettre de faire tout ce qui seroit possible pour l'extermination des hérétiques. Et quant au roi de Navarre, sans lequel il n'estoit à présumer que les autres princes du sang entreprinssent rien, outre ce qu'elle et ceux de Guise cognoissoyent trop son naturel pour le craindre, elle avoit pratiqué tellement ses plus favoris, et sur tout d'Escars et l'évesque de Mende, que rien ne se pouvoit bastir en son conseil, dont elle ne fust avertie mieux et devant que luy-mesme.

Ces choses ainsi projettées et dressées quasi en un instant (comme tout esprit ambitieux est ententif à toutes occasions, et Dieu se faisoit dèslors une entrée à ses justes jugemens, dont nous ne voyons encore la fin), le roy Henry n'eut plutost la bouche close, que François duc de Guise, et Charles cardinal de Lorraine son frère, s'estant saisis de la personne du roy, et de messieurs ses frères, les menèrent au Louvre, se laissant aussi aisément conduire les deux roynes, en délaissant à la garde du corps les princes du sang, les connestable, mareschaux et admiral de France, avec plusieurs chevaliers de l'ordre et grands seigneurs, qui n'estoyent de leur retenue. Là, ils délibérèrent dèslors de façonner le roy à leur mode, sans permettre qu'aucun approchast de sa personne, et encore moins luy parlast, sinon en la présence de l'un d'eux, avec si bonne garde qu'ils ne le perdoient de veue. Et à fin de donner couleur à ce nouveau changement et maniement d'afaires qu'ils vouloyent introduire, comme si leur intention estoit de remettre toutes choses en bon estat, ils rappellèrent soudainement le chancelier Olivier (homme réputé de très-grande preud'hommie, et à bonnes enseignes, si elle eust duré jusques à la fin), qui avoit esté chassé à l'occasion de Diane de Poitiers. Car ils savoyent qu'il estoit grandement souhaité des gens de bien en ceste charge, et que s'ils estoyent motifs de son retour, il seroit d'autant plus obligé à ployer l'eschine sous eux, et à leur complaire, en recognoissance de ce bienfait : en quoy ils ne furent trompez.

Olivier arrivé, comme si ce fust pour luy gratifier, Diane fust chassée, et luy fit on rendre les clefs des cabinets du roy, ensemble ses précieuses bagues, qui furent mises en aussi bonne main, à savoir de la nouvelle royne et du cardinal son oncle. Outre plus, la royne mère l'avoit tellement à contre cœur, qu'elle luy vouloit bien faire pis, et la ruiner et despouiller du tout de ses grands thrésors et richesses, comme à la vérité jamais femme en France, de son mestier, n'en avoit tant amassé. Dès son jeune âge, elle racheta de son pucellage la vie du sieur de Sainct Vallier son père, et depuis par un malheur fatal de la France, estant en l'automne de son âge, avoit possédé le roy Henry, tellement que de grande séneschalle elle devint duchesse de Valentinois de nom, et royne quant à l'authorité, au grand deshonneur du roy Henry et dommage de la France. Car elle avoit succé le sang et les mouelles du peuple, ruiné une infinité de maisons, par confiscations, et toutes autres voyes; eû du roy les escus à monceaux, vendu les offices et bénéfices, exigé et attrapé par ci et par là une infinité de biens: et ce par le moyen et industrie de tous les plus meschans garnemens du monde, que pour ce elle entretenoit à son service, et lesquels elle récompensoit abondamment des plus beaux estats et offices du royaume, fust de judicature, des finances ou autres. Toutesfois Olivier ne servoit que de couleur. Car la vraye cause du courroux de la royne estoit l'estrange traitement qu'elle avoit receu d'elle et à son occasion, luy ayant comme desrobé son mari par l'espace de tout son règne, au veu et au sceu de tous.

Si faut-il remarquer, en cest endroit, des choses fort estranges : car en premier lieu la royne mère, quelque juste occasion qu'elle eust de monstrer l'effect de sa colère sur ceste vilaine, et par ce moyen acquérir juste louange et réputation, monstra que l'ambition surmontoit la jalousie en un esprit tel que le sien, et pourtant aima mieux se contenter de médiocre vengeance, pour ne perdre le moyen de la maison de Guise, seul escalier par lequel elle montoit, que poursuyvre ses vengeances jusques au bout. D'autre costé, ceux de Guise, encore qu'elle leur eust servi de pont et de corps et d'esprit, aimant mieux estre ingrats que perdre le vray moyen de leur grandeur, espérant aussi d'effacer tout le passé envers le peuple en se gouvernant ainsi, condescendirent aisément à la volonté de la royne. La duchesse de son costé, comme femme rusée s'il en fust onc, sceut bien se servir du moyen qu'elle s'estoit préparé de longue main, à savoir du duc d'Aumale, l'un des frères de Guise et son gendre, auquel elle remonstra que combien qu'il fust oncle du roy, si est-ce que de long-temps il ne pourroit avoir de luy soixante et dix, ou quatre vingt mille livres de rente, qu'elle luy gardoit, et qui ne luy pouvoyent fuir après sa mort. « Considérez davantage (disoit-elle) que le cardinal et duc de Guise vos frères sont de nature tant taquine et avare qu'ils ne vous avanceront jamais, et prendront plustost tout pour eux, comme vous avez veu par expérience qu'ils ont fait, jusques à contredire aux dons que le feu roy vous faisoit. » Ce qu'ayant gousté le duc d'Aumale, il fit aisément que la royne se contenta de la traicter plus doucement, moyennant certain eschange du chasteau de Chenonceaux sur la rivière du Cher, près Amboyse, qu'elle avoit eu du roy, à celui de Chaumont sur Loyre, que ladite dame luy achepta.

Jean Bertrand, garde des sceaux, fait de la main de ceste grande séneschalle, fut déferré du tout. Et d'autant qu'il avoit pris de nouveau le chapeau de cardinal, on s'aida de ceste occasion pour l'envoyer finir ses jours à Rome : ce qu'il ne peust empescher, quelque remonstrance qu'il fist faire de son âge et de ses services, non seulement au roy, mais à la maison de Guise, de laquelle il s'estoit toujours rendu esclave : ce qu'il offroit continuer le reste de ses jours, s'employant mesme au procez de du Bourg (comme cy après il sera dit) de tout son pouvoir, pour gratifier au cardinal.

Quant à d'Avanson, conseiller du privé conseil, combien qu'il fust de la mesme facture, si fut-il de la retenue, tant à fin qu'on ne peust dire le conseil du feu roy avoir esté du tout changé, que pour le cognoistre homme propre à tout cela à quoy qu'ils le voudroyent employer. Toutesfois, ceste continuation estoit interprétée en diverses sortes par les plus clair-voyans, veu mesme que d'Avanson avoit descouvert au pape leur secret du voyage d'Italie, et empesché par ce moyen leurs desseins. Mais tous venoient à ce point, et couroit le bruit commun qu'ils savoyent tant d'afaires les uns des autres, qu'il n'estoit encore temps propre à ceux de Guise de le chasser du tout. Bien luy ostèrent ils la superintendance des finances. Et davantage, cognoissant plusieurs personnages tant propres à remuer mesnage que difficilement ils en eussent peu dresser de semblables, ils les entretenoyent et les employoyent aux plus difficiles charges.

Le mareschal Sainct-André (1) venu de bas lieux, et demeuré sans appuy, depuis la mort du roy, estant de sa part en grande destresse, pour avoir frappé de tous costez, et ne s'estre rangé qu'à demy avec ceux de Guise, lors qu'ils estoyent les plus forts, employa tous moyens à les pratiquer : et ce d'autant plus diligemment qu'il craignoit que son crédit perdu, il ne luy fallut desgorger la plus part de soixante ou quatre vingt mille livres de rente, qu'il avoit tirées de plusieurs personnes, par moyens exquis et sous la faveur de son maistre, sans en avoir comme rien payé : et nommément des biens de ceux de la religion, sur lesquels il s'estoit tant plus volontiers rué, qu'il les cognoissoit eslongnez de pouvoir poursuivre leurs droicts. Il craignoit aussi d'estre poursuivy d'autres grandes sommes de deniers par luy empruntées, et lesquelles on n'avoit jusques alors osé répéter, à cause de sa faveur. Il fit donc remonstrer à ceux de Guise les grandes terres qu'il possédoit, et qu'il n'avoit qu'une seule fille, laquelle s'il leur plaisoit donner à l'un des puisnez du duc de Guise, il leur en bailleroit dès-lors la possession, en mariage faisant, et n'en retiendroit que l'usufruit, lequel dureroit peu, parce qu'il s'en alloit mourant : que s'il survenoit autres enfans, ils seroyent pourveus en bénéfices. Ces offres estoyent faites, moyennant qu'il fust

---

(1) Jacques d'Albon.

maintenu par eux en ses estats et dignitez : leur promettant, en ce faisant, user de si bon mesnage, qu'avec leur aide, il s'acquitteroit aisément de ses plus liquides debtes, et supprimeroit les autres. Ce qui fut accepté par eux, et partant fut il rappelé et remis comme devant.

Il y a une coustume en France, que les rois estant parvenus à la couronne, les cours souveraines députent des plus apparens d'entre eux, pour aller gratifier le nouvel advènement : et lors ils entendent à bouche à qui ils se devront adresser puis après pour les afaires. Suivant ceste coustume, les parlemens ayant envoyé ceux qu'ils jugeoyent devoir estre les plus agréables au roy, il leur fit entendre que ses deux oncles, le cardinal de Lorraine et le duc de Guise, avoyent la charge entière de tout; et commanda que l'on s'adressast doresnavant à eux en tout ce qui concernoit son service, et du royaume; et qu'on leur obéist comme à luy-mesme. Cela entendu par le connestable, qui avoit receu ce mesme honneur du feu roy Henry, il fut esmeu de double passion, l'une de voir ses ennemis mortels colloquez en son lieu, et l'autre de ce qu'ils s'estoyent emparez de l'exercice, qui appartenoit à ses estats de connestable et grand maistre de France. Mais ce qui plus redoubla son ennuy, c'estoit que les Espagnols et estrangers estoyent spectateurs de ce changement, de luy, dis-je, auquel ils avoyent eu auparavant toute adresse. En quoy apparut plus clair que le jour le peu de fermeté qui est en la faveur de cour : veu que ceste authorité, qui semble aucune fois pouvoir faire trembler et ciel et terre, est souvent changée en un moment. Toutesfois, ce vieil routier, accoustumé de long-temps à diverses mutations, s'y porta si discrètement, qu'on s'appercevoit peu de son mescontentement, et trouva moyen d'avoir honneur en ce qui luy estoit brassé pour son déshonneur. Car, voyant qu'on luy préparoit quelque chose pire, environ huit jours après la mort de Henry, ayant disné de grand matin, et appelé tous ses parens et gentilshommes en assez grand nombre, il alla au Louvre, sous couleur de vouloir rendre le cachet du roy, pour surprendre le roy au disner, et sentir sa conception naturelle et naifve, avant qu'il eust été autrement instruit. Mais ceux de Guise, advertis de sa venue par gens qu'ils avoyent ordinairement aux guets, tant pour ouïr ses propos que pour remarquer ceux qui s'addresseroyent à luy, luy furent au devant par derrière, en sorte qu'il fut frustré de son intention. Entré qu'il fut en la salle, à l'issue du disner du roy, il usa de la mesme privauté dont il souloit user avec le père en propos et devis familiers. Adonc ledit seigneur, environné des deux frères, ayant eu le signal du cardinal, se levant de sa chaire, print le connestable par la main, et le mena en sa chambre, suivi tant de ceux de Guise que des enfans et neveux du connestable : lequel ayant pris la parole luy dit, qu'après avoir pourveu à ce qui estoit requis pour les obsèques du feu roy, son bon seigneur et maître, il n'avoit voulu faillir de luy venir faire la révérence, et en luy rendant le cachet qu'il avoit pleu audit feu roy lui bailler, par mesme moyen luy présenter ses enfans et neveux, à ce qu'il pleust à sa majesté les confirmer en leurs estats et charges, desquelles ils s'acquitteroient aussi fidèlement, comme ils avoyent fait par le passé : et quant à luy.... Sur ce mot, le roi l'arresta court, et luy dit qu'il accordoit sa demande, principalement envers l'admiral de Chastillon, duquel il espéroit se servir. Et quant au reste, sachant le bon devoir et les grands services qu'il avoit faits au feu roy son père, et la singulière amitié que lui portoit ledit seigneur, il le confirmoit aussi en ses estats, et vouloit qu'il jouist de ses pensions sa vie durant. Mais d'autant qu'il désiroit soulager sa vieillesse, laquelle ne pourroit à l'avenir porter les peines et travaux de sa suite, il avoit parti en deux les principales charges de son royaume. Et ne cognoissant personnes tant capables ne si expérimentées, à la conduite et maniement de ses afaires, que ses oncles le cardinal et le duc de Guise, et qu'il n'y avoit gens auxquels il se deust tant fier, ne qui eussent plus de soin de la conservation de son estat et grandeur, il avoit baillé à l'un la charge des finances et celles d'estat, et à l'autre le commandement sur ce qui concernoit le faict de la guerre, pour sur le tout adviser et ordonner comme ils verroyent estre bon. Au reste, il le retenoit près sa personne, et de son conseil, le priant l'en servir aussi fidèlement qu'il avoit toujours fait ses prédécesseurs. Que s'il se trouvoit lassé, ou mal disposé à sa suite, il pourroit aller s'esbatre chez lui, et quand il voudroit retourner, il seroit toujours le bien venu. Le connestable le remercia très-humblement de ce qu'il lui avoit pleu, non-seulement lui accorder ses requestes si libéralement, mais aussi avoir tel soin de son vieil âge pour le descharger des pesantes et difficiles charges que le feu roy son père lui avoit commises. « Aussi estoy-je venu (disoit-il), de fait exprès vers votre majesté, pour la supplier qu'ayant esgard à mon indisposition, elle m'en voulust entièrement descharger, et me permettre de me retirer en ma maison, pour finir le reste de mes jours en repos, et prier Dieu pour mon seigneur et maistre : considérez que mes plaies et vieux jours sont mal convenables avec les jeunes ans de votre majesté, pour porter le travail des voyages qu'elle fera çà et là. Et quant à ce qu'il plaît à votre majesté me retenir de son conseil, je la supplie aussi m'en excuser, d'autant que deux choses ne le me peuvent permettre. L'une, d'être soumis à ceux auxquels j'ai toujours commandé, et l'autre, qu'estant plein de jours et quasi-radotant (ce dit-on), mon conseil luy pourroit de peu ou rien servir. Je ne dy pas que s'il survenoit afaire où ma présence fût requise, je n'y employe et vie et bien avec celle de mes enfans, y estant doublement obligé comme à mon roy et naturel seigneur. » Ce fait, il alla voir la royne mère, à laquelle il tint semblables propos qu'au roy. Mais sa response fut toute autre, comme l'on dit, qu'il ne s'attendoit. Car elle luy reprocha le propos mentionné cy-dessus, adjoustant que si elle faisoit son devoir, elle luy feroit trancher la teste, pour s'estre tant oublié de toucher à l'honneur d'elle et de ses enfans. Mais qu'elle avoit en si grande recommandation ce que le feu roi son seigneur et mary avoit aimé, que pour l'amour de luy elle oublieroit volontiers son injure particulière : l'asseurant au reste de le maintenir, et qu'elle ne souffriroit aucun tort luy estre faict. Au surplus, son advis estoit qu'il ne méprisast les conditions que le roy luy avoit proposées, attendu qu'on ne le vouloit assujettir d'être ordinairement à la cour ; mais pourroit quand bon lui sembleroit aller et venir. Le connestable ne demeura muet, maintenant l'accusation estre fausse : la suppliant au surplus de ne prester tellement les oreilles aux mesdisans, qu'elle n'en réservast une pour ouir l'accusé : ayant plutost esgard et souvenance de ses fidèles services faits à elle et au royaume qu'à ses ennemis, qui ne cherchoyent que sa vie pour ses biens, lesquels toutesfois ne seroyent si aisez à luy oster qu'ils pensoyent, tant il s'estimoit homme de bien. Ainsi donc, le connestable (après avoir toutesfois, quelques jours après, conduit son maistre au tombeau) se retira en sa maison, mais avec telle suite que celle du roy sembloit petite auprès de ceste-cy, de quoy ceux de Guise conceurent grande jalousie. Ce néantmoins, cela les garda pour lors de rien entreprendre contre celuy qu'ils savoyent avoir acquis tant d'amis durant sa prospérité, que mal aisément pourrovent-ils en avoir le dessus, sinon avec le temps.

Quant aux princes du sang, après que du commencement le roy leur eut monstré autant de bon visage que ceux de Guise pensèrent estre propre, tant pour les emmieller que pour en acquérir quelque bonne réputation du peuple, ils ne furent non plus soufferts près sa personne. Car la royne ni ceux de Guise, ne voulant avoir tels compagnons, trouvèrent moyen de les envoyer au loin, sous couleur de quelques honorables charges. Le prince de Condé fut envoyé en Flandres pour la confirmation de la paix, et pour entretenir amitié et alliance avec le roy d'Espagne. Et combien qu'il eût peu de moyen de despendre après si longues guerres, si luy fallut-il entrer en nouvelle despense selon sa grandeur, sans estre aidé du roy que de mille escus. Après luy le prince de la Roche-sur-Yon y fut envoyé porter l'ordre du roy, et à son retour ordonné avec le cardinal de Bourbon pour conduire la sœur du roy en Espagne. Brief, ils escartèrent si bien çà et là les autres princes et seigneurs, que ils demeurèrent maistres tout seuls. Cela fait, il fut aisé à la royne et à ses instruments de venir à bout du demeurant. Car, quant aux parlements, leur ancienne splendeur estoit desjà esvanouye peu à peu, depuis que les offices de judicature avoyent esté rendues vénales, et qu'il ne fut plus question de procéder par eslection, ny d'appeller les juges des provinces, et les fameux advocats réputez et cognus amateurs de la république, au lieu desquels on y avoit fourré ceux qui apportoyent le plus d'argent, ou les solliciteurs des courtisans, et les advocats favoris des grands, qui en avoyent fait leurs juges. Ainsi estoit-il desjà advenu qu'avec ces vermines, les enfans des plus grands usuriers, avaricieux et exacteurs, avoyent rempli le nombre, et corrompu tout droit divin et humain, vendu par le menu ce qu'ils avoyent acheté en gros, ou eu pour récompense, déclaré les secrets de la cour contre leur serment, et en somme tellement villené la justice, qu'elle se devoit plustost appeler une caverne de larrons, que l'orner de cest excellent et précieux nom de justice. Pourtant fut-il aisé à ceux de Guise de ranger ces cours à leur dévotion, tenant les uns en bride, et remplissant les autres de très grandes espérances. Et de vray ceste toile avoit esté par eux tramée dès le vivant de Henry, en disposant de tous estats à leur plaisir, de sorte qu'il n'y avoit coing du royaume qui ne fust farci de leurs gens. Quant au conseil des afaires, de tout temps on n'y a appellé que ceux qu'on a voulu; et finalement, quant au conseil privé, après s'estre asseurez du chef, qui est le chancelier, la royne mère de sa part ne s'en donna grand' peine, et voulut toutes fois nommément que le cardinal de Tournon y fust rappelé, duquel elle avoit telle opinion, qu'il luy sembloit les afaires ne pouvoir mal aller quand il s'en mesleroit : ce que ceux de Guise toutes fois eussent volontiers empesché. Mais quand ils se remirent devant les yeux l'ancienne inimitié de luy et du connestable, en sorte qu'ils estoyent incompatibles, et le cognoissant ennemi mortel de ceux de la religion, ausquels ils délibéroyent faire la guerre, ils trouvèrent bon qu'il fust incontinent révoqué de Rome, où il avoit esté comme relégué, en telle sorte toutesfois qu'ils luy firent cognoistre que c'estoit par leur moyen, afin qu'il leur demeurast plus obligé, et que sous sa couverture leurs menées fussent mieux conduites.

Ayant ordonné du conseil du roy, et iceluy pourveu de gens desquels ils se fioyent, ils se mirent aussi à dresser les estats de sa maison (charge appartenant au grand maistre). Et afin d'y colloquer leurs domestiques, ils ostèrent partie des officiers du feu roy, qui de tout temps estoyent continuez de père en fils, et les cassèrent sous ombre de bon mesnage : comme aussi ils renvoyèrent partie des autres en leurs maisons avec demi-gages pour pension, combien que l'estat nouveau des officiers domestiques qu'ils establissoyent excédast de beaucoup l'autre nombre, tant il y eut de nouveaux pourveus. Bref, il n'y demeura un seul connestabliste, horsmis ceux qui, à la première provision, s'estoyent allez ranger et offrir à leur service.

Les provinces du royaume, et les villes de frontière, furent aussi garnies des leurs, et ceux qui ne leur sembloyent propres, destituez : et fut mandé à tous gouverneurs et chefs de guerre, et des villes, d'obéir au duc de Guise comme au roy mesme. Les finances pareillement furent maniées par les plus favoris du cardinal, et furent avertis tous les parlemens qu'il avoit la superintendance sur la politique. Somme, la souveraine authorité tomba ès mains de ces deux personnages pour disposer de toutes choses à leur plaisir : la royne mère toutesfois, tenant tousjours la bride, à laquelle furent donnez les deniers provenans de la confermation des offices et priviléges des villes et communautez, ce qui ne fut toutesfois sans que ceux de Guise eussent part au butin : combien que telles sommes ne se deussent exiger de droict, sinon le royaume eschéant en ligne collatérale. Mais pour adoucir un peu ceste exaction, les escus qu'on avoit payez du temps du roy Henry pour estre réduits ès coffres de Diane, furent changez en livres.

Ces choses se brassèrent et exécutèrent en partie à Paris, en partie à Sainct-Germain en Laye, par un accident survenu au cardinal, lequel sortant un grand matin de la maison de la belle Romaine, courtisane renommée du temps de Henry, logée en la cousture de Saincte-Catherine, avoit failli d'estre maltraité par certains ruffians, qui cerchent volontiers les chappes cheutes à l'entour de telles proyes. De quoy estonnée, sa saincteté, se persuadant et donnant à

2.

entendre que les hérétiques luy dressoyent des embusches, traîna la cour à Sainct-Germain, et fut cause que la royne mère, ne voulant quoy qu'il en fust, abandonner le roy son fils tant soit peu, rompit la coustume auparavant inviolable, qui portoit que les roynes, advenant le décez de leurs maris, ne départoyent de la chambre de quarante jours, et ne voyoyent clarté de soleil ny de lune, que leur mary ne fût enterré. Tost après, estant despartis les estrangers, il fut fait édict défendant tout port d'armes, et spécialement les pistoles et bastons à feu, sous grandes peines, révoquant toutes les permissions particulières et précédentes, octroyées à qui que ce fust, s'il n'avoit nouvelle confermation du roy, de sorte que ceux de Guise et les leurs demeurèrent seuls armez. Davantage, ayant à suspects les habillemens qui couroyent alors, comme les manteaux longs et les chausses larges (et de fait aussi estoyent-ils par trop excessifs, car le manteau alloit jusques sous le gras de la jambe, et sans manches, et les hauts de chausses estoyent d'une aulne et demie de large, ou cinq quartiers), ils mirent en fait au conseil privé d'en défendre l'usage, d'autant que la dessous se pouvoyent aisément cacher des armes. Et disoit-on que le cardinal avoit ceste matière d'autant plus à cœur, qu'un nécromancien luy avoit pronostiqué à Rome qu'il seroit tué d'un baston à feu par l'envie qu'on luy porteroit, et pour les ennemis qu'il feroit en France, estant eslevé au plus haut degré d'honneur. Ce qui le tenoit en gehenne et luy causoit grandes inquiétudes (vray salaire de ceux qui vont aux devins), lors mesme que tout ployoit sous luy.

Parmi tant d'afaires, le cardinal dès le commencement, pour tenir promesse aux duc d'Albe et duc de Savoye, avec lesquels la ruine de ceux de la religion estoit jurée, et pour s'appuyer sur le bras spirituel, se délibéra de poursuivre très-instamment les prisonniers, et tous autres notez pour le fait de la religion. Et de fait, dès le 14 de juillet (quatre jours seulement après la mort de Henry), la commission des juges déléguez pour le procès des cinq conseillers de parlement mis prisonniers par le commandement dudit roy Henry, fut reconfermée par lettres-patentes du roy. En vertu desquelles ils furent contraints à respondre, et d'autant qu'entre tous Fumée ne plaisoit aucunement au cardinal, et moins encore au mareschal Sainct-André, pour ne leur avoir (comme on disoit) autresfois voulu prester sa conscience. Il fut si bien recommandé qu'on l'alla caresser après du Bourg. Les articles du procureur général estoyent : s'il avoit pas mangé chair aux jours défendus : s'il avoit pas marié une chambrière de sa femme avec un prestre : retiré en sa maison une femme bannie par arrest, et pour cause de la religion, et esté aux assemblées des hérétiques : ce qu'il desnia comme faussement controuvé, et se plaignit aigrement d'avoir pour juge le président Sainct-André, son ennemi mortel, accusateur, dénonciateur et solliciteur, et qui estoit luy-mesme accusé d'infinies meschancetez et faussetez contenues en ses causes de récusation, lesquelles il offroit prouver.

Jehan Bertrand, cardinal, et peu devant garde des sceaux, pour gratifier au cardinal de Lorraine, et essayer par ce remède de rompre son voyage de Rome, fit toute diligence de juger l'appel interjetté par du Bourg (vivant encor le roy Henry) de la sentence de l'évesque de Paris qui l'avoit déclaré hérétique. Et combien qu'on luy eust remonstré qu'il ne le pouvoit faire, attendu qu'il avoit présidé aux jugemens précédens, si ne laissa il de passer outre et confermer ceste sentence, alléguant pour défense que lors qu'il jugeoit et présidoit, c'estoit en qualité de garde des sceaux, et chef de la justice de France : mais qu'adonc il le condamnoit comme archevesque de Sens. De laquelle sentence du Bourg appella de rechef, comme d'abus. Or se faisoit-il de merveilleuses menées pour l'opprimer, et entre autres choses, commandement avoit jà esté fait à ses deux frères (qui estoyent en la ville pour solliciter pour luy) de la vuider dedans trois jours, sur peine de l'indignation du roy, et d'estre privés de leurs estats, afin que tout secours humain luy fust osté.

Estant donc du Bourg ainsi remené de la Bastille en la conciergerie du palais, le premier président et ceux de la grand'chambre voulurent juger l'appel comme d'abus. Mais il présenta contre eux, et mesme contre le président nommé le Maistre, des causes de récusation, contenant blasmes très-déshonnestes et dignes de mille gibets, requérant en outre conseil luy estre administré. Le cardinal, adverty de cela, afin de faire promptement juger l'appel, et esvanouir les causes de récusation, mena au parlement le chancelier Olivier, et plusieurs maistres des requestes, choisis à sa dévotion. Du Bourg mandé ne s'estonna de cest appareil, ains persistant remonstra au cardinal qu'il s'esbahissoit comme luy, qui estoit son ennemi mortel, partie accusateur, et principal solliciteur, se rangeoit ainsi au nombre de ses juges. Surquoy, luy blemissant s'excusa, l'asseurant qu'il estoit son meilleur ami. Toutesfois, puis qu'il avoit telle opinion de luy, il s'en déportoit volontairement. Finalement, ses causes de récusation furent, par arrest prononcé par Olivier, déclarées admissibles, et ordonné qu'il auroit conseil, ce qui luy avoit esté auparavant desnié, de sorte que le cardinal se trouva tout confus. L'advocat Marillac luy fut baillé, lequel mit toute peine de le faire desdire, luy alléguant que sans cela il ne pourroit éviter la mort; ce que n'ayant peu faire, il l'amena à ceste nécessité qu'il le laisseroit plaider sans l'interrompre, puis il diroit après ce que bon luy sembleroit. Estant donc venus devant les juges, l'advocat remonstra le mérite de la cause, la manière de l'emprisonnement non jamais pratiquée, et encore moins la façon de procéder de Bertrand, qui n'avoit eu aucune honte ne vergongne de jouer deux personnages ou trois, en présidant et assistant aux trois jugemens précédents. En quoy non seulement apparoissoyent les causes d'abus très-évidentes, mais aussi la nullité des sentences et arrest, en sorte qu'il falloit nécessairement recommencer tout le procès, casser et annuller toutes ces procédures, veu que nulle formalité de justice n'y avoit esté gardée. Mais au lieu de conclure en son appel, il acquiesça, recourant à la miséricorde du roy et de la cour : confessant sa partie avoir grièvement offensé Dieu, et saincte mère église, irrité le roy, et s'estre monstré inobédient à son évesque, auquel et à la saincte église romaine il désiroit estre réconcilié. Sur quoy du Bourg qui estoit présent, se voulant opposer, Marillac fit signe aux présidens, désirant luy sauver la vie par ce moyen, lesquels, au lieu de luy donner audience, et savoir s'il avouoit son advocat, le renvoyèrent incontinent en sa prison. Mais pendant qu'ils avisoyent de députer deux d'entr'eux pour faire entendre sa conversion au roy, et luy demander sa grace, voici arriver un bulletin escrit et signé de du Bourg, par lequel il désavouoit les conclusions de son advocat, persistant en ses causes d'appel, et en sa confession de foy faite devant le roy, laquelle il estoit prest de confermer par l'effusion de son sang en la mort, comme estant, disoit-il, fondée sur la pure parole de Dieu, lequel il supplioit très-humblement luy pardonner, tant de n'avoir interrompu son advocat, comme aussi d'avoir esté induit par la feintise d'aucuns à vouloir interpréter et coulourer ceste sienne confession de foy, sur quoy ils avoyent arraché quelque chose de ses mains : mais qu'après avoir pensé à la vérité, il trouvoit avoir esté grandement séduit, ce qui le faisoit revenir et demeurer ferme en ses premiers propos. Cela veu par la cour, ils en advertirent le roy, qui leur manda de le juger incontinent. Par ainsi y eut arrest de bien jugé et mal appellé. Son recours fut à l'appel devant le primat de Lyon. De la s'ensuyvirent des bruits que du Bourg s'estoit desdit, qui resjouissoyent les uns et faschoyent les autres. Mais ceci venu à ses aureilles, il s'en excusa grandement par une épistre qu'il adressoit à ses frères et membres de l'église de Paris, leur rendant raison de son fait, et les priant de ne s'en scandalizer, car il espéroit, Dieu aidant, de demeurer ferme jusques à la fin. Et quant à ce qu'il recouroit ainsi aux jugemens des suppôts du pape, il disoit que ce n'estoit aucunement pour approuver leur église, ny aussi pour prolonger sa vie par subterfuges ; mais pour avoir par ce moyen d'autant plus d'opportunité de faire cognoistre sa religion, et profiter en plusieurs lieux, autant qu'il pourroit : et à fin d'oster toute occasion de penser qu'il se précipitast, et qu'il fust cause de sa mort devant le temps, s'il oublioit quelque chose qui peust servir à sa justification. Car quant à luy il se sentoit si bien fortifié par la grace de Dieu, que l'heure de sa mort luy estoit chose souhaitable, laquelle il attendoit avec toute joye. Cependant il s'escouloit beaucoup de temps, qui causoit au cardinal et aux ennemis de du Bourg un fort grand ennuy et despit, car ils n'avoyent rien plus recommandé.

Voila l'estat auquel estoyent réduits ceux de la religion, par ceste poursuite violente, accompagnée d'infinies captures qu'on faisoit par tous les endroits du royaume : de sorte que leur condition estoit empirée par la mort de Henry, plustost qu'amendée. Leur recours fut premièrement de prier Dieu, et en second lieu d'envoyer devers le prince de Condé, la dame de Roye sa belle-mère, et l'admiral, non ennemis de la religion, et qui estoyent lors à la cour, à Villiers-Coste-Rets, pour les supplier d'avoir pitié d'eux, prendre leur cause en main, et tant faire envers la royne mère, qu'ils fussent ouïs en leurs justifications, en quoy ils avoyent espérance, parce qu'elle leur avoit fait auparavant quelque démonstration de bonne volonté, et promis, vivant Henry, la faire cognoistre si elle en avoit le moyen. Ces personnages, combien qu'ils n'eussent lors grande authorité, promirent toutesfois de s'employer selon leur pouvoir, pour tant faire qu'ils fussent ouïs. Toutesfois leur avis estoit qu'ils escrivissent à ladite dame, ce qui fut fait. La lettre portoit que : « vivant le feu roy Henry, et de long temps, ils avoyent beaucoup espéré de sa douceur et bénignité, en sorte qu'outre les prières qui se faisoyent ordinairement pour la prospérité du roy, ils prioyent Dieu particulièrement qu'il luy pleust la fortifier tellement en son esprit, qu'elle peust servir d'une seconde Esther. Mais que présentement, puis qu'elle estoit mère de roy, qui luy remettoit du tout ses afaires, ils avoyent conceu meilleure espérance, et s'addressoyent à elle, pour la supplier très-humblement les faire jouir des fruits de leur attente, et ne permettre ce nouveau règne estre souillé du sang innocent, lequel avoit tant crié devant Dieu, qu'on s'estoit bien peu appercevoir son ire avoir esté embrasée : pour laquelle esteindre il n'y avoit autre moyen que de donner relasche aux pauvres affligez, et les escouter en leurs justifications. En quoy faisant, Dieu prendroit le soin de ses enfans et d'elle, et augmenteroit leur règne en toute prospérité. » Ceste dame, qui d'un costé se voyoit le chemin ouvert pour establir son authorité de plus en plus, tant pource qu'on s'addressoit à elle, que pour le moyen qu'on luy donnoit de savoir tous les secrets de ceux de la religion, fust pour les ruiner par eux-mesmes, ou pour les avoir à sa dévotion en un besoin, usa d'une merveilleuse ruse en cest endroit. Car, feignant en premier lieu (comme elle a tousjours fait) qu'elle estoit irritée de ce que la mort de son feu seigneur et mari luy estoit ramentue de telle façon : « Hélas, dit-elle, de quoy est-ce qu'on me menace? Car comment pourroit Dieu me faire pis qu'il a fait, m'ayant osté ce que je prisois et aimois le plus? » Toutesfois peu après, comme aucunement rappaisée, elle leur donna plus gracieuse response, promettant au prince, à la belle mère d'iceluy et à l'admiral, de faire cesser la persécution, pourveu qu'on ne s'assemblast, et que chacun vescust secrètement, et sans scandale. Ce qui l'esmeut à cela, ce furent certaines lettres et remonstrances à elle envoyées le 26 d'aoust par un gentil-homme qui avoit servi la feue royne de Navarre, qui se sous-scrivit Villemadon, auquel ladicte dame avoit autresfois privément conféré de ses afaires, et mesme des points de la religion. En ces lettres il luy ramentevoit comme du temps de sa stérilité il n'avoit tenu à ceux là mesme desquels maintenant elle s'asseuroit, qu'elle ne fust répudiée, et que lors elle avoit eu son recours à Dieu, lisant et goustant sa parole et chantant avec grand plaisir les psaumes traduits en rime françoise, entre lesquels elle avoit choisi comme pour soy le 141, encore qu'il ne fust de la traduction de Marot, commençant ainsi :

> Vers l'Eternel, des oppressez le père,
> Je m'en iray, luy monstrant l'impropère (1)
> Que l'on me fait, et luy feray prière
> A haute voix, qu'il ne jette en arrière
> Mes piteux cris, car en luy seul j'espère.

Environ lequel temps, Dieu luy avoit donné son fils

(1) L'affront.

aisné que plusieurs autres enfans avoyent suyvi. Il vouloit
aussi qu'il luy souvînt comme le cardinal avoit mis en usage,
au lieu des psaumes, certains vers lascifs et impudiques
d'Horace et autres poètes infâmes, depuis lequel changement tant de malheurs luy estoyent advenus les uns sur
les autres : et l'exhortoit finalement, si elle ne vouloit
tomber du tout en ruine avec l'estat du royaume, à se
desfaire de tels monstres d'hommes, et n'endurer que ceux
qui n'estoyent de la maison, et n'avoyent aucune part en
l'héritage, occupassent par dol et violence la puissance du
roy et d'elle, et que, sous ombre du nom du roy et d'elle,
ils saccageassent et meurtrissent les enfans et légitimes
peuples du royaume, reculant et mettant sous les pieds les
princes du sang; mais qu'au contraire elle fist que tout
allast selon l'eslection de Dieu, et que les princes du sang,
qui estoyent leurs meilleurs et plus fidèles serviteurs, luy
fussent en honneur : finalement qu'elle advisast de conduire
ses enfans en la voye du bon roy Josias. Voila, dis-je, la
lettre de Villemadon qui esmeut grandement la royne mère
à penser à ses afaires, conjecturant que les princes du sang
n'estoyent ainsi mis en avant, qu'ils ne fissent jouer ce jeu
aux autres, ce qui pourroit rendre la partie forte où elle ne
gagneroit rien, si elle tenoit trop roide d'un costé. Et pourtant, délibérant sous main d'entretenir en quelque opinion
de soy, tant les princes que ceux de la religion, et s'adressant pour cest effect à madame de Montpensier qu'elle savoit
estre aucunement de leur party, et qui estoit au reste de
ses plus privées amies, elle fit semblant de se plaindre de
ce gouvernement qu'elle appeloit tyrannique, comme estant
transporté aux étrangers, se plaignant du reculement du
connestable, et du mespris auquel elle se voyoit; promit
avec le temps toute faveur à ces pauvres gens : bref, elle fit
en sorte qu'ils la pensoyent tenir à leur dévotion, dont

nous verrons les contraires effects cy après. Je viens maintenant aux autres afaires de l'estat.

Ceux de Guise, non contens encore de se voir si haut eslevez, s'ils n'avoyent du tout terrassé ceux qui leur pouvoyent faire teste, s'advisèrent, pour y parvenir, d'un moyen qui pourroit mesme les faire trouver fort songneux du public, et par conséquent rendre leur gouvernement agréable au commun, faisant lettres de révocation de toutes aliénations faites tant à vie qu'à temps, fust pour récompense de services ou autrement, excepté les venditions dont les deniers avoyent esté employez aux grandes et urgentes afaires du roy, sans aucun desguisement, et l'appanage et usufruict des duchesses de Savoye et de Ferrare, filles de France, et la dot de la feue royne Léonor, duquel jouissoit Marie, infante de Portugal. Le reste réuni au domaine et receptes ordinaires dudit sieur : chose qui despleut grandement à beaucoup de princes, grands seigneurs et personnes notables qui se voyoyent frustrez de leurs bienfaits : voire et d'autant plus que ces gouverneurs et leurs favoris avoyent telles lettres de déclaration qu'ils vouloyent.

J'ay dit cy devant comme le connestable, sentant approcher la mort de Henry, avoit envoyé au roy de Navarre, pour incontinent s'acheminer à la cour, afin de se saisir de bonne heure du gouvernement du royaume, avant que ceux de Guise s'en fussent du tout emparez. Mais ce prince, peu désireux d'honneurs et de maniemens d'afaires, n'en fut autrement esmeu. Il se souvenoit aussi que le connestable avoit eu fort peu d'esgard à luy au traicté de la paix dernière, et pourtant n'osoit encore se fier en luy, et craignoit que ce message fust plustost pour sonder son intention, que pour bien qu'il luy voulust. Parquoy il ne se hasta aucunement, et donna loisir aux autres de s'insinuer en son lieu. Mais se sentant continuellement resveillé par son frère le prince de Condé, celuy de la Roche-sur-Yon, et autres grands seigneurs, il y entendit de plus près, joint qu'on remonstroit la conséquence qui s'en pourroit ensuivre à eux et leur postérité, outre le mauvais exemple qu'il laisseroit pour l'avenir, et le reproche qu'il auroit à jamais d'avoir laissé le gouvernement du royaume aux estrangers, l'avarice et ambition desquels estoient tellement cogniies, qu'ils ne se contenteroyent de telle authorité au royaume, puis que le ciel et la terre n'estoyent suffisans à les saouler. A quoy on adjoustoit que ce remuement de toutes choses, et principalement des gouverneurs des provinces et villes de frontière (considérée l'indisposition du roy, et qu'ils manioyent les finances à leur gré, rangeoyent la justice à leur dévotion, et commandoyent seuls aux forces) présageoit quelque plus triste changement.

Ayant donc communiqué ceste afaire à ceux de son conseil (les principaux desquels estoyent Jarnac, l'évesque de Mende, bastard du feu chancelier Duprat, maistre des requestes de la maison du roy, et chef dudit conseil, d'Escars son chambellan, principal favori, et auquel il déceloit tous ses afaires et secrets (comme aussi ce d'Escars faisoit les messages d'amy), et Bouchart, aussi maistre des requestes du roy et chancelier dudit sieur), eux voyant une chose de laquelle il ne leur pouvoit que bien advenir si elle sortoit son effect, (comme on les asseuroit, s'ils se hastoyent avant que les autres eussent loisir de prendre pied et terre ferme au maniement des afaires), luy donnèrent conseil de s'acheminer à la cour le plus diligemment qu'il seroit possible, et d'amener le plus grand nombre de gentilshommes qu'il pourroit, afin que s'il y avoit quelque résistance, comme elle estoit à craindre du costé du duc de Guise, homme de cœur et hazardeux, ils se pussent aider de ses Gascons attendant que plus grand renfort luy vinst, s'il en estoit besoin. Mais la chose ne fut plustost conclue que ceux de Guise n'en fussent advertis par d'Escars, qui vouloit avoir deux cordes en son arc, et avoit tousjours fait mestier et marchandise du secret de son maistre. Cela les fit estonner du commencement, et se tenir sur leurs gardes, faisant faire un édit avec plus estroites défenses que jamais, de porter armes et pistoles, sur peine de la vie. Et au lieu qu'ils s'estoyent rendus difficiles et de nul accès, quand ils virent qu'ils avoyent afaire d'hommes, ils commencèrent à caresser et appeller les gens de service, et à leur promettre de grands biens pour tenir leur parti. Ils ne faillirent aussi d'envoyer secrètement vers d'Escars et Mende, pour les prier de destourner leur maistre de son entreprise. Pour ce faire, l'un avoit promesse d'estre conseiller au privé conseil, et d'entrer aux affaires, et l'autre d'estre chevalier de l'ordre (1) avec cinquante hommes d'armes, outre plusieurs autres grands biens qui leur estoyent promis ; lesquels estats ils pourroient accepter (disoyent ceux de Guise) sans que leur maistre s'en doutast. D'autant que c'estoit la coustume en France, d'avancer près des rois les favoris des princes, et que ledit seigneur leur maistre penseroit par ce moyen estre grandement gratifié de voir en honneur ses deux spéciaux serviteurs.

D'Escars donc et Mende, qui estoyent rangez à ces promesses, venans à la cour avec leur maistre, lequel avoit à sa suite nombre de gentilshommes d'eslite, petit à petit commencèrent à mettre de l'eau en son vin, et sans le sceu de Jarnac, luy mirent en avant, qu'il se falloit meurement et sagement conduire en une afaire de si grande conséquence: et ce d'autant plus que les faits de feu monsieur de Bourbon

---

(1) De Saint-Michel.

luy estoyent et devoyent estre comme un clair miroir. Davantage, ils luy ramentevoyent qu'il avoit à perdre, et que ses ennemis ne cherchoyent que nouvelle occasion de luy courir sus : comme en semblable le roy d'Espagne l'espioit de si près, que s'il luy advenoit de rien entreprendre par force (sur tout y estant entremeslé le fait de la religion), il se pouvoit asseurer d'estre aisément destruit sans espérance de ressource à luy ny aux siens, lesquels avoyent les reins trop foibles pour entreprendre telle chose. A ceste occasion, doncques, leur advis estoit que plustost il taschast d'avoir par douceur la faveur qu'il pourroit que de rien hazarder par trop haut entreprendre ; et qu'il devoit estre tellement clos et fermé en cela, que cependant nul ne sceust sa conception, entretenant ceux de la religion en telle espérance que quelquefois il leur aidast et parlast pour eux, en ce qui ne luy pourroit porter nuisance, leur baillant entre deux vertes une meure, afin que s'il estoit pressé, il se peust prévaloir de leur secours, si on le recerchoit de trop près ; mais qu'il falloit sur tout qu'il gardast de se laisser aller à quelque autre remonstrance, tant bien coulourée fust elle, et quoy qu'on luy sceust amener au contraire. « Car, disoyent-ils, sire, c'est la manière de faire de ceux qui se trouvent offensez, de chercher par tous moyens la vengeance, et se munir de grandes et hautes remonstrances, persuasives et pleines d'affections, pour parvenir à leurs desseings. Tout ainsi que ceux qui veulent esbranler et mettre bas un rocher font provision et préparent toutes les machines nécessaires. » Voilà comme ce prince, autrement peu eschaufé, fut entièrement refroidy. Estant donc arrivé à Poitiers, il monstroit avoir le meilleur courage du monde, qui fit que beaucoup de grands seigneurs et princes luy allèrent au-devant, et entre autres le prince de la Roche-sur-Yon.

Les ministres aussi des principales villes du royaume, et

spécialement de Paris, Orléans et Tours, le vindrent trouver, lesquels il receut bénignement, et entendit leurs remonstrances tant en général qu'en particulier. Le sommaire d'icelles estoit que Dieu ne l'avoit pas seulement délivré de la main de ses ennemis pour son bien et profit particulier, mais aussi l'avoit miraculeusement conservé par sa providence pour maintenir et défendre la vraye et pure religion, accablée par les ennemis de vérité; et pour establir en France le vray et pur service de Dieu, à quoy il devoit entendre, puisque de droict il avoit esté appelé au gouvernement du royaume pendant la minorité du roy. A ceste occasion, et puisqu'il apparoissoit manifestement que Dieu l'avoit choisi et esleu pour réparer les ruines de son Église, ils n'avoyent peu moins faire pour le devoir de leurs charges, que d'aller devers sa majesté, luy remonstrer ce grand et inestimable bénéfice de Dieu, afin qu'en vraye recognoissance d'iceluy, il quittast entièrement l'idolatrie et faux service qui régnoit encore en sa maison; et qu'au lieu d'iceluy il establit la vraye religion et piété, laquelle il ne devoit plus tenir cachée, puis que Dieu luy avoit baillé si bon et asseuré tesmoignage de son assistance : comme aussi il se devoit entièrement reposer sur la providence d'iceluy, pour n'estre abandonné de luy en si saincte entreprise. Ils disoyent davantage que tous les fidèles chrestiens de France qui avoyent embrassé la réformation de l'Évangile avoyent les yeux fichez sur luy, et s'attendoyent par son moyen d'obtenir quelques bonnes trèves et relasche de l'oppression continuelle par eux soufferte depuis quarante ans ; et qu'au lieu que toute défense et audience leur avoit esté jusques alors desniée, il les feroit ouïr en leurs justifications. Parquoy ils le supplioyent ne les frustrer d'une si bonne et saincte espérance, ains les faire jouir du fruit d'icelle. Autrement, il se pouvoit asseurer d'encourir l'ire de Dieu, lequel ne l'en laisseroit longuement impuni. Car tout ainsi qu'il l'avoit préservé miraculeusement pour l'employer à une si excellente charge, aussi le sauroit-il bien trouver pour le mettre en exemple de son juste jugement, s'il mesprisoit et desdaignoit un si grand bien.

Il donna sur cela bonne espérance, les asseurant qu'il n'alloit à la cour pour autre chose que pour pourvoir au fait de la religion et establir le pur service de Dieu ; car autrement il estoit si peu curieux d'honneurs et convoiteux de maniemens d'afaires, que le séjour en son pays, et la simple conduite de ses sujets luy estoit plus délectable. Bref, il les asseuroit de leur faire obtenir ce qu'ils demandoyent, et y employer tout son crédit et faveur sans rien desguiser. Que s'il n'abandonnoit sitost la messe, il prioit d'estre supporté : pource qu'en ce faisant il n'auroit plus de moyen de rien faire pour eux, comme desjà il estoit beaucoup soupçonné et scandalisé par ses ennemis. Ils répliquèrent que s'il vouloit avoir Dieu propice et favorable, il ne falloit marchander avec lui, et qu'il avoit assez cognu son assistance, sans en douter pour plus longuement temporiser.

Estant approché de la cour, il envoya son mareschal des logis et fourriers à Sainct-Germain-en-Laye préparer ses logis, qui se monstrèrent assez fascheux, d'autant qu'on ne leur bailloit chambres au chasteau, selon la grandeur de leur maistre, et au village encor moins de quartier pour sa suite. Mais pource (comme dit a esté) que ceux de Guise se tenoyent asseurez qu'il n'entreprendroit rien de nouveau, ils tindrent peu de compte des remonstrances de son mareschal, ains le renvoyèrent avec paroles hautaines, voire jusques à estre dit par le duc de Guise, qu'il luy cousteroit la vie et de dix mille hommes avec, avant qu'on luy ostast le lieu et le logis que le roy luy avoit baillé près sa personne. Et ainsi ne craignirent ceux de Guise de faire cognoistre leur authorité, avec le mespris du Navarrois, en sorte que ses gens furent contrains de retourner au-devant de luy sans avoir logis; ce qu'ayant entendu, il fit démonstration de quelque mescontentement, mais pour cela il n'en fut autre chose.

Les roys de France ont ceste coustume en leur grandeur, que voulant caresser quelques princes ou seigneurs leurs favoris, sachant l'heure qu'ils doivent arriver, ils leur vont au devant par courtoisie, feignant aller à la chasse et les rencontrer d'aventure, ce qui est estimé pour l'un des plus grands honneurs et faveurs; car, à la veue de tous, le roy retournant les entretient de propos amiables. Les dames font aussi le plus souvent le pareil. Mais rien de tout ceci ne fut fait au roy de Navarre, quelque espérance qu'on luy en eust donnée. Ains le roy fut mené par le duc de Guise à la chasse par chemins tout contraires. Et ainsi le Navarrois arriva au chasteau, sans que nul luy fust au devant de tous les courtisans, où il trouva son logis tant peu préparé que ses coffres estoyent en pleine cour, sans qu'on sceust où les ranger hors du chemin des passans.

Descendu de cheval, il alla droit en la chambre de la royne mère, où estoit le cardinal de Lorraine, lequel ne s'esmeut ni avança d'un seul pas pour luy aller au devant. Au contraire, il souffrit qu'il le vînt cercher et caresser, après avoir fait la révérence à ladite dame: encore le receut-il assez estrangement, dequoy plusieurs s'esmerveilloyent, d'autant qu'ils n'attendoyent rien moins, que ce prince se voulust ainsi abaisser, mesme au temps qu'il sembloit devoir commander à tous. Il eut le mesme recueil à la venue du roy. Car luy ayant esté au devant jusques à l'entrée du chasteau, et fait la révérence, ceux de Guise tindrent si bonne mine, que nul ne s'avança: mais ce fut à luy de les aller embrasser: ce qu'estant remarqué, chacun en parloit diversement: et sur tout, cela despleut aux gentilshommes de sa suite, cuidans que ce fust faute de cœur, à l'occasion dequoy la pluspart se retira à Paris : car aussi n'avoyent-ils point de logis à la cour. Les autres estimèrent cecy avoir esté fait par le roy de Navarre selon la coustume des courtisans, qui reculent pour mieux sauter, et rient coustumièrement à ceux qu'ils voudroyent avoir baisé morts; et que c'estoit pour mieux pourvoir à ses afaires, et les conduire doucement, et par grande prudence. Et pource que ses gens luy allèrent ramentevoir qu'il n'y avoit point encore de chambre au chasteau pour luy, et qu'on ne savoit où retirer ses hardes, le mareschal Sainct-André, là présent, luy offrit la sienne; ce qu'il accepta contre l'espérance de l'autre.

Le lendemain, il s'attendoit qu'on l'envoyeroit quérir pour se trouver au conseil des afaires : néanmoins, il en fut deceu, et encore moins envoya lon voir qu'il faisoit. Parquoy Jarnac et autres seigneurs des siens prindrent de là occasion de l'esguillonner, d'autant qu'on luy bailloit matière de se plaindre en toutes sortes : mais il les remettoit de jour à autre, les paissant d'espérances : Et encor qu'ils luy remonstrassent qu'à *l'enfourner se font les pains cornus,* que ses adversaires se fortifioyent et s'enorgueillissoyent de sa longueur, que son authorité en diminuoit envers tous les estrangers qui voyoyent telles indignitez, et qu'autrement il luy eust esté meilleur de demeurer en ses pays, où estant loin on l'eust tousjours redouté, il advouoit bien toutes ces choses, leur promettant faire merveilles; mais ils n'avoyent les talons plustost tournez, que l'autre conseil ne l'arrestast tout court, en sorte que venant devant ceux de Guise, il leur faisoit d'autant plus de caresses et courtoisies, qu'ils se monstroyent rudes et difficiles en son endroit.

Finalement, au bout de trois ou quatre jours, le roy le retira à part, et luy tint les mesmes ou semblables propos qu'au connestable, pour le regard du maniement de ses afaires, lesquelles il avoit entièrement remises en ses oncles le cardinal et duc de Guise son frère : en sorte que qui luy voudroit complaire, il falloit leur obéir en tout et par tout, comme à luy-mesme. Et quant à luy, il entendoit qu'il eust les mesmes pensions et estats qu'il avoit du vivant du feu roy son père, le priant de s'y porter, comme il avoit tousjours fait, et que quand il viendroit à la cour, il seroit tousjours le bien venu.

Le roy de Navarre ne luy fit autre response, sinon qu'il seroit bien aise de voir ses afaires tousjours conduites par bon conseil, le remerciant de la bonne volonté qu'il luy portoit; aussi n'avoit-il en son royaume un plus affectionné et fidèle parent que luy, et qu'il feroit tousjours cognoistre par effect le désir qu'il avoit de luy faire service. Ayant déclaré ces propos aux gentils-hommes qui le suivoyent, chacun jugea qu'il n'entreprendroit rien, puisqu'il avoit laissé escouler tant de belles occasions. Parquoy voyant le mauvais visage qu'on faisoit aux uns, et les menaces faites aux autres, plusieurs grands seigneurs se retirèrent : entre lesquels Jarnac, homme fort advisé, estant du nombre des menacez, trouva moyen de se racointer avec ceux de Guise, qui ne s'y monstrèrent difficiles, en sorte qu'abandonnant ce premier parti, il servit à l'autre. Ce qui fut trouvé estrange, attendu qu'il estoit retenu et advoué pour parent de la maison de Vendosme ; mais il s'excusoit sur ce qu'il n'estoit asseuré d'estre maintenu par le Navarrois, qui, se voyant de jour à autre mesprisé de ses adversaires, et abandonné des siens, faisoit tout ce qu'il pouvoit pour les retenir et contenter, alléguant que ce n'estoit faute de bonne volonté, mais que la cour luy estoit contraire, et qu'il n'avoit trouvé aucun qui voulust prendre son party, parquoy il attendoit la venue du connestable et de l'admiral. Mais quand ces seigneurs eurent entendu comme il s'estoit porté mollement aux moindres choses, craignant qu'il fist le mesme aux plus grandes et principales, ils ne s'avancèrent d'aller à la cour.

Ayant donc séjourné quelques jours, il print congé du roy pour aller à Sainct-Denis, faire le deuil du feu roy, selon leur coustume. Lequel accompli par quelques jours en grande solennité, appareil et despense superflue, il print la route de Paris, là où, acompagné de son frère le prince de Condé et de peu de gens, il alloit secrètement par les maisons, sonder la volonté, et prendre l'advis de ceux des présidents et conseillers qu'il cognoissoit ses plus affectionnez, pour savoir comme il se devroit conduire, tant à demander le lieu qui luy appartenoit en la cour, que à faire assembler les estats, selon l'ancienne coustume. Mais il trouva les uns froids et mal disposez, les autres du tout contraires, et les autres pleins d'excuses, sur la crainte qu'ils avoyent de la violence de ceux de Guise : si que le peu de chaleur qui luy estoit resté fut incontinent esteint, en sorte qu'il se proposa de tout laisser. Toutesfois il ne peut manier ses afaires si secrètement que ceux de Guise n'en fussent advertis, ensemble de ceste dernière résolution, dont leur orgueil s'enfla davantage, espérant, ce coup rompu, que tout leur iroit à souhait, puisque ce prince n'avoit peu rien obtenir de ce parlement, lequel ils avoyent tant gourmandé, qu'ils doutoyent de sa bonne volonté, et craignoyent qu'il ne cerchast occasion de revanche : partant, afin que leur authorité fust du tout confermée, selon leur advis, et que rien ne défaillist pour ceste afaire, ils arrestèrent incontinent de sacrer le roy, d'autant qu'asseurant son estat en la présence de tous, jusques au premier prince du sang, qu'ils avoyent ainsi aisément dompté, c'estoit asseurer leur authorité. Le sacre donc fut fait avec toutes les anciennes cérémonies, par le cardinal de Lorraine, archevesque de Reims, en la présence du roy de Navarre, et de tous autres, desquels on se servoit comme de personnages à jouer une farce : mais c'estoit à bon escient qu'on se jouoit du connestable, à l'endroit duquel la royne mère fut si impudente, qu'elle se servit mesme de deux de ses nepveux, à savoir du cardinal de Chastillon et de l'admiral, pour luy persuader de résigner son estat de grand maistre au duc de Guise, auquel toutesfois l'année précédente le roy Henry l'avoit rudement refusé, quand après les nopces du roy, lors dauphin, avec sa niepce royne d'Ecosse, il avoit bien esté si outrecuidé de demander cest estat, sous ombre qu'en ces nopces il avoit servi de grand maistre, estant le connestable et grand maistre lors prisonnier entre les mains du roy d'Espagne : demande à la vérité par trop indigne et pleine d'impudence. Mais à ce coup il trouva qu'il fist ce message pour luy : pource, disoit la royne, que cest estat est aussi bien inutile au connestable, et que ce sera un moyen de faire ces seigneurs bons amis, joinct qu'on baillera pour récompense à son fils aisné, un estat de mareschal de France : qui fut l'amorce qui fit recevoir ceste commission aux deux des susdits. Le connestable, qui savoit devant tous ces jeunes courtisans ce que cela valoit, trouva ceste procédure mauvaise au commencement, mais finalement, se laissant aller à cest eschange, auquel sa maison ne perdoit rien, résigna bien l'estat de grand maistre entre les mains du roy, mais purement et simplement, et non en faveur dudict de Guise, déclarant assez qu'il ne cédoit en rien à son adversaire, ains qu'il obéissoit à son roy avec récompense très-honorable, se monstrant trop plus généreux en peu, qu'un plus grand que luy n'avoit fait en beaucoup. Et sceut d'abondant si bien pourvoir à ses afaires que, sans se fier à une expectative de cour, son fils aisné tout ensemble fut pourveu d'estat de mareschal, extraordinairement establi, avec suppression du premier estat de mareschal qui vaqueroit.

L'amiral, nepveu dudit connestable, allant au sacre du roy, qu'il trouva à Nantueil, maison aussi loyalement appartenant au duc de Guise que plusieurs autres, avoit cuidé estre surpris par une estrange ruse d'iceluy de Guise, lequel, pour le mettre en mauvais mesnage avec le prince de Condé, qui avoit espousé sa niepce Léonor de Roye, la perle des princesses de nostre temps, lui fit entendre, comme s'il n'eust encore oublié leur ancienne amitié, que le prince avoit pourchassé de le despouiller du gouvernement de Picardie : ce que n'ayant creu l'amiral, et mesme depuis ayant cognu estre faux, par ce que le prince mesme luy en dit, il délibéra de se défaire de ce gouvernement, prévoyant que ledit de Guise prétendoit, n'ayant peu parvenir à son premier dessein, à luy faire recevoir une honte, ne luy faisant fournir ce qui estoit requis pour les fortifications de la frontière de Picardie ; afin que le roy, visitant ses places, en prinst occasion de l'en démettre avec quelque note de déshonneur. Voilà pourquoy, voulant aussi gratifier le prince de Condé, duquel il estoit si proche allié, il résolut de s'en défaire. Ce qu'ayant fait entendre au roy, et pareillement à la royne sa mère, d'autant, disoit-il, que son autre charge d'amiral estoit plus que suffisante pour l'occuper ; luy remonstrant aussi combien ce gouvernement seroit bien séant au prince de Condé, comme originaire du païs, de si long temps gouverné par ses prédécesseurs. Cela fut trouvé bien fort estrange, attendu que les autres courtisans, tout au contraire, avoyent acoustumé de demander estat sur estat. Et de fait la royne mère luy portoit affection, pour le cognoistre homme rond, pour s'en servir sans craindre aucunement qu'il entreprinst rien par ambition, dont elle le cognoissoit estre du tout vuide, joint que elle estoit contente aussi d'avoir toujours deux cordes en son arc, et de tenir bridée l'authorité qu'elle donnoit à ceux de Guise. Il fut donc à la fin prins au mot quant à la résignation de son estat, mais non quant à en pourvoir le prince, quelque poursuite que luy mesme en fist : car le mareschal de Brissac en fut acheté par ceux de Guise, au soustenement desquels dès ceste heure là il se dédia.

Ce qui pressoit le plus ceux de Guise estoit que nonobstant leurs menaces d'un costé, et leurs pratiques de l'autre, ils ne pouvoyent empescher qu'on ne commençast à murmurer contre eux tout ouvertement, témoin un escrit en rime, qui fut semé entre autres contre Charles de Lorraine, cardinal, et que j'ai bien voulu insérer mot à mot, d'autant qu'il m'a semblé assez bien basti.

> Ami, ne trouve pas estrange,
> Si en allant au pont au Change,
> Pour escus, ducas et salus,
> On te paye d'un Carolus.

> Car l'on peut voir l'heur de ce règne
> Ou si bonne police règne,
> Que tel qu'on estimoit le plus,
> Est subjet à un Carolus.

> On voit mathématiciens,
> Les plus doctes musiciens,
> Ménestriers et sonneurs de luths,
> Sé donner à un Carolus.

> D'honneurs les plus ambitieux,
> Ou de biens avaricieux,
> Les plus avides et goulus,
> Sont gorgez par un Carolus.

Ceux qui ont ès règnes passez,
Force grands thrésors amassez,
Afin que l'on n'en gronde plus,
Les laissent à un Carolus.

Tel, au rang des plus grands seigneurs,
Départoit faveurs et honneurs,
Qui est en sa maison reclus,
Pour n'avoir pas un Carolus.

Le riche à force de ducas,
Ne fera pas si bien son cas
Que feront les plus trupelus (1),
S'ils ont pour eux un Carolus.

L'estranger ou le domestique,
Fugitif pour quelque pratique,
Recouvre honneurs et biens tollus (2),
S'il peut chevir (3) d'un Carolus.

Si vous voulez, sans oiseleurs,
Des oyseaux de toutes couleurs
Prendre bien mieux qu'avec la glus,
Il ne vous faut qu'un Carolus.

Les inventeurs de tous malheurs,
Les larrons et plus grands voleurs,
Et les gens les plus dissolus,
Sont maintenus d'un Carolus.

Ne pensez pas aller en cour,
Pour faire aux grands seigneurs la cour :

(1) Enjoués, plaisans.
(2) Enlevés.
(3) Jouir.

Car de faveurs serez exclus,
Si vous n'avez un Carolus.

Pour au roy demander office,
Quelque estat, ou bien bénéfice,
Il n'y a rien qui serve plus
Qu'avoir en main le Carolus.

Tous contracts, accords et traictez,
Quelques sermens qu'on ait prestez,
Sont facilement résolus (1),
Ayant en main le Carolus.

La loy, le droit et l'ordonnance
De Dieu, n'ont lieu en notre France :
Car mesme les arrests conclus,
Sont rescindez d'un Carolus

Bref, amy, pour le faire court,
Je t'asseure qu'au temps qui court,
Trois as ne font point tant au flus,
Que fait en France un Carolus.

Tels escrits firent penser à la royne mère et à ceux de Guise, qu'il falloit s'acquérir des faveurs partout, qui fut cause que tout d'une volée on fit dix-huit chevaliers de l'ordre, et la plus part d'apparence, si on fait comparaison d'iceux avec la canaille qui y a depuis esté receue indifféremment : et toutesfois dès-lors commença ce dicton, que le colier de l'ordre (jadis tesmoignage de chevalerie bien esprouvée et sans reproche) estoit devenu un colier à toustes bestes : se riant la Florentine de tout le respect de l'ancienne noblesse françoyse, qu'elle deffaisoit par elle-mesme. Mais ce qui les tourmentoit le plus, c'estoit ce nom des trois

---

(1) Rompus.

estats, la vraye bride de la tyrannie, desquels estats il se parloit fort. Pour y remédier de bonne heure, ils donnoyent à entendre au roy, que quiconque parloit de convoquer les estats estoit son ennemi mortel, et coulpable de lèse majesté. Car donnant ceste ouverture, son peuple voudroit bailler la loy à celuy duquel ils la doyvent prendre, et seroit son conseil tellement changé que on le tiendroit à jamais comme sous la verge : tellement qu'il ne luy resteroit rien d'un roy, sinon le tiltre seulement. Bref, que cela seroit faire injure à sa prudence de luy vouloir bailler tuteurs et curateurs, veu qu'il avoit déjà assez d'âge et d'expérience pour gouverner et soy et son peuple, et cognoistre si ceux de son conseil se porteroyent bien et droictement. Partant, il ne le devoit aucunement souffrir, non plus que les pratiques et menées que les princes faisoyent pour avancer ceste afaire : en quoy ils estoyent soustenus et sollicitez des hérétiques, pour l'espérance qu'ils changeroyent la religion de l'Église romaine et de ses Pères, à la mode des nouveaux chrestiens : mais s'il les vouloit croire qu'ils avoyent bien le moyen de chastier leur témérité. Quant à la royne, elle estoit en mesme ou plus grande peine, présupposant que si les loix du royaume avoyent lieu, elle seroit réduite à telle raison que d'avoir simplement la garde des personnes de ses enfans pupilles, sans maniement d'un seul denier qui ne passat par l'avis du conseil, ramassé de tous les coins du royaume, et lequel ne la respecteroit aucunement, mais luy tiendroit la bride si courte que condition ne luy pourroit avenir plus contraire à son authorité et grandeur, laquelle ceux de Guise promettoyent bien maintenir, si elle les portoit aussi de sa part ès charges que le roy leur avoit baillées, ce qu'elle leur promit estroitement. Et de faict, outre les menées secrettes tendantes à ce que, si force estoit que ceste assemblée se fist, comme il y fallut venir à la fin, ce fust tout au rebours de l'intention de ceux qui la demandoyent; au mesme temps qu'elle faisoit bon visage aux princes, et entretenoit ceux de la religion de bonnes espérances, elle en escrivit à bon escient au roy d'Espagne son gendre : se plaignant du roy de Navarre et des princes, comme la voulant, par le moyen desdits estats, réduire à la condition d'une chambrière, et troubler les afaires du royaume, qu'elle disoit estre autrement bien disposées. Cela fut cause, que ledit sieur roy d'Espagne, pour rompre de bonne heure tels desseins, escrivit une lettre au roy son frère (qui fut leue en plein conseil, et au nez du roy de Navarre) par laquelle il luy mandoit avoir entendu, qu'aucuns mutins et rebelles s'efforçoyent d'esmouvoir des troubles, pour changer le gouvernement du royaume, qui avoit esté si sagement establi, de bon nombre de conseillers, par le feu roy Henry son bon frère et beau-père, et comme si le roy son beau-frère n'estoit capable de luy-mesme l'administrer, et en bailler la charge à ceux que bon luy sembleroit, sans y interposer autre consentement, ne recevoir loy de ses sujets, ce qu'il ne devoit aucunement souffrir; que de sa part, il employeroit volontiers toutes ses forces à maintenir l'authorité d'iceluy et de ses ministres : voire luy cousteroit sa vie, et à quarante mille hommes qu'il avoit tous prests, si aucun estoit si hardi d'attenter au contraire. Car il luy portoit telle affection, disoit-il, qu'il se déclaroit tuteur et protecteur de luy et de son royaume, comme aussi de ses afaires, lesquelles il n'avoit en moindre recommandation que les siennes propres. Sur cela, le roy de Navarre, combien que d'ailleurs il eust jà conclu de ne rien entreprendre, et qu'il fust certainement adverti que cette menée estoit faite exprès pour le tenir en crainte, et que le roy d'Espagne avoit assez de besongne taillée en la guerre d'Afrique qu'il alloit entreprendre, fut tellement intimidé, que pour vivre et avoir paix, il alloit recerchant ceux de Guise, leur faisant la cour (si ainsi faut dire) plus que jamais : comme aussi de leur part, ils savoyent bien tenir leur gravité, feignant se soucier peu de ce prince, lequel sentant le roy Philippe avoir fait voile en Espagne, et craignant qu'il entreprist quelque chose sur ses pays, cerchoit toutes occasions de s'en retourner en Béarn : ce que sachant ceux de la religion, ils le sommèrent de promesse avant son partement : mais il ne dit ni fit rien pour eux.

Quant à ce partement du roy d'Espagne, il en va ainsi. S'estant trouvé victorieux par tant d'exploits, et par une paix si avantageuse sur la France, il se proposa de tenter fortune contre le Turc, et d'essayer d'estendre les bornes de sa domination ès parties de l'Afrique. Pour quoy faire, ayant levé une forte et puissante armée, de l'eslite de ses vieilles bandes, et tiré à soy quelques vieux soldats françois, sous l'espérance de les faire riches, il les envoya par la voye de l'Italie s'embarquer à Gênes, afin d'aller droit en Afrique, et luy de sa part se mit sur l'Océan, tant pour estre plustost en Espagne, afin de pourvoir au reste de ses afaires, que pour ne se vouloir fier au François, en demandant passage par le royaume. Estant donc embarqué avec grand nombre de navires, et toutes les plus précieuses bagues et joyaux que le feu empereur Charles cinquiesme, son père, avoit peu acquérir en toute l'Allemagne et l'Italie, durant son règne et magnificence, avec les riches tapisseries et ornements qui avoyent esté faits à grands frais et despens ès pays de Flandres; ainsi qu'il arrivoit au port de sainct Jacques en Galice, il s'esleva une tourmente si grande, que de tout ce magnifique équipage, amassé de si longue main et avecques tant de travaux, rien n'arriva à sauveté : ains fut la mer héritière de tous ces riches thrésors, à la veue des Espagnols, qui en menoyent un merveilleux dueil. Et quant à luy, ceste tourmente l'espargna si peu, qu'à peine peut-il mettre un pied dans une barque, que le navire dedans lequel il estoit n'enfonceast au profond de la mer, tant estoit grande la fureur d'icelle et des vents. En somme, le danger duquel il estoit sorty luy fit oublier une telle perte, disant tout haut qu'il cognoissoit que Dieu l'avoit réservé à ceste seule fin d'exterminer les luthériens, et croyoit que s'il n'eust eu ceste résolution et entière fermeté, que Dieu l'eust fait périr avec ses hardes. Ceux de la religion, au contraire, prenoyent cela à leur advantage, et disoyent que tout ainsi que Dieu avoit chastié le roy Henry, encor qu'il procédast contre eux par ignorance, et à l'appétit de certains cardinaux, aussi ce prince avoit eu cest advertissement pour se convertir à Dieu; sinon qu'il se pouvoit asseurer que c'estoit un commencement de douleurs, et que Dieu le sauroit bien trouver pour luy faire derechef sentir la pesanteur de son bras. Voilà quelle fut son arrivée en Espagne, présage de la ruine qui luy vint tost après en la guerre d'Afrique.

Il a ci devant esté fait mention des poursuites qu'on faisoit contre ceux de la religion, et comme l'on ne donnoit aucune relasche au conseiller du Bourg, ayant interjetté appel devant le primat de Lyon, qui lors estoit le cardinal de Tournon. Or, pour vuider cest appel, et afin que les juges déléguez dudit cardinal primat y peussent plus commodément vaquer, il fut remené en la bastille. Toutesfois les diligences du cardinal de Lorraine ne peurent tant faire que ceste afaire ne prist plus long traict qu'il ne vouloit, d'autant que sur ces entrefaites, et ainsi qu'on estoit après à recouvrer les mandats, survint le temps de vacations qui empescha que leur sentence ne peut estre confermée par la cour. Ceste poursuite précipitée fut cause que ceux de la religion de leur église de Paris escrivirent derechef à la royne mère : que sur son asseurance de faire cesser la persécution, ils s'estoyent de leur part contenus selon son désir, et avoyent faict leurs assemblées si petites que l'on ne s'en estoit comme point apperçeu, de peur qu'à ceste occasion elle ne fust importunée par leurs ennemis de leur courir sus de nouveau : mais qu'ils ne s'appercevoyent aucunement de l'effect de ceste promesse, ains sentoyent leur condition estre plus misérable que par le passé, et sembloit, veues les grandes poursuites contre du Bourg, qu'on n'en demandast que la peau, comme aussi ils avoyent entendu de bonne part ses ennemis s'en estre vantez. Quoy avenant, elle se pouvoit asseurer que Dieu ne laisseroit une telle iniquité impunie, veu qu'elle cognoissoit l'innocence d'iceluy, et que tout ainsi que Dieu avoit commencé à chastier le feu roy, elle pouvoit penser son bras estre encore levé pour parachever sa vengeance sur elle et ses enfans, et seroit le tesmoignage de son jugement si manifeste qu'il ne pourroit aucunement estre desguisé, ne dissimulé : que la procédure contre du Bourg se trouvoit de toutes personnes si estrange, que si on attentoit plus outre contre luy et les autres chrestiens, il y auroit grand danger de troubles et esmotions, et que les hommes, pressez par trop grande violence, ne ressemblassent aux eaux d'un estang, la chaussée duquel rompue, les eaux n'apportoyent par leur impétuosité que ruine et dommage aux terres voisines. Non que cela avinst par ceux qui, dessous leur ministère, avoyent embrassé la réformation de l'Evangile (car elle devoit attendre d'eux toute obéissance), mais pour ce qu'il y en avoit d'autres en plus grand nombre cent fois, qui cognoissant simplement les abus du pape et ne s'estant encore rangez à la discipline ecclésiastique, ne pourroyent souffrir la persécution : de quoy ils avoyent bien voulu l'advertir afin qu'avenant quelque meschef, elle ne pensast iceluy procéder d'eux.

La royne mère, trouvant ceste lettre fort aspre et dure, respondit aussi durement en ces propres termes : « Et bien, on me menace cuidant me faire peur, mais ils n'en sont pas encore où ils pensent. » Toutesfois, estant pourchassée et continuellement sollicitée par le prince de Condé, la dame de Roye (1) et l'amiral, et feignant de céder à leurs persuasions, disoit n'entendre rien en ceste doctrine, et que ce qui l'avoit paravant esmeue à leur désirer bien, estoit plustost une pitié et compassion naturelle qui accompagne volontiers les femmes, que pour estre autrement instruite et informée si leur doctrine estoit vraie ou fausse. Car quand elle considéroit ces pauvres gens estre ainsi cruellement meurtris, bruslez et tourmentez, non pour larrecin, volerie ou brigandage, mais simplement pour maintenir leurs opinions, et pour icelles aller à la mort comme aux nopces, elle estoit esmeue à croire qu'il y avoit quelque chose qui outre-passoit la raison naturelle. A ceste occasion elle désiroit de communiquer privément avec quelqu'un de leurs ministres, ce qui estoit venu par autre occasion. Le fait est tel : l'amiral la voyant souventes fois en grande détresse (ce sembloit) par la mort du roy Henry son mary ; entre autres propos, il l'admonestoit d'avoir recours à la prière, et se consoler en la parole de Dieu, où elle trouveroit une ferme consolation, sans s'amuser à la doctrine des moynes et docteurs de l'Église romaine, qui plustost par leurs sophisteries amenoyent les consciences en un désespoir qu'à une vraye consolation ; que pour recevoir ceste consolation, il estoit nécessaire de communiquer avec quelqu'un des ministres de l'Église réformée ; et que si elle le trouvoit bon,

---

(1) Elle était nièce du connétable de Montmorency, et sœur utérine de l'amiral de Coligny. Éléonore de Roye, sa fille, avait épousé Louis de Bourbon, prince de Condé.

il s'asseuroit de luy en faire venir un de l'église de Paris, qui la contenteroit, et que sa majesté en auroit autre et meilleure opinion que auparavant. Ce que la royne mère feignant de trouver bon, elle le pria le vouloir faire venir, l'asseurant qu'il ne luy seroit fait aucun mal ni desplaisir. De fait, à voir les contenances de la royne, il sembloit qu'elle eust singulière affection à cette conférence. Pour à quoy parvenir l'on se servit de la dame de Roye, qui fit en sorte qu'un ministre de l'église de Paris s'achemina à un petit village près de Rheims, pendant le sacre du roy François II son fils. Il séjourna un jour entier, attendant l'opportunité de pouvoir conférer avec la royne, qui y estoit lors, suyvant ce qui en avoit esté arresté. Ce qui fut empesché à l'occasion que ce jour elle fut visitée par plusieurs cardinaux et autres seigneurs estant venus au sacre. Au moyen de quoy ce ministre s'en retourna à Paris, sans pouvoir rien avancer, d'autant que ladite dame ne voulut estre apperceue vouloir conférer avec les ministres de la religion, ni leur porter faveur. Et dès lors ceux de la religion perdirent l'espérance qu'ils avoyent conceuë de ceste princesse : laquelle leur fit beaucoup de maux, en laschant la bride aux persécutions, incontinent après esmeuës contre eux, ainsi qu'il s'ensuit.

Régnant encore Henry, un orfèvre de Paris nommé de Russanges, apostat de ceste religion, et démis de sa charge de surveillant pour avoir esté trouvé en larrecin des deniers des pauvres, avoit par dépist décélé leurs assemblées au président Sainct-André et au sorbonniste de Mouchi, se faisant appeler Démocharès, député inquisiteur de la foy par le cardinal, et avoit mesme baillé par escrit les noms et surnoms de tous les plus riches et apparens de ladite église, mesme de tous les ministres et anciens, pour l'espérance de participer au butin. Ceste entreprise fut retardée par la mort intervenue de ce prince. Ce que le cardinal voulant remettre sus, il fut d'autant plus esmeu à ce faire, qu'il entendit que telles assemblées se faisoyent par toutes les provinces du royaume en plus grande hardiesse que devant. Car, outre ce qu'il estoit extrèmement acharné contre eux, il pensa ceste licence estre au mespris de luy et de son frère. Partant ayant pris argument sur la promesse faite à l'Espagnol au traité de la paix, il ne voulut plus tarder à se venger de ses prétendus outrages. A quoy aussi l'esguillonnoit le désir d'acquérir renommée, et de posséder entièrement les ecclésiastiques qui luy estoyent du tout nécessaires, afin d'aplanir le chemin aux entreprises projetées de longue main par luy et son frère. Or, se proposoit-il de venir aisément à chef (1) de ceste entreprise contre ceux de la religion qui estoyent à Paris, à cause de l'entière obéissance que luy rendoit non-seulement le parlement et la justice ordinaire, mais aussi tout le corps de la ville en général et en particulier. Et s'attendoit que la grandeur de cest exploit tiendroit toute la France en telle crainte, que l'on ne songeroit à faire aucune résistance ailleurs, quand ils viendroyent à passer outre, après avoir ainsi matté ceux de Paris. Cela fut cause qu'on publia des édits tous nouveaux plus rigoureux que jamais, lesquels on rafraîchissoit souvent, contenant défenses de faire aucunes assemblées, et de s'y trouver, à peine d'estre envoyé au feu, sans autre forme de procès. Promesses aussi estoyent faites aux délateurs de la moitié des confiscations, avec autres grands salaires : commandement aux commissaires des quartiers de Paris d'estre diligens à recevoir les accusations, et saisir ceux qui seroyent déférez, et de rechercher les maisons de jour à autre, et faire rapport de leur dili-

---

(1) A bout.

gence. Et afin de ne rien laisser arrière pour les vacations du parlement (ainsi qu'il a esté dit), puissance fut donnée par lettres-patentes au lieutenant criminel du Chastelet, de juger sans appel ceux qui seroyent amenez devant luy, et à certains autres conseillers que l'on savoit estre capitaux ennemis de ceste doctrine, expressément choisis et esleus par le cardinal, qui accompagnoit les lettres dudit seigneur des siennes très-affectueuses, portant menaces aux défaillans, et promesses de grands biens à ceux qui y employeroyent leur industrie et diligence, toutes choses cessantes.

Les curez et vicaires des paroisses dénonçoyent excommunimens contre tous ceux qui cognoistroyent aucuns luthériens et ne les déféreroyent, exhortoyent le peuple par toute sorte de persuasions de ne s'y espargner, et avoir l'œil chacun sur son voisin, proposoyent impunité aux accusateurs, si leur accusation n'estoit bonne et recevable. Bref, on cerchoit tous moyens possibles pour descouvrir ces hérétiques, jusques à adjouster de grandes promesses à ceux qui s'y monstreroyent vaillans. L'entreprise de Russanges ayant longuement traîné pour la mort de Henry ainsi intervenue, il ne sceut se porter si finement qu'il ne fust descouvert en pratiquant de l'aide, et se vantant des grandes promesses à luy faites. Car ne pouvant rien faire seul, il fit tant que d'attirer à soy deux compagnons, à savoir un Claude David, aussi orfèvre, frère d'un huissier de parlement, et un certain George Renard, tailleur d'habillemens. L'un d'eux devoit servir d'accusateur, et les autres de tesmoins, puis qu'autrement on ne pouvoit atraper ces hérétiques pour leur faire procès. Ce Renard avoit esté prévenu de ce crime durant la grande persécution faite l'année des placards, il y avoit environ vingt-huit ou trente ans, par le baillif Morin, et estant mené au supplice, avoit tant fait qu'il sauva sa vie, pour avoir promis d'accuser ses compagnons : ce qu'il fit, et mit des plus grands de Paris en peine. Depuis s'estant réconcilié à l'assemblée secrette dudit lieu, il cognut tous les principaux. Mais quand la persécution retourna, craignant estre puni comme relaps, pour derechef éviter la mort, il se retira aux susdits président Sainct-André et Démocharès par le moyen d'iceluy de Russanges. A ces trois furent adjoints deux autres tesmoins, le fait desquels va ainsi.

Il y avoit à la porte Sainct-Victor un peintre et un guiternier qui introduisirent chascun un apprentif esdites assemblées. Advint quelque temps après, que ne pouvant avoir argent d'eux pour leur apprentissage, et les ayant battus pour leurs fautes, ils les chassèrent : dequoy les mères despitées, sachant la manière de vivre de leurs maistres, les menèrent confesser et avoir absolution. Les prestres ayant sceu leur secret, en advertirent Sainct-André et Démocharès, qui les retindrent, sans permettre qu'aucun parlast à eux, et les sceurent si bien emmieller et traiter de toutes sortes de viandes, voire jusques à les enyvrer de ces bons vins théologaux, que non seulement ils tirèrent d'eux tout ce qu'ils savoyent, mais aussi les attirèrent tellement à leur cordelle, qu'ils promirent de dire tout ce qu'on voudroit. Si qu'à leur délation plusieurs personnes, voire mesme des familles entières, furent prises en un jour, et par le moyen des uns et des autres toutes les assemblées de la ville, et les maisons où elles se faisoyent, furent descouvertes (1).

Et d'autant qu'il y avoit plusieurs captures à faire, outre

(1) Nous ne trouvons ce fait raconté par aucun autre historien que La Planche. Si ce n'est pas une raison pour le rejeter entièrement, c'en est du moins une pour douter qu'on ait employé des moyens de cette nature pour autoriser les persécutions contre les religionnaires. Il ne faut pas oublier que La Planche était un des hommes les plus ardents du parti de la réforme.

ce que les juges de Chastelet et les commissaires départirent tous les sergens par bandes et cantons, il fut aussi mandé de la cour aux maistres du guet, et aux archers de la ville de leur assister, fust de jour ou de nuict; lesquels, avec tous les bedeaux des jurisdictions ecclésiastiques et subalternes, faisoyent assez grand nombre. Du commencement, afin de n'effaroucher personne, ils firent semblant de recercher quelques voleurs et larrons, et furent quelques jours rôdans çà et là, sans toutesfois entrer en aucune maison suspecte de la religion, ny mesme approcher du faubourg Saint-Germain-des-Prés, qui estoit sur tous autres recommandé, pource qu'en l'estimoit une petite Genève, comme ils en parloyent entr'eux. Ceux de la religion s'estant ainsi rasseurez, tout en un coup ce faubourg fut assailli, et commença lon en la rue des Marets près le pré aux Clercs, chez un nommé le Visconte, qui retiroit coustumièrement les allans et venans de la religion, et principalement ceux qui venoyent de Genève et d'Allemagne, en la maison duquel aussi se faisoyent souvent de grandes assemblées. Et afin de le surprendre mangeant de la chair aux jours défendus, comme il en avoit la réputation, ils dressèrent leurs embusches par un jour de vendredy chez les accusateurs, et nommément chez un clerc du greffe criminel, nommé Freté, caut et rusé en ces matières, s'il en fut onques. Aussi estoit-il dressé de la main du feu président Lizet, en sorte que quand on ne pouvoit tirer tesmoignage et confession suffisante des accusez de ce crime, on mettoit ce fin Freté aux cachots avec eux, lequel savoit si bien contrefaire l'évangéliste, que le plus subtil et advisé tomboit en ses filets, et par ce moyen on en avoit fait mourir beaucoup. Freté donc, alléché de la despouille de ses voisins, pour les avoir de long-temps remarquez, retira chez soy quarante ou cinquante sergens en sa part, qui y estoyent entrez à la file.

Et sur les onze heures estant arrivé Thomas Bragelonne, surnommé le Camus, conseiller au Chastelet (je le nomme ainsi à la différence de son frère lieutenant particulier), avec deux ou trois commissaires des plus envenimez contre ceste doctrine, la maison du Visconte fut incontinent environnée et rudement assaillie. Mais combien que de quinze ou seize personnes qui estoyent à table, il n'y en eust que quatre qui fissent teste (car les autres se sauvèrent par-dessus les murailles et à travers champs) si firent-ils une telle résistance, s'estimant assaillis par brigands et voleurs, que tous ces sergens furent mis en route, et les plus hardis si vivement blessez, qu'on pensoit qu'il en deust mourir une douzaine pour le moins : ce qui leur vint contre espérance, car ils faisoyent leur compte de prendre, piller et emprisonner, et non d'estre battus. En ce conflict Bragelonne et ses commissaires furent en grand danger d'estre tuez ; et n'eust esté ce Visconte, c'estoit fait d'eux. Le malheur tomba sur les blessez, qui n'eurent part au butin, ains ouvrirent seulement le passage à leurs compagnons qui leur vindrent sur le soir pour renfort. Cependant les combattans (du nombre desquels estoyent deux frères, gentilshommes d'Anjou, appellez Soucelles) eurent loisir de se sauver, et les autres de la religion des maisons prochaines eurent aussi temps de se retirer, quittant leurs maisons à la merci des juges et sergens qui y trouvèrent richesses d'or et d'argent monnoyé, principalement chez ce Visconte, où ces hostes avoyent laissé leur argent en garde. Et par ainsi furent menez prisonniers, la femme d'iceluy, ses petits enfans, et son père, homme vieil et caduc : emportant devant eux, comme en triomphe, un chapon lardé, et de la chair crue qui estoit au garde-manger; car de cuite, il ne s'y en trouva point. Cela estoit pour les rendre d'avantage odieux au peuple. Aussi receurent le père et la belle fille tel mal traitement, qu'ils moururent en prison, en grande pauvreté et langueur. Ils prindrent aussi prisonnier un personnage qui avoit esté baillif de Sainct-Agnan, en une maison prochaine, où logeoit un gentilhomme nommé la Fredonnière, qui avoit aussi quitté la place, et y envoyoit cest advocat pour empescher le saccagement de ses meubles : mais comme il contestoit par trop au gré des sergens et commissaires, il fut soupçonné et à l'instant fouillé, et trouvé saisy de certains mémoires de grande conséquence, contenant des remonstrances au roy et à ses estats, tant pour la religion que pour l'estat politique : qui fut cause qu'on le garda estroitement, et le chargea lon de crime de lèse majesté. Bourdin, procureur général du roy, ayant veu ces mémoires, les envoya au cardinal, et dit depuis, en compagnie privée, qu'ils estoyent divinement bien faits, et que ces fols là avoyent de merveilleusement bonnes raisons, toutesfois mal appliquées, et que c'estoit dommage qu'ils n'employoyent leurs esprits ailleurs qu'à ces resveries contentieuses de la religion.

Ayant Bragelonne et les commissaires trouvé au journal du Visconte, que certains deniers qu'ils avoyent prins, appartenoyent aux gentilshommes du roy de Navarre, et autres gens de nom, ils se persuadèrent que ceux-là ne laisseroyent perdre leur bien légèrement, et qu'ayant osé le défendre en plein jour, ils pourroyent retourner la nuict, et leur donner une charge plus aspre. Pourquoy ne voulant quitter ce butin, ils firent venir à leur secours plus de quatre ou cinq cens hommes de pied et de cheval tous armez à blanc, qui firent le guet quatre ou cinq jours et nuicts, pendant qu'on vuidoit la maison des absens, et les fit on tant boire de ces vins de provision du Visconte, qu'ils se battoyent entre eux-mesmes, en sorte qu'il y en eut un tué d'un coup de pistole.

Ces juges et pillards tout ensemble, ne sentant plus de

résistance, estendirent leurs poursuites par tous les endroits de la ville, là où pareillement les suspects avoyent abandonné leurs maisons. Mais leurs meubles furent si bien remuez par ces officiers de justice, que c'estoit à qui se reprocheroit avoir chacun jour mieux butiné, comme à vray dire, les coins des rues estoyent tellement farcis de meubles à vendre, que durant les fuites de Paris pour crainte de la guerre, ni en autre temps, ils ne furent onques à tel marché. Dequoy ne voulurent perdre leur part les conseillers de Chastelet, à savoir Roland Poussemye, Jaques Rapovel, Guy Appollo, Guillaume Versoris, Nicolas Langlois : et les commissaires Jean Martin, Guillaume du Chemin, Jean Divonneau, Jacques de Sens et Tristan Cossian. Bref, on ne pouvoit aller par Paris sans passer à travers gens de pied et de cheval armez à blanc qui tracassoyent çà et là, menant prisonniers hommes et femmes, petits enfans et gens de toutes qualitez. Les rues aussi estoyent si pleines de charrettes chargées de meubles qu'on ne pouvoit passer, les maisons estant abandonnées comme au pillage et saccagement, en sorte qu'on eust pensé estre en une ville prise par droit de guerre, si que les pauvres devenoyent riches, et les riches pauvres. Car avec les sergens altérez se mesloyent un tas de garnemens qui ravageoyent le reste des sergens, comme glaneurs. Mais ce qui estoit le plus à déplorer, c'estoit de voir les pauvres petits enfans qui demeuroyent sur le carreau, crians à la faim avec gémissemens incroyables, et alloyent par les rues mendians, sans qu'aucun osast les retirer, si non qu'il voulust tomber au mesme danger : aussi en faisoit-on moins de compte que de chiens, tant ceste doctrine estoit odieuse aux Parisiens, pour lesquels davantage aigrir et acharner, il y avoit gens par tous les coins des rues (je ne say de qui envoyez) et ressemblans à pauvres prestres ou moynes crottez, qui disoyent à ce pauvre peuple crédule, que ces hérétiques s'assembloyent pour manger les petits enfans, et pour paillarder de nuict à chandelles esteintes, après avoir mangé le cochon au lieu d'un agneau paschal, et commis ensemble une infinité d'incestes et ordures infâmes : ce qui estoit receu comme oracle. Bref, ce spectacle dura long-temps, en sorte que ces manières de gens avoyent fait comme une habitude ordinaire d'aller de jour et de nuict saccager maisons, au sceu du parlement, lequel cependant fermoit les yeux.

La clameur de ces affligez parvenue à la cour, la royne mère envoya savoir que c'estoit, à laquelle on renvoya certains escrits en rime françoise, trouvez chez le Visconte, faisant mention de la mort advenue au roy Henry par le juste jugement de Dieu, esquels aussi ladite dame estoit taxée de trop déférer au cardinal. Et afin que tout le corps de ceux de la religion fust trouvé coulpable et non quelque particulier, et qu'on rendist leur doctrine tant plus odieuse envers icelle dame, on adjousta d'abondant certaines informations faites et dressées par l'industrie du président Sainct-André et Démocharès, sous la déposition de ces deux jeunes enfans, dont il a esté cy-dessus fait mention, qu'ils tenoyent sous leurs ailes : contenant entre autres choses, qu'en la place Maubert, en la maison d'un advocat nommé Trouillas, s'estoyent faites plusieurs assemblées de luthériens : entre lesquelles, le jeudi devant Pasques, (qu'on appelle absolut) y en avoit esté faite une de grand nombre d'hommes, femmes et filles, environ la minuict, là où après avoir presché, fait leur sabath, mangé un cochon au lieu de l'agneau paschal, et la lampe qui leur esclairoit esteinte, chascun s'accoupla avec sa chacune, et qu'entre autres femmes ils recognurent celle dudit advocat et deux siennes belles et jeunes filles, l'une desquelles s'estant rencontrée avec un d'eux, il la cognut pour deux ou trois fois pour sa part. Ces choses ainsi dextrement agencées et envoyées au cardinal avec les deux tesmoins, n'amendèrent la cause de Soucelles, qui estoit à la cour poursuyvant la restitution de ses hardes, chevaux et argent pris chez le Visconte : car encore qu'à la prière et instance du roy de Navarre, le roy luy eust quitté et remis les meurtres qu'il pensoit avoir faits en ce conflict, on trouva nouvelle occasion de le charger de ces libelles diffamatoires, d'autant qu'il se mesloit un peu de poésie : pourquoy, au nez du Navarrois, Soucelles estant entré en la salle du roy, et remarqué par le cardinal, fut par son commandement pris prisonnier, et envoyé avec grandes et seures gardes au bois de Vincennes, là où il trouva le jeune comte d'Aran, écossois, pour l'envie que luy portoyent ceux de Guise, à cause de l'évasion du comte d'Aran son aisné, et de la guerre d'Écosse, dont cy après sera parlé : et Coiffart, baillif de Sainct-Agnan, ayant esté trouvé saisi des susdites remonstrances. Et furent ces deux, à savoir Soucelles et Coiffart, d'autant plus recommandez que l'on pensoit qu'ils avoyent voulu mettre le Roy de Navarre en besougne pour remuer mesnage, et que l'on espéroit descouvrir plusieurs secrets par eux.

Le cardinal, de sa part, ne laissa dormir ses informations. Car ayant au poing le sac où elles estoyent, et à sa queue les deux enfans, il alla trouver la royne mère, et, avec exclamations incroyables, luy deschiffra de point en point le contenu d'icelles, n'oubliant rien pour rendre ceux de la religion les plus maudites et abominables créatures, qui eussent esté dès la création du monde. Mesme, afin de ne rien laisser en arrière, elles furent par luy enrichies de toutes les pollutions desquelles se souillèrent jadis les anciens hérétiques Psalliens, Gnostiques, Euchytes, Messaliens, Borborites, Origénistes et autres que Satan a autrefois suscitez pour obscurcir la lumière de l'Evangile, quand

elle fut du commencement preschée en cachette, à cause
de la persécution que leur faisoyent les empereurs payens
et idolâtres. Et à ce que ses preuves ne peussent estre ca-
lomniées, et afin qu'on cognust tant mieux l'énormité du fait,
le cardinal présentoit les tesmoins qui les avoyent veues,
et qui avoyent vescu de mesme, comme il disoit : « Ces informations ayant esté envoyées par ces gens de bien de juges, ausquels le roy en avoit donné commission, desquelles
(disoit-il) vous devez estre armée et munie, pour prévenir
ceux qui vous parleront en la faveur de ces monstres infâmes, m'asseurant, Madame, que leurs desguisemens
sous ombre de religion, ne pourront jamais trouver place
en vostre endroit. Et que par conséquent au lieu de trouver
mauvaise la procédure faite contre eux, vous jugerez qu'ils
ont esté trop gracieusement traitez. »

La royne, ayant entendu le dire du cardinal, et veu les
tesmoins, qui par leur silence et visage asseuré sembloyent
le confermer, fut merveilleusement aigrie et estonnée :
joint qu'on y mesloit des choses qui touchoyent son authorité, ensemble l'honneur du feu roy son mary. Mais le pis
fut, que le chancelier Olivier se chargea volontairement de
voir ces informations, et pour complaire à ceux de Guise,
en fit luy-même le rapport au roy et à son conseil, dans le
parc de Villers-coste-Rets, avec des contenances et propos
qui démonstroyent qu'il avoit ceste matière grandement
affectée : ce que plusieurs gens de bien trouveront fort
estrange, attendu qu'il savoit trop mieux comme les choses
estoyent passées, pour avoir luy-mesme blasmé et dé-
testé telles calomnies. Parquoy dèslors on estima que la
France auroit beaucoup à souffrir, puis que le chef de la
justice, et celuy de l'intégrité duquel on attendoit beaucoup,
estoit si manifestement rangé à la dévotion de ceux de
Guise ; luy, di-je, qui s'estoit du temps des rois précédens

opposé à la tyrannie et oppression de justice, sans aucune crainte. La royne donc manda aux Parisiens de continuer les poursuites commencées, jusques à ce que ces meschans fussent du tout desracinez : en quoy elle fut promptement servie. Les poursuites donc furent redoublées, en sorte que tous ceux qu'on pouvoit cognoistre et appréhender, furent, ou mis en prison, ou exécutez à mort.

Davantage, la royne ayant trouvé à part quelques siennes damoyselles, qui favorisoyent ceux de la religion, leur déclara le rapport à elle fait de ces informations, auxquelles elle disoit ajouster telle foy, que si elle savoit pour tout certain qu'elles en fussent, elle les feroit mourir, quelque amitié ou faveur qu'elle leur portast. Les plus familières et advisées d'entre elles insistèrent tant contre elle, que de la faire condescendre à ouir ces enfans, dont il luy fut fort aisé de cognoistre l'encloueure, car estant vivement enquis des poincts, esquels on ne les avoit point recordez, il apparoissoit manifestement qu'ils avoyent esté apostez et pratiquez : ce qu'aussi ils confessèrent tacitement à l'une d'elles, qui feignoit trouver bonne leur procédure. Ce nonobstant la royne ne fit cesser la poursuite, tant pour recommander sa chasteté envers le peuple, que pour la crainte de desplaire au cardinal, qui avoit ceste matière grandement affectée. Et d'autant qu'il y avoit eu de la résistance à Sainct-Germain-des-Prez, luy et le duc de Guise son frère en prindrent occasion d'envoyer par les maisons prendre toutes les armes, jusques aux cousteaux, et de les porter en l'hostel de Clisson (lequel ils s'estoyent approprié et iceluy nommé de leur nom de Guise), afin que sans aucun inconvénient on parachevast ce qui avoit esté commencé, et qu'ils eussent nombre d'armes au besoin. En toutes lesquelles poursuites les noms de ceux de Guise trottoyent comme ayant l'authorité souveraine. Car il n'estoit question ni du roy, ni de sa mère; ains disoit-on le cardinal avoir commandé ceci, et le duc de Guise cela. Et à ce qu'aucune faveur ne fust faite, il y avoit tousjours un gentilhomme ou serviteur d'iceux pour accompagner les juges et commissaires par la ville, afin d'espier quelle diligence et devoir ils feroyent.

Pour retourner à cest advocat Trouillas accusé, sachant son innocence, et que tout cela luy avoit esté dressé par l'envie particulière que luy portoit le président Sainct-André; encore que luy et les siens se fussent absentez comme plusieurs autres pour crainte de la persécution, et qu'il y eust un merveilleux danger pour ceux qui paroissoyent : toutes fois il ne peut estre retenu que luy, sa femme et ses filles n'allassent, au milieu de ces grands feux, se rendre prisonniers en la conciergerie du palais, pour se justifier des actes exécrables à elles imposez. Mais au lieu d'en estre enquises par commissaires de parlement, on commença de leur faire procès sur le fait de la religion, et de les interroger de leur foy, à quoy elles ne voulurent respondre que préalablement l'autre fait ne fust vuidé, et qu'elles en fussent ou convaincues, ou déclarées innocentes. La cour les voyant fermes en cela, fit visiter les filles par plusieurs chirurgiens, sages-femmes, et à diverses fois. Mais il ne se trouva visiteur, horsmise une vieille matrone, qui ne les jugeast entières : encore n'osoit ceste-là résolument asseurer qu'elles fussent corrompues par attouchement d'homme : et finalement leur demanda pardon après leur délivrance, déclarant comme, et par qui elle avoit esté subornée, luy ayant dit que c'estoit une œuvre méritoire de charger telles gens à tort ou à droit, estant desjà les plus exécrables du monde. Sainct-André cependant, et Démocharès, faisoyent toutes les diligences possibles de dresser d'autres tesmoins, d'autant que leur honneur y pendoit.

Les deux enfans aussi leur furent recollez et confrontez, mais il en advint tout autant comme devant la royne et ses dames. Car la cour cognut en eux tant de variations et entortillemens de propos, avec certains regards et contenances, que cela seul justifioit du tout ces pauvres filles. Bref, on ne sceut asseoir sur leurs dépositions aucun jugement, encore que les juges deputez y travaillassent avec toute diligence, et que ceste afaire leur fust très-recommandée, tant pour le desir qu'ils avoyent tous ensemble d'accabler ceux de la religion, à quelque prix que ce fust, que pour sauver l'honneur du cardinal, du président Sainct-André et des Sorbonistes, qui avoyent mis ceci en fait. Cela estant divulgué partout, on attendoit avec merveilleuse dévotion quelle en seroit l'issue. Car ceux qui n'estoyent préoccupez d'aucun préjugé, disoyent ouvertement l'accusation estre vraye ou fausse : si elle estoit vraye, que punition exemplaire en devoit estre faite plus grande sans comparaison que d'un simple crime d'hérésie ; d'autant qu'il y avoit parmi cela des pollutions et détestables infamies : si elle estoit fausse, que les tesmoins ne pouvoyent éviter la mort ; et néantmoins on voyoit en liberté et les uns et les autres, ce qui n'estoit sans grandement taxer les juges. Tant y a toutesfois que l'issue n'en fut autre, sinon qu'elles demeurèrent comme ensevelies en prison, et n'en fussent jamais sorties que condamnées comme hérétiques, sans un édit dont il sera ci-après fait mention, en vertu duquel, sans leur faire droit sur ceste calomnie, elles furent délivrées comme par force. Car telle estoit lors la justice de France, et tels les exercices de plusieurs du parlement, lesquels délaissant toutes autres choses, vaquoyent ordinairement à ces afaires. Et de vray les mousches et espions cy-dessus déclarez (ainsi nommez par les juges déléguez) avec quelques autres que le cardinal y employoit, aggravèrent grandement la poursuite : tellement que depuis le mois d'aoust jusqu'en mars il n'y avoit que captures et emprisonnemens, pilleries de maisons, proclamations à ban, et exécutions de ceux de la religion, avec très-cruels tourmens ; et toutesfois parmi telles tempestes, ils ne discontinuèrent leurs prédications et tout autre exercice de leur religion, tant ils y estoyent eschauffez. Entre ceux qu'on fit lors mourir à Paris pour ceste querelle, furent un serviteur d'un Nicolas Ballon, peu auparavant exécuté pour ceste mesme cause : Martin Marie, la dame de la Caille, un charpentier, Martin Rousseau, Pierre Millet, Jean Geoffroy, outre grand nombre d'autres qui furent envoyez mourir semblablement aux lieux de leurs nativitez ou captures.

Comme à Paris ils se monstroyent fort diligens à exécuter les mandemens de ceux de Guise contre telles gens, les autres parlemens et juges ne faillirent de les seconder, sinon qu'aucuns les surmontèrent en nombre : entre autres ceux de Thoulouze, et d'Aix en Provence, à cela esguillonnez doublement par le cardinal d'Armaignac qui taschoit d'entrer en crédit, et par le légat du Pape en Avignon, intime solliciteur du Pape, si que chacun s'acharnoit après à qui mieux mieux. Or de s'arrester à toutes les particularitez des parlemens, il me semble que ce seroit ennuyer les lecteurs. Suffise seulement que j'allègue les provisions des magistrats provinciaux, et que François Aubert, lieutenant-général de la sénéschaucée de Poictou, nous enseigne comme chacun d'eux travailloit diligemment en ce négoce. Car le vingt et troisième de septembre, sur les remonstrances judiciaires de Jean Barbier, Jean Palustre, Philippe Arembert et George Cresse, advocats et procureurs du roy audit siége, et mesmement pour obvier, disoyent-ils, aux scandales, séditions, conventions publiques, et empescher l'esmotion du peuple, par le moyen des prédications et fausses doctrines qu'on publioit en plusieurs lieux de leur séneschaucée, défenses furent faites d'y faire aucunes assemblées, et de porter armes offensives ou défensives : Enjoint à tous ceux qui n'auroyent juste cause de demeurer à Poictiers, de vuider dans vingt et quatre heures, aux hostes de porter ausdits officiers les noms et demeures de leurs pensionnaires et locataires, et de respondre de leurs personnes : inhibé à tous de ne souffrir ny permettre en leurs paroisses et maisons aucune prédication de ministres, sous-ministres ou surveillans, ny de leur prester conseil ny aide, les recevoir, alimenter, donner feu ny eau, ne leur prester aucun office d'humanité : ains estoit permis à toutes personnes de les prendre au corps et de les mener prisonniers aux juges royaux, sans pour ce estre pris à partie comme dénonciateurs ny autrement : et ce afin de leur faire procès, et estre contre eux procédé extraordinairement, comme contre séditieux, perturbateurs et ennemis du roy et de la chose publique : mandement fait à tous seigneurs, barons, châtelains, hauts justiciers et autres ayant fiefs en ladite séneschaucée, et à leurs officiers, d'empescher lesdites prédications, non seulement en leurs paroisses, mais en tous autres lieux et endroits : prendre les dogmatisans, et ne permettre prescher autres que ceux qui feront apparoir au préalable un congé de l'évesque diocésain, ou de ses grands vicaires : le tout sur peine de confiscation de corps et de biens, et d'estre punis comme proditeurs et recceleurs des ennemis publics : davantage, que tous manans et habitans de Poictiers, et de la séneschaucée, allassent à la messe, et assistassent à la parochiale, à tout le moins de trois dimanches l'un, suivant les constitutions de l'Église, et les injonctions faites auparavant, et y fissent aller leurs femmes, enfans, serviteurs et familles. Que les curez et vicaires des paroisses fissent registre des assistans, qu'ils seroyent tenus bailler en main de justice, par chacun lundy de la semaine, et révéler ceux qui n'y auroyent assisté, lesquels pour la désobéissance seroyent pris au corps et menez prisonniers aux jurisdictions des juges ordinaires, pour estre contre eux procédé comme de raison. Pareillement fut enjoint à toutes personnes, de révéler à justice dedans trois jours après la publication des présentes, le nom de ceux qu'ils sauroyent, tant par ouir dire qu'autrement, estre dogmatisans et fréquentans les sermons qui se font ès assemblées de jour et de nuict, et qui sentent mal de la foy et religion chrestienne, catholique et romaine, sur peine d'estre punis comme fauteurs et complices : et qu'à ceste fin les censures et quérimonies (1) obtenues, à la requête du procureur du roy, seroyent publiées au prosne de la grand messe de chacune desdites paroisses, à la maniere accoutumée, et le tout publié à son de trompe et cry public, par les lieux accoustumez, afin que nul n'en prétendit cause d'ignorance : et que tous les autres officiers fissent respectivement garder ladite ordonnance sur les peines de droict.

Voila, dis-je, le formulaire ordinaire des juges subalternes, pour lequel exécuter chacun s'employoit diligemment, et surtout les gens d'Église ne dormoyent pas. Car pour intimider le peuple, et l'animer davantage contre les autres, c'estoit merveilles des accusations qu'ils produisoyent contre eux, les chargeant de tous les incestes et villenies que l'on sauroit dire et penser. La populace aussi aisée à esmouvoir, principalement quand il est question de la religion, exécutoit ses vengeances ; de sorte que c'estoit à courir à ceux qui avoyent des ennemis, quand la porte d'impunité fut ouverte.

Il a esté dit que le roy de Navarre, ayant senty le roy

---

(1) Plaintes.

Philippe arrivé en Espagne, craignit merveilleusement qu'il luy donnast quelque venue, d'autant qu'il n'y avoit aucune paix ne guerre entre eux. Voyant donc le mespris auquel il estoit à la cour, et le peu de moyen par luy tenu à recouvrer son lieu et rang, en sorte qu'il estoit moqué de tous costez, cela faisoit que sans cesse il cerchoit tous les moyens de se retirer en ses pays : en quoy ceux de Guise luy firent ce plaisir, pour mieux le pourmener, de luy donner la charge, avec son frère le cardinal de Bourbon et le prince de la Roche-sur-Yon, de mener Elisabeth, sœur du roy, mariée à l'Espagnol, pour la rendre sur la frontière de France et d'Espagne. Par quoy prenant son congé, il alla devant faire les préparatifs à recevoir et bien traicter ladite dame en ses pays.

En ce mesme temps, par le moyen d'un procureur nommé Durant, à qui fut adressée une lettre par mesgarde, laquelle il porta soudainement au président Sainct-André, fut découvert que quelques amis du conseiller du Bourg taschoyent à le sauver de la prison, lequel à ceste cause fut restreint jusques à estre mis dans la cage de fer, attendant qu'on en eust adverti le cardinal. Et pour ce que Nostradamus, astrologien et invocateur de diables, avoit mis en ses pronostications d'adonc : *le bon Bourg sera loin,* le cardinal voulant avoir la peau de ce personnage, espris de crainte, luy fit redoubler ses gardes, de sorte que si quelques-uns passant par devant la bastille s'arrestoyent là, on les retenoit prisonniers, ou les menaçoit-on si tant soit peu ils regardoyent la place. En outre, il fut mandé aux juges déléguez du primat de Lyon de l'expédier hastivement, ce qu'ils firent, et confirmant les sentences précédentes, le renvoyèrent au bras séculier, dont il appela de rechef comme d'abus. Et combien que par les anciens priviléges du parlement, nul du corps d'iceluy ne puisse estre jugé en matière criminelle que séant la cour et les chambres assemblées, et qu'il restast peu de temps jusques à la sainct Martin d'hiver : si est-ce que le cardinal ne voulut tant attendre, ains lettres-patentes furent décernées à certains présidens et conseillers choisis à sa dévotion, par lesquelles leur estoit mandé, toutes choses cessantes, de juger ledit appel et luy faire et parfaire son procès, encore que la cour ne fust assemblée, et nonobstant quelque privilége au contraire. Ces lettres signifiées à du Bourg le 24 d'octobre, il demanda du papier et de l'encre pour faire sa response. Et pour ce que l'huissier luy présenta seulement demi-feuille, et qu'il en demanda deux ou trois entières qui luy furent desniées, de là les juges déléguez interprétant ceste demande à leur plaisir, firent bruit qu'il vouloit retourner aux termes de son advocat. Or, comme le palais est composé de gens spéculatifs et curieux, chacun jugeoit de ce personnage selon ce que son affection le conduisoit. Les uns le confinoyent en l'une des cages de fer ; les autres disoyent qu'il y seroit le premier bruslé, et que le cardinal l'avoit trop à cœur pour en disposer autrement : autres déplorant la misère de ce temps, blasmoyent ceux du parlement de ce qu'estant sous un roy mineur d'ans, ils laissoyent ainsi supprimer leur authorité et leurs priviléges anciens, alléguant que cela ne provenoit que de la division d'entr'eux. Car la pluspart estoyent ou corrompus, ou faits de la main de ceux de Guise, et ne cerchoyent qu'à renverser toutes choses sainctes et sacrées pour complaire à leurs maistres. Que s'ils eussent esté unis et d'accord, et légitimement colloquez en leurs estats, c'estoit lors le vray temps de remettre ce sénat en son ancienne splendeur et intégrité. D'avantage on savoit assez que du Bourg n'estoit en peine que pour avoir usé en liberté de son office, et pourtant devoyent-ils tant moins permettre luy estre fait procès. Ce nonobstant, ces juges assemblez pour la dernière fois pour gratifier le cardinal, et craignant qu'à l'avenir on fist recerche de ceste cause, et que l'emprisonnement, procédures et jugemens fussent déclarez violens, cerchèrent nouvelle occasion d'aggraver ses crimes afin de sauver l'honneur du roy, qui y estoit (disoyent-ils) engagé. Par quoy ayant trouvé sur du Bourg certaines épistres de consolation en ses angoisses, Bruslard, procureur-général, print ses conclusions comme contre un criminel de lèze-majesté, et un traistre qui avoit intelligence avec les estrangers, contre son serment et contre les édits et ordonnances, qui défendoyent toute communication principalement avec ceux de Genève, dont ils disoyent ces lettres estre parties. Et combien qu'il eust suffisamment monstré ces lettres estre venues des ministres et anciens de l'église de Paris, et qu'elles ne touchassent aucunes afaires d'estat, ce néanmoins tel crime par eux déclaré irrémissible, joinct avec les autres, s'en ensuyvit jugement de mort, l'exécution remise à la volonté du roy, si bien il ne luy vouloit sauver la vie, et le confiner en chartre perpétuelle. Toutesfois, cest arrest fut tenu secret pour les raisons qui seront déduites ci-après.

Il ne faut obmettre une chose fort notable sortie de la bouche de ses juges, à savoir que du Bourg estoit heureux de mourir pour une si juste et saincte querelle ; et quand on les blasmoit de l'avoir condamné, ils se lavoyent les mains dans les édits du roy, lesquels ils disoyent ne pouvoir outre-passer : combien que leur conscience jugeast autrement.

Après que les parens et amis des autres conseillers prisonniers eurent longuement poursuyvi et sollicité le privé conseil, le 4 de septembre, lettres de commission furent décernées à certains présidens et conseillers de parlement pour parfaire leur procès, nonobstant tous édits et priviléges contraires : lesquelles venues ès mains dudit président Sainct-André, il choisit tous ceux qu'il pensa estre leurs adversaires et ennemis de ceste doctrine, et plus agréables au cardinal : lesquels commençant en octobre, y vaquèrent jusques au 8 de janvier en suyvant. Quant au fait d'iceux conseillers, et la manière de leurs emprisonnemens, elle estoit bien semblable à celle de du Bourg, mais non leurs défenses : car du Bourg entra librement en la confession de sa foy aussitost qu'on luy en demanda raison. Les autres, au contraire, trouvèrent moyen de se sauver par les marets (1) (comme l'on dit), et de prévenir par leur prudence humaine, les complots et machinations de leurs adversaires. De Foix, Fumée et du Faur se disoyent estre détenus pour avoir remonstré en saine conscience les abus qui s'estoyent glissez en la religion, et pour avoir donné leur advis de les réformer par un libre et sainct concile : sur quoy on ne pouvoit leur faire procès, d'autant que toutes opinions estoyent libres, et que les leurs estoyent fondées sur le premier article de la paix avec le roy d'Espagne, que le feu roy avoit fait émologuer au parlement, où il estoit parlé de ce concile universel qu'on promettoit faire assembler pour déterminer des différents de la chrestienté sur la religion. Que si le vouloir du roy n'estoit d'en user ainsi, les députez de la paix qui l'avoyent accordé estoyent punissables, et non eux d'avoir ensuyvi l'intention dudict seigneur. Et sur ce qu'on leur vouloit faire rendre raison de leur foy, ils confessoyent les sainctes escritures du vieil et nouveau Testament, et les symboles des apostres et d'Athanase, receus et approuvez comme le sommaire de la vraye religion chrestienne. Mais quand on les pressoit de respondre sur les contentions et discords de ce temps, ils disoyent

---

(1) A cette époque les malfaiteurs échappaient aux gens de justice dans les marais ou jardins qui entouraient Paris.

n'y estre autrement tenus, sinon qu'on prouvast qu'ils eussent parlé au contraire de l'opinion receue en l'Église catholique, partant requéroyent d'estre interrogez sur leurs charges et informations. Voila en somme leurs eschappatoires contre le cardinal qui s'attendoit triompher d'eux. Quant à Eustace de la Porte, il s'y porta autrement, se soumettant à croire ce que l'Eglise romaine croyoit, de corriger son opinion si elle estoit désagréable au roy, et pour ce faire, signer la charte blanche.

Jusques ici il a esté veu comme ceux de Guise, appuy de la royne mère, et s'appuyant aussi sur icelle, avoyent gagné l'oreille de ce jeune roy, esloigné les princes du sang et les seigneurs qui n'estoyent de leur retenue, reculé ceux qui auparavant manioyent les afaires, borné les villes frontières de leurs affectionnez serviteurs : somme, que l'un avoit empiété le commandement sur ce qui concernoit le fait de la guerre, et l'autre la superintendance des finances et des afaires politiques, en sorte que l'authorité souveraine estoit en leurs mains. Mais quoy qu'ils sceussent faire, ces choses despleurent tellement à tous les estats de France, que plusieurs se donnèrent liberté d'en dire leur advis haut et clair, jugeant ce gouvernement, administré par les estrangers, du tout desraisonnable, pour avoir esté mesme establi avant la venue du roy de Navarre, premier prince du sang, et sans en demander l'advis à ceux qui y avoyent intérest, et auxquels il appartenoit, qui estoit fouler aux pieds les anciennes loix qui avoyent entretenu par si long-temps la monarchie du royaume. Ces choses, dis-je, faisoyent sentir à toutes personnes un joug insupportable de ces nouveaux gouverneurs, et descouvrir les inimitiez secrettes d'aucuns qui esmouvoyent les autres : ce que ceux de Guise pensoyent pouvoir supprimer par leurs menaces, et la royne mère par ses menées : lesquelles menaces estoyent d'autant plus remarquées, que l'on estimoit qu'ils voulussent petit à petit réduire le peuple en telle servitude et captivité comme dessous le Turc, ainsi qu'ils avoyent essayé de faire dès le vivant du roy Henry.

Finalement, après avoir longuement attendu l'assemblée des estats, et sceu que ceux de Guise avoyent persuadé au roy qu'il n'avoit plus grands ennemis que ceux qui parloyent de les convoquer, toutes sortes de gens de la France s'animèrent contre lesdits de Guise, voire lors mesme qu'ils s'estimoyent estre appuyez sur fermes fondemens, et que tout leur viendroit à souhait. Adonc on commença à disputer et mettre en avant qu'ils n'estoyent légitimes magistrats, mais plustost tyrans et usurpateurs, d'autant qu'ils avoyent renversé tout l'ordre anciennement establi et changé le bel estat de France et des François à une cruelle servitude et tyrannie, laquelle devoit d'autant moins estre supportée qu'ils estoyent estrangers, ausquels nulle subjection n'estoit deüe.

Ils se fondoyent sur la loy salique, establie et inviolablement gardée dès le commencement de ceste monarchie, par le commun accord et consentement des estats, ayant de tout temps accoustumé de pourvoir de gouverneurs aux rois mineurs, comme il avoit esté pratiqué à l'endroit de Charles-le-Simple, Philippe le premier, le roy sainct Loys, Charles sixiesme, qui ne fut mis hors de la tutelle de ses oncles que par privilége et ordonnance des estats, encore qu'il fust âgé de 22 ans, et disoyent que de plus fresche mémoire, l'an 1484, l'assemblée des estats s'estoit tenue à Tours, en laquelle, selon leur authorité suprême, surmontant toutes les difficultez qui se présentoyent de la part des princes et de la dame de Beaujeu, tante du roy (laquelle se vantoit d'avoir par testament la garde du roy Charles VIII, lors mineur d'ans, et l'administration du royaume pendant son bas âge), ils donnèrent au roy des conseillers avec la manière de leur gouvernement et administration : limitant la charge de ladite dame, et celle des princes et du conseil. Quant à ce qu'on alléguoit ordinairement que tel estoit le plaisir du roy, ils disoyent qu'on n'y devoit avoir aucun esgard, estant chose notoire que ce seroit contre tout droit que le pupille se peust luy-mesme constituer tuteurs, ou que le mineur se donnast soy-mesme un curateur à sa volonté. Que si cela estoit observé entre personnes privées, à plus forte raison devoit-il avoir lieu en un roy, veu qu'en sa personne il estoit question du bien commun et de la tranquillité publique : joinct que les rois de France en avoyent tousjours ainsi usé, et qu'en tels âges ils avoyent recognu de leur bon gré les loix et statuts de leur pays, de peur que la monarchie, qui porte le nom de très-chrestienne, ne fust abastardie ou changée en quelque estat de tyrannie, joinct que si le roy avoit quelquefois tenu ce langage, c'estoit seulement à la persuasion desdits de Guise, qui le tenoyent tellement assiégé, que nul ne pouvoit avoir accez à luy, sinon par leur congé et en leur présence, à quoy mesme estoit appliquée l'ancienne devise du cardinal, savoir est un lierre enlaçant la pyramide, qui estoit la devise du feu roy, comme s'il eust voulu effrontément et tout ouvertement triompher de la France, qui fut cause que quelques gens d'esprit tournèrent son nom qui estoit **CHARLES DE LORRAINE**, en quatre sortes, à l'imitation des Grecs, qui appellent ceste façon de faire anagrammatisme, c'est-à-dire transposition de lettres, et se trouvèrent toutes ces sentences si convenables à ce dont estoit question, qu'il sembloit que ce fussent comme prophéties, à savoir : *Raclé as l'or de Henri.* — *Hardi larron se cèle.* — *Renard lasche le roi.* — *Il cherra l'asne doré.* Ils disoyent davantage que toutes ces raisons cessantes, lesdits de Guise estoyent incapables

d'un tel gouvernement. Car quant au cardinal, sa charge
ecclésiastique l'en privoit, puisqu'il n'estoit responsable
devant un juge séculier, pour laquelle raison le roy Jean,
pourveu de bon conseil, avoit osté les sceaux à messire
Jehan des Dormans, son chancelier, devenu cardinal : et
encore aujourd'hui, en la seigneurie de Venise et autres
républiques bien policées, les cardinaux n'estoyent receus
au conseil. Que si on alléguoit là dessus les cardinaux d'Amboise et du Prat, outre ce que cela estoit advenu sous la
majorité du roy auquel il auroit ainsi pleu, l'expérience
avoit monstré, surtout au dernier de ces deux, combien
cela estoit pernicieux : comme dès le temps de Charles
sixiesme la France l'avoit jà essayé, n'ayant esté possible
d'amener à raison le cardinal d'Amiens, qui s'estoit retiré
à Rome avec ses thrésors. Mais que le roy Louis unziesme
et le roy Henry huitiesme, d'Angleterre, avoyent esté plus
sages à la fin, l'un se saisissant du cardinal Balue et l'autre
du cardinal d'Yorck. Et sans faire plus ancienne recerche,
l'exemple du cardinal moyne de Transylvanie ayant assujetti
au Turc ce royaume-là, estoit tout notoire, et estoit fort
à craindre que ceux de Guise ne se voulussent emparer de
la couronne, attendu que dès le temps de Henry ils avoyent
bien esté outrecuidez (1) jusques-là de dire que le royaume
appartenoit à la maison de Lorraine, comme issue de la race
de Charlemagne, sur laquelle Hugues Capet l'avoit usurpée :
en quoy toutesfois ils mentoyent avec leurs historiographes
attitrez, estant chose trop vérifiée que Charles, dernier de
la race de Charlemagne, et duc de Lorraine qu'il avoit
soustraite à son frère, la relevant de l'empire, estoit mort
avec ses deux seuls enfans prisonniers à Orléans, et le
royaume, pour le forfait que dessus, avoit esté transporté

(1) Hardis.

par les estats à Hue Capet, issu, comme l'on estime, de la maison de Saxe. Or, est-il ainsi que par toutes loix celuy qui s'est ingéré à quelque tutelle ou curatelle en doit estre forclos comme suspect, et beaucoup plus encore celuy qui prétend quelque action sur les biens du pupille ou mineur. Au moyen de quoy lesdits de Guise estoyent du tout incapables du gouvernement de France (quand mesme ce point notable d'estrangers cesseroit), puisque ils prétendoyent y avoir droit comme estant de la race de Charlemagne : et où ils voudroyent desguiser cela de peur d'encourir le crime de lèse-majesté, toutesfois ils ne pouvoyent nier d'avoir manifestement puerellé et prétendu, comme encore ils font à faux tiltre, le comté de Provence, le duché d'Anjou et autres membres de la couronne de France : ce qui avoit esté formellement empesché par le connestable, au commencement du règne de Henry, et depuis consécutivement autant de fois qu'ils avoyent mis ce fait en avant, estant chose trop notoire que le duché d'Anjou estoit réuni à la couronne pour le moins par la nature d'apennage, et le comté de Provence acquis par donation du roy René, ennemi de la maison de Vaudemont, dont ceux-ci sont issus, et ce à cause de la prison, pour sortir de laquelle il avoit esté contraint y marier son héritière. Sur cela estoyent mis en avant les exemples de ceux qui, sous couleur de tutelle ou curatelle, avoyent autresfois usurpé meschamment les royaumes et principautez, comme Tarquin-le-Superbe et autres. Nommément, on alléguoit une histoire récitée par Tite-Live en son vingt-et-quatriesme livre, pour ce qu'elle avoit grande convenance avec le cas qui s'offroit. A savoir d'un Andronodorus délaissé par Hiero, roy de Sicile, avec quatorze autres personnages, pour gouverner Hierosme, son petit-fils, âgé de quinze ans, lequel Andronodorus voulant s'emparer du royaume, persuada à ce jeune prince de déchasser arrière de soy les autres quatorze gouverneurs establis par son ayeul, comme s'il eust esté de soy-mesme assez suffisant pour gouverner seul son royaume. Ce que ayant fait Hierosme, Andronodorus qui estoit demeuré seul auprès de luy parce qu'il estoit son oncle (comme aussi ceux de Guise se nommoyent oncles du roy), tascha d'opprimer ce jeune prince pour occuper le royaume, en quoy toutesfois il fut empesché par la noblesse du pays. On mettoit aussi en avant que ceux de Guise entretenoyent le pape et la religion, non pour aucune bonne dévotion ni affection qu'ils y eussent, mais seulement pour le grand gain et profit qui leur en revenoit, et qu'ils en espéroyent à l'avenir. Car, outre ce qu'ils s'estoyent merveilleusement enrichis du crucifix, tenant à trois ou quatre cent mille livres de revenu en l'église : craignant la ruine de ce siége, sinon qu'il fust gardé à force d'armes, ils s'attendoyent, en le maintenant violentement, d'en recevoir les guerdons qu'eut Pépin, fils de Charles-Martel, prédécesseur de Charlemagne, et par ce moyen s'approprier le royaume de France, sous ombre de ce qu'ils se disent estre issus de la race de ceux qui ont tant fait de bien à ce siége romain. On remémoroit aussi les effects lamentables de leur ambition, d'autant que l'un se voulant faire pape, et l'autre ayant desjà englouti, par espérance, le royaume de Naples, ils avoyent fait rompre la trefve tant honorable et advantageuse pour la France, et mené une bonne partie des forces du roy en Italie sous couleur de secourir le siége romain, dont estoit ensuyvie la perte de la journée sainct Laurent, ayant mis le royaume en tel hazard, que pour le racheter il avoit falu rendre toutes les conquestes du feu roy François-le-Grand, et rongner le royaume d'une bonne partie d'iceluy. Et pour la fin n'estoit oublié le changement qu'ils faisoyent de toutes choses, outre les exactions et toutes sortes d'imposts grandement acreus depuis leur gouvernement, au lieu de rendre compte de tant de finances maniées par eux, dès le règne du feu roy.

Ces choses et plusieurs telles autres estoyent proposées et débatues ordinairement ès compagnies, pendant que ceux de Guise, ayant fait absenter de la cour tous ceux qui n'estoyent de leur faction, possédoyent paisiblement le roy et le royaume. Mais ces bruits apportèrent après eux de merveilleuses conséquences, et firent lever l'oreille à beaucoup de grands et notables personnages, voire mesme aux plus taciturnes et paisibles, et qui avoyent quitté toutes afaires publiques et particulières pour demeurer cois en leurs maisons : ceux-là, dis-je, estoyent comme resveillez d'un profond sommeil, pour penser au salut public, et à ne tomber ès mains des personnes qu'on tenoit comme vrayes harpies, esponges et sangsues.

Cependant, le roy pourmené çà et là par eux, commença en un instant de croistre à veüe d'œil; en sorte, qu'en peu de temps, d'enfant il se monstroit homme parfait : ce qui leur vint grandement à plaisir, estimant que par la corpulence on le jugeroit plus capable de pouvoir administrer son royaume sans un conseil ordonné, et que par là ils le manieroyent à souhait. Mais comme nul plaisir humain ne vient sans estre suivi de tristesse et sollicitude, ce prince mal sain, et qui dès son enfance avoit monstré de grandes indispositions pour n'avoir craché ny mouché, sorty d'une longue fièvre quarte, avoit un visage blafart et bouffi : lequel tira adonc sur la haute couleur, comme aussi se formoit une corruption en l'une de ses oreilles, qui faisoit l'office du nez, lequel il avoit fort camus. Toutes ces choses donnèrent grand pensement et crainte à la royne sa mère, en sorte que les médecins plus suffisans furent par elle assemblez à Fontainebleau, qui luy conseillèrent de le mener passer l'hyver à Bloys, tant pour estre ceste contrée au meilleur et plus gracieux air de tout le royaume, que pour y avoir ledit seigneur esté nourry dès le berceau : là où aussi on luy pourroit appliquer certains médicamens précieux, en attendant qu'à la primevère on luy préparast des bains aromatiques et propres à sa maladie. On dit que de ce pas quelques médecins, faits de la main de ceux de Guise, les advertirent secrettement de pourvoir à leurs afaires, d'autant que ce prince n'estoit pour la faire longue. Et davantage qu'ils ne se devoyent attendre que la royne leur niepce eust aucuns enfans, s'ils ne venoyent d'autres que de luy, tant pour les causes susdites que pour ce qu'il avoit les parties génératives du tout constipées et empeschées, sans faire aucune action : toutesfois ils pensoyent qu'il pourroit bien vivre encore deux ou trois ans, s'il ne luy survenoit autre nouvel accident, lequel on empescheroit par le moyen des préservatifs à luy ordonnez.

Quoy que ce soit, ils se résolurent dès-lors de se maintenir à quelque prix que ce fust, et de n'oublier nul moyen que le temps offriroit, se faisant forts que cestuy-ci leur faillant, ses frères encore plus jeunes leur serviroyent tousjours de mesme appuy, pourveu que la royne mère demourast en son degré, comme elle de son costé y regardoit encore de plus près. Pour à quoy parvenir, tout ainsi qu'ils avoyent mal mené le parlement de Paris, vivant Henry, et entièrement harassé ceux qui n'estoyent faits de leur main, aussi commencèrent-ils à en pratiquer les principaux et plus anciens par promesses et présens de bénéfices (desquels ils avoyent l'entière disposition), en sorte que plusieurs d'iceux esblouis de leur authorité, et considérant le danger où ils se mettoyent en leur résistant, veu qu'il ne leur apparoissoit aucun autre moyen de s'avancer, ny aussi de les délivrer de danger, et d'autre costé alléchez de biens et grandeurs, s'enclinèrent tellement de ceste part, que s'estant jettez dans leurs filets, ils s'y trouvèrent comme en un labyrinthe. Ayant donc franchi le sault, et s'estant vouez et consacrez à leur service, c'estoit à qui mieux leur complairoit. Le semblable advint de la plus part des gens de guerre et autres courtisans : car comme plusieurs d'iceux cerchent volontiers leur profit et honneur particulier plustost que le bien public, ils ployèrent si bien au vent d'où venoit la faveur, qu'il ne restoit qu'à commander pour obéir promptement. Et combien que les uns et les autres cognussent par suffisantes conjectures que le but auquel tendoit ceste maison estoit tout autre que celuy qu'on leur figuroit, si est-ce qu'abreuvez de vaine espérance, et pour s'entretenir en une imaginée prospérité comme gens enyvrez, chacun se précipitoit en ce gouffre. Mais surtout le cardinal, ayant plusieurs cordes en son arc, se savoit tellement transformer en toutes façons, qu'il est impossible de croire comme il se contrefaisoit en appropriant masques à son visage. Car avec une grande ruse il attiroit chacun, en sorte que d'eux-mesmes et à son clin-d'œil, ils entreprenoyent ou bien conseilloyent ce qu'il n'eust osé luy-mesme desgorger de son estomac. Et sitost qu'il avoit barre sur quelqu'un, comme les François sont prompts à se présenter, il les savoit tellement arrester court qu'ils n'eussent peu reculer puis après sans encourir un extrême péril. Mais entre tous stratagèmes, deux choses luy estoyent singulièrement recommandées : à savoir de tellement s'avancer qu'il jouast à boulle veue, et d'avoir l'amitié des ecclésiastiques pour s'aider de leur bien, et du peuple qui tenoit la religion romaine de ses ancestres, pour en avoir secours volontaire, sans lequel rien de tous ses desseins ne pouvoit avoir force ne vigueur. Et d'autant qu'il cognoissoit les uns avaricieux et les autres superstitieux, il usoit d'autant de façons comme il les cognoissoit d'humeurs diverses. Rien donc n'estoit espargné de sa part pour faire croire que ceux de la religion estoyent non-seulement ennemis du repos public, mais aussi de la personne du roy et de son estat. Pour sonder de quelle affection on estoit envers le roy, il déploroit quelquefois la misère et condition pitoyable du temps, et regrettoit l'indisposition du roy, alléguant la crainte qu'il avoit que son règne fust trop court pour chastier les hérétiques, et qu'après luy il survinst un autre règne qui leur laschast la bride. Sur quoy chascun disoit qu'il faloit, toutes choses cessantes, les exterminer, cependant que les choses y estoyent disposées, et avant qu'ils eussent pris plus longue racine. Lors voyant que cela s'accordoit assez bien à son souhait, ses passions aussi le transportoyent plus outre, en insistant sur la maladie du prince, laquelle il remarquoit malicieusement de contagion de ladrerie. Partant ne fut-il question aux siens que de semer des bruits pour rendre le roy et toute sa maison odieuse. Et de vray, c'est chose certaine que de là sortit premièrement le bruit que le roy alloit à Bloys se faire médeciner, à cause des teintures de son visage. Et comme la curiosité des François estoit d'enquérir profondément quoy et comment cela s'entendoit, ceux de ceste faction voyant combien cela leur pouvoit servir avec le reste de leurs préparatifs, disoyent en grand secret à l'oreille, que pour vray le roy estoit entaché de lèpre pour laquelle guérir il faloit le baigner au sang des petits enfans, et que desjà commission estoit expédiée à certains personnages d'aller prendre les plus beaux et les plus sains qu'on pourroit trouver depuis quatre jusques à six ans. Et comme volontiers mauvaises nouvelles courent plus viste que les bonnes et certaines, ce faux blasme esmeut tellement le peuple, mesme à l'entour de la rivière de Loyre et de vingt lieües à la ronde de la cour, que c'estoit pitié de voir aller et venir les pères et mères cachant et enfermant leurs enfans çà et là où ils pensoyent avoir meilleure seureté. Et de vray ceci ne fut sans occasion, car certains rustres suyvans la cour se transportèrent par les bourgades et villages, les uns demandant par les maisons particulières le nombre de leurs enfans qu'il mettoyent par escrit : les autres feignant ignorer ce que les premiers avoyent fait, s'enquéroyent s'il estoit venu gens pour enregistrer leurs enfans, disant qu'ils se devoyent bien garder de les bailler, car c'estoit pour baigner le roy en leur sang. Et par ces moyens prenoyent argent des pères et des mères, comme leur ayant fait un très-grand plaisir et digne de grande récompense. Le roy arrivé à Bloys sceut ces nouvelles qui le troublèrent grandement, et sa mère aussi, qui s'apercevoit de je ne say quoy outrepassant leurs communs desseins. Mais le cardinal qui ne donnoit aucune relasche à ceux de la religion (pour les tenir hors d'haleine), affermoit ce blasme estre provenu de leur part, afin de rendre le roy odieux à son peuple, comme ils cerchoyent à luy oster la couronne pour la transporter à quelqu'un de leur suite. Dequoy ledit seigneur conceut un tel ennuy que dès-lors il se rendit ennemi mortel des évangéliques, n'ayant plus grand plaisir qu'à s'enquérir des moyens de les exterminer du tout. Par ainsi, d'autant que les peines sembloyent n'estre assez exprimées par les édits précédens, il en fut fait un autre, au commencement de novembre, contre les assemblées qui continuoyent plus que jamais de jour et de nuict. En quoy ils disoyent non-seulement l'usage de l'Eglise romaine estre vilainement prophané, mais aussi qu'il s'y semoit et divulguoit plusieurs vilains infâmes et injurieux propos contre sa majesté, et pour inciter le peuple à mutinerie et sédition. Partant estoit-il dit que toutes personnes qui feroyent conventicules et assemblées illicites pour le fait de la religion ou autre cause, et ceux qui s'y trouveroyent seroyent punis du supplice de mort, sans aucune espérance de modération de peine, et les maisons rasées et démolies, sans pouvoir jamais estre rebasties. Et d'autant que la ville de Paris estoit sur toutes autres recommandée, et que les juges y avoyent plus de dévotion au cardinal, outre le grand profit qu'ils faisoyent en ces poursuites, autres lettres-patentes du treiziesme de novembre furent d'abondant décernées à ceux du Chastelet, contenant les mesmes blasmes semez contre le roy (comme ils disoyent) par les hérétiques. Parquoy leur estoit mandé faire crier par la ville que ceux qui auroyent cognoissance de ces assemblées, les allassent révéler à justice dans certain temps, s'ils ne vouloyent encourir mesme peine. On promettoit à celuy qui les déceleroit, encor qu'il eust esté des complices et coulpables, avecques le pardon et impunité du faict, cent escus pour loyer. Et afin que tels délateurs fussent gardez de violence et oppression, ledit sieur les prenoit en sa sauve-garde. Suyvant lesquelles lettres publiées le vingtième dudit mois, la persécution recommença plus grande qu'auparavant, si que nul de tous ceux qui estoyent tant soit peu suspects n'osoyent monstrer le nez qu'il ne fust happé par la diligence de Russanges et David, lesquels acompagnez de plusieurs sergens, raudoyent sans cesse par la ville : mais ayant eu le vent qu'on les menaçoit, ou bien la mauvaise conscience les ayant espouvantez, ils en advertirent le cardinal, lequel le fit trouver très-mauvais au roy, si que lettres-patentes du quatorziesme de novembre leur furent envoyées pour informer et punir à mort ceux qui se trouveroyent avoir donné quelque faveur, conseil et support aux sacramentaires et entachez d'autre crime d'hérésie, et qui usoyent de menaces ou intimidations contre les juges, leurs ministres et ceux qu'on vouloit produire à tesmoins.

Environ ce même temps, à savoir le 18 de décembre, Antoine Minard, président au parlement de Paris, l'un des grands supposts de ceux de Guise, fut tué d'un coup de pistole un soir, comme il retournoit du palais en sa maison, et ce par gens incognus. Et quelque diligence qu'on pust faire l'on ne sceut jamais savoir d'où cela estoit venu. Les uns disoyent que c'estoit pour paillardise, d'autant qu'il y estoit du tout adonné, et qu'il ne craignoit de séduire toutes les dames et damoiselles qui avoyent des procès devant luy, contraintes de se prostituer à ce taureau bannier si elles ne vouloyent perdre leurs causes. Les autres, que c'estoit par quelques désespérez desquels il avoit vendu le droit, comme il estoit en réputation de juge du tout inique, et d'avoir destruit une infinité de grosses maisons par ses déguisemens et pratiques. Les autres maintenoyent que c'estoyent les luthériens, parce qu'il donnoit toutes les instructions et mémoires à ceux de Guise pour les molester, et qu'il leur révéloit les secrets de la cour, combien qu'il eust autresfois fait profession de leur doctrine. Entre les autres appréhendez sur le champ par soupçon, le bastard du feu cardinal de Meudon, oncle de la dame d'Estampes, fut mis prisonnier, d'autant que peu auparavant il s'estoit plaint que Minard avoit fait donner le bien de son père au cardinal de Lorraine, et s'estoit fait exécuteur de son testament sans luy avoir rien réservé : mais il prouva son alibi. Ils avertirent aussi le roi par un nommé Des Croisettes, substitut du procureur-général, qu'il y avoit un certain Écossois, se disant parent de la royne, et surnommé Stuard comme elle, auquel, sous ombre qu'il alloit visiter les prisonniers pour la religion, ils imposèrent qu'il avoit voulu mettre le feu dedans la ville de Paris pour délivrer les prisonniers. Ce qu'entendu par ladite dame, laquelle il réclamoit en aide, elle le désavoua pour complaire à ses oncles, qui fut cause

de le faire durement traiter et tourmenter par gehennes.
Mais on ne sceut rien tirer de luy. Ces nouvelles ainsi venues
à la cour, le cardinal en fut grandement intimidé, et encore
plus quand au même instant, ou peu après, on tua un
nommé Julian Fermé, à quatre ou cinq lieues de Cham-
bourg, où lors estoit le roy, lequel alloit porter force mémoires pour faire procès aux plus grands princes et seigneurs
du royaume, et autres gens riches et opulens qui favorisoyent ceste doctrine, et craignoit grandement le cardinal
qu'on ne le traittast de mesme. Toutesfois il ne se déporta
pour cela de ses entreprises; ains, despité et fasché d'avoir
perdu ce bon serviteur et ses mémoires, il essaya de rendre
ceux de la religion tant plus odieux, les accusant d'en avoir
esté les meurtriers. Et de fait, l'apparence estoit grande que
plusieurs de la religion, comme il avoit esté prédit à la royne
mère, se faschoyent de la patience chrestienne et évangéli-
que, n'obéissant rien moins en cela qu'à leurs ministres.
Ramenant donc en jeu ces blasmes susdits de la maladie
du roy, desquels luy-mesme estoit autheur; et espérant que
par subornations ou autrement on pourroit trouver quelque chose contre eux, il fit décerner commissions aux maistres des requestes, et mesme aux juges prochains qu'il savoit estre à sa dévotion, pour en informer diligemment.
Il leur estoit aussi mandé de faire publier à son de trompe,
et par affiches aux temples et lieux publics, que toutes personnes qui sauroyent ceux qui avoyent semé tels bruits,
l'allassent révéler aux commissaires, sur peine de crime de
lèse-majesté. Que si aucun se présentoit (ores qu'il fust des
complices et coulpables) outre le pardon, loyer estoit promis
de 300 écus. Aux personnes privées estoit donné puissance
de prendre au corps ceux qui avoyent tenu tels propos, et
les mener au plus prochain juge, lequel, toutes choses cessantes, devoit leur faire procès, et iceluy envoyer au privé

conseil. Et où les captures ne se pourroyent faire, on vouloit qu'ils fussent poursuivis, et qu'on criast après eux, au boute-feu, au traistre, jusqu'à ce qu'ils fussent venus au lieu qu'on pouvoit sonner le tocquesain. Et alors que chascun s'employast de les prendre, s'il ne vouloit encourir la mesme punition, et où il y auroit défense, estoit permis de les tuer. Or combien que ceux de la religion fussent très-mal voulus, et qu'on rejettast sur eux la faute de toutes mésaventures et malheurs, ce néantmoins il ne se trouva aucune preuve contre eux, dont le cardinal fut très-marri, taxant les juges de les avoir espargnez, et avoir prins argent : toute laquelle procédure fut trouvée estrange de beaucoup de personnes de bon jugement, d'autant que ce bruit, au grand diffame du roi, eust peu se vérifier accortement, ou bien estre enseveli plus secrettement, que le publier ainsi solennellement au veu et sceu des Espagnols, qui attendoyent le partement de la royne leur maistresse, et sœur dudit sieur roy.

Finalement, un de ces garnemens s'estant rencontré auprès de Loches, le juge du lieu l'ayant pris prisonnier, saisi d'une commission qu'il maintenoit estre expédiée en la chancelerie et signée d'un des secrétaires d'estat, il fut mené à Bloys, où il fut recognu comme ayant familièrement fréquenté en la maison du cardinal de Lorraine, et iceluy servi d'espion, et comme ayant donné des nouvelles inventions de surcharger le peuple, ainsi que la cour est coustumièrement farcie de telles gens. Somme, plusieurs le pensoyent estre domestique de ceste maison. Par son procès il confessa avoir exigé et rançonné du peuple, en vertu de ceste commission, douze ou quinze cens escus : mais ce malheureux estant mené au supplice pour estre décapité, demeura si ferme et opiniastre, que jusques à la fin il maintint la commission estre vraye, et avoir icelle prise par com-

mandement du cardinal, comme aussi il disoit en avoir fait
délivrer à plusieurs autres courtisans et gens de sa maison.
Cela fut cause de mettre en doute et dispute ce qui auparavant n'estoit tenu que pour fable et pur mensonge, comme
à la vérité tout cela seroit digne d'estre supprimé, si non
que les estrangers en voulussent faire mémoire, et rapporter
les choses autrement qu'elles ne sont passées, à cause du
grand bruit qui en fut semé partout par la ruse des dessus
dits. Ce fait aussi estoit trouvé du tout ridicule par les médecins et chirurgiens, voire des empyriques et triacleurs
mesmes. Voylà en somme quelle fut l'issue de ces faux bruits,
qui furent semez, comme nous avons dit, et à double cau-
telle: l'un pour petit à petit desgouster les François de l'a-
mour naturel qu'ils portent à leurs roys, pour estre le roy,
comme ils vouloyent faire croire, entaché de telle contagion,
et par ce moyen les préparer à nouveau changement : et
l'autre, pour rendre tellement odieux ceux de la religion
envers le roy, que par son moyen ils fussent du tout exterminez, afin que cela raclé ils ne trouvassent aucune résistance à exécuter leurs desseins.

Il a esté fait mention de l'arrest donné contre du Bourg,
lequel estant divulgué, ceux de l'église de Paris mirent toutes peines possibles de luy sauver la vie. Premièrement ils
sommèrent la royne mère de promesse : mais ayant eu froide
response, ils se retirèrent devers Otton Henry, comte palatin
et premier électeur de l'Empire, qui aussitost envoya ses
ambassadeurs le demander au roy, pour s'en servir en son université à Heydelberg. De quoy le cardinal adverty et de la cause
de leur venue, despité extrêmement de la mort de son bon
ami Minard, escrivit qu'on le fist mourir incontinent et avant
leur arrivée, afin que le roy n'en fust davantage importuné.
Et quand plus il estoit prié de faire superséder l'exécution,
tant plus se monstroit-il difficile, puisque l'on avoit eu re-

cours aux Allemands hérétiques, lesquels aussi il espéroit chastier à leur tour. Ceux de Guise donnèrent les moyens et adresses pour faire l'exécution seurement, et en la manière qui sera tantost déclarée.

Cependant estant avertis qu'on les menaçoit, lettres patentes furent publiées narratives des défenses précédentes du port des pistolles et hacquebuttes, qui néantmoins avoyent esté si mal observées qu'il se commettoit journellement de grands et exécrables meurtres, pour lesquels empescher sembloit l'augmentation des peines estre le meilleur remède. Il estoit donc défendu, de par le roy, à toutes personnes, fussent gentils hommes de sa maison, de ses ordonnances, officiers, domestiques, archers de ses gardes, gardes des forests, gens de justice, de finances, marchands et autres quelconques, ne porter aucunes pistolles, fust par les chemins ou dans les villes, sur peine de la vie, encore que ils n'en eussent tiré, voire et sans espérance de grace, de modération de peine, la confiscation départie moitié au roy, moitié à l'accusateur : toutes permissions, priviléges et congez révoquez : enjoint à tous sujets et personnes privées de faire les captures sans s'arrester à aucun congé et les mener au plus prochain juge : que pour les saisir on criast, au traistre! au boute-feu! qu'à ce cry chacun fust tenu de les suyvre jusqu'à ce qu'ils fussent appréhendez : que pour ce faire les paysans laissassent leurs besongnes, sonnassent le tocquesain, sur la mesme peine de la vie; et aux juges commandement d'inviolablement garder ceste ordonnance, sur peine de privation d'office. Et à ce que ces patentes fussent plus estroittement recommandées, y estoyent adjoustées lettres du cachet du roy, avec menaces, afin d'y avoir de plus près l'œil. Voilà comme le cardinal et son frère pensèrent avoir bien pourveu aux entreprises qui se brassoyent contre eux.

Nous avons cy devant fait mention du jugement à la mort

donné contre du Bourg, et comme l'exécution avoit esté différée jusques à nouveau mandement du roy. Or n'estoit-il point en la prison sans beaucoup souffrir, car on le tenoit bien estroittement en la bastille, et n'avoit point le traitement que requéroit son estat : ains quelquefois estoit là au pain et à l'eau. La communication de tous ses amis luy estoit interdite, tellement qu'il ne pouvoit estre secouru ni soulagé ; et quelquefois (pour soupçon qu'on avoit qu'il se faisoit entreprise pour le délivrer par le bris des prisons) on le restraignoit en une cage, en laquelle il avoit tous les malaises, comme on peut penser. Ce nonobstant il se réjouissoit tousjours et glorifioit Dieu, ores empoignant son luth pour luy chanter psalmes, ores le louant de sa voix. Plusieurs taschoyent de le destourner : mais ils y perdirent leur peine, estant repoussez d'une grande constance : car il remonstroit tousjours l'équité de sa cause, et qu'il n'estoit détenu que pour la confession de nostre Seigneur Jésus-Christ; et pourtant ne falloit qu'il fust si lasche et desloyal, que de faire chose aucune pour racheter sa vie et la bonne grâce des hommes, au deshonneur de Jésus-Christ et au péril de son âme. Mesme son affection estoit telle, qu'il dressa une requeste au parlement avec une confession ample de sa foy, et la présenta de peur qu'ils ne fussent assez satisfaits de ses responses.

Ses frères, advertis du commandement du cardinal, luy firent savoir comme à force d'escus ils avoyent obtenu du pape des bulles pour le quart appel, le priant de s'en aider ; car elles estoyent si expresses et fulminantes qu'il seroit, en vertu d'icelles, mené à Rome, et lors on le délivreroit aisément par les chemins : autrement c'estoit fait de luy. Ce qu'il refusa, et asseure l'on qu'il ne se resjouit jamais tant que quand il sceut sa fin approcher, et qu'en détestant la papauté, il déploroit les moyens par luy tenus pour prolonger sa vie, ce qu'il monstra ouvertement le 20 de novembre à ceux qui le dégradèrent des ordres de diacre et sous-diacre; car au sortir ils estoyent merveilleusement estonnez de ses remonstrances.

Estant après ces cérémonies remené en la conciergerie du palais, on fit courir le bruit qu'il s'estoit desdit, et qu'à ceste cause l'on avoit envoyé au roy pour obtenir sa grâce : mais ce bruit se faisoit expressément pour rendre inutiles les entreprises qu'on craignoit estre faites pour sa délivrance. Or la coustume ancienne du parlement estoit qu'aux quatre festes annuelles, qu'on appelle, on réservoit à mort les plus grands malfaiteurs, voleurs, brigans ou parricides, afin que la punition fust plus mémorable. Mais depuis trente ou quarante ans que la persécution fut esmeue contre les luthériens, ce sort escheut sur les plus doctes et renommez d'entr'eux, comme estant leur fermeté blasmée plus que les meschancetez des pires garnemens du monde. Par ainsi du Bourg fut réservé à Noël. Le samedy donc de devant ceste feste, que l'on comptoit le 21 de décembre, on assembla 400 hommes de pied et 200 de cheval, et plus, tous armés à blanc. Et à ce qu'on ne peust savoir où se feroit l'exécution, et que les embusches fussent inutiles (si aucunes y en avoit) les juges déléguez firent dresser des potences, et mener du bois par tous les carrefours de Paris pour ce accoustumez. Et en cest équippage, le vingt-troisiesme de décembre du Bourg fut mené en S. Jean en Grève, et là bruslé et son corps réduit en cendres. Il n'est possible de descrire la constance et fermeté de ce personnage (1) : car elle estoit admi-

(1) Voici comment l'historien J.-A. de Thou raconte la mort de Anne Du Bourg. « Lorsque, suivant l'usage, on lui lut son jugement, il n'en parut point consterné et dit qu'il pardonnait à ses juges, qui avaient jugé selon leur conscience, mais non selon la science qui vient d'en haut et selon la sagesse de Dieu. Ensuite ayant comme adressé son discours à ses juges, il dit plusieurs choses sur le jugement éternel de Dieu, et s'animant un peu,

rable sur tous ceux qui ont souffert pour ceste querelle. Bref, sa magnanimité surmonta la violence de ses ennemis, quelque grande qu'elle fust. Car ceux qui voyoyent sa contenance, depuis que son arrest luy fust prononcé, racontoyent merveilles de ses propos et grandes sentences. Et combien que l'on fust observé de près, si est-ce que plusieurs disoyent haut et clair, qu'il ne se pouvoit faire que ce personnage ne fust conduit de l'esprit de Dieu, l'estimant très-heureux de ce qu'il mouroit si constamment pour maintenir la vérité, et que le salut de sa patrie et l'honneur de la justice luy avoyent esté plus précieux que sa propre vie.

Après du Bourg furent menez à la mort plusieurs autres pour mesme raison, qui furent aussi bruslez, à savoir, André Coiffier en la ville de Dampmartin; Jean Isabeau, menuisier, natif de Bar et pris à Tours, et là exécuté à la mort, et Jean Judet à Paris, le tout par arrest de la cour de parlement de Paris.

Or si ce personnage notable estoit plaint des gens doctes et d'estat, la populace de Paris au contraire se monstroit tant plus envenimée contre les évangéliques : car comme

---

il finit ainsi : *Eteignez vos feux, et renonçant à vos vices, convertissez-vous à Dieu, afin que vos péchés soient effacés et vous soient remis. Que l'injuste abandonne sa voie, et que détestant ses desseins pervers, il retourne au Seigneur et il aura pitié de lui. Pour vous, ô sénateurs, vivez heureux! Pensez sans cesse à Dieu et en Dieu. Je vais avec joie à la mort.* Ayant dit ces paroles, qui furent recueillies par le greffier et que j'ai ici copiées, il fut conduit dans un tombereau à la Grève (lieu destiné pour le supplice), entouré par un grand nombre de soldats à pied et à cheval, comme si on eut appréhendé une émotion populaire ; là, il dit peu de choses au peuple comme il l'avait promis, et ajouta qu'il avait été condamné, non comme voleur, mais pour l'Evangile de Dieu : ensuite, il ôta lui même ses habits. Lorsqu'il montait à l'échelle, on l'entendit prononcer ces mots plusieurs fois : *Mon Dieu, ne m'abandonnez pas, de peur que je vous abandonne!* Ensuite il fut étranglé et jeté dans le feu. » Telle fut la fin d'Anne Du Bourg, à l'âge de 38 ans. Il était né à Riom en Auvergne, d'une famille riche, dont était sorti Antoine du Bourg, chancelier de France, sous François 1er.

elle est composée de toutes nations, et de nature mutine, les sorbonistes et autres moines leur servoyent de souflets par leurs prédications, pour les enflamber contre ceste doctrine, disant que les sectateurs d'icelle estoyent gens sans Dieu et sans religion, et les chargeant des crimes cy-dessus alléguez, ce qui mettoit ceste populace en telle rage et forcénerie contre eux, que souvent il y en avoit du peuple qui servoyent de bourreaux, en les ostant à l'exécuteur de justice pour accroistre leurs tourmens, comme ils eussent faict en la personne de du Bourg, sans ce que les gens armés retinrent leur furie.

En ce mesme temps ils inventèrent plusieurs manières de descouvrir les évangéliques. Car outre leur façon accoustumée d'accabler ceux qui ne s'agenouilloyent devant les prestres portant l'hostie ou corpus Domini, qu'ils appellent, on érigea par tous les coins des rues des images de la vierge Marie, comme aussi elles estoyent eslevées au-dessus des portes des meilleurs catholiques romains, devant lesquelles se disoyent ordinairement des saluts et autres oraisons accoustumées en telles dévotions. Que s'il se rencontroit quelque passant qui n'ostast le bonnet, aussi soudain estoit-il assailli par certains hommes qui estoyent aux aguets dans les maisons prochaines. Ils firent aussi des boites et espargnemailles, où ils contraignoyent les passans de mettre argent pour les cierges et luminaires : que si on en faisoit la moindre difficulté du monde, on estoit chargé de coups. Ils alloyent pareillement de maison en autre quester argent pour semblables services, et chanter messes à ces nouvelles images, et frayer aux procès des luthériens, à quoy si on leur contredisoit tant peu que ce fust, il n'y alloit que de la vie et saccagement des maisons, dont s'ensuivirent plusieurs meurtres, qui néantmoins quelquesfois retournoyent sur les testes des assaillans. Car certains garnemens, inquiétez de leurs dettes, suyvoyent leurs créditeurs, et les trouvant aux rues esgarées, n'avoyent plustost crié au luthérien, au christaudin, qu'ils ne fussent non seulement quittes de leurs debtes, mais le plus souvent revestus des dépouilles de leurs créanciers.

Ces façons de faire ouvertement tyranniques, les menaces desquelles à ceste occasion on usoit envers les plus grands du royaume, le reculement des princes et grands seigneurs, le mépris des estats du royaume, la corruption des principaux de la justice rangée à la dévotion des nouveaux gouverneurs, les finances du royaume départies par leur commandement, et à qui bon leur sembloit, comme aussi tous les offices et bénéfices, bref leur gouvernement violent, et de soy-mesme illégitime, esmeut de merveilleuses haines contre eux, et fit que plusieurs seigneurs se resveillèrent comme d'un profond sommeil. Voire et d'autant plus qu'ils considéroyent les roys, François et Henry, n'avoir jamais voulu attenter en la personne des gens d'estat, se contentant de battre le chien devant le loup, et qu'on faisoit tout le contraire alors : qu'on devoit (pour le moins à cause de la multitude) user de remèdes moins corrosifs, et n'ouvrir la porte à un million de séditions. Chacun donc fut contraint de penser à son particulier, et ne pouvant plus porter une telle oppression, commencèrent plusieurs à se rallier ensemble, pour regarder à quelque juste défence, pour remettre sus l'ancien et légitime gouvernement du royaume. Ce qu'estant proposé aux jurisconsultes et gens de renom de France et d'Allemagne, comme aussi aux plus doctes théologiens, il se trouva que l'on se pouvoit légitimement opposer au gouvernement usurpé par ceux de Guise, et prendre les armes à un besoin, pour repousser leur violence, pourveu que les princes du sang, qui sont nés en tel cas légitimes magistrats, ou l'un d'eux le voulust entreprendre, surtout à

8.

la requeste des estats de France, ou de la plus saine part d'iceux. Car d'en advertir le roy et son conseil, c'estoit s'adresser aux adversaires mesmes, veu que le roy, outre sa minorité et son peu de sens, leur estoit mesme asservi, de sorte qu'il n'y avoit ordre de tenir ce chemin pour leur faire procès par la voye ordinaire. Il estoit donc nécessaire de se saisir de leurs personnes comment que ce fust, et puis d'assembler les estats pour leur faire rendre compte de leur administration. Ceci, dis-je, arresté d'un commun consentement, il se trouva trois sortes de gens à manier ceste afaire : les uns meus d'un droit zèle de servir à Dieu, à leur prince et patrie ; autres meus d'ambition et convoiteux de changement ; et autres encore esguillonnez d'appétit de vengeance, pour les outrages receus de ceux de Guise, tant en leurs personnes qu'en leurs parens et alliez : de sorte qu'il ne se faut point esmerveiller s'il y eut de la confusion et si l'issue en fut tragique.

Cela mis en avant, Loys de Bourbon, prince vrayment généreux entre tous les princes du sang, appelé le prince de Condé, estant solicité d'entendre à ces afaires pour empescher la ruine du roy et de tout l'estat, après y avoir longuement et meurement pensé, comme la conséquence du fait le requéroit, donna premièrement commission à certains personnages de preud'hommie bien approuvée, de s'enquérir secrettement, et toutesfois bien et exactement, des charges imposées à ceux de Guise, pour puis après regarder à ce qui se pouvoit et devoit faire en bonne conscience, pour le bien de sa majesté et du public. L'information faite, il se trouva par le tesmoignage de gens notables et qualifiez, iceux estre chargez de plusieurs crimes de lèse-majesté, ensemble d'une infinité de pilleries, larrecins et concussions, non seulement des deniers du roy, mais de ses particuliers sujets. Entre autres choses notables, on l'asseuroit estre bien vérifié, et par gens qui leur avoyent esté comme domestiques, qu'ils vouloyent s'emparer du royaume, et faire mourir tous les princes du sang, jusques à ceux qui seroyent au berceau, si tost qu'ils auroyent exterminé tous ceux qu'ils appeloyent hérétiques, qu'ils savoyent leur estre fort contraires pour les raisons cy-dessus alléguées. Et pour haster ceste afaire, sachant que le roy estoit de peu de jours, pendant lesquels ils ne vouloyent leur demeurer un seul ennemi vivant, ils tascheroyent de parvenir à leurs desseins, ce qu'ils estimoyent leur estre aisé, veu qu'ils avoyent la justice, l'argent, les villes fortes, les gens de guerre en main et l'amitié du peuple, pour s'estre ainsi virilement portez contre ces hérétiques.

Ces informations veues et rapportées au conseil du prince, attendu que le roy, pour son jeune âge, ne pouvoit cognoistre le tort à luy fait et à toute la France, et encore moins y donner ordre, estant enveloppé de ses ennemis, il ne fut question que d'adviser les moyens de se saisir de la personne de François, duc de Guise, et de Charles, cardinal de Lorraine son frère, pour puis après leur faire procès par les estats : mais la difficulté se trouva à qui attacheroit la sonnette. Car toutes personnes de bon jugement trouvoyent cela grandement hasardeux, attendu leur grandeur et authorité. Par ainsi nul d'eux, encore qu'ils fussent courageux, ne vouloit l'entreprendre, d'autant qu'en cas de faillir à l'exécution, il n'y alloit que de la perte de la vie et des biens. Finalement après plusieurs advis et délibérations, se présenta un baron de Périgord, gentilhomme d'ancienne maison, nommé Godefroy de Barry, seigneur de la Renaudie, se faisant nommer La Forest : cest homme estoit doué de fort bon entendement, et pour un procès longuement demené en plusieurs parlemens entre luy et du Tillet, greffier du parlement de Paris ; finallement, y estant entrevenue une accusation de fausseté, par arrest du parlement de Dijon, avoit esté fort mal traité avec ignominie et réduit aux prisons : desquelles ayant trouvé moyen de sortir fort habilement, s'estoit retiré sur les terres de Berne, en Suisse, et depuis ayant obtenu lettres de révision pour faire apparoir du tort à luy fait, et mesme estant par icelles rétabli en ses biens et honneurs, estoit lors retourné en France pour pourvoir à l'entérinement de ses lettres, et au reste de ses afaires. Ces choses estant cognues, après qu'il eut fait deuement apparoir de son rétablissement, la compagnie le jugea propre à manier ceste afaire sous l'authorité dudit sieur prince, lequel postposant toutes choses au devoir qu'il avoit à sa patrie, à sa majesté et à son sang, voyant ce personnage afectionné de mesme, luy donna pouvoir de comparoir en son nom où il appartiendroit, pour adviser à ce qui estoit de faire en telle nécessité : et luy promit iceluy sieur prince, de se trouver sur le lieu de l'exécution de ladite capture, pour la favoriser en ce qu'il pourroit, pourveu que rien ne fust dit, entrepris ne fait en sorte quelconque contre Dieu, contre le roy, messieurs ses frères, les princes, ny l'estat : pource que faisant autrement, il s'opposeroit le premier à ce qui s'y diroit, entreprendroit ou feroit au contraire.

Ainsi donc la Renaudie se trouvant authorisé, sous ceste condition, fit si grande et extrême diligence, qu'en peu de jours il assembla en la ville de Nantes, et le premier de février, un bon nombre de noblesse et du tiers estat de toutes les provinces de la France, lesquels il prétendoit avoir légitimement assemblez, en sorte qu'ils seroyent advouez d'avoir représenté et fait le corps de tous les estats de France, en si extrême nécessité et urgente afaire.

La raison pour laquelle il choisit ce lieu pour parlementer, fut qu'outre ce que Nantes est une ville située aux extrémitez du royaume, le parlement de Bretagne qui se tenoit lors leur donneroit couleur, et empescheroit que leur entreprise ne fust découverte, parce qu'ils feignoyent y poursuivre des procez : et de fait ils s'y portèrent si discrettement, que chacun faisoit porter après soy à ses valets des sacs à la mode des plaideurs. Que s'ils se rencontroyent par les rues, c'estoit sans se saluer, ne faire cognoissance ailleurs qu'en leur conseil.

En ceste assemblée, après avoir invoqué le nom de Dieu, la Renaudie proposa bien au long l'estat des afaires du royaume : non seulement pour le faict de la conscience de plusieurs, mais surtout sur le maniement de l'estat tel qu'il a esté dit cy-dessus, mis entre les mains d'estrangers, qui s'estoyent de leur propre mouvement ingérez à ceste charge, sans y estre appelez selon les anciennes ordonnances : remonstra le danger qui en pouvoit advenir, et qui estoit prochain, pour avoir ceux de Guise conjuré à la ruine du roy, de messieurs ses frères, des princes du sang et de tous les seigneurs du royaume qui n'estoyent de leur party. Bref, après leur avoir allégué le changement par eux fait de toutes choses, et les décisions des gens doctes, sur les informations de ce faites, il les pria de déclarer rondement leur advis, de ce qui estoit à faire, et cas advenant qu'il se présentast un prince du sang, ou un gentilhomme duement authorisé de luy, s'ils voudroyent donner aide à se saisir de ces tyrans, afin d'assembler les estats généraux pour leur estre fait procès ; et au reste pourvoir au roy de conseil durant son bas âge, suivant l'ordre en tel cas accoustumé.

Sur ce, plusieurs ayant opiné, et trouvé la chose saincte, juste et grandement nécessaire, il y en eut un qui, après avoir approuvé l'entreprise et grandement loué les auteurs d'icelle, déclara qu'il luy sembloit, avant que de donner sa parole et promesse, estre requis que chacun jurast et promist à Dieu solemnellement, de ne rien entreprendre contre l'authorité du roy ny de l'estat de France : protestant de sa part que s'il s'en pouvoit apercevoir, mesme quand ce viendroit sur le poinct de l'exécution de l'entreprise, qu'il en advertiroit le roy, et se feroit plustost tuer à ses pieds que de souffrir aucune chose estre attentée à son préjudice.

Ceste remonstrance trouvée raisonnable, on commença de recueillir les voix, et lors chacun jura de ne rien entreprendre qu'au profit et advantage de leur roy et naturel seigneur. Parquoy le premier article de cest accord recueilli par le secrétaire ordonné en cest acte, fut couché en ces propres mots :

« Protestation faite par le chef et tous ceux du conseil, de n'attenter aucune chose contre la majesté du roy, princes du sang, ny estat légitime du royaume. »

Après que l'assistance y eut donné son consentement, on advisa des moyens, du temps de l'exécution, du nombre des hommes, quels capitaines conduiroyent les troupes, et quelles personnes assisteroyent au chef, ou son lieutenant, par l'advis desquels ou de la pluspart se conduiroit l'entreprise de prendre les susdits de Guise, laquelle il ne seroit loisible d'outrepasser : bien la manière et le temps selon l'occurrence et la nécessité des lieux seroyent remis à la discrétion de ceux qui se trouveroyent sur les lieux, ayant la charge de l'exécution.

La Renaudie ayant le serment de tous, et réciproquement presté le sien, déclara le prince duquel il avoit charge, et aussi leur monstra son pouvoir, lequel veu, ils luy firent bailler pour conseil certains personnages de toutes les provinces. En ce conseil il fut arresté, que le dixième de mars on exécuteroit l'entreprise en la ville de Bloys, ou l'on présupposoit le roy devoir estre encore de séjour. Que l'on prendroit cinq cens gentilshommes de toutes les provinces pour accompagner le chef, et se saisir des personnes du duc de Guise et du cardinal de Lorraine, son frère, desquels seroyent conducteurs le baron de Castelnau, pour les troupes de Gascogne : le capitaine Mazeres, pour Béarn : Du Mesnil, pour Périgord et Limosin : De Maillé Brezé, pour Poictou et Xaintonge : De La Chesnaye, pour Anjou : De Chiray, pour Chastelleraud et les environs : le capitaine Saincte-Marie, pour Normandie : le capitaine Cocqueville, pour Picardie : N. (1), pour Champagne, Brie et l'Isle de France : et le capitaine Chasteauneuf (2), pour Provence et Languedoc.

Il fut aussi advisé qu'au mesme temps se trouveroyent ès principales villes du royaume des gentilshommes qui tiendroyent la main à ce que le peuple ne s'esmeust que bien à poinct, comme aussi on empescheroit que ceux de Guise n'eussent aucun secours ny aide de ceux qu'ils avoyent eslevez en dignité, ny semblablement qu'ils se peussent aider des forces et des deniers de France, le passage desquels leur seroit empesché.

Pareillement fut concluud, que ces deux de Guise pris, s'il y avoit résistance, on fourniroit des gens et argent, en sorte que la force demeureroit au chef, jusques à ce qu'il eust fait établir un gouvernement légitime, et que les tyrans fussent punis par justice, pour servir d'exemple à la postérité : et par ce moyen remettre la France en son ancienne splendeur.

Ce faict, chacun s'en retourna préparer sa charge, comme aussi la Renaudie vint trouver le prince sur la fin de février, et luy ayant fait entendre la conclusion ainsi prise, alla donner ordre à lever gens, et s'équipper d'armes et de chevaux, en quoy il usa d'une diligence presque incroyable, tellement qu'il ne demeura rien de sa part.

Il a esté veu cy-devant comme le roy de Navarre s'estoit

(1) De Thou nomme de Ferrières-Maligny, le cadet.
(2) De Thou le nomme Châteauvieux.

retiré pour faire ses préparatifs à recevoir en ses pays et gouvernement Élizabeth, royne des Espagnes, laquelle luy avoit esté baillée en charge pour la conduire avec le cardinal de Bourbon son frère, et le prince de la Roche-sur-Yon, sur les limites et frontières de France et Espagne, où il la délivreroit au roy son mari, ou à ses députez, suivant le traicté de la paix. Reste maintenant à poursuivre le voyage, lequel on pensoit estre remis à la primevère, à l'occasion de l'hyver qui estoit prochain, et de la difficulté des chemins à travers les montagnes aspres et fascheuses. Toutes fois les nouvelles venues, elle partit de Bloys au commencement de décembre, et la conduisirent, le roy son frère et la royne sa mère, jusques à Chastelleraud et Poictiers, d'où elle poursuivit son chemin avecques les cardinal de Bourbon, prince de la Roche-sur-Yon, et autres grands seigneurs, droit en Gascogne. Le roy de Navarre luy vint au-devant à Bourdeaux, et l'ayant magnifiquement reçue et traitée par ses pays, la conduisit bien avant dedans son royaume, et jusques aux confins d'iceluy, occupés par l'Espagnol. Il avoit esté accordé entre ledit seigneur et le cardinal de Burgos et le duc de l'Infantesque, députez pour recevoir icelle dame, qu'elle leur seroit rendue le premier jour de janvier, au lieu dit le Pignon, qui est sur le sommet des montagnes, mais les neiges et le soudain changement firent arrester les dames au monastère de Roncevaux, à une lieue par deçà. Joint qu'il sembla au roy de Navarre qu'il avoit passé assez avant sans qu'il fallust qu'il hazardast plus outre sa personne. Par quoy il envoya devers lesdits seigneurs députez qui estoyent à Espinal, distant de deux petites lieues françoises, pour leur faire savoir son arrivée, et le désir qu'il avoit d'accomplir le traicté de paix pour ce regard. Mais, comme ceste nation est pleine de cérémonies ou singeries, quatre ou cinq jours se passèrent à débattre en quel lieu et en quelle façon se feroit ceste réception, qu'ils vouloyent à toutes forces estre faite à mi chemin les uns des autres, et fut aussi longuement disputé qui tiendroit le premier et principal lieu d'honneur et dignité. A quoy le roy de Navarre, qui se sentoit premier prince de la principale et plus illustre maison de la chrétienté, et qui outre ce portoit le titre de roy, refusa de céder. Finalement, après plusieurs allées et venues, voici ce qui advint. A l'entrée du logis de Roncevaux y a une grande salle, laquelle fut parée de la tapisserie de dueil que le roy de Navarre portoit du roy Henry. L'on mit au lieu le plus éminent un dais, sous lequel le cardinal de Bourbon, accompagné de plusieurs chevaliers de l'ordre et seigneurs, outre ses évesques et protonotaires, et trois cents gentilshommes du roy de Navarre. Luy, voyant les Espagnols approcher, leur alla au-devant jusques à la porte de la salle, et les caresses faites selon la coustume, il les conduisit sous le dais, là où après quelques propos communs, l'Espagnol fit entendre ce qui les menoit. A donc le cardinal de Bourbon, ayant leu leur pouvoir, les conduisit en une salle où estoit la royne et le reste de la compagnie. A l'aller, le cardinal de Burgos prenant la main droite de celuy de Bourbon, le mit au milieu de luy et du duc de l'Infantesque, ce qui ne fut sans un modeste refus pour l'antiquité du chapeau, de façon que sur ces offres le duc se retirant de leur rang marcha devant eux. La salle haute de la royne estoit de pareille grandeur que la basse. Au bout d'icelle on avoit fait dresser un parquet de quatre ou cinq toises en quarré, dedans lequel, sous un poesle de veloux cramoisy enrichi d'orfévrerie et broderie d'or, ladite dame seoyt sus une chaire de pareille estoffe, et à sa main droite estoit le roy de Navarre assis dans une chaire, et plus bas sur un escabeau le prince de la Roche-sur-Yon. De l'autre costé estoyent la damoiselle de Bourbon, fille du duc de

9

Montpensier, et la dame de Rieux auprès, et un peu plus arrière la dame de Clermont et toutes les dames et damoiselles de la royne, chacune selon leur ordre et la dignité de leurs maisons.

Au derrière de la chaire de la royne se tenoit dom Lopez de Gusman, maistre de salle du roy d'Espagne, lequel ayant la teste nue, advertissoit ladite dame des noms de ceux qui entroyent.

Au-devant desdits députéz marchoyent les chevaliers et gentilshommes espagnols, les principaux desquels estant entrés l'un après l'autre dans le parquet, et ayant mis les genoux en terre, ladite dame leur bailla la main. Le roy de Navarre et le prince de la Roche-sur-Yon appercevant les cardinaux, se levèrent debout. Mais la royne demeura assise jusques à ce qu'approchant le duc de l'Infantesque pour luy baiser les mains, elle se leva pour le recevoir, comme en semblable elle reçeut fort humainement le cardinal de Burgos, la harangue duquel fut pleine d'offres de service et obéissance. A sa response on cognut en elle non-seulement une courtoisie françoise selon sa grandeur et magnificence, mais aussi une dextérité d'esprit qui faisoit paroistre sa bonne nourriture. De là ils retournèrent devers le roy de Navarre, duquel, après avoir reçeu grandes caresses et honnestetez, ils requirent de luy la délivrance de leur dame et maistresse, suyvant le pouvoir qu'ils avoyent monstré au cardinal de Bourbon, son frère. Sa response fut (comme pour certain il n'avoit faute d'esprit ni de langage) qu'il le tenoit pour veu, et que ayant pris de la maison du plus grand et magnanime roy du monde ceste princesse, pour estre rendue entre les mains d'un des plus illustres roys de la terre, libéralement et volontiers il la leur remettoit : comme de sa part il les cognoissoit capables et bien choisis par leur prince pour une telle charge, ne faisant doute qu'ils ne s'en acquittassent dignement, au contentement de luy et d'elle. A ceste occasion, il s'en deschargeoit sur eux, et en la livrant leur recommanda sa personne et santé. Quant à ses vertus, il ne leur en feroit aucune commémoration, pource qu'elle-mesme en rendroit aux effects si suffisant tesmoignage, qu'ils jugeroyent n'estre jamais entré en Espagne un plus grand ornement de vertu, honneur et chasteté. — Le roy de Navarre ayant achevé, les Espagnols reçeurent son propos avec démonstration de très-grand aise et contentement, s'estimant heureux d'avoir une si vertueuse princesse, à laquelle ils rendroyent tel honneur, fidélité et obéissance que chacun auroit occasion de contentement. Sur ce, et à l'instant le roy de Navarre ajousta qu'encore que par le traicté de paix, et par le pouvoir qu'il avoit apporté, il fust dit que ladite dame seroit délivrée sur la frontière de France et d'Espagne, qu'il ne pensoit, au lieu où ils estoyent, s'estre rien observé de cela : d'autant que sans aucun doute ils estoyent lors dedans le royaume de Navarre, et bien loin des limites de France et d'Espagne. A ceste fin il protestoit que cest acte ne peust préjudicier ores, ni à l'avenir au droit qu'il prétendoit audit royaume, sur quoy il reçeut telle response qu'il s'en contenta. Ce fait, le roy de Navarre et sa compagnie ayant prins congé de ladite dame, le cardinal de Burgos se mit à la droite et le duc de l'Infantesque à la senestre, et la conduisirent en sa lictière, où elle fut saluée de cornets, hautbois, trompettes, tambours à la moresque, et toutes autres allégresses, et ainsi menée à Espinal, où elle fut coucher, et les nostres retournèrent en France.

On dit que les députez estoyent accompagnez d'une grande et magnifique compagnie de mille cinq cens ou deux mille chevaux fort bravement acoustrez, et qu'ils estoyent merveilleusement faschez du mauvais temps, et de ce qu'on n'estoit allé au-devant d'eux afin de faire parade de leurs riches et somptueux acoustremens, lesquels il leur convenoit tenir cachez de leurs manteaux pour le mauvais temps. Les nostres, au contraire, estoyent bien aises de ceste rencontre, parce qu'ils n'estoyent revestus que de deuil. Voilà, en somme, quelles furent les cérémonies à délivrer ceste princesse.

En ce mesme temps, pour repaistre le peuple de vent, ceux de Guise se servirent du chancelier Olivier, lequel ayant de tout temps envie de réformer les abus qui se commettent à l'administration de la justice, et à refrener le grand nombre de juges et officiers qui non-seulement espuisent par leurs gages et pensions les finances du roy, mais aussi vuident au net les bourses de ses subjets : voulant restablir l'ancienne forme d'eslire les gens de justice, fit expédier lettres du roy, du premier de janvier 1560, contenant déclaration de sa bonne volonté à faire administrer justice en telle intégrité et sincérité que sa conscience en demeurast nette en la présence de Dieu et des hommes. Et qu'ayant considéré que le principal point de parvenir à l'effect de ceste bonne et saincte intention despendoit de la provision des offices de judicature, esquelles quand plus songneusement il pourvoiroit de personnes vertueuses et suffisantes, tant plus de devoir et moins de corruption on en devroit espérer par raison. Par quoy il vouloit que, vacation avenant des offices de judicature en chacun siége de son royaume, les autres juges et officiers s'assemblassent en leur chambre de conseil, y appelez les advocats et procureurs du lieu : et là, après serment presté par toute l'assistance sur les saints Évangiles, ils esleussent et luy nommassent trois de ceux qu'ils penseroyent en leurs consciences estre plus suffisans en probité, lettres et expérience au fait de judicature, pour estre pourveus de l'estat vaquant, laquelle nomination ils envoyeroyent incontinent après, signée du greffier du siége, pour estre par ledit sieur choisi celuy des trois esleus que bon luy sembleroit, ou autrement en ordonner ainsi qu'il verroit estre bon. Mais ceste saincte ordonnance ne fut qu'une fumée pour esblouir les yeux du commun.

J'ay dit comme en vertu d'une commission du 4 septembre, les juges déléguez vaquoyent ordinairement au procès des quatre autres conseillers du parlement de Paris. Mais à fin que, outre cela, ceste cause leur fust en plus grande recommandation pour les envoyer après du Bourg, le cardinal fit secrettement signer des lettres au roy, et icelles sceller du sceau du secret (gardé par le duc de Guise), par lesquelles estoit mandé à ces commissaires d'user de toute rigueur et sévérité, attendu que l'honneur du feu roy y estoit tellement engagé, qu'il seroit blasmé de toutes nations si on tendoit à voye d'absolution, veu aussi que leur fait avoit telle connexité avec celuy de du Bourg, qu'il n'en pouvoit estre séparé sans manifeste impiété. Ne servoit de rien ce qu'ils n'avoyent voulu faire confession de foy, car leurs opinions monstroyent assez leur mauvais et pernicieux sentiment de la religion romaine, sans qu'il fust besoin les enquérir plus outre. Mais ici se monstra que les hommes ne peuvent que ce qu'il plaist à Dieu. Car combien que ces juges fussent pour la plus part du tout à la dévotion de ceux de Guise, si est-ce que tel commandement fut trouvé estrange non-seulement d'eux, mais aussi des plus grands du royaume, comme chose qui emportoit une merveilleuse conséquence pour l'avenir. Et pourtant, par arrest de ces mesmes juges, le dixiesme janvier, les prisons furent ouvertes à Eustache de la Porte, estant dit seulement que pour ce que en son opinion il avoit blasmé la manière de procéder par ceux de la grand chambre contre les luthériens, et usé par risée de repréhension, lorsqu'il opinoit en la mercuriale de l'année précédente, il diroit lesdits arrests estre bons et louables, et luy seroit enjoint d'opiner discrettement à l'avenir. De Foix fut condamné à déclarer en pleine cour, les chambres assemblées, qu'au sacrement de l'autel la forme estoit inséparable de la matière, et que le sacrement ne se peut légitimement donner ny exhiber en autre forme qu'en celle de l'Église romaine. Et outre cela seroit suspendu de l'exercice de son estat de conseiller pour un an, arrest vrayement convenable à tels juges, qui eussent esté bien empeschez à interpréter que c'est ny de ceste forme, ny de ceste matière, de sorte que plusieurs comparoyent ceste procédure à la messe mesme, qui souvent n'est entendue ny de ceux qui la disent ny de ceux qui l'oyent (1). Quant à du Faur, ainsi que l'on opinoit sur son procès, il fut adverti que la pluspart de ses juges tendoyent à son absolution, mais qu'ils estoyent intimidez par le président Sainct-André, qui se plaignoit du peu d'esgard qu'on avoit aux lettres du roy pour sauver l'honneur du feu roy son père, et les menaçoit d'envoyer au cardinal leurs opinions, lesquelles ils n'oseroyent soustenir. A ceste occasion, il présenta requeste à la cour, tant pour récuser ce président, que pour avoir permission d'informer sur les prétendues intimidations, laquelle estant renvoyée à ces commissaires, sans y avoir esgard et contre l'opinion de la pluspart d'entr'eux, s'ensuivit arrest, par lequel fut dit que mal, témérairement et inconsidérément, du Faur avoit opiné en ladite mercurialle, en ce qu'il avoit dit qu'avant qu'extirper les hérétiques, il estoit bon de faire tenir un concile général, sainct et libre, et cependant surseoir les peines capitales contre les hérétiques ; dont il demanderoit pardon à Dieu,

---

(1) C'est ici surtout que l'historien protestant se révèle par le sarcasme injuste et inutile qu'il lance en passant contre les hommes et les choses de l'Église catholique.

au roy et à justice : et estoit suspendu pour cinq ans de son estat de conseiller, et condamné en 400 livres parisis d'amende envers les pauvres, et ordonné que l'arrest seroit exécuté en pleine audience.

Après l'exécution de cest arrest, du Faur remonstra avoir payé l'amende, suppliant la cour de déclarer, si elle n'entendoit pas qu'il eust liberté dès-lors, sans retourner en prison. Sur quoy s'opposa le procureur général Bourdin, requérant jour pour dire ses causes d'opposition. L'autre réplique qu'il ne luy falloit aucun délay, et que de droict il estoit tenu les proposer sur le champ. Sur ce la cour, après avoir esté assemblée au conseil, ordonna que les gens du roy proposeroyent sur le champ leurs causes d'opposition, autrement qu'il seroit pleinement délivré, attendu qu'il avoit satisfait à l'arrest. Ledit procureur général remonstra que du Faur avoit esté si téméraire que de blasmer, par une requeste qu'il tenoit au poingt, le président Sainct-André d'avoir intimidé ses juges. A ceste cause il empeschoit sa délivrance, jusques à ce qu'il eust nommé ses délateurs. Du Faur confessa avoir présenté ladite requeste, laquelle il maintenoit estre véritable, et néanmoins qu'au mespris d'icelle, et contre l'opinion de la pluspart de ses juges, ce président plein d'animosité avoit donné l'arrest dont estoit question, que d'alléguer ses délateurs ce n'estoit chose raisonnable. Mais s'il plaisoit à la cour luy faire justice et luy permettre d'informer du contenu en sa requeste, il feroit cognoistre que jamais telle iniquité ne fut veue en justice. Sur quoy, combien que ceux du parti du président fissent tout leur pouvoir d'empescher que rien ne fust décerné contre luy : si est-ce qu'il fut ordonné que nonobstant l'empeschement des gens du roy il sortiroit à pur et à plein, sans retourner en prison. Et en faisant droit sur sa requeste, fut ordonné que commission de la cour luy seroit expédiée pour informer sommairement dedans un mois desdites menaces et intimidations. En suyvant son réquisitoire, qu'il obtiendroit une quérimonie, afin de révélations sans nul excepter, pour sur tout estre fait droict, et enjoint aux gens du roy de se joindre en cause. Mais cest arrest, ensemble les informations estant évoquées au privé conseil par les menées du cardinal (stile tout propre pour esgarer les matières), le tout fut enseveli, tant parce que le président avoit suivi le dessein du cardinal, que par les poursuites et diligences des sorbonistes qui en firent plusieurs voyages à la cour, maintenant de croc et de hanche que toutes voyes estoyent licites contre les luthériens, tant fussent-elles estranges et inusitées. Leurs raisons estoyent que si on les vouloit traiter avec toutes les formalités de justice, l'on auroit trop d'afaires, car les luthériens (disoyent-ils) ont tant d'apparentes et vraysemblables raisons, que qui leur prestera l'aureille, se trouvera aussi soudain pris et vaincu ; par quoy le meilleur est de les faire mourir au moindre soupçon qu'on aura d'eux. Voilà en bref leurs raisons pour exterminer ceux qui leur contredisent. Et de vray ils ont de long-temps gagné ce point sur leurs adhérens, qu'il ne faut mettre en doute ce qu'ils auront déterminé, autrement ils sont mal traitez d'eux, allant à confesse. Par ainsi tenant leurs consciences enferrées, s'ils en veulent jouir, il faut qu'ils suivent la dévotion de leurs confesseurs, en quoy faisant toutes choses leur seront licites et pardonnées, et auront absolution plénière de leurs lubricitez, paillardises, pilleries et concussions, pourveu qu'en récompense ils maintiennent l'authorité du siége romain (1).

La royne mère portoit de longue main faveur au sieur de Soubize, gentilhomme de la chambre du roy ; luy aussi, qui

(1) Ce n'est plus ici l'historien qui parle, c'est le luthérien.

aimoit tendrement Fumée, employoit tout son crédit pour la disgrâce d'iceluy ; mais il y profitoit peu pour la malveillance du cardinal. Or advint-il qu'estant adverty de l'expédition de ces lettres du cachet dont j'ay cy-dessus fait mention, il prit son occasion de parler plus rondement, et de remonstrer à ladite dame le bruit qui en couroit, et que l'on rejettoit le tout sur elle. De quoy estant esmeue et s'apercevant bien que ceux de Guise commençoyent à secouer sa bride, elle leur dit que ces façons de faire luy desplaisoyent, et que s'ils en usoyent plus, elle en auroit mescontentement. Le cardinal, despité de ces remonstrances, luy dit qu'il voyoit bien que c'estoit, que son frère et luy se tuoyent le cœur et le corps pour donner ordre à ce que tout allast bien, mais que pour récompense ils n'en recevoyent que reproches, et tenoit à peu qu'il ne quittast tout et se retirast en sa maison. Sur quoy ladite dame n'eut autre réplique : ains tascha de les appaiser, comme si elle les eust griefvement offensez. Entre tous les conseillers, Fumée estoit recommandé pour les raisons que j'ay déduites au commencement, et pour ce aussi qu'il estoit mal voulu des premier et second présidens et autres anciens conseillers, auxquels il faisoit souvent teste pour rompre leurs desseins. Bourdin ne s'y rendoit moins affectionné, et n'y espargnoit aucune peine ne diligence. Toutes sortes de gens furent ouis contre luy, entre lesquels les tesmoins suyvans sont notables. Il a esté récité cy-dessus de deux orfèvres espions, qui avoyent pour coadjuteur un tailleur de l'eschelle du temple, nommé George Regnard. Cestui-ci estant échappé des premières persécutions esmues sous le règne de François Ier par le baillif Morin, pour avoir accusé plusieurs et notables personnages, et voyant que celles-ci estoyent plus dures, et que s'il estoit repris il seroit puni comme relaps, pour y obvier, il se rangea avec de Russanges son voisin, et s'acosta du président Sainct-André, du procureur général et de Démocharès, inquisiteur, leur offrant son service s'ils luy vouloyent faire quelque bon party. Ceux-ci qui cherchoyent tels pigeons mignons, le reçeurent avec promesse d'avoir part au gasteau. Estant donc en peine de preuves concluantes contre Fumée, ils voulurent persuader à Regnard de déposer contre luy, mais il n'y voulut entendre, soit qu'il craignist la renommée de ce personnage, où qu'il ne fust encore tombé en telle impiété. Eux voyant qu'il refusoit de signer la déposition qu'ils avoyent dressée, ils doutèrent incontinent de son inconstance, encore qu'il eust dit tout ce qu'il savoit et davantage, à raison de quoy ils conclurent de le prévenir en le faisant mourir, et voicy comme ils y procédèrent. Regnard estant au palais avec nouveaux mémoires, le procureur Bourdin, voyant qu'il nommoit quelques parens de conseillers, fit semblant de le trouver mauvais ; par quoy il n'eust pas plustost lasché la parole, qu'il ne fust envoyé en la conciergerie, où il ne tarda guères sans luy estre fait procès, comme estant relaps, lequel fut d'autant plus avancé que le président Sainct-André, avec une feinte contenance, le recommandoit songneusement, alléguant que le roy et le cardinal n'avoyent à plaisir qu'on courust sus à ceux qui leur faisoyent service, nommément en telles afaires, et que ils avisassent bien à ce qu'ils feroyent. Les conseillers qui vouloyent mal l'un à l'autre, ignorant l'encloueure et cuidant qu'il parlast à bon escient, luy respondirent qu'ils avoyent les édicts du roy pour reigle, et qu'il en mourroit, puisqu'il estoit relaps. Le Regnard se voyant pris au piége, somma de promesse ce président et Démocharès; mais ils l'endormirent de belles paroles, afin qu'il n'envoyast à la cour : ainsi, estant pour la dernière fois allé devant ses juges, et se doutant de la trahison, il leur dit : « Messieurs, je vous supplie, au nom de Dieu, m'escouter, et je vous réciteray les plus grandes meschancetez du monde, et vous décèleray. » Sur ce mot, les conseillers pensant qu'il voulust derechef nommer quelques nouveaux luthériens selon sa coustume, ne le voulurent ouir, et luy dirent qu'ils en savoyent assez : mais qu'il mourroit toutes fois, quelque bonne mine qu'il fist, et qu'il avoit assez joué son rolle : et comme il insistoit, et disoit que ce n'estoit pas cela, ceux de la compagnie qui savoyent le faict dirent : Ostez, ostez cest importun, menez-le en la chappelle. Voilà comment les uns et les autres se despestrèrent de luy pour le faire mourir, et de fait il en passa par là. L'autre tesmoin fut le maire de Meudon, choisy expressément, d'autant qu'estant homme honorable et de bonne réputation, il faisoit ombre aux autres tesmoins. Cestuy-cy donc, comme il n'estoit reprochable, aussi parla-t-il du tout à l'avantage de Fumée : toutesfois sa déposition fut rédigée tout au contraire, et selon les charges du procureur général ; et luy, souvent solicité par les sorbonistes et les moines de dire tout du pis qu'il pourroit de luy, en quoy il mériteroit paradis. Le président Sainct-André cuidant l'avoir amené à ce poinct, le fit venir pour estre recollé et confronté. On demanda à Fumée s'il le cognoissoit, et s'il avoit quelque chose à dire contre luy. Il dit que non. Aussi n'avez-vous, luy respondit le maire, car je n'ay dit de vous chose qui vous puisse préjudicier. Lors le président print la parole, et dit : « Escoutez, monsieur le maire, escoutez et entendez vostre déposition, ainsi qu'elle est transcripte, et ne vous amusez à luy. » Le maire oyant ceste lecture fut tant estonné, que sans attendre la fin il déclara plusieurs fois n'avoir dit cela, et qu'on prenoit la déposition d'un autre pour la sienne ; que Fumée estoit homme de bien, et que l'escrit estoit faux. Le président, au contraire, par signes taschoit luy faire advouer cette déposition. Fumée voyant qu'en sa présence on vouloit forcer ses tesmoins, assaillit ce président par une infinité d'injures, et se porta pour appelant par plusieurs fois et en adhérant, de sa commission, de l'octroy d'icelle, des procédures, et de tout ce qui s'en estoit ensuyvi. Mais pource qu'on ne laissoit pour tout cela à passer outre, qu'il craignoit le danger de mort, et que on l'appeloit rebelle et contumax : en ceste extrême nécessité, il escrivit à son mortel ennemi le cardinal, qu'il s'esbahissoit que ses haineux eussent eu si grande authorité en son endroit, qu'il l'eust ainsi à contre cœur, veu que luy et les siens avoyent toujours esté serviteurs très-affectionnez de sa maison, et qu'il n'avoit jamais eu autre soin que de continuer en ceste bonne volonté. De là il luy faisoit entendre l'iniquité de ce président, et les faussetez par luy commises en son procès, ensemble les appellations qu'il avoit interjetées. Et d'autant que la commission pour procéder contre luy estoit émanée du conseil privé du roy, et qu'il y tenoit le premier lieu, il le supplioit très-humblement luy vouloir faire tant de grâce et faveur, que d'y faire évoquer sa cause de laquelle il le faisoit seul juge, afin qu'il entendist la bonne opinion qu'il avoit de luy, ou bien qu'il le renvoyast par devant tels du royaume qu'il voudroit, autres que les récusez. Le cardinal fit assez bonne response à ceste lettre présentée par le frère d'iceluy, et maistre des requestes, et l'asseura, puisqu'il se remettoit à luy, de luy faire avoir justice. Par quoy autres lettres furent expédiées aux commissaires de du Bourg non récusez, pour faire son procès. Et néanmoins il manda secrettement à Bourdin qu'il récusast ceux qu'il cognoistroit n'estre pour eux en la compagnie, afin que ce vieil renard (ainsi l'appeloit-il) ne nous eschappe. A tant il récusa tant de présidens et conseillers, qu'il s'attendoit que difficilement on en trouveroit autres que ceux qu'il avoit en main. Finalement, après avoir fait publier des excommunications par toutes les paroisses de Paris, que s'il y avoit aucuns qui sceussent quelque chose en quoy Fumée fust desvoyant de l'Église romaine, il estoit excommunié et damné s'il ne le réveloit, et avoir fait toutes recerches possibles, iceluy Fumée fut déclaré innocent, et délivré à pur et à plein, ses despens, dommages et interests et réparations d'honneur réservez envers qui il appartiendroit. Ce qui fut exécuté les chambres assemblées, et luy remis en son degré et honneur. Et telle fut l'issue de ces cinq conseillers prisonniers. Ce que sachant le cardinal, il en fut grandement desplaisant, et cerchant de s'excuser envers la royne mère des véhémentes poursuites par eux faites, il rejeta la faute sur les premier et second présidens, le procureur général Bourdin, Des Croisettes son substitut, Gayant et autres conseillers, comme aussi sur les juges et commissaires du Chastellet, et pareillement sur Démocharès, Maillard et certains sorbonistes, lesquels il affermoit estre les plus meschans garnemens du monde et dignes de mille gibets, disant les hommes estre misérables qui avoyent afaire à eux. Sur quoy ladite dame respondit qu'elle s'esbahissoit donques et trouvoit merveilleusement estrange qu'il se servoit d'eux, puisqu'il les cognoissoit tels. Il répliqua que c'estoit telles gens qu'il falloit mettre en besongne contre les luthériens, car les gens de bien s'y morfondroyent, et n'en viendroyent jamais à bout.

Au commencement du caresme, la princesse de Condé estant à Paris, les sorbonistes députèrent deux d'entre eux pour luy aller remonstrer qu'elle faisoit chose mauvaise et scandaleuse de manger chair en ce temps-là : l'on les chargea aussi de retenir songneusement sa responce et contenances. Estant entrez en la salle de son logis, il s'y trouva d'aventure un gentilhomme nommé Séchelles, du païs de Picardie, qui les aimoit comme une espine en son doy, pour le mal qu'il avoit receu d'eux. Toutesfois ne le cognoissant point, ils luy déclarèrent leur légation. Ladite dame d'ailleurs advertie de leur venue, s'adressant à Séchelles, demanda que c'estoit. « Que c'est, Madame? respondit-il, Messieurs de Sorbonne ont eu crainte que fussiez en peine de recouvrer de la chair ce caresme : et sur ce voycy deux gras et gros veaux qu'ils vous envoyent. » De quoy ces vénérables honteux s'en retournèrent sans faire leur légation.

J'ai fait mention de l'entreprise dressée pour la capture de ceux de Guise. Or comme elle se diligentoit à Paris, la Renandie pour la difficulté des logis, à cause des troubles et persécutions, se retira chez un suyvant le palais comme advocat, nommé des Avenelles, qui tenoit maison garnie à Sainct-Germain-des-Prez, à la mode communément usitée à Paris. Cestuy-cy, faisant profession de l'Évangile, avoit receu la Renaudie chez soy. Advint que pour les continuelles allées et venues de plusieurs gens, et pour les propos qui eschappoyent, il se douta qu'on brassoit quelque chose. La Renaudie aussi voyant qu'il hallenoit après, et qu'il ne se pouvoit passer de ceste maison, luy en jettoit quelques mots à la traverse, comme par forme de dispute. Ayant donc la Renaudie conféré avec luy, luy cognoissant le danger où il se mettoit de loger les ministres, et d'entreprendre beaucoup de choses hazardeuses pour le temps, il fit tant qu'on luy en déclara généralement tout ce qui s'en pouvoit dire. De quoy encore ne se contentant, fit tant que des uns et des autres il sceut le but, et de prime face loüa et approuva grandement le tout, voire jusques à offrir et jurer d'employer sa personne et biens pour une chose tant saincte et équitable. Mais comme l'afaire prenoit long trait, ses bouillons aussi diminuoyent. Après donc avoir considéré la grandeur de l'entreprise, l'authorité de ceux à qui on s'adressoit, et la difficulté d'y parvenir, il se proposa, que si elle ne sortoit son

effect, il estoit en danger de mort, tant pour avoir logé le
chef, que de n'avoir décelé ce qu'il en savoit. Davantage estant pauvre, avare et ambitieux, il pensa avoir trouvé
prompt moyen de se faire riche et mémorable à jamais,
comme faisant le contraire il seroit tousjours des plus avant
et des moins prisez. Ces choses considérées, il se proposa
d'en advertir les gens du cardinal, estimant qu'ils seroyent
bien lasches s'ils ne recognoissoyent un tel service. Ayant
donc retiré à soy un jeune Italien qui avoit aussi juré et promis de le servir à ceste afaire, il alla trouver un maistre des
requestes du roy, nommé l'Allemant, seigneur de Vouzé,
autrement dit Marmagne, qui gouvernoit les plus secrètes
afaires du cardinal, et Milet secrétaire du duc de Guise,
ausquels il déclara tout ce qu'il en savoit et avoit pu con-
jecturer. Ceux-cy du commencement ne le pouvoyent croire:
mais après que Milet eut esté quelque temps enfermé en son
logis, veu les allées et les venues, et entendu quelque propos des gens de la Renaudie, qui s'esjouissoyent desjà de la
victoire, comme si elle leur eust esté toute certaine, il n'en
douta plus. Et d'autant que le temps de l'exécution estoit
prochain, il mena Avenelles en poste à la cour, laquelle estoit jà partie de Bloys. Or avoyent eu desjà ceux de Guise
d'ailleurs quelques avertissemens de se tenir sur leurs gardes, dont ils ne faisoyent cas, pour ne savoir de qui, ne comment cela venoit, et mesme quand cest advocat (qui les
trouva à neuf lieues de Bloys) leur eut déclaré par le menu
ceux qui machinoyent contre eux, encore ne le pouvoyent-
ils aucunement croire. Car quand ils considéroyent le peu de
puissance de ceux que l'on nommoit, cela ne leur pouvoit
entrer en l'entendement. Toutesfois comme il advient en telles
extrémitez, d'autant qu'il affermoit que dedans dix ou douze
jours ce seroit fait ou failli, ils délibérèrent garder cest advocat, et l'envoyèrent prisonnier à Amboyse secrettement,

et en seure garde, auquel lieu le roy devoit aussi bientost aller. Avenelles, entre autres gentilshommes, en avoit accusé un qui avoit un sien frère à la suite du duc de Nevers, par le moyen duquel on sceut par le menu tout ce que l'autre avoit rapporté en confus. Car ayant juré et promis de servir à l'entreprise, ses frères luy avoyent tout déclaré : toutesfois il pria n'estre décelé, afin qu'il peust savoir le secret et le jour de l'exécution pour en donner advertissement. Ceci descouvert, le cardinal tremblant de crainte, vouloit qu'on menast le roy droit à Amboyse, pour estre ce chasteau bien fort, au lieu que le roy délibéroit de passer en Vendosmois partie du caresme, pour estre le païs plaisant pour la chasse. Mais le duc de Guise fut d'avis d'aller jusques à Montoire pour sentir s'ils pourroyent rien descouvrir ; ce que n'ayant peu faire, ils prindrent la route d'Amboyse : là où estant l'afaire fut communiquée au chancelier, à quoy on adjousta que c'estoit au roy que principalement on en vouloit. Le chancelier estonné tança aigrement ceux de Guise de leur trop grande violence, qui ne recevoit autre conseil que celuy de leur teste, dequoy il s'ensuyvroit de grands maux pour avoir irrité et grands et petits. La royne mère entra aussi en grande crainte ; et se ramentevant ce que luy avoit mandé l'église de Paris, il luy échappa de dire qu'à ce qu'elle voyoit ces gens estoyent gens de promesse.

Il ne fut donc question que d'aviser comment on préviendroit ce danger. Ceux de Guise, ayant jugé Avenelles bien propre à leur service, luy firent donner quatre cens escus des finances du roy, et le renvoyèrent avec grandes promesses. Sachant aussi que la pluspart de ceux de l'entreprise avoyent rejetté le joug du pape, ils le firent comme héraut pour publier et rejetter par tout la cause de ces troubles sur ceux de la religion, afin d'en rendre la doctrine odieuse, quand on croiroit les sectateurs d'icelle s'estre eslevez contre le roy, la royne sa mère, messieurs ses frères et les princes, et vouloir introduire leur religion à coups d'espée, abattre la monarchie de France, et la réduire en forme de république et cantons. Bref leur but estoit de faire croire l'intention de ceux de la religion n'estre que de piller, saccager et mettre les meilleures maisons et les églises du royaume en proye. Ils eurent aussi merveilleuses craintes que l'amiral et son frère Andelot ne fussent de la meslée, tant pour les cognoistre vaillans et de grande conduite, que pour avoir à commandement la pluspart des capitaines et gens de guerre du royaume. Parquoy ils requirent la royne mère de les mander, espérant que la présence du roy et de la royne les retiendroyent par gracieuses paroles, prières et remonstrances : car autrement ils doutoyent pouvoir eschapper ce danger, si tant soit peu ils s'en vouloyent mesler. La dite dame ne fut malaisée à persuader : car elle avoit telle confiance des vertus de ces personnages, et portoit une telle amitié à l'amiral, pour l'avoir tousjours cognu loyal serviteur du roy, qu'elle se pensoit bien asseurer auprès d'un si sage chevalier, par la prudence duquel elle espéroit appaiser tout, et descouvrir ce qui se faisoit, et à qui on en vouloit. Parquoy lettres du roy avec les siennes très-affectionnées luy furent envoyées, suyvant lesquelles il se mit en chemin.

Il a esté récité de trois prisonniers qui estoyent au bois de Vincennes ; à savoir Stuart écossois, Saucelles et le baillif de Sainct-Aignan. Ceux de Guise se doutant qu'ils savoyent quelque chose de ceste entreprise, les firent mener à la cour avec deux cens hommes bien montez et armez. Et afin qu'on ne les recognust, ils estoyent bandez et couverts par le visage, comme aussi leurs habillemens desguisez. Cependant le duc de Guise ne voulant estre surpris, ains donner quelque venue à ses ennemis, despescha secrettement Sipierre, serviteur de leur maison, et lequel ils avoyent mis gouverneur des ducs d'Orléans et d'Anjou, Villegomblain, gentilhomme de la vénerie, le comte de Sancerre, et plusieurs autres courtisans pour aller en toute diligence assembler gens armez. Leur créance portoit prière et commandement à tous gentilshommes et sujets, d'aller à Amboyse incontinent, au meilleur équipage d'armes qu'ils se pourroyent mettre, pour servir au roy en certaines afaires, contre quelques séditieux et pernicieux hérétiques qui vouloyent abolir son estat, et mettre le royaume en proye et confusion. Pareilles lettres furent envoyées à tous les baillifs et sénéchaux, par lesquelles leur estoit mandé d'arrester prisonniers tous hommes de pied et de cheval qui seroyent trouvez portant armes, et prenant le chemin d'Amboyse, et que, s'ils faisoyent résistance, l'on usast de pareils moyens qu'il a esté veu cy-dessus aux défenses du port d'armes.

L'amiral, d'Andelot et le cardinal de Chastillon arrivez, la royne mère les appela à part avec le chancelier, leur faisant une infinité de prières de luy donner conseil en ceste urgente afaire, et de n'abandonner le roy, son fils. L'amiral luy fit de grandes remonstrances, et luy déclara le mescontentement de tous les sujets du roy, tant en général qu'en particulier, non seulement pour le fait de la religion, mais aussi pour les afaires politiques; et que l'on avoit mal à gré, et du tout à contre cœur, que les afaires du royaume fussent maniées par gens qu'on tenoit comme estrangers, en eslongnant les princes et ceux qui avoyent bien deservy de la chose publique. Bref, luy ayant fait entendre bien au long la cause de ces esmotions, et les bruits qui couroyent, comme s'il eust expressément pris ceste charge, son advis fut qu'on donnast relasche à ceux de la religion, le nombre desquels estoit tellement accreu, qu'il n'estoit plus question d'y aller par force pour les penser exterminer ; mais que l'on s'asseurast qu'il y en avoit plusieurs qui ne vouloyent plus endurer les tourmens qu'on leur avoit faits depuis quarante ans, mesme sous l'authorité d'un jeune roy, et gouverné par gens qui estoyent haïs plus que la peste, et lesquels on savoit n'estre menez tant de zèle de religion, que d'une extrême ambition et avarice pour empiéter toutes les plus belles et meilleures maisons du royaume. Finalement, après avoir supplié ladite dame luy pardonner s'il parloit franchement, puis qu'elle luy avoit donné telle liberté, il luy dit qu'il estoit très-nécessaire de non seulement faire expédier un bon édict en termes clairs, signifians et non ambigus, mais aussi donner ordre qu'il fust inviolablement gardé et observé, et que chacun se reposant sur iceluy, peust vivre en repos et seureté en sa maison, en attendant que l'on peust faire tenir un sainct et libre concile où chacun fust ouy et entendu en ses raisons. Quoy faisant il espéroit de voir une grande paix et repos au royaume, autrement il ne savoit les moyens d'empescher une grande sédition. Ces remonstrances eurent telle force que le chancelier remonstra au conseil l'avis dudit sieur amiral et le sien estre de traiter plustôt les sujets du roy par douceur que par force, considéré qu'il n'estoit question que de choses qui se pouvoyent résoudre par un concile, lequel il faloit procurer pour le repos de la chrestienté. Le conseil privé ayant diligemment poisé les raisons de l'amiral, amena aisément les Lorrains à ce poinct, espérant que ceste entreprise rompue, ils le pourroyent aisément révoquer pour avoir esté fait comme par force. Par quoy édict du roy fut incontinent expédié, contenant que ledit sieur, à son advènement à la couronne, avoit trouvé de grands troubles au fait de la religion, tant par la licence des guerres que par le moyen de certains prédicans de Genève, la plus part méchaniques, et de nulle littérature, et aussi pour la dispersion des livres condamnez, apportez dudit lieu, par lesquels partie du populaire avoit esté infecté, n'ayant peu, par faute de jugement, discerner les doctrines. Au moyen de quoy il avoit esté contraint faire procéder par rigueur de ses ordonnances, dont s'estoyent ensuivies plusieurs et diverses punitions. Et d'autant que par leurs procès se trouvoit grand nombre de personnes, de tous sexes, âges et qualitez, s'estre trouvez les uns aux cênes et baptesmes qui s'estoyent faits à l'usage de Genève, et les autres aux sermons et assemblées illicites, tellement que si l'on venoit à faire la punition de tous, selon la rigueur de ses ordonnances, il s'ensuyvroit une merveilleuse effusion de sang d'hommes, femmes, filles et jeunes gens en fleur d'adolescence, dont aucuns par inductions et subornations, autres par simplicité et ignorance, et autres par curiosité plus que par malice, estoyent tombez en tels erreurs et inconvéniens ; ne voulant donc, le premier an de son règne, estre remarqué par la postérité comme sanglant de la mort de ses sujets, il leur pardonnoit tous les crimes concernant le fait de la religion, ordonnoit à ses juges n'en faire aucune question, pourveu que l'on vescust de là en après comme bons catholiques, vrais fidèles et obéissans fils de l'église romaine, et que les coupables desdits crimes gardassent les institutions et commandemens d'icelle, ainsi que ses autres sujets. Toutesfois il n'entendoit en ladite abolition comprendre les prédicans, ne ceux qui, sous prétexte de religion, se trouveroyent avoir conspiré contre la personne de sa mère et de luy, celle de la royne sa femme et de ses frères, des princes et de ses principaux ministres, ou qui se trouveroyent avoir machiné contre son estat ; ne ceux qui, par voye de fait ou violence, avoyent recouru les personnes des mains de justice, ravy ses paquets et tué les porteurs : comme de fait l'impatience de quelques uns plustôt religieux de paroles que d'effect, s'estoit desbordée jusques à commettre ces excès. Et afin que ceux de la religion eussent plus d'occasion d'y prendre asseurance, on mit en l'édict les noms de tous ceux qui avoyent assisté en ce conseil : et ce, principalement à cause de l'amiral et ses frères, qu'on savoit estre aimez de ce parti. A quoy on adjoutoit des promesses verbales d'un autre édict encore meilleur, et comme ceste afaire devoit estre acheminée par le menu, afin de n'irriter le parti contraire.

Cest édict, porté en diligence à Paris, fut accompagné de lettres particulières aux présidens et conseillers du parti de ceux de Guise, par lesquelles on leur faisoit entendre la cause pourquoy il avoit esté expédié. Il fut aussi mandé au procureur-général Bourdin de bailler incontinent son consentement, avec rétention toutesfois ; ce que l'on tiendroit si secret qu'il ne pust estre aucunement descouvert. Par ainsi cest édict ne tarda aucunement d'estre enregistré avec modifications qui demeurèrent au secret de la cour, sans en faire aucune mention en la publication de l'impression. Ceci fut fait le 2 de mars, ce que l'on trouvoit estrange du commencement, d'autant que le parlement n'avoit accoustumé se monstrer si diligent, principalement quand il est question de quelque relasche pour ceux de la religion. Mais on sceut tantost ce qui les avoit menez à cela. Car aucuns conseillers disoyent que c'estoit un attrape-minault. Aussi cest édict, ny les promesses susdites ne retardèrent nullement la Renaudie, non plus que l'advertissement qu'on luy donna que son entreprise estoit découverte ; ains d'un cœur résolu délibéra la poursuivre, quoy qu'il en dust advenir.

Ledit sieur prince avoit avisé qu'il iroit devant à la cour, mais qu'il ne se manifesteroit qu'aux conditions susdites, et que lesdits de Guise ne fussent pris : quoy fait, il déclareroit au roy et à son conseil les raisons, et que ce n'estoit pour aucunement attenter à sa personne, ny estat, ains tout au contraire pour la conservation de la couronne aux vrais et naturels princes, et empescher qu'elle ne tombast en main estrangère. Bref, il devoit alors produire les informations et requérir l'assemblée des estats. Ce prince acheminé, trouvant Sipierre entre Orléans et Bloys, cognut que tout estoit découvert, parce qu'il ne parloit à luy que par desdain. Toutesfois comme généreux de nature, il ne laissa de passer outre, et de donner courage à ses gens. Arrivé à Amboyse, il fut si mal receu et tellement bravadé de ceux de Guise, qu'il ne savoit faire autre chose, sinon bonne mine : eux de leur costé ne sachant qui leur estoit ami ou ennemi, avoyent encore plus de crainte. Voilà quelle estoit leur contenance. Pour doncques exécuter ceste entreprise et adviser des moyens, du jour et de l'heure (car il faloit changer tous les desseins, d'autant qu'ils pensoyent exécuter le tout à Bloys), la Renaudie sachant que les forces marchoyent de toutes parts, comme il avoit esté ordonné, le deuxième de mars, alla en la maison d'un gentilhomme vendosmois, dit la Carrelière, à six lieues d'Amboyse, où se trouvèrent les principaux du conseil. Là le jour fut pris au seizième du mois, pour se conduire en ceste manière :

Le jeune Ferrières devoit aller trouver le prince et mener avec luy cinquante ou soixante capitaines et gentilshommes d'eslite que l'on tiendroit logez en un grenier et une cave pour la difficulté des logis. Un autre aussi menoit de sa part trente hommes lesquels il devoit loger dans le chasteau. La Renaudie, le baron de Castelnau et le capitaine Mazères devoyent aller, le jour de devant avec bon nombre d'hommes, coucher en un chasteau près Amboyse, appelé Noizay, et le matin envoyer leurs gens à la file à Amboyse. Et luy, arrivé sur l'heure du disner, devoit aller droit au chasteau, où il espéroit trouver tous ses gens, partie desquels il ordonneroit à saisir les portes du chasteau, et l'autre seroit mise en deux troupes, l'une sous sa charge et l'autre sous deux capitaines, afin de se saisir du duc de Guise et du cardinal; et au mesme instant le signal mis au plus haut du chasteau, tout le reste des forces (qui se devoit trouver en embuscade en la forest) devoit approcher et entrer par la porte du parc, et par une brèche d'une muraille qui est du costé de ladite forest. Ce fait, le prince devoit parler.

Ces charges ainsi départies, et le mot du guet donné, les conducteurs allèrent au-devant de leur troupe, et chacun à sa charge. Or il convient noter qu'au conseil tenu à Nantes avoit esté permis que chacun pourroit parler de ceste afaire à des capitaines et gens de fait, que l'on cognoistroit pour servir et se employer en iceluy, d'autant qu'elle ne pouvoit estre maniée de peu de gens, et aussi que ils vouloyent procéder par formalité de justice. Suyvant lequel congé plusieurs en attirèrent à eux. Quelqu'un s'adressa au capitaine Lignières, lequel ayant donné sa foy, et s'estant pour ce acheminé à Amboyse, fut adverti de tout ce qui se faisoit et avoit esté conclu : toutesfois, il déclara le tout à la royne mère, prenant excuse que c'estoit pour sauver l'honneur du prince qu'il voyoit estre accusé du crime de lèse majesté, et en danger de sa vie. Par ainsi les troupes n'estoyent plus-tost arrivées où il leur estoit ordonné, qu'on ne les allast prendre prisonniers les uns après les autres, sans qu'ils se peussent rallier.

Ceux de Guise ayant de si bons et certains advertissemens, ne dormoyent pas, ains sachant que la Renaudie ne désistoit encore qu'il sceust qu'il estoit descouvert, envoyèrent de tous costez quérir leurs amis. Sipierre obtint des Parisiens secours de dix ou douze enseignes de gens de pied, et fit marcher quelques compagnies de gendarmerie, assemblant force gens, délibéré de délivrer ceux de Guise à main forte, s'ils estoyent pris. On envoya aussi semondre toute la noblesse de vingt lieues à la ronde sous la mesme couleur, à savoir que le roy estoit assailly par les hérétiques, lesquels on commença d'appeler huguenots et christaudins pour la cause qui sera dite ci-après. Outre ces semonces particulières qu'ils envoyoyent faire de maison en maison par Villegomblain et autres gens de respect, afin de n'estre refusez, ils envoyèrent faire commandement par tous les bailliages circonvoisins, à tous gentilshommes de la maison du roy, et autres ses domestiques, de se rendre incontinent, et en équipage de guerre, bien montez et armez, la part qu'il seroit. Pareillement que tous les autres gentilshommes eussent à se trouver en la ville principale de leur bailliage, six jours après la publication, avec telles sortes d'armes qu'ils pourroyent, pour de là cheminer sous la charge des seigneurs qu'ils y trouveroyent, ayant pour ce charge de les conduire et iceux mener devers le duc de Guise, lieutenant général du roy. Et en outre que tous capitaines, lieutenans, enseignes, gendarmes et archers se retirassent en leurs garnisons, et eussent à amasser et tenir près d'eux le plus de gens qu'ils pourroyent, pour de là marcher et faire ce que leur seroit ordonné par le duc de Guise, et ne partir sans son congé. Il prioit donc sa noblesse de monstrer par effect la bonne volonté que sa majesté s'estoit toujours promise d'eux, correspondante à l'amour que luy et ses prédécesseurs leur avoyent tousjours portée. N'ayant aussi artillerie, poudres ne munitions, et craignant que les huguenots ne se voulussent emparer de celles qui estoyent ès villes de Tours et Orléans, ils les envoyèrent quérir en diligence. Et ce qui leur vint bien à propos fut que leurs espions descouvrirent force armes et pistoles qui avoyent esté amenées dans des bahuts; car autrement ils en estoyent fort mal garnis, et leur eust fallu beaucoup de temps pour en recouvrer, encore fussent-elles par adventure venues à tard.

Le grand prevost de la connestablie fut envoyé avec sa compagnie, et guidé par un archer de la garde du païs de Vendosmois en la maison de la Fredonnière, pour le prendre, et toute la compagnie qu'il avoit assemblée chez luy. De quoy ayant eu le vent, on n'y trouva que le nid. De là ils furent conduits par cest archer chez un autre gentilhomme nommé Dauvines, lequel ils prirent prisonnier avec quinze ou vingt hommes qui estoyent prests de se retirer, et les menèrent à Amboyse. On fit le semblable en d'autres lieux, et les amenoit-on à douzaines et vingtaines. Et d'autant, comme dit est, qu'on ne savoit en qui se fier. Le treiziesme de mars on changea toutes les gardes du roy, et fit-on condamner ceste porte du chasteau par laquelle les troupes devoyent entrer : combien que ils fissent mine d'attendre l'ennemi et le combatre à sa venue. Et afin que les villes prochaines fussent retenues en bride, ils envoyèrent le comte de Sancerre à Tours, Vieilleville à Orléans, le mareschal de Termes à Bloys, le duc de Montpensier à Angers, Barbezieux à Bourges, Burie à Poictiers, et ainsi des autres. Mais encore en ce département il y avoit un stratagême ; car on envoyoit ceux dont l'on se mesfioit aucunement, aux villes moins hazardeuses, et où ils seroyent plustost découverts s'ils estoyent de la meslée. Le comte de Sancerre ayant fait venir pour sa seureté plusieurs gentilshommes ses voisins, fut adverti le quatorzième de mars, sur le soir, qu'au faubourg de la Riche arrivoyent à la file quelques gens de guerre bien montez et armez. Parquoy tirant ceste part avec sa compagnie, il trouva le baron de Castelnau et le capitaine Mazères, armez de corps de cuirasses dessous les manteaux, ausquels il déclara sa commission, et que les trouvant armez contre les ordonnances, il les faisoit prisonniers du roy. Castelnau lui répondit modestement n'avoir pris les armes ne contre le roy ne pour endommager aucun, mais que c'estoit pour son service qu'il alloit à la cour où il en sauroit bien rendre compte : parquoy ne se laisseroit prendre prisonnier. Et comme Sancerre voulust faire effort de l'emmener, voici approcher la troupe qui commençoit à se loger, laquelle le fit retirer plustost que le pas, sans toutesfois l'endommager ny aucun des siens, ce qu'ils eussent peu aisément faire, ains seulement pour le haster furent laschez en l'air quatre ou cinq coups de pistole.

Or ce qui l'intimida davantage, et ne luy donnoit aucun repos, ce fut qu'estant entré dans la ville, et criant de toutes parts : à l'arme ! force, force pour le roy ! nul ne sortit, si non un boulanger, lequel ayant entendu le cri se renferma aussi soudainement dans sa maison ; en sorte que Castelnau eust aisément pris la ville si tel eust esté son dessein. En cest effroy le comte envoya au roy l'advertir, non seulement de la bravade du baron et de ses gens, mais aussi de la mauvaise volonté des Tourangeaux envers sa majesté. De quoy il fut fort courroucé, mesmement quand il entendit par ses lettres qu'on luy avoit tiré plus de cinq cens coups de harquebuse et pistoles, et que nul de la ville ne luy estoit allé au secours, ains s'estoyent embarrassez en leurs maisons : qui estoit cause que ledit comte désiroit bien fort qu'on luy envoyast gens, parce qu'il ne savoit qui luy estoit ami ou ennemi, et qu'il ne pouvoit estre obéy. Le baron de Castelnau se sentant descouvert, remonta incontinent à cheval, et après avoir conduit sa compagnie du costé de Saumur, s'escoulant secrettement, se fit passer l'eau avec Mazères, et alla droit à Noizay ainsi qu'il avoit esté advisé.

Sur ces nouvelles le mareschal Sainct-André fut envoyé à Tours pour savoir d'où ce désordre et désobéissance procédoyent : mais il trouva que ce n'estoit rien, sinon que le comte avoit eu plus de peur que de mal, et que le peuple estoit du tout obéissant et dévotionné au service du roy, luy offrant tout secours d'argent et gens, voire de leurs propres personnes et vies. Parquoy ayant commandé aux juges, maire et eschevins de la ville d'obéir audit comte, en ce qui concerne le service du roy, et pourveu à l'équipage de l'artillerie pour la faire conduire à Amboyse avec les poudres et munitions nécessaires, il s'en retourna à la cour.

Ce mesme jour, ceux de Guise advertis que les principaux de l'entreprise estoyent arrivez à Noizay, ils ne laissèrent rien en arrière pour persuader au roy que c'estoyent des hérétiques qui le vouloyent mettre à mort, pour se venger de ce qu'il avoit tant fait mourir de leurs compagnons. A ceste cause le roy y envoya le duc de Nemours (ami familier du duc de Guise) avec quelques gens de cheval, lequel cerchant par tous moyens de complaire à ceux de Guise, arrivé de grand matin, trouvant Raunay et le capitaine Mazères se pourmenant autour du chasteau, sans autres armes que l'espée et la dague, les prit prisonniers. Ce qu'apperceu par le baron de Castelnau, il se renferma au chasteau avec bien peu de gens : le reste sentant approcher l'ennemi le gaigna au pied. Ayant donc Nemours environné le chasteau de fortes gardes, il emmena ces deux à Amboyse, et retourna après disner, accompagné de plus de cinq cens chevaux, ramassez tant de gentilshommes, courtisans, ceux de la vénerie et fauconnerie, que des officiers domestiques. Le baron, se voyant assiégé, ne fit aucun effort à sortir, mais envoya seulement à la Renaudie et aux troupes, afin qu'ils se diligentassent de le venir délivrer ; car il n'avoit voulu abandonner la place, et se hazarder de sortir, sachant que leurs ennemis se saisiroyent des armes, poudres et munitions qui estoyent dedans. Mais quand il vit retourner

Nemours avec sa grande troupe, il s'esbahit comment on avoit peu assembler tant de gens en si peu de temps : ce qui n'estoit peu advenir sans qu'ils eussent esté trahis et décelez de long-temps. Cognoissant donc qu'il seroit difficile que la Renaudie et sa troupe le peussent secourir, il se mit à parlementer comme il en estoit instamment prié et requis. Nemours donc luy demanda pour quelle raison luy et ses compagnons estoyent armez, à qui ils en vouloient, et s'ils délibéroyent faire perdre aux François la louange qu'ils ont toujours eue d'estre fidèles et loyaux à leur prince. Il respondit (comme aussi avoyent fait les autres) ne vouloir attenter aucune chose contre le roy : mais qu'au contraire ils s'estoyent armez pour maintenir sa personne et la police de son royaume : qu'ils vouloyent remonstrer à sa majesté les délibérations et machinations secrettes de ceux de Guise contre sa grandeur, leur violence manifeste contre ses sujets, l'oppression par eux faite de sa justice, de ses estats, des loix et coustumes du royaume : qu'en telle nécessité, ils vouloyent entretenir le nom de fidèles sujets, qu'ils avoyent acquis de si long-temps ; et pourtant qu'ils s'y sentoyent obligez, ils n'avoyent peu moins faire, que ce qui estoit convenable, pour la conservation de leur prince. Nemours répliqua que ce n'estoit la façon d'un sujet de présenter quelque remonstrance à son prince en armes et force ouverte, mais qu'il y faloit aller avec révérence et humilité. Le baron respondit que leurs armes ne s'adressoyent aucunement contre le roy, mais contre lesdits de Guise, qui luy estoyent ennemis, lesquels empeschoyent avec violence, qu'aucun eust accès au roy, sinon celuy qui leur plaisoit ; qu'ils s'estoyent donc armez afin que, si besoin estoit, ils peussent, maugré lesdits de Guise, se faire voye jusques à la majesté du roy, là où estant, ils savoyent bien l'honneur et révérence qu'ils lui devoyent porter. Après ce propos et plusieurs prières de Nemours de laisser les armes, et aller sur sa foy parler au roy ; il s'obligea, par foy de prince, qu'il ne luy en reviendroit ny à ses compagnons aucun mal, mais qu'ils seroyent mis en toute liberté. Le baron s'asseurant (comme il appartenoit) sur la parole d'un prince, et ne se doutant aucunement de tromperie, obéit au dit Nemours, prenant tous (comme ils disoyent) à grand honneur et avantage d'avoir accès libre au roy, sans qu'il fust besoin de l'acquérir par armes ny par force. Mais estant arrivez à Amboyse, ils furent aussi tost reserrez en estroite prison, sans qu'ils peussent parler à aucun, qu'à ceux qui leur estoyent envoyez de par ceux de Guise. Cependant ceux que le baron avoit envoyez firent si grande diligence, comme aussi les autres qui s'estoyent sauvez du village de Noizay, que ce jour mesme la Renaudie fut adverty et de la prise de Mazères et Raunay, et de l'extrême danger où estoit Castelnau. Parquoy il envoya incontinent aux troupes qui estoyent outre la rivière, pour aller diligemment assaillir le chasteau d'Amboyse, duquel il espéroit avoir bon marché, d'autant qu'il estoit desgarni de gens, ralliant en ce mesme temps ceux qui estoyent de son costé, pour aller lever le siége au baron, auquel pour cest effect il mandoit de tenir bon. Mais ce message ne peut arriver si tost que le baron ne fust jà parti avec ceux de sa compagnie pour aller à Amboyse, où ils ne furent plustost arrivez, comme j'ai dit, qu'on ne les emprisonnast, et procédast-on contre eux, comme contre criminels de lèse majesté.

Le lendemain une troupe de gens de pied, ne sachant ce qui estoit advenu, marchèrent droit à Amboyse par dedans les bois ; mais ils furent descouverts et enveloppez de la cavalerie envoyée par ceux de Guise pour battre les chemins. De sorte qu'à leur arrivée en la ville, et le jour mesme plusieurs furent pendus, et puis jettez dans l'eau. Voylà comment profitèrent les advertissemens de ceux qui avoyent décélé l'entreprise. Car ceux qui abordoyent pour l'exécution n'estoyent plustost arrivez aux lieux à eux ordonnez, qu'on ne se saisist d'eux, et les menoit-on à Amboyse, dix à dix, quinze à quinze, vingt à vingt, attachez à la queue des chevaux; mais ceux qui estoyent les mieux équippez estoyent tuez par les bois et forests, et jettez dans les fossez pour avoir les despouilles. Toutesfois le langage des captifs, et les raisons qu'ils proposoyent franchement, espouvantèrent le cardinal et son frère, veu mesme qu'on ne s'estonnoit de leurs menaces, de sorte qu'ils pensoyent estre perdus. Mais en ces extrémitez le duc de Guise vouloit faire mourir les prisonniers, afin que sa mort fust vengée, et ne taschoit qu'à jouer à quitte ou à double, en quoy il fut retenu par le chancelier jusques à ce qu'on sceust qu'elle en seroit l'issue, non pour aucune bonne affection qu'il portast à ce parti, ains pour crainte de tomber en leurs mains. La raison estoit qu'il faloit auparavant trouver le moyen de départir les forces, et essayer de prendre le reste des chefs et principaux de ceste faction. Ce néantmoins l'impatience du duc de Guise fut telle, que craignant ne pouvoir jouir du chancelier, et contourner le conseil du roy à sa dévotion, il conclud d'en faire tant mourir qu'il en seroit mémoire à jamais. A tant lettres patentes luy furent expédiées pour ce nécessaires, du dix-septiesme de mars. L'argument estoit fondé sur l'amitié de ses prédécesseurs roys envers leurs sujets, et comme ils avoient tousjours esté trop plus faciles à leur pardonner leurs fautes, que sévères à les punir à la rigueur des ordonnances. Au moyen de quoy il seroit advenu que de bonnes sainctes et louables intentions l'effect estoit contraire. Car pour s'estre ledit Sieur rendu facile à pardonner, le cœur des sujets seroit quelque fois creu de telle sorte, que qui n'y eust pourveu incontinent, de grands inconvé-

niens en eussent peu advenir, ainsi que ceux de Guyenne
firent au commencement du règne du feu roy Henry : mais
il y sceut si sagement et dextrement pourvoir que l'honneur
et la force demeurèrent de son costé, si que depuis n'estoyent advenues aucunes séditions au royaume : ains avoyent
les François rendu toute obéissance et fidélité. Que ledit
Sieur avant son decès n'avoit rien tant recommandé à luy
son fils que d'user envers eux de toutes les douceurs et gra-
cieusetez à luy possibles. En quoy suyvant le sage et prudent conseil de sa mère, et des princes et seigneurs estant
près de luy, on avoit veu depuis son avénement à la couronne, combien il s'y estoit employé, tant par la diminution des tailles que par tous autres moyens, espérant par là
acquérir leur amour et s'aquitter envers Dieu de la charge
qu'il luy avoit donnée d'eux. Mais puis peu de temps il en
estoit advenu tout autrement, s'estant en plusieurs endroits
de son royaume, eslevez aucuns meschans et malheureux,
lesquels sans avoir esgard à l'honneur, obéissance et fidélité
qu'ils lui devoyent, cerchoyent d'esmouvoir une grande et
damnable entreprise. Car par leur déposition mesme avoit
esté descouvert qu'ils avoyent délibéré se saisir de sa personne, de celles des roynes son espouse et mère, de ses frères
et sœurs, et d'aucuns princes et seigneurs estant près de luy,
à fin de disposer du royaume à leur volonté, le mettre en
proye, et le priver de la doctrine de ses prédécesseurs : chose
qui luy avoit entièrement despleu, non tant pour crainte du
danger, que pour se voir en son jeune âge, et au commencement de son règne, réduit à ceste nécessité de mettre la main
aux armes, et espandre le sang de ses sujets qu'il aimoit tant
et désiroit bien traiter : toutesfois puis que les admonitions
et douces corrections les avoyent plus que devant obstinez,
il luy avoit semblé, à sa mère, et à son conseil, qu'il ne falloit plus user de dissimulation contre ceux mesmes qui ou-

vertement s'estoyent déclarez contre luy : mais estoit besoin de prendre les armes pour les chastier asprement. A ceste cause et qu'il estoit bien nécessaire de commettre un grand et notable personnage de crédit et authorité pour y commander, pour voir et ordonner de toutes choses nécessaires pour son service, la seureté et conservation de sa personne et estat : Considérant aussi ne pouvoir faire meilleure ne plus convenable élection, que de la personne de son oncle François de Lorraine, duc de Guise, pair, grand maistre et chambellan de France, tant pour la parfaite confiance qu'il avoit en luy, et la proximité de leur lignage, que pour les claires vertus, vaillance, grande expérience au fait de la guerre, dont il avoit fait tant de preuves en tant de lieux et endroits que chacun en estoit informé. Parquoi ledit Sieur le faisoit son lieutenant général, représentant sa personne absente et présente par tout son royaume, pendant les mouvemens et afaires qui s'offroyent, avec plein pouvoir d'assembler tous les princes, seigneurs, capitaines, gentilshommes et autres de tous estats, ayant charge et conduite de ses guerres, pour leur commander ce qu'ils auroyent à faire pour son service, la seureté de sa personne et estat, et la correction de la présente sédition. Et outre de faire promptement lever gens de pied et de cheval, en tel nombre qu'il aviseroit, pour punir les rebelles et qui pourroyent estre pris par toutes rigueurs, et sans autre forme de procès. Et généralement commander, ordonner et pourvoir en toutes choses, soit de l'artillerie, réparations, fortifications, de villes et des frais à ce nécessaires, comme ledit Sieur pourroit luy-mesme faire, promettant avoir agréable tout ce que son dit oncle feroit et exécuteroit en sa dite charge de lieutenant général, et de tout approuver quand requis en seroit : mandoit à tous ses lieutenans, gouverneurs, mareschaux de France, juges, capitaines de gens de guerre, tant de pied que de cheval, maires, échevins, et gardes de ses bonnes villes et citez, d'obéir audit de Guise en tout ce qu'il leur commanderoit pour son service, et pour la punition des séditieux et rebelles.

Le chancelier, ayant veu ces lettres ainsi expédiées du propre mouvement du roy, et sans qu'elles eussent passé par l'avis du conseil, tença aigrement Robertet de les avoir expédiées, et d'y avoir aussi adjousté ceste clause, *de l'avis dudit conseil*, pour autant que l'on les pourroit à ceste occasion quelque jour débattre et déclarer fausses : mais il eut tant de messagers queüe à queüe pour les expédier en ceste forme, sans y rien changer ny diminuer, qu'il fut contraint d'aller au roy pour luy dire ses raisons. Mais il luy falut passer outre, et d'abondant au lieu de continuer jusques au bout ce qui estoit si bien commencé, il s'excusa envers le duc de Guise, disant n'avoir fait ce refus, au mespris de luy ny de son authorité, et qu'il ne sceust bien qu'il estoit capable de ceste charge, ou d'une plus grande : mais d'autant qu'il voyoit les afaires en telle sorte, et le conseil du roy composé de tant diverses humeurs d'hommes, outre ceux qui veilloyent sur eux à la cour, qu'il craignoit bien que ce pouvoir fust un jour mis en dispute : et que luy et ceux qu'il mettroit en besogne en vertu d'icelles en fussent puis après repris, et luy aussi de les avoir ainsi scellées légèrement, et que son but tendoit à renvoyer les ennemis là prochains. A quoy consentant aucunement ledit duc de Guise, autres lettres patentes furent aussi expédiées de ce mesme jour, relatives des précédentes, qui furent émologuées au parlement, du consentement du procureur général, portant que plusieurs personnes, ou pour ignorer la grâce et bénignité de sa majesté, ou pour estre séduits d'aucuns malins et séditieux esprits qui taschoyent sous le voile de religion à saccager toutes les riches villes et maisons du royaume, s'estoient mis en chemin en plusieurs et diverses troupes, la pluspart armez, et avec pistoles, pour aller devers le roy, sous couleur de luy vouloir présenter certaine confession de leur foy, chose scandaleuse et contre tout droit divin et humain. Et combien que telle et damnable entreprise méritast griève et exemplaire punition : néantmoins ayant cognu en aucuns de ceux qui estoyent prisonniers une grande simplicité et ignorance, en les faisant interroguer en sa présence, désirant conserver ceux qui recognoistroyent leurs fautes et espargner le sang de ses sujets : il commandoit à toutes personnes arrivées ou qui estoyent en chemin d'aller vers luy en telles troupes, assemblées et équipage, pour le fait de leur foy, que dedans deux fois vingt-quatre heures, ils eussent à se retirer et rebourser chemin deux à deux, ou trois à trois au plus, en quoy faisant il leur donnoit impunité du fait, défendant à tous juges de leur en faire aucune question. Et quant aux désobéissans, vouloit qu'ils fussent pendus et étranglez quelque part qu'on les appréhendast sans autre figure de procès, permettant à ses sujets d'y user de pleine authorité, et si besoin estoit, de s'assembler au son du tocquesain, et en cas de résistance les tuer comme traistres et rebelles. Et toutesfois à ce que chascun cognust que le seur accès estoit ouvert à tous ceux qui avec humilité et révérence (comme il appartenoit à bons sujets) voudroyent aller devers luy présenter leurs requestes, il permettoit tant à ceux qui se seroyent retirez qu'à autres d'envoyer un ou plusieurs avec leurs remonstrances pour les faire voir à son conseil, et sur ce leur pourvoir comme de raison : promettant en parole de roy, ne leur faire aucune question, mais leur donner toute seureté.

Comme ces choses se faisoyent, la Renaudie taschant par tous moyens de se joindre à sa troupe, le 18 du mois, fut rencontré en la forest de chasteau Regnaut par un gentilhomme nommé Pardaillan son parent, qui, avec plusieurs autres, couroit çà et là pour descouvrir quelque chose. Or voyant que la Renaudie luy faisoit teste et s'apprestoit au combat, il voulut tirer un coup de pistole, mais il ne prit feu ; à cette faute, la Renaudie le joignit et lui donnant deux coups d'espée au costé droit, le tua. Mais il fut quant et quant frappé d'un coup de harquebuse par le serviteur du mort, duquel coup il mourut sur le champ. Son corps fut porté à Amboyse, et deux siens serviteurs menez prisonniers. A son arrivée, il y eut grande allégresse à la cour, et fut quelques jours son corps pendu sur les ponts avec un escriteau attaché au col contenant ces mots : *La Renaudie dit Laforest, chef des rebelles.* Qui fut cause que plusieurs ayant entendu ce qui estoit advenu, et la publication de l'édict précédent fait à Amboyse le dix-septiesme mars, se retirèrent et perdirent courage.

Ceste mort de la Renaudie assura à demi ceux de Guise qui estoyent espris d'une grande frayeur : toutesfois le remords qui leur venoit d'avoir offensé tant de gens qu'ils ne pouvoyent discerner lequel leur estoit ami ou ennemi ; et la présence du prince qui ne s'estonnoit point, leur estoit une double gehenne et passion. Davantage le cardinal voyant d'Andelot devant ses yeux, cela luy rafraischissoit la mémoire des outrages qu'il luy avoit procurez durant le règne du feu roy Henry, et lui eschappa de dire, qu'il ne craignoit homme au monde tant que cestuy-là, et que s'il l'avoit pour ami, et aussi l'amiral son frère, il n'auroit plus de crainte de tous les autres. Mais il ne se pouvoit autrement persuader qu'ils ne fussent de la menée, quelque bonne mine qu'ils fissent. De quoy la royne mère taschoit de le destourner, l'asseurant qu'il n'auroit aucun mal de ce costé là, d'autant qu'ils le luy avoyent ainsi promis.

Allégez donc de ce costé, et surmontant toutes autres difficultez, après leur estre venus gens à suffisance pour soustenir un dur et rude effort, voulant savoir particulièrement et par le menu ce qu'avoit délibéré la Renaudie, ils firent venir devant eux l'un de ses gens, nommé la Bigne, tant pour ce qu'il estoit son ancien serviteur, et qu'il savoit ses plus secrettes afaires, que pour avoir esté saisi d'un papier en chiffre, et qu'il servoit de secrétaire à son maistre. Cestuy-ci, alléché par promesses et voulant sauver sa vie, déclara ce qui estoit contenu en cest escrit, ensemble tout ce qu'il savoit de l'entreprise, ainsi qu'il s'en pouvoit souvenir, encore qu'il eust juré et promis n'en jamais rien révéler, voire quand il devroit estre tiré membre après autre. Mais son maistre mort, il se disoit quitte de tout serment. Or voyant le cardinal que son accusation n'estoit assez suffisante pour juger à mort les prisonniers et poursuyvre les autres, ils l'induisirent à dire et adjouster, comme l'on tenoit pour certain, que c'estoit principallement au roy qu'on en vouloit, et par conséquent à tout son estat, en quoy faisant et y engageant le roy de Navarre, ils le feroyent grand, sinon qu'il se devoit asseurer de mourir cruellement. Et combien qu'en ceste furie, il leur en eust donné quelque espérance, si demeura-t-il ès termes de sa première déposition, laquelle néantmoins ils ne laissèrent de faire valoir, et dépeschèrent en toute diligence le secrétaire Deslandes vers le Navarrois de la part du roy, pour essayer de descouvrir quelque chose qui leur peust servir. Mais il n'y profita rien, en sorte qu'ils jugèrent ledit Deslandes avoir trahi le roy, pource qu'il ne leur avoit voulu prester son honneur ny sa conscience. Bien rapporta-t-il l'offre volontaire du roy de Navarre pour secourir le roy, avec une puissante armée : mais on ne luy fit nulle response, car aussi ce secours leur eust esté trop suspect. Pour retourner à nos brisées, le premier article de l'escrit et chiffre trouvé sur la Bigne, commençoit par ces propres mots :

« Protestation faite par le chef et tous ceux du conseil, de n'attenter aucune chose contre la majesté du roy, ny les princes de son sang, ny l'estat du royaume. »

A quoy s'accordoyent entièrement tous les autres articles, comme le récitoyent ceux qui l'avoyent veu, déclarant ouvertement que l'entreprise ne tendoit à autre fin qu'à démettre du gouvernement du royaume ceux de Guise, redresser et faire observer l'ancienne coustume de France, par une légitime assemblée des estats. Que si pour raison de ce, lesdits de Guise les vouloyent blasmer de sédition, et se vouloyent aider des forces du roy, ils pourroyent empescher ceste violence par autre force, et que pour ceste cause ils s'estoyent armez. Davantage outre cest escrit, il se trouva entre les papiers de la Bigne une remonstrance à part, qui devoit estre faite au roy, en laquelle il y avoit un article pour défendre ceux qui tenoyent la doctrine appelée nouvelle, et qui s'estoyent volontairement adjoints à cette entreprise pour estre une cause politique, qui concernoit les loix et statuts du royaume, le tout au profit et service du roy : contre lequel s'il y eust eu la moindre chose du monde, ils ne s'en fussent jamais meslez, comme en semblable ils avoyent déclaré ouvertement ce qu'ils sentoyent de l'obéissance deue aux roys, et autres principautez, par le dernier article de leur confession de foy imprimée, où il est contenu qu'on doit franchement et de bonne volonté porter le joug des roys et princes, encore qu'ils fussent infidèles. Sur quoy aussi ils condamnent et rejettent les séditieux et perturbateurs de l'ordre de justice, espérant à l'assemblée générale des estats légitimement convocquez, présenter icelle leur confession de foy, afin d'avoir quelque relasche des extrêmes persécutions et violences qu'ils souffroyent tous les jours par la cruauté de ceux de Guise. Et ce qui leur donnoit espérance de bonne issue en cest endroit, c'estoit qu'à la fin du règne de Henry II, en la générale assemblée du parlement qu'on appelle Mercurialle, il s'estoit presque résolu de ne persécuter plus pour la religion avant la détermination d'un concile, quand cela fut interrompu par le cardinal de Lorraine, à la persuasion duquel plusieurs conseillers furent emprisonnez pour ceste seule cause, et du Bourg bruslé. Il estoit donc à présumer que le cardinal et son frère, estant hors d'authorité, la sentence libre des estats eust peu esteindre les feux qui estoyent encore allumez en France, contre ceux qui ne vouloyent obéir au pape. Voilà en somme que contenoyent ces mémoires et le but de l'entreprise pour l'exécution de laquelle la Renaudie avoit amené cinq cens chevaux qui estoyent suivis de mille autres pour donner escorte à ceux-ci. Mais au contraire ceux de Guise vouloyent faire croire que c'estoit au roy et à ses frères qu'on en vouloit, et non à eux, d'autant qu'ils n'avoyent (ce disoyent-ils) offensé personne en leur privé, et que ce prétexte estoit pris par les hérétiques, pour plus à l'aise abolir toute authorité royale, réduire le royaume en cantons et république, tuer toute la noblesse de France, à l'exemple des Suisses, pour vivre en commun.

Tel estoit leur dire, tendant à ce qu'on despeschast autant qu'on en pourroit trouver : toutesfois craignant aucunement que tel nombre d'exécutés ne les rendist odieux à tous, et que ce nom d'Estats ne chatouillast le cœur du commun, la royne mère et eux enfin trouvèrent qu'il seroit bon de délivrer la pluspart des pauvres soldats venus à pied, avec injonction de se retirer, et de ne se mettre plus en tel danger. Ce qui fut fait, et sous main fut donné à chacun un teston pour passer chemin. Mais outre cela ceux de Guise avisèrent de se fortifier aux despens du roy, sous ombre d'augmenter sa garde de harquebusiers à pied et à cheval, afin que par ce moyen ils peussent estre mieux et plus seurement gardez. La charge de lever ces gens fut baillée au moine Richelieu, choisi par le duc de Guise, pour le cognoistre confit en toutes dissolutions, lequel fit sa levée d'entre tous les voleurs et ruffiens qui se peurent trouver, comme n'ayant telle manière de gens aucune convenance avec la manière de vivre des Luthériens. Et disoit ledit duc de Guise que le roy et luy en seroyent mieux gardez que par autres de meilleure vie. Or pour retourner aux restes des forces des assaillans qui tenoyent la campagne, encore qu'ils seussent l'inconvénient advenu à leurs principaux conducteurs, et quoy que les choses fussent comme désespérées, si ne perdirent-ils point encore courage. Et sur cela quelqu'un d'eux ordonna un nommé le capitaine la Mothe avec quelque peu de soldats estrangers, pour faire armer et assembler ceux de la religion de la ville d'Amboyse quand il leur seroit commandé, estant dans la ville jusques au nombre de cent ou six vingts hommes de fait : et d'autre part estoyent le capitaine Cocqueville avec le capitaine Champs, logez aux fauxbourgs vers Vendosme, qui avoyent charge de se saisir du pont, et ce au mesme temps que la troupe de Chandieu arriveroit du costé des Bons-hommes où elle devoit venir, la nuict du samedy partant d'auprès de Bloys. Et estoit l'entreprise, qu'ayant esté par cestuy-là recognu un petit huis en la muraille de la ville respondant sur la rivière, qui se pouvoit enfoncer d'un coup de pied, il vouloit introduire ceste troupe par là dans la ville, et par ce moyen se monstrer parmy ceux de la cour, et tenir le chasteau bridé, sans avoir en iceluy chevaux aucuns, et comme rien de vivres, ains estoyent toutes les commoditez en la ville et aux fauxbourgs. Mais la troupe qui devoit arriver la nuict arriva de grand jour, et fut crié alarme, par des gens descendant par eau qui virent ceste troupe marcher au grand trot tous avec escharpes blanches, qui fit armer chacun au chasteau et en la ville. Chandieu arrivant trouva celuy qui l'avoit fait acheminer en la rue du faubourg des Bons-hommes, qui luy dit : « vous avez tout gasté que n'estes venu la nuict ; mais puisqu'il faut tout hazarder, allez aux Bonshommes, et je vous y vay trouver. » Chandieu s'achemina avec sa troupe, et au lieu d'entrer dans le monastère des Bonshommes pour se mettre à couvert du chasteau qui tiroit, et pour se rallier là, et aussi pour y laisser leurs chevaux, ils mirent pied à terre, et essayèrent de rompre la porte de la ville nommée la porte des Bons-hommes, et leur fut tiré du chasteau tellement qu'ils furent contraints se retirer : que s'ils eussent eu loisir de bien entendre (comme ils ne firent pas estant ainsi hastez et eschauffez) ils pouvoyent encore entrer dans la ville par ce mesme endroit qui est dit, et lors la Mothe, Cocqueville et Champs chargeoyent les corps de garde du pont et de la place, et avoyent commandement de se saisir des maisons de ladite place et prochaines des portes du chasteau, et fut merveille qu'à ceste alarme ils ne furent aucunement descouverts. Quoy que soit ils intimidèrent si bien les courtisans, qu'il estoit plus de midy avant que les portes de la ville fussent ouvertes, qui leur donna moyen et loisir de se retirer, principalement aux gens de cheval, car plusieurs de ceux de pied furent pris et ramenez à Amboyse comme relaps. Le matin aussi de ceste alarme, s'en trouva six attachez à une perche, de ceux qui avoyent esté pris auparavant, lesquels on disoit avoir eu charge de conduire les gens de pied.

Il n'est pas croyable quel nombre d'hommes se rallièrent en peu de temps avec ceux de Guise : car outre les personnes cy dessus nommées, et les gentilshommes venus à leur mandement, il se trouva avec eux une infinité de fainéans, mulletiers, pallefreniers, chartiers, laquais, vivandiers et autres racailles, qui faisoyent plus de deux mille hommes, lesquels estant afriandez aux despouilles d'or, d'argent, d'habits, d'armes et chevaux qu'on leur abandonnoit au pillage, ne pardonnoyent à nul passant, fust huguenot ou non. Que si on leur faisoit la moindre résistance, ces coureurs avoyent puissance de tuer, comme de vray il s'en trouva beaucoup à dire, outre les pendus, noyez, et décapitez publiquement.

Le duc de Guise commanda pareillement au maistre des eaux et forests d'Amboyse, que il en tuast autant qu'il en trouveroit sans plus les amener à la ville, qui estoit jà infectée de corps, joint que tant de gens faisoyent pitié aux dames. En quoy il fut très bien obéy par ce bon maistre des eaux et forests. Car sous ombre des huguenots, il dévalisa plusieurs marchands, et entre autres deux de Rouen, allant à la foyre en Poicton, ausquels il osta de deux à trois mille escus avec force bagues, que depuis sa femme portoit aux doigts sans les cacher, et sans que ces pauvres gens en eussent autre restitution que des menaces. Par ainsi les huguenots firent riches beaucoup de coquins et belistres.

Il a esté déclaré comme après la publication du dernier edict, pour faire retirer ceux qui venoyent à la file, plusieurs ayant entendu le seur accès que le roy donnoit de sa personne, avoyent reboursé chemin pour adviser à leurs afaires ; mais encore qu'ils eussent quitté les armes, et se fussent rangez deux à deux, et trois à trois, si ne laissoit-on de les prendre où ils se pouvoyent rencontrer. Et depuis s'estant espandus deçà et delà, plusieurs tombèrent entre les mains de leurs ennemis, et les jours ensuyvans furent exécutez en diverses manières, avecques ceux qui estoyent jà prisonniers jusques au nombre de trente ou quarante. Ce qui fut cause que plusieurs ne firent difficulté de se rallier avec ceste troupe qui alla jusques contre le chasteau. Entre ceux de nom qui furent pris après ladite permission et avant ce dernier effort, y en eut deux : l'un puisné de la maison de Bricquemaut dit Villemongey, l'autre dit du Pont.

Ceux de Guise, après ces alarmes, sachant qu'ils ne tenoyent tous les chefs, furent quelque temps en suspens, sans oser rien faire aux principaux prisonniers, sinon de peu à peu s'enquérir s'il se mouvoit rien aux environs, et de despescher les petits compagnons les premiers. Mais quand Sipierre eut amené leurs compagnies de gendarmerie, et que tous leurs amis furent venus à leur secours, en sorte qu'ils avoyent autour d'eux comme une armée, ils commencèrent à lever la teste, et à parler gros. Et tout premièrement firent commander par le roy au prince de Condé de ne partir de la cour sans congé, et cerchoyent occasion de s'attacher à sa personne : ce que toutesfois il sceut assez proprement dissimuler pour le temps. Estant donques averti que chacun s'estoit retiré, le roy alla à la chasse : mais le cardinal ne sortoit pas encore qu'il n'y eust tousjours douze ou quinze cens chevaux d'escorte, tant il se fioit peu aux hommes, et craignoit que quelque désespéré se mist à la traverse pour l'outrager. Cependant qu'il tenoit garnison au chasteau, il poursuivoit la mort des prisonniers, surtout de ceux de Noizay, lesquels interroguez respondoyent tous d'une sorte, à savoir d'estre seulement venus pour présenter leur requeste au roy, et que leurs armes n'estoyent que pour se défendre de la violence de ceux de Guise, qui s'estoyent furtivement emparez de la personne du roy, et du gouvernement du royaume, contre les anciennes constitutions : requérant à ceste occasion d'estre présentez au roy, pour luy rendre raison de leur faict, comme on leur avoit promis, en leur faisant quitter les armes en son nom et commandement. Ils requéroyent aussi qu'on leur fist jouir du bénéfice de ses édicts.

Mais rien ne leur fut octroyé, principalement quand ceux de Guise se sentirent les plus forts. Ainsi furent plusieurs jours (pendant un mois) employez, ou à couper testes, ou à pendre, ou à noyer. Et de vray il s'en trouvoit en la rivière de Loyre tantost six, huict, dix, douze, quinze attachez à des perches, qui avoyent encor leurs bottes aux jambes, en sorte qu'il ne fut jamais veu telle pitié. Car les rues d'Amboyse estoyent coulantes de sang, et tapissées de corps morts de tous endroits : si qu'on ne pouvoit durer par la ville pour la puanteur et infection.

Il y en eut plusieurs, et entre autres un de la ville de Toulouze, qui disoyent n'estre venus de si loin pour s'en retourner ainsi, et qu'ils vouloyent parler au roy, et luy faire confession de foy ; mais ils furent incontinent arrachez et pendus aux fenestres du chasteau.

Un autre après avoir disputé longuement de la religion en la présence de la royne mère, rendit telle confession d'icelle, qu'il fit à demy confesser au cardinal sa doctrine estre vraye, mesme en la doctrine de la cène : mais ladite dame ne se fut plustost destournée pour entendre à autres afaires, qu'il ne fust enlevé de sa salle. Et comme ainsi fust qu'elle eust pris quelque goust à ce personnage le voulant faire délivrer, elle demanda où il estoit, et envoya après : mais il estoit jà despesché, de quoy elle fut aucunement faschée, ce disoit-elle : car elle l'avoit jugé innocent.

Il fut pris plusieurs prisonniers à Bloys et à l'entour qui s'en retournoyent, selon la permission du roy, pour la delivrance desquels on envoya gens devers le roy, et la royne sa mère : mais il ne leur fut possible d'en pouvoir approcher, ne leur faire aucune remonstrance, qu'ils ne fussent menacez de les faire tailler en pieces, s'il leur advenoit de se présenter au roy, ne craignant rien plus ceux de Guise, sinon qu'il fust adverti que ce n'estoit à luy qu'on en vouloit :

mais à eux seulement. Car le roy demandoit souvent en pleurant, que c'est qu'il avoit fait à son peuple, pour luy en vouloir ainsi, et disoit vouloir entendre leurs plaintes et raisons. Il disoit aussi à ceux de Guise : « Je ne say que c'est, mais j'entends qu'on n'en veut qu'à vous ; je désirerois que pour un temps vous fussiez hors d'ici, afin que l'on vist si c'est à vous ou à moy que l'on en veut. » Ce qu'ils rejettoyent entièrement, l'asseurant que luy ny ses frères ne vivroyent une heure après leur partement ; et que la maison de Bourbon ne cerchoit qu'à les exterminer, à l'aide des hérétiques huguenots, pour se venger de leur vieille querelle, en sorte que ce langage faisoit le prince de Condé estre encor plus mal voulu dudit sieur qu'auparavant, et en danger d'estre tué comme il sera veu. Et afin de destourner le peuple de l'opinion qu'on pouvoit avoir conceüe par les remonstrances de tant de prisonniers, qui déclaroyent avec grande ferveur, la cause qui les avoit conduits, comme il a esté declaré : lettres furent expédiées aux parlements et juges des provinces, par lesquelles le roy disoit avoir descouvert les conspirations estre faites contre sa personne, celle des princes, et de ses principaux ministres, par aucuns séditieux, lesquels sous prétexte de religion, avoyent inventé tous moyens que peuvent mauvais esprits, et nommément sollicité aucuns princes estrangers de les favoriser et lever gens de guerre pour entrer au royaume, leur donnant asseurance sans difficulté de venir à chef de leurs desseins, par ce qu'ils seroyent soustenus par plusieurs seigneurs et gentilshommes, et grand nombre d'habitans des villes et plats pays, qui prendroyent les armes, et s'esleveroyent à jour certain et determiné entre eux. D'autre part, afin de mieux affermir leurs susdites entreprises et séduire plus facilement ses sujets, avoyent pratiqué de faire assemblées secrettes en plusieurs lieux du royaume pour tenter les volontez de ceux qui s'y trouvoyent, et là se seroyent efforcez, tant par leur proposer les dangers que l'espérance de biens, les aliéner de leur devoir, sous prétexte et asseurance du secours des estrangers qui se trouveroyent à jour nommé avec grandes forces sur les limites du royaume, pour les fortifier en l'exécution de leurs desseins : par lesquelles suppositions et inductions aucuns se seroyent laissez aller, jusques à promettre d'adhérer à l'entreprise et prendre les armes. Et s'attendoyent lesdits conjurez qu'en un mesme temps ils esmouvroyent telle sédition par tous les endroits du royaume, qu'il ne seroit possible d'esteindre le feu qu'ils auroyent allumé, que pour le moins ils n'eussent mis toutes choses en tel trouble et confusion qu'ils auroyent cependant le moyen de piller les plus riches temples, et saccager les meilleures maisons des villes, et loisir de se retirer avec leurs principaux complices pleins d'or et d'argent où bon leur sembleroit. Dequoy ledit sieur disoit avoir advertissement et particulières informations de divers endroits, mesme des princes estrangers ses amis et alliez, et d'aucuns ses sujets que les conjurez pensoyent avoir tirez de leur party. Dont il les avoit bien voulu advertir, afin que ces lettres receües, ils en fissent certains tous ses autres sujets, et que chacun en rendist grâces à Dieu, et que l'on advisast de pourvoir à la seureté publique et privée d'un chacun. Au surplus, qu'ils fissent publier que tous ceux qui par séduction ou mauvais conseil auroyent consenty ausdites entreprises, et le déclareroyent franchement et de bonne foy, dedans huict jours après, la peine et offense leur estoit remise : ce qu'il promettoit en foy de prince et parole de roy, comme au contraire ils ne trouveroyent après lieu de miséricorde, ains encourroyent les peines de lèse majesté.

Les principaux de ceste entreprise, se voyant ainsi diffamez, et que ceux de Guise n'entroyent en aucune défense de leur chef, comme s'ils se fussent tacitement condamnez, publièrent aussi de leur part et firent imprimer la remonstrance dont aucuns d'eux furent trouvez saisis en la prison, sous l'espérance de la présenter au roy au nom des estats de France.

Au commencement ils disoyent s'estre assez apperceus que leur assemblée avoit esté par luy trouvée estrange, pour n'avoir cognoissance de l'extrême nécessité qui les avoit contraints d'essayer un extrême remède pour la conservation de sa personne, de sa grandeur, et de tout le peuple, que Dieu avoit submis à son obéissance. A ceste cause ils présentoyent à sa majesté icelle leur remonstrance par laquelle la cause de ce faict estant sommairement déclarée, et bien entendue, ils espéroyent de non seulement effacer le soupçon de sédition et mutinerie, mais aussi estre cognus pour ses très humbles et très fidèles sujets et serviteurs.

En premier lieu donc ils protestoyent devant la majesté de Dieu et la sienne, qu'ils n'avoyent voulu attenter aucune chose contre icelle, ains vouloyent vivre et mourir en l'hommage, servitude et très humble obéissance qu'ils luy devoyent. Et que les forces qui luy estoyent apparues, n'avoyent esté que pour son service, et pour s'opposer à la tyrannie de ceux de Guise, qui n'ont jamais tasché, en toute leur vie, qu'à s'agrandir de sa ruine, et de tous ceux qui luy appartenoyent.

Et combien que leur façon peust sembler de prime face nouvelle et violente; néantmoins ils supplioyent très humblement sa majesté de considérer que, n'ayant autres moyens pour destourner le péril qui luy estoit prochain et à tout son royaume, pour ce qu'ils craignoyent la cruauté acoustumée de ceux qui estoyent auprès de sa personne, ils avoyent pensé qu'on ne trouveroit jamais nouveau ne estrange ce que les sujets feroyent pour la conservation de leur prince;

et que c'est plustost justice que violence, de repousser les ennemis d'un roy et d'un royaume, comme sont ceux contre lesquels ils s'estoyent assemblez. Car premièrement, disoit ceste remonstrance, ils n'ont jamais dissimulé qu'ils prétendoyent avoir droict sur deux des principales provinces du royaume, à savoir, sur les duché d'Anjou et comté de Provence; déclarant ouvertement assez de fois que ce n'estoit que par force qu'ils estoyent privez de la possession de ces deux pays, tellement que du temps du feu roy son père, en son advènement à la couronne, ils vouloyent luy soustraire ledit comté de Provence, et combien que leur entreprise ne fust parvenue à son but, si fut-elle tellement acheminée, qu'il en estoit mesme demeuré quelque chose par escrit.

Davantage leur ambition avoit esté telle, que de mettre en peine quelques gens doctes pour rechercher leur race ès vieilles chroniques, se voulant dire estre descendus de la droite ligne de Charlemagne, espérant, si quelque jour l'occasion se présentoit, de débattre le royaume, comme si luy et ses prédécesseurs n'en estoyent qu'usurpateurs. Et encore qu'ils eussent soigneusement tasché de dissimuler leur mauvaise et pernicieuse affection, si en ont-ils tousjours murmuré quelque chose, et surtout depuis le temps qu'il avoit plu à Dieu l'appeler à la couronne.

Au surplus, leur audace avoit esté du tout intolérable à ses sujets, quand ils s'estoyent comme saisis de sa personne et du gouvernement de son royaume incontinent après le décès du feu roy, espérant par ce moyen se faire si grands, que de pouvoir abaisser et luy et les siens quand il leur plairoit. Lequel acte seul estoit très-suffisant pour descouvrir leur ambition extrême, attendu qu'il n'y a loy, coustume ny exemple qui les ait appelez au lieu qu'ils tenoyent près sa majesté; mais au contraire les ordonnances des prédécesseurs rois, la coustume et la résolution des estats du royaume les en empeschoyent assez, s'ils y eussent voulu prendre garde, veu mesme que les estats tenus à Tours au commencement du règne de Charles VIII, ne donnent aucun lieu aux estrangers auprès du roy estant en bas âge ; mais plustost aux princes de son sang, par le conseil desquels il peut gouverner son royaume. A quoy ces ambitieux n'ayant aucun esgard avoyent empesché la convocation des estats : sachant bien que ceux qui sont affectionnez à son service, n'approuveroyent jamais qu'eux qui sont estrangers, qui prétendoyent quereler la couronne, et qui avoyent tasché d'en démembrer aucunes des principales parties, eussent le maniement de ce qu'ils luy vouloyent ravir. Joint aussi qu'on se souvenoit assez des grandes pertes qu'ils avoyent causées au royaume du vivant du feu roy, et mesme au dernier voyage d'Italie, par lequel l'un prétendoit à se faire pape, l'autre roy de Sicile et de Naples, retirant, pour ce faire, les principales forces du royaume, dont les grandes et irréparables pertes estoyent ensuivies. Ayant donc senti tant de dommages par leur ambition, les estats n'eussent jamais estimé leur présence de sa majesté luy pouvoir estre profitable, mais qu'eux n'avoyent point de crainte d'offenser icelle majesté, de violer ses estats, de renverser les loix et coustumes du royaume. Davantage ils avoyent bien monstré qu'ils vouloyent retenir par force le lieu qu'ils avoyent usurpé par leur audace, faisant jurer quelques-uns des estrangers (entretenus néantmoins des deniers de France) de marcher au mandement du seigneur de Guise. En après il luy pouvoit apparoir de quelle affection ils estoyent poussez pour prendre le maniement de ces afaires, en ce que n'avoit guères ils avoyent voulu soustraire de la couronne de France, la souveraineté du païs de Barrois, pour enrichir le duc de Lorraine, ne tendant à autre fin qu'à affoiblir les forces du royaume, pour puis après faire ce dont quelqu'un de leurs frères s'est osé vanter, à savoir qu'il ne tenoit qu'au duc de Guise qu'il ne se fist roy de France.

Or de fait, le changement qu'ils avoyent commencé à faire des gouvernemens de ses villes de frontière, et autres places fortes pour y en mettre d'autres, faits de leur main, avoit bien fait penser à ses sujets que de longue main ils se vouloyent préparer le chemin pour parvenir à leur intention : les charges de plus grande importance, tant par mer que par terre, avoyent esté mises entre les mains d'eux-mesmes, ou de leurs serviteurs.

Qu'on pouvoit encore plus aisément cognoistre cela par grand amas d'argent qu'ils avoyent fait, et qu'ils ne pouvoyent nier avoir desrobé des finances ; car depuis qu'ils manient ses afaires, les tailles avoyent esté redoublées ; les impositions et gabelles extraordinaires sur le sel, bleds et vin, et emprunts de toutes sortes plus grands qu'ils n'estoyent mesme du temps des plus grandes afaires ; tellement que ses pauvres sujets qui avoyent tant souhaité la paix, pour l'espérance du repos qu'elle leur devoit apporter, la trouvoyent aujourd'hui plus intolérable que la guerre. Et mesme que beaucoup de villages, surtout en Normandie, demeurent inhabitez, parce que hommes, femmes et enfans estoyent contraints d'abandonner leurs maisons, à cause des exactions si grandes. Néantmoins on voyoit le nombre d'argent infini ainsi recueilli n'estre employé à son service, ny soulagement de ses afaires, veu que tant la gendarmerie, infanterie, cavalerie légère, officiers de sa justice que autres, avoyent demeuré long-temps et demeuroyent encore pour la pluspart sans estre payez, et ses dettes non acquittées. Et partant s'il plaisoit à sa majesté de faire ouïr tous les comptables, il appercevroit les larrecins innumébles que lesdits de Guise commettoyent journellement en l'estat de la superintendance d'icelles. Et par ce qu'ils n'estimoyent rien tant contraire à leur ambition qu'une bonne justice observée en France, ils s'estoyent du tout estudiez à renverser tout son conseil, s'en estant faits seigneurs et maistres, que aussi l'authorité des cours de parlement, et mesme celle de Paris, laquelle néantmoins avoit esté de tout temps honorée et entretenue par les roys prédécesseurs, comme le principal lieu de leur domination.

Tellement qu'eux voulant avoir tous les officiers de sa justice à louage pour ne faire, ne dire que ce qu'il leur plairoit, ordonnoyent commissaires à leurs fantaisies çà et là, et leur donnoyent cognoissance de telles causes qu'ils vouloyent. Bref, renversant tout ordre jusques icy observé, il y avoit grand danger qu'à l'endroit des estrangers, et de tous ceux qui ne cognoissent sa bonté naturelle, ils ne luy acquissent quelque note de cruauté. Davantage ne se contentant d'avoir mis une telle confusion en France, ils l'avoyent voulu estendre plus loing, se faisant cause de tous les troubles d'Ecosse par leur audace intolérable; et rejettant toute occasion de bon accord et tranquillité, avoyent aliéné de sa majesté les cœurs de plusieurs princes estrangers, chose qui pourroit à l'avenir apporter grand dommage au royaume. En somme, on avoit tousjours veu et expérimenté que leur ambition produisoit une extrême avarice, laquelle estoit cause des injustices et oppressions, dont estoit affligé son pauvre peuple; ce que le feu roy commençant à cognoistre sur la fin de ses jours estoit prest de les déchasser d'auprès de sa personne, si la mort luy en eust donné le loisir. Et qu'eux complaignans, n'ayant peu jusques là faire entendre ces choses à sa majesté, eussent grandement désiré d'avoir les moyens non seulement de faire ample preuve de ce que dessus, mais aussi de produire autre chose concernant ce mesme fait ; et s'estimeroyent très-heureux si par leur remonstrance ils obtenoyent audience et permission de déclarer au long ce qu'ils avoyent à dire. Mais puis qu'ils voyoyent que leur cruauté, principallement contre les prisonniers pour ce fait, s'en aigrissoit de plus en plus, et qu'ils ne permettoyent aucunement que ceste cause parvinst jusques à ses aureilles, dont ils se vouloyent faire juges et parties, ils ne pouvoyent faire autre chose sinon déclarer à sa majesté, qu'ils les tenoyent pour ses ennemis et de tout son peuple, le suppliant très humblement n'avoir opinion que ce qui avoit esté fait et se feroit par après contre leur tyrannie s'adressast contre sa majesté, quoy qu'on taschast de le luy persuader, et faire croire que tous ceux qui s'en mesloyent ne prétendoyent à autre fin qu'à introduire quelque nouvelle religion. Car combien qu'entre ceux qui s'estoyent eslevez contre eux, il y en eust qui désirassent vivre selon la réformation de l'Évangile, néantmoins ceste seule cause ne leur eust jamais fait prendre les armes s'il n'y eust eu une cause civile et politique, qui est l'oppression faite par eux de sa majesté, estats, loix et coustumes de France. Et de fait, comme Dieu recommandoit la patience au fait de la religion, aussi vouloit-il que les sujets prinssent peine de conserver la grandeur de leurs princes, et maintenir les loix et coustumes du païs. Voylà le contenu de leur remonstrance.

Ils publièrent aussi plusieurs autres petits livrets, rendant raison de leur fait à ceste mesme fin, disant estre injustement poursuyvis par ces ennemis de toute équité, pour avoir demandé l'assemblée des estats, et pour confirmer leur dire, ils alléguoyent Philippes de Commines en son cinquiesme livre de son histoire, chapitre dernier, qui dit ces mots : « Pour parler de l'expérience de la bonté des François, ne faut alléguer de nostre temps que les trois estats tenus à Tours après le décès de nostre bon maistre le roy Loys XI, qui fut l'an mil quatre cens octante trois. L'on pouvoit estimer lors que ceste bonne assemblée estoit dangereuse, et disoyent aucuns de petite condition et de petite vertu, et ont dit par plusieurs fois depuis, que c'est crime de lèse majesté que de parler d'assembler les estats, et que c'est pour diminuer l'authorité du roy ; mais ceux qui debattent cela, eux-mesmes commettent crime envers Dieu et le roy et la chose publique. Car telles paroles ne servent qu'à ceux qui sont en authorité et crédit, sans en rien l'avoir mérité, n'ayant accoustumé que de flagorner en l'aureille, et parler de choses de peu de valeur, et craignant les grandes assemblées, de peur qu'ils ne soyent cognus, ou que leurs œuvres ne soyent blasmées. »

L'advertissement au peuple de France contenoit exhortation de demeurer constans en l'obéissance et fidélité deüe au roy, et de se garder des entreprises et machinations cy dessus déduites. Puis faisoit mention comme ceux de Guise avoyent de long temps composé un sobriquet et mot à plaisir par dérision de ceux qui se disent estre descendus de la race de Hue Capet, les appelant huguenots, et enveloppant en telle contumelie, tant le roy, messieurs ses frères, que ceux qui leur estoyent loyaux serviteurs, afin que cela reccu de longue main servist d'une planche à leurs desseins. Ce néantmoins j'estime que ce poinct est plustost procédé de passion que de raison.

La conclusion estoit que le peuple devoit tascher par tous moyens légitimes de s'opposer à une si meschante et si malheureuse entreprise, demandant secours et aide, premièrement à Dieu, autheur, fondateur et conservateur de ceste monarchie : puis aux parlemens et estats du royaume, afin que le bas âge du roy, la bonté et douceur naturelle dont il estoit doué, et au contraire la grande puissance, les biens et richesses dont ses ennemis s'estoyent munis de longue main pour parvenir à leur entreprise, ne leur donnast occasion de mettre ce florissant royaume en proye et pillage, et de se saisir de la saincte couronne de France à la ruine et désolation de tous les sujets du roy. A quoy ils prioyent Dieu de résister, et défendre la France de tant de maux et calamitez qui la menaçoyent, par ceux desquels le roy François premier avoit prédit le contenu en ces quatre vers :

> Le feu roy devina ce point,
> Que ceux de la maison de Guise
> Mettroyent ses enfans en pourpoint,
> Et son pauvre peuple en chemise.

Ils firent aussi leurs complaintes aux parlemens des choses susdites, afin de leur donner occasion d'empescher telles violences de ceux de Guise contre leurs compagnons, et leur firent présenter le tout. Mais nul d'eux ne s'esmeut, sinon ceux de Rouen, qui députèrent un président pour aller au roy et à la royne sa mère porter le tout, afin d'y aviser et pourvoir : mais ce président, arrivé à la cour, n'osa exécuter sa charge, tant il fut intimidé. Toutesfois la royne mère vit le tout, et fit responce qu'il y avoit beaucoup de choses fausses. Les bonnes gens estoyent, en cest endroit, bien loin de leur compte.

Et pour ce qu'il a esté fait mention de ce mot de huguenot, donné à ceux de la religion, durant l'entreprise d'Amboyse, et qui leur est demeuré depuis, j'en diray un mot en passant, pour mettre hors de doute ceux qui en cerchent la cause assez à l'esgarée. La superstition de nos devanciers, jusques à vingt ou trente ans en çà, estoit telle, que presque par toutes les villes du royaume, ils avoyent opinion que certains esprits faisoyent leur purgatoire en ce monde après leur mort, et qu'ils alloyent de nuict par la ville battant et outrageant beaucoup de personnes, les trouvant par les rues. Mais la lumière de l'Évangile les a fait esvanouir, et nous a appris que c'estoyent coureurs de pavé et ruffiens. A Paris ils avoyent *le moine bourré* : à Orléans, *le mulet Odet* : à Bloys, *le loup garou* : à Tours, *le roy Huguet* : et ainsi des autres villes. Or est-il ainsi que ceux qu'on appeloit Luthériens estoyent en ce temps-là regardez de jour de si près, qu'il leur falloit nécessairement attendre la nuict à s'assembler pour prier Dieu, prescher et communiquer aux saincts sacremens : tellement qu'encore qu'ils ne fissent peur ne tort à personne, si est-ce que les prestres par dérision les firent succéder à ces esprits qui rodoyent la nuict : en sorte que ce nom estant tout commun en la bouche du menu peuple d'appeler les évangéliques Huguenots au pays de Touraine et d'Amboyse, ce nom commença d'avoir la vogue, quand sur ceste entreprise, la première descouverte en armes se fit à Tours, et les premières nouvelles en furent mandées à Amboyse par le comte de Sancerre, comme cy dessus a esté dit.

Or tant s'en faut que toutes ces remonstrances servissent de quelque chose aux prisonniers, qu'au contraire elles donnèrent occasion à ceux de Guise, qui se voyoyent ainsi traitez, d'en cercher la vengeance, notamment sur tous les seigneurs et gentils hommes de nom qui avoyent fait profession des armes, et qui requéroyent de jouir du bénéfice du roy. Et afin d'en avoir la peau, si tost qu'ils sceurent toutes les troupes de ceux qu'ils appeloyent séditieux eslongnées et rompues, pour révoquer les précédentes lettres, ils en firent expédier d'autres du 22 de mars. Le fondement d'icelles estoit, qu'ayant le roy descouvert la conspiration et conjuration faite contre sa personne, sa mère, la royne sa femme, et autres princes et notables personnages estant près de luy, se seroit trouvé qu'aucuns n'avoyent esté séduits et conduits en armes, les uns jusqu'à deux ou trois lieues d'Amboyse, lesquels ayant senti et cognu la mauvaise intention des chefs n'auroyent voulu passer outre, ains se seroyent retirez : les autres voulant mettre à exécution leur entreprise, se seroyent acheminez jusques à Noizay, et pris la hardiesse de s'aller présenter en armes, jusques à une des portes de ladite ville et tenté de la forcer. Ce qu'ayant ledit sieur mis en délibération de son conseil privé, et cognoissant la simplicité de partie d'iceux menez plus par facilité et ignorance que de mauvaise volonté, il auroit par ses lettres patentes publiées le 17 dudit mois en ladite ville, et aux environs d'icelle, fait faire commandement à tous soldats estant là venus, ou qui seroyent en chemin en tel équipage, qu'ils eussent à se retirer dedans certain temps, ausquels par compassion et miséricorde il avoit donné impunité du fait et crime. Enquoy toutesfois il n'entendoit estre compris ceux qui avoyent conduit et conforté ladite conspiration, et qui estoyent venus en armes, tant à Noizay, qu'aux portes de ladite ville, pour l'exécution d'icelle. Sur quoy, pour oster tous troubles et doutes, il déclaroit n'avoir entendu ladite abolition s'estendre plus outre qu'à ceux qui par simplicité et ignorance, s'estoyent assemblez et venus pour le faict de leur foy : sans qu'en icelle fussent compris ceux qui avoyent conduit le fait de la conspiration. Et mesme ceux qui, dès le dimanche 16 dudit mois, estoyent venus en armes aux fauxbourgs de la ville, ne pareillement les prisonniers qui auparavant avoyent esté pris tant à l'entour que dedans la maison de Noizay. Pour lesquels, en tant que besoin seroit, il avoit de sa pleine puissance et authorité royale, levé les inhibitions et défenses faites aux juges d'en cognoistre, enjoignant au prevost de son hostel, et à tous autres juges qu'il appartiendroit, de procéder à la perfection et jugement de leurs procès criminels et extraordinaires, et exécutions des sentences et jugemens qui s'en ensuyvroyent, ainsi que le cas méritoit, et qu'ils verroyent estre à faire, pour le bien et devoir de justice, selon ses ordonnances. A quoy il fut procédé en la plus grande diligence qu'il estoit possible. Car il ne se passoit jour ni nuict, que l'on n'en fist mourir fort grand nombre, et tous personnages de grande apparence. Les uns estoyent noyez, autres pendus, et les autres décapitez. Mais ce qui estoit estrange à voir, et qui jamais ne fut usité en toutes formes de gouvernement, on les menoit au supplice sans leur prononcer en public aucune sentence, ny aucunement déclarer la cause de leur mort, ny mesme nommer leurs noms, lesquels on supprimoit (à ce que l'on dit) pour crainte que le bruit qui s'en feroit fist recommencer quelque nouveauté. Une chose observoit-on à l'endroit de quelques uns des principaux, c'est qu'on les réservoit après le disner selon la coustume. Mais ceux de Guise le faisoyent expressément pour donner quelque passe-temps aux dames, qu'ils voyoyent s'ennuyer si longuement en un lieu. Et de vray eux et elles estoyent arrangez aux fenestres du chasteau, comme s'il eust esté question de voir jouer quelque momerie, sans estre aucunement esmeus de pitié ne compassion, au moins qu'ils en fissent le semblant. Et qui pis est, le roy et ses jeunes frères comparoyssoyent à ces spectacles, comme qui les eust voulu acharner; et leur estoyent les patiens monstrez par le cardinal avec des signes d'un homme grandement resjouy, pour d'autant plus animer ce prince contre ses sujets. Car lorsqu'ils mouroyent plus constamment, il disoit: «Voyez, sire, ces effrontez et enragez, voyez que la crainte de mort ne peut abbatre leur orgueil et félonie : que feroyent-ils donc s'ils vous tenoyent?» Entre les choses notables qui avindrent en ce tumulte, ceste cy n'est à oublier. Villemongys estant dessus l'eschaffaut, et ayant trempé ses mains au sang de ses compagnons, les eslevant au ciel, s'escria à haute voix, disant : « Seigneur, voicy le sang de tes enfans. Tu en feras la vengeance ! »

L'on récite sur ce point une chose estrange et admirable du duc de Guise ; c'est que le duc de Longueville (jeune prince et auquel on avoit comme par force fait accorder mariage avec l'aisnée dudit de Guise, sa cousine germaine) estant malade à Chasteaudun, envoya un sien gentil homme savoir nouvelles de ceux de Guise, et leur dire des siennes, surquoy le duc de Guise disnant, usa de ces propos : « Dites à vostre maistre, qu'il se resjouisse et guérisse. Quant à moy je me porte bien: demeurez ici et vous verrez de quelle viande je me repais. » Puis ayant donné un clin d'œil à l'un de ses gens, on fit incontinent sortir d'une chambre un homme de belle et grande apparence, lequel il fit attacher par le col à la fenestre de sa chambre, et jetter du haut en bas, où il demeura pendu. Surquoy il demanda à boire, en jurant qu'il en galeroit bien d'autres. Quant au procès des gentils hommes pris à Noizay, on y procéda ainsi avant leur exécution à la mort.

Raunay interrogué sur l'accusation de la Bigne, voyant les choses descouvertes contre son espérance, commença à s'estonner. Ce que les juges apercevant, ils lui dirent qu'il falloit confesser la vérité, et que le capitaine Mazères l'avoit ainsi fait, sous l'asseurance qu'on luy sauveroit la vie. De-quoy aussi il devoit avoir bonne espérance : car le roy ne demandoit qu'à traiter ses sujets par douceur. Cela fit que franchement et libérallement il confessa ce qui a esté dit de l'entreprise et les causes d'icelle. Toutesfois on lui dit qu'il falloit passer outre, et dire que le roy estoit au rang de ceux qu'on avoit destinez à la mort, ou bien qu'il en mourroit cruellement. Bref, estant sur la gehenne, il dit avoir été conclud en leur dernier conseil de tuer le cardinal et son frère, s'ils faisoyent résistance : mais quant à la pe[rsonne] du roy, qu'on n'y avoit jamais pensé, non plus qu[e] la royne sa mère ny à ses frères.

Ce fait, on demanda le capitaine Mazères, auquel la co[n]fession de Raunay fut leue, et lui promit-on le mesme qu[e] l'autre s'il vouloit confesser la vérité, et que le roy de N[a]varre, avec son frère le prince de Condé, estoyent chefs [et] auteurs de ceste entreprise. Quoy voyant et s'asseurant s[ur] ce qu'on luy promettoit sauver la vie, estant confronté [à] Raunay, il advoua tout ce que l'autre avoit dit. Mais quan[t] au roy de Navarre, dit qu'il n'en estoit aucunement part[i]cipant : bien le prince, ainsi qu'ils avoyent entendu de l[a] Renaudie.

Restoit le baron de Castelnau, lequel interrogué ne con[f]fessa rien outre ce qu'il avoit déclaré au duc de Nemours [aux] quelques gehennes et tourmens qu'on luy fist endurer, ain[si] demandoit de parler au roy. Et pource sommoit de pro[-]messe monsieur de Nemours, lequel en tint beaucoup moin[s] de compte que son honneur ne requéroit. On déclara à Ca[-]stelnau les confessions supposées des dessusdits, lesquels i[l] reprocha accortement, à savoir que l'accusation de L[a] Bigne n'estoit recevable : car il ne pouvoit estre accusateu[r] et tesmoin. Quant à Mazères, c'estoit un homme fol et ma[-]niaque, de quoy il avoit fait démonstration en plusieurs en[-]droits, entre autres au camp devant Calais. Car après avoi[r] gagné son chapeau plein d'escus, un vallet luy demandan[t] sa barbe, il en fut si courroucé, que par despit il jetta dan[s] la mer le chapeau et les escus, sans espargner son argent mesme. Il allégua contre Raunay une querelle qu'ils avoyent eue ensemble, pour laquelle il luy pourroit rester quelque inimitié pour rejetter sa faute sur luy, si aucune il avoit faite ou confessée. Les juges voyant ses défenses concluantes, et qu'il le alloit néantmoins faire mourir, puis que le plai[-]

…r de ceux de Guise estoit tel, luy voulurent faire procès …r le fait de la religion. Il remonstra qu'il se vouloit aider …es édits du roy, en tant qu'ils faisoyent pour destourner les …ersécutions, et empescher la violence des juges. Toutesfois, …ource que on luy demandoit raison de sa foy, il l'avoua …oudainement avec grande fermeté et constance.

Le chancelier estant pressé de le condamner, voulut dis…ter contre lui sur ce fait, par faute de plus suffisans …éologiens, et aussi sur l'entreprise qu'il maintenoit audit …astelnau estre injuste, et contre toutes loix divines et hu…aines; et ce en la présence du cardinal et de son frère. Du …ommencement parce qu'il ne respondit assez soudain au …ré du duc de Guise, il luy dit : « Parlez, parlez, il …mble que vous avez peur.—Peur! dit le baron. Et qui est …homme tant asseuré qui n'ait peur quand il se verra en…ironné de ses ennemis mortels, comme je suis, quand il …'aura dents ne ongles pour se pouvoir défendre et sauver? …uelque brave que soyez, si vous estiez en ma puissance, …omme je suis à présent en la vostre, et que j'eusse aussi …auvaise volonté envers vous que je say que vous avez en…ers moi, et tous les bons et loyaux sujets du roy, je ne …oute aucunement que ne tremblissiez de peur. » Ceux qui …toyent présens à ce colloque rapportèrent que Castelnau …ndit tellement raison de son fait, et allégua tant de loix et …xemples notables que le chancelier demeura court, et dit …'il avoit merveilleusement bien estudié sa leçon, deman…ant où il en avoit tant appris. Sa responce fut que l'afaire …toit de telle conséquence, qu'il avoit bien voulu en estre …ésolu avant que de l'entreprendre, afin qu'il y procédast …ns aucun scrupule de conscience : comme à la vérité il se …noit certain de mourir pour les deux meilleures querelles, …ne pour la religion, et l'autre pour l'estat de son roy et …e sa patrie. Il lui demanda aussi en quelle escole de théo-

logie, il avoit estudié pour estre devenu si savant en peu
de jours, et qu'il n'estoit tel pendant les guerres : « Vous
dites vray, dit-il, monsieur. N'avez-vous plus de souvenance, que quand vous estiez retiré en vostre maison, et
que je vous fus voir au retour de ma prison de Flandres,
vous vous enquistes longuement des exercices que j'avois en
la prison, et que je vous dis que c'estoit aux livres de la
saincte escriture ? Ne vous souvient-il plus de quelle allégresse vous louastes mon labeur : et après m'avoir donné
résolution sur quelques doutes où j'estois encore de la présence locale du corps de Jésus Christ en la saincte cène, vous
ne me conseillastes pas seulement de continuer, mais aussi
de fréquenter les sainctes assemblées de Paris, et d'aller voir
les églises réformées de Genève et d'Allemagne ? Ne désiriez-
vous pas aussi de tout vostre cœur que toute la noblesse
de France me ressemblast en zèle et bonne affection, d'autant que j'avois choisi la plus seure et certaine voye ? N'est-
il pas vray ? » Et comme Olivier eust la teste baissée, et ne
luy respondit rien, il continua, et luy demanda s'il estoit
possible que luy auquel Dieu avoit fait tant de grâces de
l'avoir colloqué au plus grand et digne degré de ceux de sa
robe, et de luy avoir donné cognoissance de sa vérité, pour
un honneur de petite durée, estant sur le bord de sa fosse,
jà penché de vieillesse, et pour gratifier à ce cardinal,
voulust ainsi malheureusement trahir sa conscience, son
roy, et sa patrie : « Ne vous devriez-vous pas contenter,
dit-il, des tours que vous avez jouez aux pauvres chrestiens, nommément à ceux de Cabrières et Merindol ?
Avez-vous oublié les pleurs et gémissemens que vous en
faisiez chez vous, quand vous confessiez franchement que
pour cela Dieu vous avoit rejetté ? Ha! malheureux qui
vous estes toute vostre vie joué de Dieu, et de sa saincte escriture, sachez que le temps est prochain que vous en ren-

drez compte, et possible plustost que vous ne cuidez. Car la mesure d'iniquité est comble, laquelle crie devant Dieu : Vous avez trop long-temps abusé de sa sacrée parole en livrant le sang innocent. Et n'y a doute que tout ainsi que vous vous estes acquis quelque réputation, par ceste feintise entre les hommes, vostre mort ne soit si espouvantable, qu'elle demeurera pour exemple à la postérité du juste jugement que Dieu exerce sur ses ennemis. »

Le cardinal, voyant le chancelier muet, voulut prendre la parole, et disputer de la religion, mesmement sur la matière de la cène. En quoy l'autre luy rendit telle responce qu'il luy fit confesser que tout ce qu'il disoit estoit bon, et qu'il le tenoit ainsi, pourveu qu'il n'y eust autre chose. Le baron luy répliqua qu'il ne retenoit rien derrière, ne de contraire; et se retournant vers le duc de Guise, le pria d'avoir souvenance de la responce de son frère, qui approuvoit sa doctrine. Il luy dit qu'il ne savoit que c'estoit de disputer, mais bien s'entendoit-il à faire couper testes, qu'il n'avoit que faire de sa religion, et que ce n'estoit son estat de parler ny se fonder en telles choses : «Plust à Dieu, respondit Castelnau, que vous l'entendissiez aussi bien que vostre frère, je me tiens pour certain que vous n'en abuseriez pas contre vostre conscience comme il fait. Et quant à vostre menace de couper testes, cela est indigne d'un prince. » Iceluy donc ayant receu ce néantmoins sa condamnation, comme criminel de lèse majesté, remonstra qu'il n'estoit aucunement apparu qu'il eust rien entrepris contre le roy, mais que seulement il s'estoit voulu opposer avec une grande partie de la noblesse de France à l'injustice de ceux de Guise : et que si une entreprise contre eux estoit un crime de lèse majesté, il les falloit prononcer roys de France, avant que le condamner de ce crime. Finalement que ne pouvant appeler devant les hommes d'une sentence tant injuste, il en appeloit devant Dieu, lequel en bref feroit une vengeance exemplaire du sang innocent qui estoit respandu.

Sur ces entrefaites le roy et la royne sa mère estant pressez et importunez par l'amiral et d'Andelot de luy sauver la vie, tant pour ses vertus, et pour les grands services faits par ses prédécesseurs et par luy à la couronne et maison de France, que pour n'irriter beaucoup de grands princes et seigneurs ausquels il appartenoit, la royne en fit tout ce qu'elle peut, disoit-elle, jusques à aller cercher et caresser, en leurs chambres, ces nouveaux roys, qui se monstrèrent invincibles, et de fureur irréconciliables : et usa le cardinal de ces mots, envers leurs majestez : « Par le sang Dieu ! il en mourra, et n'y a homme qui l'en puisse empescher ! » Bref plus on luy remonstroit le danger qui en pouvoit advenir, tant plus se monstroit-il félon et enragé. Devinez si la royne mère estoit de la partie, quelque bonne mine quelle fist.

De semblables propos que ceux de Castelnau usèrent plusieurs autres, lesquels ayant prié Dieu à haute voix, et iceluy appelé pour juge de leur cause, moururent avec telle constance que leurs ennemis mesmes estoyent contraints de pleurer. Entre tous lesquels un orfèvre, nommé le Picard, ne peut estre oublié. Car si Castelnau sceut bien descouvrir quel estoit le chancelier, ce ne fut rien au pris de cestuy-ci. Car il luy deschifra de fil en esguille, (comme lon dit) quel il avoit esté toute sa vie. Combien de fois il luy avoit porté des livres, et d'iceux fait instituer sa maison. Bref, en luy annonçant l'horrible jugement de Dieu devoir estre prochain sur luy, il luy fit confesser en grande compagnie, qu'il savoit mieux sa vie que luy-mesme, qu'il estoit plus juste et homme de bien que luy : et luy envoya tousjours sa portion de vivre, et son boire et manger, jusques à ce qu'il tombast en maladie, laquelle luy vint de l'appréhension qu'il eut des remonstrances de ces prisonniers, et principalement de ces deux derniers. Ce que plusieurs estimoyent avoir esté envoyé de Dieu, tant pour advertissement à ceux de Guise de ne poursuivre leurs cruautez, que pour punition de sa desloyauté, parce que ayant fait profession de ceste doctrine, et cognoissant la justice de leur cause, qui n'estoit nullement contre la personne du roy ne son estat, comme jamais il ne s'en peut trouver aucun tesmoignage, il s'estoit néantmoins laissé mener à l'appétit et dévotion desdits de Guise.

Or avant que passer outre, il m'a semblé que je ne devois passer sous silence un acte digne de perpétuelle mémoire de la dame de Guise. C'est qu'ayant esté traisnée comme par force à l'exécution de ces notables personnages, elle en retourna tellement esplorée, et fondant en larmes, que entrant en la chambre de la royne mère, ses sang'ots redoublèrent d'autant plus aigrement, qu'elles deux ensemble avoyent fort privément devisé de l'innocence de ceux de la religion. La royne, la voyant ainsi contristée, luy demanda qu'elle avoit, et qui luy estoit survenu pour s'atrister et complaindre de si estrange façon. « J'en ay, respondit-elle, toutes les occasions du monde. Car je viens de voir la plus piteuse tragédie et estrange cruauté à l'effusion du sang innocent, et des bons sujets du roy, que je ne doute point qu'en bref un grand malheur ne tombe sur nostre maison, et que Dieu ne nous extermine de tout pour les cruautez et inhumanitez qui s'exercent. » Ce qui fut songneusement remarqué, comme aussi ce bruit estant venu aux aureilles de ceux de Guise, elle en receut très-rude traitement. L'une et l'autre de ces dames a bien changé d'opinion et de conscience depuis.

Au commencement de ces captures, un jeune homme

nommé Pierre de Campagnac, homme de lettres, estant pris et mené devant le roy et la royne mère : le chancelier, ayant dit sans l'avoir autrement interrogué : Pendez, pendez cest homme ! — Comment pendre? respondit-il, le mot vous est bien aisé à dire. Mais qui vous eust pendu dès que l'eustes mérité, il y a trente ans que fussiez sec, et n'eussiez esté ministre de tant de meschancetez. Car vous savez bien qu'estant escolier à Poictiers, vous tuastes meschamment un de vos compagnons. Pour raison dequoy vostre père vous prit en telle haine, que jamais depuis ne vous voulut voir. Et de fait pour ce meurtre un certain nommé Arquinvillier, homme de maison et compagnon dudit Olivier, lors escolier fort desbauché, avoit esté pendu à Paris en la place Maubert. Olivier picqué d'un soudain remors de conscience, comme l'on estimoit, tomba sur cela malade d'une extrême mélancholie par laquelle il jettoit des souspirs sans cesse, murmurant misérablement contre Dieu, et affligeant sa personne d'une façon très-estrange et espouvantable. Car ce corps, jà caduc et affligé de grandes et continuelles maladies, estoit tellement démené, qu'il sembloit frénétique, et que ce fust quelque jeune homme en la fleur de son âge, qui de toute sa puissance esbranlast le lict et la couche par la force de la maladie et douleur. Ce qu'estant cognu de tout le monde, on attendoit avec estonnement quelle en seroit l'issue. En ce tourment il fut visité du cardinal de Lorraine : mais Olivier ne le peut voir ne souffrir en sa chambre, d'autant que ses douleurs luy rengregeoyent (1) par sa présence. Et le sentant eslongné de luy, il s'écria en ces propres mots : « Ha, ha, cardinal, tu nous fais tous damner. » Et comme il raprochoit pour le vouloir consoler, et luy dist que c'estoit le malin esprit qui

___
(1) Augmentaient.

taschoit de le séduire, mais qu'il faloit demeurer ferme
en la foy : « C'est bien dit, respondit le chancelier, c'est
bien rencontré », et par despit luy tournant le dos, demeura sans aucune parole. Quoy voyant le cardinal, et que
l'autre le desdaignoit, il se retira en sa chambre. Mais il n'y
fut plustost arrivé, qu'on luy vint dire que le chancelier
estoit mort, sans avoir parlé depuis qu'il estoit party de sa
chambre. En ses tourmens il regrettoit beaucoup le conseiller du Bourg, qui par la précipitation du cardinal avoit
esté bruslé, comme il a esté veu. Et affirme l'on que le duc
de Guise, ayant sceu la manière de sa mort, et qu'il ne
s'estoit voulu confesser, et recevoir les cérémonies accoustumées en l'église romaine, oubliant les services que il
leur avoit faits, dit qu'il estoit mort ainsi qu'un chien, et
qu'il le faloit porter à la voirye, comme indigne de sépulture.
Quoy qu'il en soit, son corps fut mis en une lictière et
emporté en sa maison, sans luy estre fait à la cour aucuns
obsèques ne pompes funèbres. Et de vray, le duc de Guise
prenoit fort à cœur, et avoit souvent en la bouche ce mot
sorty du chancelier, qu'ils estoyent tous damnez : « Damnez,
damnez, disoit-il, il a menti le meschant. » Voilà la fin de
ce personnage, le corps duquel se ressentit des révolutions
courtisanes, comme luy-mesme les avoit goustées de son vivant. Et comme son exil luy avoit apporté un honneur et
estime admirable de toutes nations, aussi fut-il bien tost enseveli à son rappel à la cour. Car au lieu que pour couron-
ner l'œuvre on attendoit qu'il feroit à ceux de Guise, ce
qu'il avoit fait à Diane, et par sa prudence leur violence seroit réprimée, il se laissa aller à leurs affections pour la
crainte d'estre chassé. Son estat fut présenté à Morvilliers
conseiller au privé conseil, et évesque d'Orléans, pour estre
serviteur très-affectionné de la maison de Guise. Mais il le
refusa, s'excusant sur son âge et indisposition. Plusieurs

14.

disoyent, que ce refus venoit d'ailleurs, et que voyant le commencement de tant de troubles, ce sage mondain ne voulut entrer en ceste dignité pour porter un si pesant faix. Autres alléguyoient qu'il jugeoit ceste vocation illégitime : que s'il advenoit quelque changement, il en sueroit le premier, et qu'il avoit fait sagement de se contenter de médiocrité. Mais il va tout autrement que le bruit commun. Car ce que Morvilliers refusa du commencement ceste dignité, n'estoit pas qu'il ne l'eust bien voulu avoir, et qu'il ne la désirast grandement : mais sentant les afaires privées, il se vouloit faire prier. Ce néantmoins ceux de Guise s'aidèrent fort accortement de ce refus. Car estimant pouvoir mieux jouir de Michel de l'Hospital, nourri, avancé, et fait de leur main, ils prirent Morvilliers au mot, et envoyèrent quérir l'autre à Nice, où il estoit chancelier de la duchesse de Savoye. On fit donc entendre à madame de Savoye que, pour la gratifier, le roy prenoit son chancelier pour luy. Cependant les sceaux estoyent ès mains dudit Morvilliers, qui n'obtint rien de ce qui estoit à l'avantage de ceux de Guise. Et à la vérité, la crainte que l'on avoit d'eux faisoit que les plus affectionnez au bien public estoyent retenus et cachez, comme au contraire les factieux et turbulens ne perdoyent nulle occasion de les encourager et entretenir en leurs façons de faire : car c'estoit à qui mieux mieux.

Entre les autres, Villegagnon, homme de nature cruelle, barbare et sanguinaire s'il en fust jamais au monde, s'estant présenté à tout faire pour ces gens, dès le temps du feu roy Henry, pensant avoir trouvé matière propre pour se venger de ceux qui avoyent publié ses cruautez, commises du temps de Henry en l'Amérique, accompagnant le grand prieur, frère des susdits, dressa durant ce tumulte une fantastique guerre navale, comme s'il eust esté question de résister à une grande et puissante armée, et rendre par icelle la rivière de Loyre tellement inutile, que l'eau n'eust peu seulement servir à abreuver les chevaux de l'ennemi. Mais ceci commencé avec grande despense, fut tellement trouvé ridicule, que le tout tourna à leur mocquerie et confusion. Ce que voyant Villegagnon, pour ne demeurer oisif, entreprit d'aller à Tours disputer contre le ministre de Loudun, Simon Brossier, qui autrefois avoit esté son compagnon d'escole, et lors prisonnier ès mains de l'archevêque de la maison de Brezé, un autre apostat. Pour ce faire il eut lettres du roy et du cardinal; mais il y fit aussi mal ses besongnes qu'auparavant, en sorte que ne pouvant exposer de bouche ses raisons, il les rédigea par escrit, principalement la dispute de la Cène. A quoy Brossier respondit, au contentement de tous gens doctes. Entre autres choses, il luy remonstra que sa forme de disputer n'estoit sorbonique, et encore moins théologale, mais ressembloit plustost aux académiques, et à gens qui, sans aucun sentiment de Dieu, disputent des choses incognues aux hommes. Que s'il vouloit suyvre la vraye manière de disputer par les escritures (comme avoyent fait tous les anciens docteurs: voire mesme plusieurs hérétiques, tant farouches ayent-ils esté), il estoit prest de luy satisfaire. Et néantmoins afin qu'il ne s'en allast sans responce, il confuta par arguments de l'escriture toute sa doctrine. Et enfin le pria de corriger ce vice d'escrire qu'il avoit, à savoir de se rendre confus pour n'estre veu sans propos, quand il ne pouvoit rendre raison de son faict.

Je reviens au prince de Condé, qui estoit en une merveilleuse destresse et ennuy de voir ses afaires aller si mal, et aussi du mauvais visage que luy portoit le roy: toutesfois, comme ne se sentant en rien coupable, il tenoit fort bonne contenance, encore qu'il fust observé en tout, voire mesme par aucuns qui faignoyent luy estre plus affectionnez serviteurs. Sur cela, ceux de Guise, n'ayant la hardiesse sans autre occasion de s'attaquer à luy ouvertement, conseillèrent au roy que luy mesme le tuast (1), et qu'en faisant semblant de se jouer à luy, il luy donnast de la dague dans le sein; que s'il faisoit aucune mine ou semblant de résister, ils seroyent là présents pour luy aider. Mais cela ne peut estre exécuté, parce que le prince en fut adverty, et se tenant sur ses gardes, n'approchoit plus dudit Sieur, qu'il eust occasion de se jouer à luy : joint que sa majesté, quoy qu'on luy eust mis en tête, ne pouvoit se résoudre à estre meurtrier de son sang : ce que ceux de Guise luy imputoyent à couardise.

Advint un jour, comme l'on menoit au supplice quelqu'un de ces seigneurs et capitaines, que le prince fut invité, par ceux qui le chevaloyent, d'aller en une chambre là prochaine, pour les voir mourir; ce qu'ayant longuement refusé, et enfin ils le contraignirent, comme par importunité, de regarder par une des fenestres du chasteau. Lors estant saisy au cœur d'une grande amertume et angoisse : « Je m'esbahis, dit-il, comme le roy est conseillé de faire mourir tant d'honnestes seigneurs et gentilshommes, et de si bonne part, attendu les grands services par eux faits au feu roy et au royaume, desquels s'estant ainsi privé, il seroit bien à craindre que les estrangers voulussent durant ces grands troubles faire des entreprises. Car s'ils estoyent

---

(1) Quel singulier rapprochement! On voit ici les Guise donner à François II le conseil d'assassiner le prince de Condé, en promettant de *luy aider*: et c'est ce même conseil que suivit, quelques années après, le successeur de François II, Henri III, quand il voulut s'affranchir du joug des Guise. Nous n'avons trouvé ce fait curieux raconté que par La Planche; mais son livre ayant paru avant l'assassinat de Henri de Guise, on ne peut l'accuser d'avoir rapporté cette circonstance pour justifier la conduite de Henri III.

soutenus par quelque prince, ils mettroyent aisément le royaume en proye. » Ces propos ne tombèrent à terre, ains furent bientost recueillis et interprétez par le cardinal, lequel n'en fit lors instance, parce que la mémoire en estoit encore trop fresche, mais les garda à bonne bouche, pour s'en servir comme il sera veu en son lieu. Ce nonobstant ils cerchoyent sans cesse nouvelles occasions de luy faire procès, et de le faire mourir, mais en telle sorte qu'ils ne fussent mis en jeu ne dispute, ains en s'aidant de la personne du roy, comme en tout le reste. Le roy donc finalement, à leur sollicitation, envoya la Trousse, prevost de l'hostel, au logis du prince, lequel trouvant au lict, il luy fit entendre la charge que le roy luy avoit donnée de se saisir de quelques-uns de ses gens, le suppliant ne le trouver estrange, comme aussi il n'avoit voulu ce faire sans l'en advertir pour l'honneur et révérence qu'il luy portoit. Le prince luy dit, qu'il exécutast sa charge, fust-ce même en sa personne, et qu'il ne luy sauroit jamais mauvais gré de suivre les commandemens du roy. La Trousse répliqua que ce n'estoit tout, et que le roy luy avoit chargé expressément de luy dire, qu'il allast parler à luy à son lever, ce qu'il promit faire. La Trousse donc au sortir emmena prisonnier son écuyer, de Veaux, accusé d'avoir baillé un cheval au jeune Maligni, et iceluy fait évader et conduit jusques à cinq ou six lieues d'Amboyse. Estant le prince entré en la chambre du roy, ledit Sieur luy dit l'avoir envoyé quérir pour luy déclarer, comme il avoit entendu estre prouvé et vérifié par informations, qu'il estoit le chef de la conspiration faite par les séditieux et rebelles contre sa personne et son estat; s'asseurant s'il estoit vray, qu'il luy feroit sentir combien il est difficile et dommageable de s'attaquer à un roy de France. Le prince le supplia d'assembler tous les autres princes et chevaliers de l'ordre qui estoyent à sa suite, avec ceux de son conseil privé, afin qu'il entendist sa responce en si bonne compagnie. Ceux de Guise qui estoyent là près et reserrez au cabinet du roy, ayant entendu ceste responce, la prirent à leur avantage, cuidant qu'il ne faudroit d'avouer le faict, et qu'il ne seroit besoin de plus long procès ; car les chevaliers de l'ordre seroyent juges compétens pour le condamner sur le champ. Par quoy ils firent toute diligence de les assembler. Et afin d'avoir preuves plus concluantes pendant que ces choses se faisoyent, ils envoyèrent le prévost avec un gentilhomme de la chambre au logis du prince, pour cercher en ses coffres et voir s'ils pourroyent trouver quelques papiers, servant à vérifier ceste afaire. Sur quoy ces fouilleurs estant entrez en contestation avec les gens dudit sieur prince, il y arriva, et ayant sceu que c'estoit, luy-mesme fit l'ouverture; mais soit qu'ils fussent espris de honte par sa présence, ou bien qu'ils cognussent à sa contenance asseurée qu'il n'y avoit rien, ils ne firent que la mine de fouiller, et rapportèrent n'avoir rien trouvé. Un secrétaire du roy de Navarre qui estoit à la suite de la cour pour ses afaires, fut aussi à ceste fin entièrement fouillé, et ses meubles remuez. De quoy il fit grande instance, se plaignant de ce qu'on avoit ainsi recerché tous les secrets de son maistre et de ses procès. Et ainsi parlant haut, il s'en alla en poste advertir le roy son maistre de cest outrage, et du soupçon qu'on avoit de luy, par la suggestion de ceux de Guise.

La compagnie assemblée en la salle du roy, et en sa présence, le prince commença à leur dire les propos que le roy luy avoit tenus le matin à son lever. Et pource qu'il savoit qu'il avoit des ennemis près sa personne, qui cerchoyent la ruine entière de luy et des siens, il l'avoit supplié luy faire tant de bien et faveur d'entendre sa responce en ceste compagnie : qui estoit que, la personne du roy exceptée, celles de messieurs ses frères, de la royne sa mère et de la royne régnante, et sauf leur révérence, ceux qui avoyent dit et rapporté au roy, qu'il estoit le chef et conducteur de certains séditieux, qu'on disoit avoir conspiré contre sa personne et son estat, avoyent faussement et malheureusement menti. Et pour preuve de son innocence, vouloit quitter (pour ce regard seulement) son rang et dignité de prince du sang (lequel ledit sieur toutesfois, ne les siens ne luy avoyent donné, mais Dieu seul qui l'avoit fait naistre de sa souche) pour les combattre, et leur faire confesser à la pointe de l'espée ou de la lance, que c'estoyent poltrons et canailles, et qu'eux-mesmes cerchoyent la subversion de son estat, et d'esteindre le sang royal, pour la conservation duquel il voudroit employer et vie et biens, comme il en avoit fait tousjours bonne preuve; et aussi pour son intérest à la couronne et maison de France, de laquelle il devoit procurer l'entretenement à meilleur tiltre que ses accusateurs : sommant la compagnie, s'il y en avoit aucun qui eust fait ce rapport, ou qui le voulust maintenir, de le déclarer promptement. Sur quoy, nul ne se présentant, il supplia le roy de le tenir pour homme de bien, et ne prester à l'avenir l'oreille en derrière à tels calomniateurs et abuseurs, mais les rejetter comme ennemis de luy et du repos public. Cela dit, il sortit hors du conseil pour les laisser opiner. Mais le roy ayant eu le signal du cardinal rompit l'assemblée sans demander l'avis de la compagnie. Et dit-on que ceux de Guise le firent expressément, parce qu'ils craignoyent grandement que les trois frères de Chastillon, joints avec le connestable, tous alliez dudit sieur prince, prinssent sa cause en main, et que leur dernière condition fust beaucoup pire que la première : ayant lesdits seigneurs une infinité d'amis, tant de la noblesse que d'autres plus apparens des principales villes. Or quant au connestable qui estoit demeuré tousjours en sa maison, ils avoyent pourveu dès le 28 de mars à descouvrir s'il estoit de ceste partie, luy ayant fait commander par le roy qu'il eust à faire récit au parlement de Paris de ce tumulte advenu à Amboyse : à quoy comme vieil courtisan il se porta tellement, qu'il loua mesme hautement ceux de Guise, pour s'estre employez diligemment à y remédier, mais en telle sorte qu'il ne donna jamais à entendre que ceste entreprise fust contre le roy ny autre qu'eux, de sorte que le cardinal sceut bien dire qu'ils se fussent bien passez de ceste louange. Ce néantmoins ceux de Chastillon estant venus à la cour à leur grand regret, et sachant bien que ce n'estoit pour bien qu'on leur voulust, ny pour servir à leurs majestez, prindrent congé de se retirer en leurs maisons. Ce que considérant la royne mère, soit qu'elle se fiast lors entièrement à l'amiral, soit qu'elle aimast mieux l'occuper que de luy bailler espace, estant retiré en sa maison, de penser à quelque autre chose, le pria au partir d'aller en Normandie, et luy fit commander par le roy, que pourvoyant aux choses nécessaires de sa charge, il mist peine d'appaiser les troubles qu'il trouveroit entre les sujets dudit sieur : en quoy il feroit service très-agréable au roy son fils, en la bonne grâce duquel elle l'entretiendroit tousjours. Et parce qu'elle se disoit estre en doute de la cause des esmotions, elle le pria très-affectueusement s'en enquérir au vray, et de le leur mander rondement et sans aucune dissimulation, l'asseurant qu'elle l'auroit à plaisir et suyvroit entièrement son conseil, comme de celui qu'elle cognoissoit très-loyal serviteur du roy, son fils, et d'elle. Aussi prenoit-elle sur sa vie qu'aucun mal ne desplaisir luy en adviendroit, mais tiendroit secrets ses advertissemens. Ce faisant la royne, outre ce que elle s'acertenoit de plus en plus, de ce qui pouvoit survenir à cause de ceste entreprise, entretenoit sous main la faction des connestablistes, si aucune y en avoit, abusant en cela de la rondeur naturelle dudit sieur amiral, qui ne faillit de luy obéir promptement. Car sans craindre les menaces de ceux de Guise, il luy envoya de Chastillon peu de temps après, un gentilhomme avec lettres très-amples contenant en somme lesdits de Guise estre la cause et vraye origine des esmotions et troubles survenus au royaume à cause de leur gouvernement violent et illégitime. Le disoit savoir de bonne part, et de gens qui n'estoyent nullement contentieux, lesquels affirmoyent (et il le croyoit aussi) que ces calamitez ne prendroyent fin, tant qu'ils seroyent à la cour. Il luy sembloit donc pour le meilleur qu'elle devoit arrester le cours de leur ambition, prendre elle-mesme les afaires en main, donner relasche et estat paisible à ceux de la religion réformée. Et que les édicts bien et et meurement ordonnez à ces fins, fussent inviolablement gardez. Car entre autres choses on se plaignoit que le dernier n'avoit eu aucun lieu, et qu'on avoit contremandé par tout d'en superséder l'exécution, chose de dangereuse conséquence, laquelle attireroit après soy de merveilleuses confusions et désordres qu'il voyoit préparez de plusieurs, ayant délibéré de ne plus endurer la persécution, notamment sous ce gouvernement illégitime. Cest advertissement communiqué à ceux de Guise, cuida estre cause de leur faire vosmir deshors ce qu'ils avoyent caché au dedans, contre les maisons de Montmorenci et Chastillon. Mais reprimez par la prudence de la royne mère, Italienne, ils furent contens, en reculant pour mieux sauter, qu'itératives lettres et commandemens très-exprès fussent faits à tous les parlemens et autres juges, pour mettre hors à pur et à plain les prisonniers qui seroyent détenus pour le fait de la religion, desquelles lettres toutesfois l'exécution fut bien longue et difficile.

Quant à ceux qui restoyent à Bloys et à Tours de l'entreprise d'Amboyse, et des deux amenez du bois de Vincennes, il en alla ainsi. Après que le baillif de Bloys eut longuement secoué la bride à vingt ou trente qu'il détenoit afin d'avoir argent, et que tous eurent monstré qu'il ne leur estoit possible d'en fournir promptement : tant pour leur lointain païs, et pour avoir esté dévalisez, que pour estre si estroittement détenus qu'ils ne pouvoyent mander de leurs nouvelles à leurs parens : ils furent mis en prison moins estroite pour leur donner moyen de recouvrer deniers, là où ils firent en sorte qu'ils eurent moyen de recouvrer force cordes et des tenailles par le moyen desquelles ils rompirent une grille et évadèrent des prisons.

Quelques jours après ceux de Tours firent presque de mesme, hors mis que le baillif de Sainct-Agnan tombant se brisa, et demeura en la place jusques au matin qu'il fut remené. Les autres ayant sceu ce qui estoit avenu à Bloys, escrivirent une plaisante lettre au cardinal de Lorraine, par laquelle ils l'avertissoyent avoir entendu l'évasion de ses prisonniers de Bloys, dequoy ils avoyent receu tel dueil pour l'amour de luy, qu'ils estoyent aussitost sortis des prisons pour les aller cercher, le priant ne se fascher de leur absence : car ils l'asseuroyent de le revenir tous revoir en bref, et de les ramener, ensemble tous les autres qui avoyent conspiré sa mort. Et combien que telles lettres fussent pleines de grandes gaudisseries, si estoyent-elles couchées en tel style, qu'il sembloit par là qu'on les menaçast de plus grandes tempestes. Aussi en receurent-ils une telle crainte et frayeur (encor qu'ils eussent délibéré de les faire tous mourir) que cela aida bien à faire sortir les autres prisonniers détenus pour la religion, partout le royaume. Quant aux troupes des Provençaux qui avoyent esté retenues à Rouane et descouvertes en cerchant de la poudre, ils sortirent par la porte dorée, et ainsi en avint des autres arrestez çà et là.

Il a esté fait mention ci-dessus des lettres patentes et publiées pour donner seul accès à ceux qui voudroyent aller vers sa majesté faire leurs plaintes et remonstrances. Or combien que l'on vist ceci procéder du conseil de ceux de Guise, afin d'effacer les reproches, qui leur avoyent esté faits par ceux d'Amboyse, et que ce n'estoit que par manière d'acquiet, d'autant que leur volonté envers tous ceux qui demandoyent un bon establissement des afaires politiques, selon les anciennes lois du royaume, estoient du tout contraires à leurs desseins. Tant y a toutesfois que ceux de la religion usèrent du temps et du loisir que Dieu leur donnoit, de sorte que s'estant osé assembler de plusieurs lieux, ils députèrent bon nombre de gentilshommes et du tiers-estat qui allèrent trouver sa majesté à Chenonceau, avec une requeste pour estre ouïs, suyvant son ordonnance dernière. Mais cela ne leur profita de rien. Car si tost que ceux de Guise en eurent le vent, ils usèrent de telles menaces et intimidations, à l'encontre de ces députez, qu'il leur fallut gagner au pied, avec tous les dangers du monde, à cause des aguets, qu'on leur avoit préparez. Ce qu'estant rapporté par tout, on jugea qu'il n'y auroit jamais repos au royaume, ny asseurances aux édicts et promesses du roy, tandis que tels gens gouverneroyent ses afaires. Par ce moyen chacun regarda de se sauver. Aucuns aussi dressoyent d'autres entreprises, dont la royne mère eut le vent, qui la mit en grande doute, voire jusques à se repentir aucunement de s'estre jointe de si près avec ceux de Guise, qu'elle ne s'en pouvoit disjoindre que son estat n'en fust aussi esbranlé. Mais eux cognoissant son naturel estre tel de caresser ceux qui la rudoyoyent, la traitoyent de mesme.

Voilà comme ceste grande et haute entreprise ne vint à son but, pour avoir esté decélée et descouverte, par ceux mesme qui avoyent juré d'y servir de leurs biens et vies. Car autrement il n'est pas croyable qu'on ne l'eust exécutée, s'estant les conducteurs d'icelle approchez si près, sans estre descouverts, veu aussi l'intelligence qu'ils avoyent dans le chasteau, comme, au contraire, ceux de Guise se tenoyent tellement asseurez de leur crédit et autorité, qu'ils n'eussent jamais pensé qu'on eust deu entreprendre contre eux. Se trouvant donc ainsi deceus et vilipendez par les escrits de ceux de la religion, ils estimèrent, que d'entrer en défense de leur particulier seroit leur donner plus d'argument que devant, et qu'il valoit mieux interposer le nom et l'authorité du roy, laquelle auroit plus de vertu et d'efficace, tant envers les estrangers qu'envers les sujets du royaume. Parquoy le dernier de mars, lettres du roy furent expédiées à tous les parlemens, baillifs et séneschaux, comme en semblable à tous les roys, princes, seigneurs et potentats, èsquelles sa majesté affirmoit estre contenu le vray récit des choses passées, adjoustant les moyens qu'il délibéroit tenir pour empescher à l'advenir que les mauvais ne peussent altérer le repos des bons. Disoit davantage, les vouloir munir contre ceux qui oseroyent desguiser le faict en diverses sortes, et qui taschoyent de donner couleur ou de justice, ou d'excuse à si damnable et détestable rebellion, pour tousjours induire les simples à penser qu'ils avoyent eu quelque cause de s'esmouvoir et à confirmer chacun à suivre leurs inventions. Mais qu'il espéroit que le seul bruit, qu'un peuple fust allé en armes devers son prince, luy proposer aucune chose, pour bonne qu'on la puisse figurer, esmouveroit assez un chacun à condamner telles gens comme infracteurs de tout droit divin et humain. Ces lettres donc contenoyent, qu'on avoit descouvert et vérifié tant par délation que par les complices mesmes, et par les lettres des conjurez, informations envoyées de plusieurs lieux, confessions des apprehendez, et toute autre sorte de preuve, qu'aucuns de ses sujets prévenus de plusieurs crimes, bannis du royaume où ils n'osoyent converser pour leurs maléfices (dont la conscience leur représentoit la peine qu'ils eussent endurée, s'ils fussent tombez ès mains de justice) avoyent enfin machiné une abominable trahison, laquelle tendoit à l'entière subversion de son estat, comme aussi de ses mère, femmes et frères, et autres princes ayant le principal maniement de ses afaires, ou à tout le moins que sa majesté fust réduite à tel parti que l'authorité du roy seroit rabbaissée à la merci du sujet, pour donner la loy à iceluy, duquel il la doit prendre. Et comme il semblast à telles gens que ceste œuvre ne se pouvoit exploiter sans l'assistance de grand nombre de gens, et sans venir aux armes, désespérant de pouvoir amener le peuple françois à ce poinct, pour leur naturelle obéissance envers leur roy, et pour n'avoir jamais donné exemple de révoquer en doute leur loyauté, ils s'estoyent aidez de certains prédicans venus de Genève, et dispersez par tout le royaume, lesquels après avoir dogmatisé en assemblées secrettes, et conventicules reprouvez par toutes loix, voyant beaucoup de gens imbus de leur doctrine, desirer mutation en la religion, firent tant à la longue par leurs persuasions, que d'induire ceux qui les escoutoyent à s'eslever et retirer de son obéissance, en intention d'aller en grand nombre luy présenter une requeste, tendant à ce que sans les recercher sur leur doctrine, ils peussent seurement vivre selon la nouvelle institution de leur secte, encore qu'elle fust contraire à l'ancienne observance de sainct Église. Laquelle exhortation voyant estre receüe, ils obtinrent que ceux qui iroyent devers iceluy sieur, seroyent armez, parce qu'autrement il n'y auroit seur accès. La chose donc ainsi délibérée sous le masque de religion, à la persuasion de ceux qu'ils avoyent en estime, comme ministres de la parole de Dieu, et sous l'asseurance qu'on leur avoit faussement imprimée, que quelques princes embrasseroyent leur dessein, et se constitueroyent chefs de leur menée (combien que la preuve du contraire les eust exemptez de tout soupçon), les autheurs de la conspiration s'estoyent aussi renforcez d'ailleurs, d'autres personnages factieux, dont les uns ayant suivi les guerres, et vescu comme la licence du temps et l'impunité leur avoit toléré, cerchoyent aussi les moyens de piller tant durant la paix que la guerre, et qu'après avoir malheureusement consumé leurs biens, ils vouloyent vivre de ceux d'autruy. Que plusieurs autres turbulents de leur nature, et désireux de changemens joints avec ceux-ci, et tous ensemble séduits, les uns par mauvais conseils, les autres par leur mauvaise volonté, avoyent attenté si avant en ce qu'ils avoyert désigné, que sans la bonté de Dieu, qui miraculeusement fit descouvrir leur trahison peu auparavant, et sur l'instant de l'exécution, et livré entre ses mains les principaux autheurs et conducteurs de l'entreprise, les plus malheureux d'entre eux eussent exploicté quelque piteux effort, avant qu'on s'en fust apperceue, ou que on eust eu temps d'y remédier. Car estant suivis de leurs troupes, ils approchèrent de toutes parts, voire les plus furieux coururent jusques aux portes d'Amboyse, qu'ils pensoyent trouver ouvertes. Autres sous divers prétextes, s'estant logez dedans la ville, avoyent intelligence avec ceux de dehors, pour après s'estre réunis ensemble, procéder à si damnable exécution, dont ne se pouvoit ensuyvre que désolation et subversion de l'estat institué de Dieu, et tant nécessaire pour la conservation des bons, et chastiment des mauvais. Ce qu'il leur avoit bien voulu escrire au long, afin qu'ils en advertissent tous ceux de leur ressort, et que ceux de la conjuration qui n'avoyent encore esté appréhendez, et qui tascheroyent divertir le peuple du droit chemin, considérassent le péril où ils mettoyent eux, leurs familles et biens, de prester l'oreille à tels séducteurs qui les voudroyent induire à se soustraire de la fidélité et entière obéissance qu'ils devoyent à leur roy. Puis, qu'ils se représentassent devant les yeux les fruicts qui pouvoyent procéder de la diversité des sectes, qui ne pouvoyent estre autres que division, et d'icelle division, ne se pouvoit attendre que désolation sur eux. Et que de là ils apprinssent combien ils devoyent détester une telle faute, de vouloir proposer en armes, choses à leur prince, qui reçoit et donne accès sans exception de personnes à tous affligez, prestant l'oreille aux plus pauvres qui avoyent recours à justice, laquelle Dieu avoit mise en sa main pour distribuer. Et partant qu'ils jugeassent ceste faute qu'ils estimoyent petite, devoir estre estimée grande et capitale, veu que les armes ne se peuvent ny doivent prendre sans commandement du prince, qui en est dispensateur.

Qu'ils considérassent aussi les maux qui de là comme par degrez s'en estoyent ensuyvis, comme de faire ouverture aux parricides, de mettre la main au sang, rompre l'ordonnance de Dieu, abolir les loix, et dissoudre les liens de toute société humaine, pour introduire toute licence aux meschans, opprimer les bons et mettre toutes choses en confusion. Et finalement qu'ils n'abusassent de la clémence dont il avoit usé envers les simples, leur remettant la peine qu'ils avoyent méritée, pour avoir cognu qu'ils avoyent esté séduits sous le nom de religion, par ceux qui devoyent entendre que nulle sédition ne pouvoit estre conforme ny approuvée par religion : et que telle clémence n'avoit esté pour leur promettre impunité, s'ils reprenoyent tel chemin ; mais pour leur déclarer par effect, qu'il n'avoit rien si cher que leur repos et conservation, ne tant en horreur que l'effusion de leur sang, laquelle toutesfois seroit nécessaire si le malheur les conduisoit jusques là, comme de rencheoir en mesmes crimes, qu'il avoit abolis et oubliez. Sur tout qu'ils se gardassent de ces conventicules et assemblées illicites, où s'estoit commis tout le mal qui après se seroit si avant respandu : tant pour le regard de la conscience, que aussi par ce que toutes loix les reprenoyent. Car ceux qui y seroyent trouvez à l'avenir seroient punis comme criminels de lèse majesté. Et pour autant qu'en la diversité des doctrines, les perverses mœurs des ecclésiastiques, donnoyent souvent occasion de scandale, et mesmement que par le mépris de l'ancienne discipline ecclésiastique, aussi par l'intermission des conciles, et négligence des prélats, s'en estoit ensuyvie grande corruption, et qu'en l'Église de Dieu s'estoyent avec le temps engendrées et accumulées plusieurs choses mauvaises, qui avoyent besoin d'estre retranchées ou réformées, il tiendroit la main, et donneroit si bon ordre par les exhortations qui se feroyent de sa part, que tous les prélats et membres de l'Église gallicane s'assembleroyent dedans six mois au lieu qu'il aviseroit, pour considérer de toutes choses ensemble, réformer l'estat ecclésiastique, et le réduire en son ancienne splendeur et intégrité, afin que ceux qui seroyent offensez de la corruption de ce siècle, se peussent doucement réconcilier, et revenir à ceste union de loy tant amiable, tant désirable et tant nécessaire, puis que hors la communion et société d'icelle, il n'y avoit ny rémission des péchez, ni espérance de salut. Cependant ledit sieur donneroit tel ordre, que les gouverneurs des provinces de son obéissance se retireroyent et résideroyent chacun en son gouvernement, accompagnez de telle force, que l'audace des meschans ne pourroit altérer ne troubler la seureté et repos des bons.

A ces lettres on fit une ample response, qui fut présentée

aux parlemens, au nom des estats de France, laquelle représentoit tant au vif la desguisée façon de parler du cardinal de Lorraine, pource qu'ils ne doutoyent point qu'il n'en fust l'autheur, encore qu'il les eust fait trotter sous le nom du roy. Parquoy avoit semblé nécessaire leur escrire, pour repousser les évidentes calomnies qu'il versoit sur leurs testes, et pour faire voir à tous ceux qui ont jugement, sa fraude et malice plus que diabolique, afin que s'ils obéissoyent par contrainte à la tyrannie guisienne, faisant publier leurs mensonges, ils sceussent toutesfois leur innocence, laquelle aussi ils feroyent entendre à tous les estats du royaume et à toute la chrestienté. Car ils ne pouvoyent en saine conscience souffrir d'estre faussement accusez, et en ne respondant à l'accusation donner scandale à ceux qui par ce moyen les pourroyent juger coulpables de ces meschancetez qui leur estoyent par ces hypocrites faussement imposées. Ils supplioyent donc les parlemens de lire leur défense nécessaire en ce temps pour descouvrir le fard d'une tyrannie tant dommageable, et desjà venue à tel degré qu'elle ne se pouvoit ne devoit plus supporter : et de ne prendre les lettres du cardinal pour lettres du roy. Car vous n'ignorez point (disoyent-ils) au secret de vos consciences, qu'il ne fasse ordinairement servir le titre et couleur de la majesté du roy à ses cruautez, pilleries et toutes sortes de crimes. Sachez donc que c'est un tyran, usurpateur du gouvernement, qui vous escrit, et non le roy : et entendez la vérité du faict dont il nous charge, autant faussement, comme nous le pouvons à la vérité charger de plusieurs, le moindre desquels le rend digne d'estre exemplairement punissable.

En premier lieu, il dit que vous et un chacun doir avoir horreur d'entendre, que un peuple soit venu en armes devers son prince, pour luy proposer aucune chose, pour bonne qu'on la puisse désigner. Nous savons bien que tout le monde a plus en horreur la cruauté et avarice de la maison de Guise que ce faict. Toutesfois par ce qu'il le noircit en le desguisant impudemment, sachez que le motif de nous faire prendre les armes, n'a esté autre que pour les faire servir à nostre prince, lequel nous voyons par leurs trahisons et menées secrettes estre en danger évident de perdre sa couronne, à laquelle ces factieux et ambitieux notoirement aspirent : (et c'est bien vray semblable que pour y parvenir ils ne pardonneront (s'il leur est permis) à son innocente vie) et aussi pour soulager tous les estats de France durement et extrêmement affligez, en allant au devant de leur audace. C'est cela, c'est cela qui nous a armez : et ne faut point que ces hypocrites changent l'occasion, donnant faussement à entendre qu'on vouloit présenter au roy une requeste pour le faict de la religion. Ce n'est point là le but : mais on vouloit prendre ces deux conspirateurs, fléaux de tous les bons, pour mettre le roy hors de leur subjection, sauvant sa vie, et des princes de son sang, et délivrant tant d'hommes, accablez d'un joug insupportable. Cependant ils ne cessent de crier qu'on s'est armé contre la majesté du roy, et par toutes les lettres patentes, ont donné à entendre que par toutes manières de preuves ils avoyent vérifié ceste accusation, chose très-fausse et très-impudemment forgée, comme il pouvoit apparoir par les procès des pauvres prisonniers innocens exécutez, qui ont tout hautement maintenu le contraire jusques à la mort, sur lesquels procès eux ainsi déférez et accusez estoyent mesme contens de prendre droit. Quant à celui qui leur estoit imputé ceste entreprise avoir esté dressée par aucuns prévenus de plusieurs maléfices et bannis du royaume, au contraire si ceux de Guise osoyent subir jugement de leur preudhommie il se trouvera encore bon nombre de ceux qui avoueront ceste entreprinse, et ne craindront de se maintenir aussi gens de bien et sans reproche, qu'ils prouveront leurs accusateurs meschans et détestables. Bien estoit vray que feu la Renaudie avoit souffert jugement d'infamie au parlement de Dijon, mais que le roy l'avoit depuis relevé par lettres expresses, lui octroyant lettres de révision, l'exécution desquelles il poursuyvoit en toute diligence : et d'abondant le sieur de Lomenie, enveloppé au mesme jugement, justifioit assez la Renaudie, estant receu et avoué en grandes et honorables charges, au veu et au sceu de tous. Finalement lesdits de Guise devroyent avoir honte de leur objecter telles choses, estant tout notoire qu'eux mesmes avoyent acreu les gardes du roy des plus meschans rufiens et détestables voleurs, qui fussent dans les bordeaux de France.

Quant à la religion, que ce n'estoit pas cela simplement qui les avoit armez, ains l'illégitime et du tout intolérable gouvernement usurpé par ceux de Guise. Mais au surplus il se trouveroit que la religion tant diffamée par eux, estoit celle qui vrayement enseignoit d'obéir au roy, et à tous supérieurs, tant s'en falloit qu'elle aprouvast les rebellions ou conspirations. Bref que se remettant à la décision d'un franc et légitime concile général ou national, ils justifioyent suffisamment leur cause contre ceux qui n'ont que les fagots et les feux en la bouche, pour maintenir leurs coustumes ou opinions. Que nulles pilleries ni troubles ne pouvoyent survenir de leur dessein, considéré qu'ils n'ont prétendu, ni prétendent à autre chose, sinon à ce que lesdits de Guise soyent soumis à une deüe et légitime assemblée des estats, pour là rendre compte de l'administration par eux tant iniquement usurpée, et si malheureusement exercée, et en général pour estre là procédé juridiquement contre eux sur les crimes à eux imposez, et qui se prouveront deuement, desquels ils s'estiment si nets et non coulpables, pourquoy aiment-ils mieux entretenir le royaume en telles confusions, que de se submettre à une si notable assemblée qu'est celle des estats du royaume de France, à laquelle les roys mesmes ont tousjours tant déféré, qu'en cas de difficulté à qui appartenoit la couronne, les contendans les ont acceptez pour juges souverains? Mais qu'il apparoissoit assez l'intention desdits de Guise, n'estre autre que de faire bouclier du nom du roy à la ruine d'icelui, et de tout l'estat, au lieu de respondre pertinemment à ce qui les concerne en leur particulier. Bref quant au roy, qu'ils l'avouent, recognoissent, et honorent pour leur souverain seigneur après Dieu, et qu'ils ne souffriront jamais qu'aucuns autres siens sujets les surpassent en tout devoir d'obéissance et servitude de bons et loyaux sujets, le suppliant très-humblement d'ouyr leurs plaintes, et souffrir qu'il y soit pourveu par la voye acoustumée de tout temps par ses ancestres, sans souffrir que les destructeurs et oppresseurs de ses pauvres sujets abusent plus longuement de son nom et authorité royale.

Le parlement de Paris ayant receu cest escrit, n'en tint aucun compte, ains seulement l'envoya par un huissier au cardinal. Mais on dit que ceux de Rouen craignant en avoir reproche, et considérant l'importance de ces remonstrances, députèrent deux d'entr'eux pour aller devers sa majesté. Ce que sachant ceux de Guise, ils leur firent de telles menaces, qu'ils furent contraints se retirer sans rien faire, encore bien aises : car on les chargeoit d'estre du nombre des conspirateurs.

En ce mesme temps, on publia plusieurs autres escrits, contenant entières défenses opposées à ceux qui accusoyent ceux de la religion d'une infinité de crimes, notamment de mespriser l'authorité du magistrat, et d'estre la source et origine des maux et calamitez qui régnoyent lors, tant sur les biens de la terre, qu'entre les hommes. Mais pource que les livres d'aujourd'huy sont pleins de semblables matières, il m'a semblé n'en devoir faire ici plus expresse mention pour ne nous eslongner par trop du fil de nostre histoire.

Sur cela ceux de Guise estimant que toutes ces choses réveilleroyent plusieurs esprits endormis, et que plusieurs grands princes et seigneurs pourroyent estre par là conviez à penser à leurs afaires : et entre autres que le roy de Navarre se pourroit ressentir de l'injure faite à son frère, et à l'un de ses secrétaires, comme ci-dessus a esté dit, avisèrent finalement de les adoucir aucunement, afin de n'avoir à l'avenir tant d'escheveaux à desmesler ensemble. Parquoy ils firent part au roy de Navarre de ce qu'ils avoyent mandé à tous les parlemens sous le nom du roy, et luy envoyèrent le 9 avril leur dépesche, laquelle portoit qu'avant et depuis le retour du secrétaire Deslandes, ledit sieur avoit tousjours esté infiniment empesché à pourvoir aux séditions que ces malheureux hérétiques et rebelles avoyent suscitées contre luy : ce qui l'avoit retardé de luy escrire plus souvent de ses nouvelles, ayant bien voulu voir, avant que de luy en escrire, comme toutes choses passeroyent, et quelle fin prendroit leur damnable dessein et mauvaise intention, laquelle estant couverte du manteau de religion, Dieu luy avoit bien monstré qu'il soutenoit sa querelle, ayant mis entre ces gens telle peur et irrésolution, que toutes leurs entreprises estoyent tournées en fumée, et la plus part d'eux à leur arrivée, mesme les principaux autheurs, conducteurs et chefs, prins et arrestez. Toutesfois encore qu'à bonne et juste occasion (comme d'avoir porté les armes contre leur prince et souverain seigneur) il luy fust permis de faire la démonstration en leur endroit telle et si grande, que le péché et offense le requéroit, ce néantmoins considérant que beaucoup d'entre eux avoyent esté trompez et déceus par leurs prédicans et ministres, il en avoit bien voulu avoir plus de pitié et compassion qu'ils ne méritoyent, pardonnant à la pluspart de ceux qui ne s'estoyent trouvez chargez d'autre fait que de la religion, laquelle ils avoyent abjurée, recognoissant leurs mauvaises doctrines et opinions. Mais quant à Castelnau, Raunay, Mazères, Villemongys, du Pont, et quelques autres qui avoyent délibéré ensemble et plus secrettement, il s'estoit avéré par leurs dépositions que le dessein qu'ils faisoyent de l'aller trouver, tendoit bien à autre fin que pour luy parler du fait de la religion, et n'estoit autre leur entreprise que de se saisir de sa personne, de celles des roynes ses mère et femme, frères et sœur, pour puis après subvertir tout l'estat du royaume et le mettre de tous costez en proye et division : chose que bien malaisément il eust peu croire s'il ne l'eust veu à l'œil, et touché au doigt, et qu'eux-mesmes à la mort ne l'eussent tous avoüé. Voilà comme il avoit esté contraint à son grand regret et desplaisir de commencer par eux à user de rigueur, leur faisant recevoir plus doux chastiment qu'il n'estoit conseillé de faire. De quoy eux-mesmes confessoyent n'estre dignes, et dont l'exemple et punition avoit servi de beaucoup pour appaiser toutes les esmotions que ils avoyent acheminées à ce que au mesme temps de leur arrivée devers luy, on s'eslevast en plusieurs endroits de son royaume : là où depuis ayant entendu le chastiement que leurs chefs et autheurs avoyent receu, toutes leurs assemblées s'estoyent départies, et n'en estoit plus de nouvelles, Dieu merci. De quoy il l'avoit bien voulu advertir, sachant combien ceste nouvelle luy seroit agréable, l'aimant comme il faisoit ; et par mesme moyen le remercier des offres qu'il luy avoit faites par Deslandes, de luy aller aider et secourir. Ce qu'aussi pour ne luy donner ceste peine, iceluy sieur avoit voulu réserver jusques à plus grand besoin : considérant combien sa présence avoit servi à son gouvernement, pour contenir les sujets en repos. Car (luy navarrois absent) il ne s'en fust pas tant asseuré comme il avoit fait : dont il ne pouvoit assez l'en remercier, ne luy exprimer le contentement qu'il en avoit, le priant les vouloir toujours conforter en leur bonne volonté. Que si aucuns vouloyent faire les séditieux, qu'il les fist promptement empoigner et chastier, suivant le pouvoir qu'il avoit de luy mesme. Le roy le prioit aussi, s'il estoit possible, qu'il se saisist de certains prédicans et ministres de Genève, qu'on luy avoit dit aller souvent par-delà : entr'autres d'un certain Boisnormand et d'un David, accusez par les prisonniers, pour estre des principaux séducteurs, et qui les avoyent suscitez à ceste belle entreprise, leur donnant à entendre que par ceste nouvelle loy, il estoit permis se eslever contre son prince, et mettre la main aux armes. Bref, ledit sieur s'asseuroit que s'ils estoyent en ce quartier là, il feroit toute diligence de les saisir, afin que ci-après ils n'abusassent plus tant de pauvres personnes.

Au demeurant, on l'advertissoit qu'en instruisant le procès des rebelles, il y avoit eu quelques-uns d'entr'eux, qui avoyent déposé devant les juges, que son cousin le prince de Condé, frère de luy roy de Navarre, estoit de la partie, et qu'il avoit de long-temps sceu toute leur entreprise, leur ayant promis de présenter leur requeste, quand ils iroyent trouver iceluy seigneur. Et pource qu'il se douta incontinent que ces bélistres disoyent telle chose, pensant prolonger leur vie, ou bien que cela leur avoit esté donné à entendre par quelqu'un qui n'estoit pas plus homme de bien qu'eux, ne luy pouvant entrer en l'entendement que son dit cousin qui luy touchoit de si près et avec tant d'obligations, y deust jamais avoir pensé, il ne faillit incontinent de l'envoyer quérir en sa chambre, en la présence de la royne sa mère, auquel il fit entendre ce que ces malheureux prisonniers avoyent dit de luy : qui l'asseura n'en estre rien, et le confirma si fort en l'opinion que d'autres luy avoyent presté ceste charité, qu'il n'en doutoit plus. Et davantage, sur les remonstrances que ledit sieur luy fit, il luy donna tant de cognoissance combien une si meschante calomnie luy pesoit sur le cœur, qu'il s'asseura, comme encore il faisoit, que tous ces malheureux avoyent menti, en sorte qu'il demeura très-content et satisfait de luy. Ce qu'il luy avoit bien voulu escrire, le tout à la vérité, afin que si on luy avoit donné à entendre d'autre façon, il n'en fust en peine, et n'ajoustast foy qu'à ce que iceluy sieur luy en mandoit. Outre ce il luy envoyoit la copie des lettres qu'il avoit avisé d'escrire à tous les parlemens et baillifs de son royaume, touchant les choses passées. Surquoy il demandoit son avis. Outre cela, d'autant que ceux de la maison de Guise avoyent une merveilleuse envie d'accrocher et avoir prise sur ledit sieur roy de Navarre, sachant que ledit Boisnormand estoit grandement estimé par luy pour savoir et autres vertus, ils firent mettre une recharge de la propre main du roy au bout de ladite missive, l'asseurant qu'il cognoissoit ledit Boisnormand et David (qui estoit mis de ce nombre pour les raisons que je diray ci-après) si meschans qu'ils estoyent dignes de toutes peines. Et partant le prioit d'autant qu'il avoit envie de luy faire service, les faire mettre en lieu si seur, qu'il les peust par après recouvrer pour leur faire recevoir la punition qu'ils avoyent bien méritée. Et faisoyent ceux de Guise ceste poursuite, non point tant pour l'esgard de ces deux personnages, qu'ils eussent bien voulu tenir toutesfois, que pour l'attente qu'ils avoyent, qu'il ne les rendroit jamais, et par ce moyen, il seroit rendu coulpable et consentant à la conspiration, pour avoir arrière soy les autheurs d'icelle, sans les produire à justice, comme il en auroit esté expressément chargé par le roy.

Nous avons veu comme le prince de Condé, ayant évité tant de dangers de sa vie, s'estoit retiré en sa maison, là où estant arrivé il envoya un sien secrétaire des plus féaux, devers le roy de Navarre, pour lui faire entendre comme toutes choses estoyent passées, et avoir conseil de ce qu'il avoit à faire, désirant sur toutes choses se retirer en Béarn auprès de luy pour estre en plus grand' seureté. Car de jour en jour, et d'heure à autre on luy rapportoit que ses ennemis machinoyent sa mort, bien marris de ce qu'il leur estoit eschappé des poings pendant ce tumulte, et que le cardinal de Lorraine avoit proposé en plein conseil qu'il se falloit saisir de sa personne et luy faire procès. Le duc de Guise au contraire avoit opiné, qu'il n'en faloit encore rien faire : car ce seroit recommencer de plus grands troubles, lors qu'on n'avoit encore rien prest pour y résister. Mais ceste contrariété d'opinion n'estoit que pour sonder la volonté de ceux du conseil, en une afaire de telle importance, pour mieux sauter puis après. Ce nonobstant, Dieu se servit pour lors de ceste ruse des ennemis mesmes dudit sieur prince, pour le garantir.

Ce partement de ce secrétaire ne fut si secret, que les gens mesme du prince, serviteurs secrets des ennemis et entretenus aux despens du roy, ne les advertissent diligemment, comme estant à craindre que quelque chose se remuast de ce costé-là. Car ils voyoyent que leur maistre reprenoit courage : ce qui fut cause de faire haster la despesche ci-dessus mentionnée. Et davantage pour asseurer le prince et l'emmieller, il eut lettres fort gracieuses et pleines de courtoisie des duc de Guise et cardinal de Lorraine son frère, par lesquelles ils s'excusoyent de la proposition faite au conseil, et démentoyent tous ceux qui voudroyent dire qu'ils en fussent autheurs, le suppliant bien fort n'en vouloir rien croire, ains les retenir au nombre de ses plus affectionnez serviteurs et parens. Ce qu'ils espéroyent luy faire tousjours cognoistre par bons effects : mais d'autre part il devoit estimer qu'eux tenant le lieu qu'ils avoyent près le roy, ne pouvoyent moins que tenir la bride roide en toutes choses, principalement quand il agissoit du service de sa majesté, et de la conservation de son estat. C'estoit la cause qui les avoit fait rudes envers les condamnez, et non pour mauvaise volonté qu'ils luy portassent. Le prince envoya aussi ces lettres au roy de Navarre son frère, qui luy fit response à la mode de la cour, pour remédier à la surprise des lettres, disant qu'il avoit grand contentement en son esprit des offres que messieurs de Guise, ses cousins, luy avoyent faites, dequoy il se veut autant ressentir, comme s'ils les avoyent faites à luy mesme, qu'il ne faudra à les en gratifier par la première despesche qu'il feroit en cour. Au demeurant qu'il estoit très-aise de la bonne volonté qu'il avoit de le venir trouver, ce qui ne sera si tost qu'il désiroit, pour la grande dévotion qu'il avoit de le voir. Bien estoit-il d'avis qu'auparavant il fist encore un voyage à la cour, afin de mieux en mieux faire cognoistre au roy le désir qu'il a de luy faire service : qu'il luy envoyoit la copie des lettres qu'il avoit pleu à sa majesté luy escrire, par lesquelles il cognoistroit assez clairement la bonne opinion en laquelle il les tient, comme n'ayant rien de commun avec ces tragédies qui se sont jouées, encore moins avec les meschancetez des malheureux entrepreneurs. Voilà comme ces princes s'entretenoyent les uns les autres par dissimulation.

Ce que j'ay dit de David va ainsi. Le feu roy Henri voulant à la sollicitation du cardinal de Lorraine, traiter le mariage du roy son fils à présent régnant, et lors dauphin, avec la royne d'Écosse, niepce de ceux de Guise : le roy et la royne de Navarre furent pour ce mandez en cour, ayant desja pris quelque goust à entendre les abus du pape, par le moyen de ce David, homme vrayement effronté, et ne cerchant qu'à se faire valoir, sous couleur de prescher quelque vérité, à l'exemple de plusieurs autres parvenus à estre abbez et évesques par ce moyen, du temps de la feue royne de Navarre, sœur du grand roy François. Ce moyne donc ayant quitté le froc, et s'ingérant de soy-mesme à prescher, ladite dame le faisoit ordinairement prescher en habit de capelan, et sans surplis : qui fut cause, joint la grande vivacité et gravité dont il savoit bien user, de luy donner grand bruit et réputation, nommément le long de la rivière de Loyre. Ce que parvenu aux aureilles du cardinal, il dissimula jusques à tant que le mariage fut consummé. Ce qu'estant fait, aussi soudain les presches de David furent défendus à la cour et fut luy-mesme appelé devant les cardinaux de Bourbon et de Lorraine, lesquels après l'avoir intimidé par menaces, vindrent aux promesses, de sorte que David, amorcé de l'espérance d'avoir incontinent un gras bénéfice, promit de mettre ses maistre et maistresse en la papauté plus avant que jamais. Sur cela, il est envoyé à Paris pour signer sa confession de foy devant les Sorbonistes, abjurer, prendre absolution, et accuser ceux de sa secte. Estant là, et voyant qu'on ne luy tenoit promesse, il remet l'afaire en longueur, et poursuit sa proie. Ceci parvenu aux aureilles de son maistre, on le tient pour un bon ventre tel qu'il estoit. Estant chassé, il se retire au cardinal de Lorraine, qui l'envoye finalement à Sainct Denys, pour s'en dépestrer : mande qu'on luy baille une place de moyne, et qu'on luy enjoigne de vivre sagement en toute leur discipline : autrement qu'il soit chastié. Voilà comme ce cardinal traita David, estimant n'avoir peu fait de l'oster d'auprès des princes, et de l'avoir rendu odieux aux évangéliques, par un tel révoltement public. D'autre part ce pauvre malheureux se sentant frustré de son attente, et mocqué, ne veut demeurer cloistrier, ains aime mieux suivre la cuisine plus grasse que celle où il estoit relégué. Estant donc réduit en si pauvre et misérable estat, il feint se vouloir repentir, promet qu'il fera merveilles, accuse le cardinal de Lorraine d'avoir voulu procurer la mort du roy de Navarre, pour avoir ses biens. Par ce moyen (comme ce prince estoit extrêmement facile à ployer) il rentre aucunement en grâce, de sorte que les afaires estant en l'estat que nous avons déduites, ceux de Guise estimoyent avoir en ce David un grand ennemi, lequel procureroit contre eux du pis qu'il pourroit. Voilà pourquoy il fut mis au rang de Boisnormand. Car autrement savoyent-ils bien qu'il n'auroit nul crédit ni authorité envers ceux de la religion, pour les persuader et les dissuader : ce qu'eust bien peu faire l'autre, s'il eust voulu s'en mesler, et ressembler à David, qui donna depuis beaucoup de peine aux gens de bien, et finalement durant la première guerre civile, mourut ès prisons d'Orléans, atteint de plusieurs grands et détestables crimes.

Il est temps maintenant de venir à la guerre d'Ecosse, qui commencea lors de s'eschauffer, estant commencée à l'appétit de ceux de Guise sous un prétexte qu'il me faut reprendre de bien haut, pour en bien entendre le fondement.

Henry huictiesme de ce nom, roy d'Angleterre, espousa en premières nopces Catherine relaissée de son frère, et tante de l'empereur Charles cinquiesme, lequel frère toutesfois ne l'avoit onc cognue (disoit-on) à cause de son bas âge. De ce mariage, Henry ayant eu une fille nommée Marie, il répudia Catherine long-temps après, faisant déclarer ce ma-

riage incestueux, et sadite fille bastarde. En secondes
nopces, il print Anne Boulen, simple damoiselle, dont il
eut Elisabeth à présent régnante. D'une autre quatriesme
femme, il eut Edouard, qui lui succéda, et fut le sixiesme
roy d'Angleterre de ce nom, lequel estant décédé en l'âge
de seize ans, Marie, nonobstant qu'elle eust esté déclarée
bastarde, fut royne par la volonté du peuple, irrité contre
le duc de Northumberland, homme si ambitieux, qu'il
osa bien faire tomber pour peu de jours la couronne en sa
maison, par le mariage de son fils aisné, avec l'aisnée des
filles de Suffolk. Ceste Marie décédée sans hoirs, Elisabeth,
qu'elle avoit au contraire fait déclarer bastarde, et très-
durement traitée, fut par la bonté de Dieu, et faveur du
mesme peuple, eslevée de la prison, au throne royal, ou
elle sied heureusement encore aujourd'huy, sans avoir jamais voulu se marier.

D'autre costé il faut entendre que le susdit roy Henry
huitiesme eut trois sœurs, de l'aisnée desquelles mariée au
roy d'Ecosse, sortit Jacques Stuard du nom, et dernièrement décédé roy d'Ecosse, qui eut en secondes nopces de
la douairière de Longueville, sœur de ceux de Guise, une
seule fille et héritière, à savoir, Marie, qu'espousa François deuxiesme du nom, roy de France, de sorte que sans
doute, décédant Elisabeth, les deux couronnes, si autre
chose ne l'empeschoit, sembleroyent apartenir à ladite
Marie, fille de son cousin germain. Mais le roy Henry huitiesme, comme prévoyant ce qui adviendroit de sa postérité, avoit donné ordre que par commun accord des estats
d'Angleterre, qu'ils appèlent parlement, il avoit esté dit,
que ny les enfans venus de sa sœur mariée à l'Ecossois, ny
les descendus d'iceux, ne pourroyent jamais succéder à la
couronne d'Angleterre. Cest arrest sembloit à ceux de Guise,
se pouvoir aisément rescinder, et par mesme moyen ils se

vouloyent servir de l'arrest, donné contre ladite Elisabeth, comme bastarde, pensans par conséquent avoir trouvé une très-belle et certaine occasion de s'agrandir, en déboutant la susdite royne Elisabeth. Voilà pourquoy de première venue, ils firent prendre à leur niepce le titre et les armes des deux royaumes d'Angleterre et d'Ecosse : non point tant à la vérité pour l'en faire royne, que pour s'aproprier celuy d'Angleterre aux despens de la France, fust par pratiques, ou par armes, sous le nom de leur niepce. Voyant donc que la royne Elisabeth, incontinent après le décès de Marie, avoit restabli la réformation de la religion, comme elle avoit esté du temps d'Edouard son frère (ce qui estoit désagréable à une bonne partie des Anglois, ne pouvant se départir de l'Église romaine) ils ne faillirent à prendre ceste occasion comme par le poil, leur remonstrant que pas une des deux roynes précédentes n'estoit légitime, par déclaration de leur parlement, ce qui n'avoit lieu en leur niepce, vraye fille de roy et de royne issue de leur sang, et à laquelle on n'avoit peu nullement oster son degré, et au reste, qui estoit belle, sage, vertueuse, et de bonne nature, et par le moyen de laquelle, toute l'isle seroit à jamais unie et invincible, et en repos. Surtout, qu'elle estoit bonne chrestienne et catholique, sous laquelle avec le restablissement qu'elle feroit incontinent faire de la saincte Église romaine, ils devoyent espérer un règne plein d'heur et félicité : adjoustant infinis alléchemens pour faire remuer mesnage et eslever le peuple d'Angleterre contre ceste princesse. Mais leur mine fut incontinent esventée par la royne Elisabeth, qui fit prendre prisonniers plusieurs de ces solliciteurs, lesquels néantmoins eurent si bonne bouche, qu'on ne leur peut rien faire confesser : ce qui acreut l'espérance de ceux de Guise. Aussi ceux qui tiroyent profit d'eux, ne les rebutèrent du tout, ains firent-

filer ceste corde tant qu'ils peurent, et leur donnèrent bonne espérance avec le temps, d'autant qu'il se trouvoit (à leur dire) grand nombre de peuple bien dolens d'estre frustrez de leur religion romaine, et qui portoyent singulièrement bonne affection à ceux de Guise, pour les cognoistre amateurs des traditions de leurs pères, et ennemis mortels de ceste religion nouvelle. Toutesfois que pour y mieux parvenir, il faloit nécessairement qu'ils tinssent la bride roide à ceux d'Ecosse, d'autant que ceste religion y prenoit de grands accroissemens, et que la royne douairière leur sœur, ne leur estoit pas contraire : à quoy s'ils donnoyent ordre, l'espérance qu'ils donnoyent aux catholiques d'Angleterre, seroit si bien confermée et fortifiée, qu'on leur feroit bientost cognoistre par effects, la bonne volonté qu'ils leur portoyent et à leur niepce. Mais afin que l'occasion n'eschappast quand elle se présenteroit, qu'ils devoyent prendre quelque charge d'authorité en Ecosse, et faire en sorte que l'un des six frères y tinst tousjours le pied ferme. Telles estoyent leurs pratiques, esquelles se consommoit grand argent des finances de France. Car ces mauvais serviteurs coustoyent bien cher. Ils estoyent donques après pour inventer les moyens de donner des afaires à ceux de la religion en Ecosse. Et de fait une chose sembla se présenter fort à propos, pour tousjours entretenir leur crédit envers les catholiques romains de ces deux isles, c'est à savoir la sédition populaire, qui advint en Ecosse. Car ayant fait faire plusieurs rigoureux édicts contre ceux de la religion, qui autrement vivoyent en grande paix et tranquillité sous l'obéissance de la royne douairière, sans qu'il y eust pour raison de cela aucun débat ny querelle entre les sujets du royaume, et mesme ayant fait publier que le roy n'entendoit permettre qu'autre religion fust tenue audit pays que la romaine, on n'eut plustost commencé de vouloir mettre ces édicts à exécution, qu'il se trouva un grand nombre de gens de basse condition, lesquels s'eslevèrent et prindrent les armes : mais ils furent en peu d'heures séparez, moyennant la prudence de ladite dame, et à l'aide de la noblesse du pays. Voilà l'estat auquel estoyent les afaires d'Ecosse, quand le principal gouvernement de France tomba ès mains de ceux de Guise après la mort de Henry. Et combien que ce commencement leur deust avoir servi pour leur représenter le danger de plus grands troubles, s'ils ne désistoyent de leur entreprise : tant y a néantmoins, qu'ils se tenoyent tellement asseurez sur les pratiques et menées qu'ils brassoyent en Angleterre, qu'ils fermèrent les yeux à toutes les remonstrances de leur sœur, laquelle taschoit par tous moyens de les destourner de ceste faute persuasion, et luy escrivirent des lettres fort rigoureuses, la blasmant d'avoir usé de trop grande douceur au faict de la religion. Bref, ils jugèrent le temps estre venu du tout à propos (cependant qu'ils avoyent le vent en pouppe) d'amender les fautes passées, et de mettre la main au sang, voire sur les principaux. Et pour ce faire envoyèrent en Ecosse l'évesque d'Amiens et la Brosse leurs plus affectionnez serviteurs : lesquels pour se monstrer à leur arrivée bons catholiques romains, voulurent contraindre un chacun d'aller à la messe, reprochant souvent à ladite dame et au sieur d'Oisel qui la gouvernoit paisiblement, qu'ils avoyent tout gasté : publièrent leur intention estre d'user de la force, sans espargner petit ny grand. L'évesque d'Amiens, comme légat du pape, attendant les bulles de sa légation, promettoit de réduire la plus part de ceux qu'il disoit fourvoyez ; et la Brosse entreprenoit en un mois d'exterminer par armes ceux qui ne voudroyent revenir. Au surplus, pource que l'avarice est tousjours compagne de cruauté, ils regardèrent de bon œil les terres et posses-

sions de la noblesse, et escrivirent à ceux de Guise qui les
avoyent envoyez, qu'en rendant le peuple taillable, et faisant mourir les gentils hommes, qui avoyent suivi la religion nouvelle, il y avoit moyen d'augmenter le revenu du roy
de deux cens mil écus par an, et de pourvoir mille gentils
hommes françois de maisons et biens pour y demeurer continuellement, et y servir comme d'une gendarmerie ordinaire. Ceste condition fut volontiers reçeüe, et avec grande
louange de ceux qui en estoyent les autheurs, et qui ne
cerchoyent rien tant que de prendre pied ferme en Ecosse,
afin d'estendre leurs aisles plus loin avec le temps. Mais
ils avoyent un merveilleux desplaisir de se voir contredits
par leur sœur, laquelle cognoissant l'humeur des Ecossois,
savoit certainement que jamais on ne les rangeroit à ceste
condition de quitter un seul arpent de leurs terres, et de
souffrir qu'il y eust rien de changé aux afaires politiques :
que si on les vouloit contraindre pour le fait de la religion,
ils se mettroyent plustost ès mains des estrangers, et use-
royent de telle vengeance contre ceux qui leur voudroyent
résister, qu'il y avoit danger très-apparent de voir une subversion entière de l'estat du royaume, et qu'au lieu de l'a-
grandir et d'en augmenter le revenu, et en outre asseurer
l'estat ecclésiastique (qui n'estoit nullement empesché) on
ne vist un tel changement, qu'en fin il n'y demeureroit ni
roy ni royne, et pareillement que tout le clergé seroit traité
de mesme celuy d'Angleterre ou pis encore. L'avis donc de
ladite dame estoit de ne rien changer au fait du gouvernement ; et pour le regard de la religion, que l'on taschast
doucement et modestement de gaigner et pratiquer les plus
grands par promesses ; puis d'assembler les estats généraux
du pays, et faire décréter la forme de vivre qu'on tiendroit
à l'avenir : de quoy elle espéroit bonne issue, et s'asseuroit
d'amener les plus grands à ce point. Mais tout cela fut re-

jetté par ceux de Guise, disant que la royne leur sœur estoit bonne femme, mais qu'elle avoit tout gasté; qu'Oisel estoit un sot, et n'avoit point d'entendement, par ce qu'il ne vouloit mettre au hazard l'estat du pays qu'il avoit par sa diligence si longuement et fidèlement gardé, comme il s'excusoit. Mais en fin les plus grands, et la pluspart de la noblesse, se voyant ainsi harassez par ces deux exécuteurs des entreprises de ceux de Guise, prindrent les armes pour la conservation de leurs personnes, de leurs femmes, enfans, biens et possessions, et pour la religion, entretenement des libertez et franchises sous lesquelles ils estoyent naiz, aimant mieux mourir (disoyent-ils) tous ensemble en gens courageux, que de souffrir l'establissement d'une tyrannie que vouloyent introduire ces estrangers. Et pour ce faire plus seurement, ils s'accompagnèrent de leurs voisins, quelques ennemis qu'ils eussent esté auparavant. Si qu'en peu de temps ils chassèrent les prestres, qui toutesfois eussent vescu et continué leur estat, s'ils se fussent voulu acommoder. Aussi fut la royne douairière réduite en de grandes extrémitez, pour avoir pris le parti de la Brosse. Tellement que l'évesque fut contraint de faire voile en France, pour envoyer secours. De toutes ces choses la royne d'Angleterre se plaignoit continuellement par son ambassadeur, comme estant directement contraires à la paix. Mais elle n'avoit aucune certaine responce, ains se passoit le tout par connivence. En sorte, que les Anglois estimoyent, veu les menées et pratiques de ceux de Guise en leur pays, qu'ils avoyent envie de leur faire guerre. Quoy advenant, ils ne vouloyent de leur part perdre une si belle occasion pour y mettre bien tost fin, et s'accommoder de l'Ecosse, pendant les troubles et divisions de la France. A tant, le 24 de mars, la royne d'Angleterre fit publier à Londres, et bien tost après semer par la France une proclamation, par laquelle elle se plaignoit de ce que les François avoyent, puis les dernières trèves, cerché tous les moyens d'envahir l'Angleterre, spécialement par la voye de l'Ecosse, sous couleur de vouloir chastier quelques gens que l'on prétendoit estre rebelles : disant que pour prévenir telles embusches et surprinses, elle avoit esté contrainte se munir de grandes forces : toutesfois considérant la grande diversité d'opinions et paroles, qui en pouvoyent sourdre, elle avoit trouvé expédient de déclarer par cest escrit sa délibération, et les justes occasions suyvantes, qui la contraignoyent de ce faire.

En premier lieu, elle disoit avoir esté contente de croire que ce que le titre et les armes de ses royaumes d'Angleterre et Irlande estoyent ainsi prétendues et prises par la royne d'Ecosse, contre le traité de paix, n'estoit venu d'ailleurs que de l'ambitieuse volonté de ceux de Guise, ses oncles maternels, lesquels après s'estre emparez du gouvernement de France, cerchoyent les moyens de s'acroistre par tout : sachant bien que le roy de France, ny ladite dame, pour leur bas âge, n'estoyent capables d'une telle entreprise, et que les princes du sang ny les estats de France (qui devoyent gouverner les afaires durant la minorité du roy) n'eussent d'eux-mesmes imaginé une tant injuste et desraisonnable entreprise.

Et combien que ce fust chose contre tout droit de nature, qu'une femme entreprist de transporter la couronne, et la transférer à d'autres qu'aux vrais et naturels héritiers, et d'asservir le peuple naturel d'un pays à des estrangers : tant y a que sous ceste couleur lesdits de Guise délibéroyent avec les forces françoises qui estoyent desjà en Ecosse, et celles qu'ils y vouloyent envoyer d'abondant, s'approprier le royaume d'Angleterre, sachant bien qu'ils n'avoyent aucun moyen de l'envahir que par la voye de l'Écosse. A ceste cause ayant ladite dame expérimenté avec beaucoup de calamitez la singulière bonté de Dieu, qui avoit tousjours eu le soin d'elle plus que perpétuel, cognoissant aussi en ceste nouvelle querelle le bon droit de sa cause, et la naturelle amour, inclination et obéissance de ses loyaux sujets, elle ne doutoit aucunement du secours d'en haut et que Dieu ne luy fust pour défense. N'ayant donc de sa part autre plus grand désir que d'entretenir la paix avec tous, mesmement avec les François et les Écossois, elle faisoit savoir à toutes personnes, que combien qu'elle se mist en grandes despenses, et qu'elle fust continuellement assaillie de paroles injurieuses et menaces de guerre : ce néantmoins elle n'entendoit faire aucune guerre ni user d'hostilité, mais cercher toute union et concorde. Ce qu'elle avoit bien monstré, en requérant amiablement le cardinal de Lorraine et son frère de Guise, par le moyen du roy de France, d'effacer ces titres, de cesser toutes querelles, et d'accorder à l'Écosse un si paisible estat de gouvernement, qu'ils n'eussent occasion de s'eslongner de la deüe obéissance de leur royne et princesse, comme ils offroyent la luy rendre ; et que par ce moyen elle évitast sa despense, et le doute, où elle estoit, de surprise : estant revoquez les gens de guerre françois qui estoyent en Écosse, desquels elle avoit soupçon, offrant de leur donner retour et sauf conduit, tant par mer que par terre. Car comme les forces françoises se diminueroyent, elle casseroit aussi les siennes. Ce nonobstant elle n'avoit peu avoir sur cela aucune responce pertinente, combien qu'elle y eust consummé long-temps, et que ses ambassadeurs y eussent faict de grandes despenses. Le tout évidemment contrevenant au traité de la paix et concorde. A tant elle faisoit savoir qu'elle continuoit et vouloit continuer en bonne paix, avec lesdits roy de France et royne d'Écosse, pendant qu'ils ne feroyent aucune invasion sur ses pays et peuples, et tascheroit par tous moyens, qu'il y eust bonne union en Écosse, et que les soldats françois s'en peussent retirer sans danger et dommage. Que s'ils refusoyent de ce faire, mesmement après tant de délais, elle feroit son effort à les contraindre de départir, sans autrement user de violence. Et partant elle commandoit à ses sujets de monstrer toute faveur et amitié à ceux du roy de France, et de trafiquer ensemble, comme en temps de meilleure paix, sinon que par hostilité procédante des François, ils fussent contraints de se défendre. En somme, nonobstant les grandes injures susdites receües par ladite dame, elle vouloit qu'ils usassent de bon et honneste langage du royaume, et de la nation françoise, sans faire autres aprests de guerre, sinon autant qu'il seroit requis pour repousser telles injures et se garder des entreprises qui seroyent faites et dressées sur son royaume, par ceux de Guise, pendant le bas âge des roy et royne, et jusques à ce qu'elle ait entendu si les princes du sang et estats du royaume veulent et approuvent tels actes, ce qu'elle ne peut croire. Quoy advenant, encore qu'elle fust grandement desplaisante de voir la paix rompue, comme elle la désire ferme en toute la chrestienté, elle espéroit tant au Dieu tout puissant, qu'il luy donneroit force de résister à tels dangers, et de se venger de tant d'outrages receus.

Ceux de Guise, voyant leurs desseins descouverts de ce costé là, et que pour avoir trop embrassé à la fois dedans et dehors le royaume, ils avoyent très-mal estraint : craignant semblablement d'en recevoir reproche, et que leur niepce fust royne de titre seulement, advenant que l'Anglois se déclarast pour secourir l'Écosse, ny pouvant autrement remédier, et ayant afaire de leurs amis et de gens pour la garde de leurs personnes, envoyèrent incontinent devers le roy d'Espagne pour moyenner la paix, et semblablement au chevalier Sèvre, ambassadeur du roy, estant près la royne d'Angleterre, pour aussi faire ses protestations de la part dudit sieur, lesquels furent aussi imprimées et publiées par tout. Le contenu d'icelles estoit qu'on avoit assez clairement veu depuis le décès du roy Henry, que le roy son fils ne luy avoit seulement succédé au royaume, mais aussi au mesme zèle et affection d'entretenir la paix avec ses voisins et toute la chrétienté, n'ayant rien laissé de tout ce qui estoit nécessaire à l'entretenement et conservation d'icelle, ainsi que les effects en pouvoyent tesmoigner : nommément à l'endroit de la royne d'Angleterre sa bonne sœur et cousine, envers laquelle il avoit usé de toutes démonstrations, tant pour satisfaire à l'obligation des hostages qu'il devoit tenir en Angleterre pour le fait de Calais, qu'à maintenir aux sujets dudit royaume leur commerce et trafique en France. Ce néantmoins s'estant les Écossois rebellez et distraits de l'obéissance deüe à la royne sa femme leur souveraine dame, le roy auroit esté contraint, pour les réduire, y envoyer quelques forces. Surquoy la royne d'Angleterre ayant pris jalousie, et craignant une invasion de ses terres, auroit dressé deux fortes et puissantes armées, tant par mer que par terre, et icelles envoyées du costé d'Écosse, sous couleur que la royne de France et d'Écosse portoit les titres et les armes d'Angleterre. Dequoy le roy adverti luy auroit incontinent fait entendre par ses ambassadeurs la sincérité de son affection, et combien il estoit eslongné de vouloir contrevenir au traité de la paix. Et afin qu'elle en eust plus grand tesmoignage, il avoit fait expressément retarder quelques autres forces qui estoyent prestes d'envoyer en Écosse, pour cercher la réduction des rebelles par la recognoissance amiable de leurs fautes, lesquelles il vouloit oublier et leur pardonner, moyennant qu'ils luy prestassent obéissance, ainsi qu'il leur avoit fait ouverture et offre à voire jusques à prier ladite dame de la

vouloir moyenner envers eux, afin que cela fait, il eust
occasion de luy oster tout soupçon et jalousie de ses forces,
desquelles il laisseroit seulement ce qu'il jugeroit nécessaire
pour l'asseurance de ses droits, et obéissance, et si petit
nombre, qu'elle n'auroit aucune occasion ne doute. Et
quant au surplus, il estoit prest à députer gens de son
costé, si elle en vouloit autant faire du sien pour traiter
amiablement de leurs différens, selon le contenu du traité
de paix. A quoy elle n'avoit voulu prendre autre expédient
que de luy prescrire sa décision, et entre autres choses la
totale renonciation de ses dites forces de l'Écosse dans
certain temps, sans vouloir entrer en autre traité ne dispute, chose qui ne pouvoit estre trouvée que grandement
estrange, veu qu'entre roys et princes en temps de bonne
paix, les traitez estoyent comme médiateurs et pacificateurs
des différens, sans qu'il soit loisible à l'un ny à l'autre de
se donner la loy, ny imposer des conditions. Car telle façon
ne se pouvoit adresser qu'à sujets et vassaux seulement.
Et qui pis est, elle n'avoit cependant laissé d'envoyer son
armée de mer en Écosse, laquelle y avoit fait plusieurs déprédations sur les sujets du roy, à leur arrivée, tant aux
navires qui estoyent au Petit-lict(1), pour la garde d'iceluy,
que depuis de plusieurs chargées de vivres et autres choses
appartenantes audit sieur, et à plusieurs siens sujets. Outre
cela elle auroit fait ouvertement la guerre à ses ministres et
soldats, jusques s'efforcer de faire descente à l'Isle des chevaux pour la surprendre, et faire prisonniers plusieurs de
ses gens, usant de tous autres actes d'hostilité. Dequoy toutesfois il n'avoit peu estre esmeu à croire que ladite dame
eust aucune intention d'entrer plus avant en guerre, d'autant
qu'elle n'avoit aucun droit au royaume d'Écosse, ny occa-

---

(1) Le port de Leith.

sion d'y rien quereller, ny encore moins de redouter ses forces desquelles il luy avoit tousjours fait entendre le nombre. Au surplus il estimoit luy avoir assez amplement satisfait et déclaré sa volonté à la conservation de la paix par les offres qu'il luy avoit faites d'entrer en accord amiable, tant par son ambassadeur qui estoit en Angleterre résident auprès d'elle, qu'au sien qui estoit près sa personne. Et afin que rien ne demeurast de sa part, il luy avoit de nouveau envoyé Montluc, évesque de Valence et conseiller de son privé conseil, pour de rechef luy confirmer sa bonne intention du tout tournée au repos de la chrestienté, et à la continuation de sa bonne amitié, avec charge d'entendre d'elle, s'il luy seroit après cela demeuré aucun scrupule, pour l'en advertir, et de là passer en Écosse, pour essayer de ramener les rebelles à l'obéissance de leur prince et princesse, par la clémence qu'il leur offroit de leurs majestez, lesquelles vouloyent oublier toutes fautes passées, et après retirer une bonne partie de leurs forces, à ce que ladite dame ne les peust plus redouter. Il disoit d'autre part n'avoir laissé d'employer la faveur du roy catholique envers elle pour monstrer l'affection qu'il avoit à la paix : lequel, comme prince qui avoit assez cognu les meaux que la guerre attiroit après elle, luy avoit envoyé Glajon, grand maistre de son artillerie. Toutesfois tous ses devoirs et offices n'avoyent peu retenir icelle dame de faire marcher son armée de terre en Écosse, pour avec celle de mer, en chasser par force ses ministres et soldats : ce qu'elle avoit assez déclaré vouloir faire, par sa proclamation, en laquelle n'y avoit aucune apparence de raison : estant bien aisé à juger que c'estoit le vray moyen de priver luy et sa femme dudit royaume : qui ne seroit chose seulement injuste, mais de très-mauvais exemple à tous princes chrestiens, à savoir que tels gens fussent soutenus en leur rebellion. Et pourtant ledit sieur vouloit bien faire remonstrance à ladite dame par son ambassadeur, avec charge expresse, de luy renouveller l'asseurance de son vouloir et désir de la conservation et entretenement de la paix. Ce qu'il avoit fait le 15 avril tant à l'endroit de ladite dame, que de ceux de son conseil, présent le sieur de Sainct-Florent, lequel sien ambassadeur, luy présentant ses lettres de créance, l'auroit requise de se déporter de la voye des armes, pour commettre leur différent à personnages que l'on esliroit d'une part et d'autre, pour les démesler. Surquoy il eut responce, que sa dite armée estoit depuis douze jours au Petit-lict, preste à exécuter l'entreprise pour laquelle elle l'avoit fait entrer au pays, qui estoit d'en chasser tous les soldats françois suyvant les menaces précédentes : disant ne vouloir perdre temps, pour l'intérest qu'elle en pouvoit recevoir, enquoy elle contrevenoit directement au traicté de la paix. Ce que voyant Sèvre, qui avoit charge de protester, pria Glajon et l'évesque d'Aquila, ambassadeur du roy d'Espagne, de se trouver vers la royne d'Angleterre, pour derechef remémorer en leur présence, tous les devoirs enquoy le roy son maistre s'estoit mis, pour satisfaire à la paix, à ce qu'ils peussent tesmoigner qu'il n'avoit tenu audit sieur que les choses ne fussent amiablement pacifiées. Mais elle l'avoit refusé, pour n'avoir (disoit-elle) telle charge du roy. Parquoy il rédigea par escrit sa protestation et la prononça devant ladite dame et son conseil, affermant que tous les préparatifs du roy pour envoyer en Écosse, n'estoyent que pour ce respect. Et que voulant oublier toute l'offense des sujets et leur pardonner le passé, il offroit derechef de commettre gens pour vuider amiablement ce qui seroit à démesler entre leurs majestez, et venir à tous les moyens qui se pouvoyent tenir entre amis. Ce fait et ladite obéissance rendue, il révoqueroit ses forces, pour l'asseurer de la crainte qu'elle disoit avoir que l'on fist entreprise sur son royaume, en quoy elle seroit hors d'intérest : que si elle ne désistoit, le roy mettroit peine de se défendre et conserver le sien. Protestant en outre, qu'en ceste desconvenue, s'il estoit contraint d'entrer en guerre, ce seroit à son très-grand regret et desplaisir, ainsi que tout le monde pourroit juger ; car il n'avoit autre fin et intention que de se défendre. Duquel escrit Sèvre bailla le double à icelle dame en sondit conseil, le 20 avril. Quant à la légation de Montluc, il en va ainsi :

Ceux de Guise, ayant ouy le vent des pratiques de la royne d'Angleterre en Écosse, et craignant que l'occasion fust lors propre à ladite dame de leur rendre la charité, qu'ils luy vouloyent prester en subornant ses sujets, ils advisèrent qu'il seroit bon d'envoyer en Écosse quelque personnage, qui fust aucunement agréable à ceux du pays, afin de trouver moyen par gracieuses parolles et remonstrances de leur faire mettre les armes bas, et départir leurs forces. Et pour autant qu'ils cognoissoyent que Montluc, évesque de Valence, favorisoit aucunement ceste doctrine, et estoit assez bien venu en ce pays-là, pour y avoir autrefois demeuré chancelier de la royne douairière, ils luy firent bailler ceste charge avec commandement de passer par l'Angleterre, pour essayer tout ensemble de moyenner quelque bon accord avec la royne dudit pays. Il y passa donc, et y fut benignement receu par ladite dame, de laquelle toutesfois il ne peut apprendre autre chose, que ce qui estoit porté par sa proclamation, se plaignant tousjours aigrement des brigues et menées que ceux de Guise avoyent faites et faisoyent ordinairement en ses pays mesmes ; de quoy elle se ressentoit tellement que elle mettroit toute sa puissance en jeu pour se revencher. Ce que ayant escrit à la cour, il print la route d'Écosse par la voye de la poste. Mais s'il trouva matière de plaintes contre ceux de Guise de la part de l'Anglois, ce ne fut rien au pris de l'Écosse, laquelle estoit du tout envenimée et forcenée contre eux, d'autant que ne se contentant d'avoir voulu dominer et forcer leurs consciences, ils avoyent aussi entrepris d'establir la tyrannie en leur pays comme en France, et de s'agrandir de leur ruine. Parquoy tant s'en faloit qu'on deust espérer un bon accord tandis qu'on chanteroit tel langage, que plustost ils se feroyent tuer l'un après l'autre, jusques aux enfans du berceau, pour maintenir leur liberté. Ce que voyant la royne douairière, et le sieur d'Oysel, ils renvoyèrent Montluc comme il estoit allé, et le chargèrent de faire des remonstrances telles, comme il voyoit les afaires disposées. Ladite dame aussi escrivit à ses frères, que les Écossois n'estoyent pas aisez à dompter : et que si on les vouloit contraindre pour le fait de la religion, ils se mettroyent plustost ès mains des estrangers, avec l'aide desquels, pour s'asseurer du tout, ils déchasseroyent entièrement le nom et l'obéissance de l'Église romaine, et que de là on mettroit en danger l'estat et ce qui appartenoit à l'authorité du roy et de la royne. Cela estant rapporté à ceux de Guise, ils trouvèrent que c'estoyent les mesmes remonstrances, qu'on leur avoit faites dès le commencement, dont ils ne tenoyent non plus de compte qu'auparavant. Mais Montluc les asseura au retour, que s'ils n'y donnoyent autre ordre, et en brief, ils verroyent bientost leur niepce, sans terre, sans royaume et sans sujets. Car desjà les gens d'église estoyent chassez, et leurs biens en proye : et avoit l'armée de mer et de terre de la royne d'Angleterre tellement gaigné pays, qu'il estoit bien malaisé de les pouvoir empescher d'exécuter leurs desseins.

Voilà comme la royne d'Angleterre besongna en ces afaires; ce que ceux de Guise calomnioyent, comme si elle eust prétendu à s'approprier l'Écosse, plustost qu'à se défendre. Mais l'effect monstra tout le contraire, comme cy après il sera dit. Car nous reviendrons maintenant à descrire ce qui se faisoit au royaume de France, pendant ceste dispute d'Écosse.

Il y a une ville épiscopale avec université en Dauphiné, située sur le fleuve du Rhosne, nommée Valence, partie des habitans de laquelle estoyent de la religion, lesquels sachant quelques autres villes du royaume avoir rejetté l'Église romaine et faire des assemblées, ne voulurent demeurer des derniers. Parquoy estant fournis d'un ministre nommé Pierre Bruslé, natif de Metz en Lorraine, ils avancèrent grandement leur assemblée. Mais après y avoir séjourné quelque temps, et estre remarqué et menacé des adversaires, il fut contraint se retirer : et fut un autre nommé Gilles Saulas de Montpellier mis en son lieu, en suyvant l'ordre établi par leurs synodes. Cestui-ci, tant pour estre du pays, que par son savoir et diligence, acreut si bien son troupeau, que ne pouvant plus contenir dans les maisons privées, ils s'eslargirent dans les grandes escoles, et y faisoit-on les presches la nuict, sans que pour cela il y eust plus grande rumeur. Et d'autant que le nombre croissoit, un autre ministre, nommé Lancelot, gentilhomme Angevin de noble et ancienne race, leur estant envoyé de renfort, il fut lors question d'entreprendre plus grandes choses. Car quelques esprits pétulens, qui ne se contentoyent d'un estat médiocre et paisible, vouloyent se manifester en public ; autres non. Voilà le commencement de leur division, et la source dont grand mal survint puis après. Avec ceux de la ville et les escoliers, qui alloyent aux prédications, s'adjoignirent plusieurs jeunes gentilshommes, les uns curieux de nouveautez et peu instruits, les autres meus d'un zèle qui toutesfois avoit besoin de discrétion. Car n'ayant peu sitost estre rangez à quelque bonne discipline, pour la multitude et diversité des esprits, chacun s'estimoit assez sage pour commander et non pour obéir. En ce désordre les nouveaux venus et plus hardis entrepreneurs, ne se voulant assujettir au consistoire desjà dressé, et mesprisant ceux qui avoyent mis les fondemens de leur Église, sans regarder à la conséquence de ce qu'ils entreprenoyent, ne poiser l'inconvénient arrivé à ceux d'Amboyse, jugèrent le temple des cordeliers estre propre pour faire leurs prédications : duquel ils se saisirent aussitost, et y firent prescher publiquement, et de plain jour, au son de la cloche : qui fut cause de faire venir gens de toutes parts, et du menu populaire du plat pays une infinité, lesquels prenoyent merveilleux goust à ceste doctrine, détestant ouvertement les abus desquels ils avoyent esté si longuement ensorcelez, et louant Dieu de leur avoir révélé les secrets de sa parole, et la vérité de son Sainct-Évangile. De là en avant, afin qu'on ne leur ostast ce temple, ils logèrent dedans les cloistres, avec Mirabel et Quintel (1), bon nombre de gentilshommes, et gens aguerris, sans toutesfois faire aucun outrage ni moleste aux moynes, lesquels pour certain estoyent traitez si paisiblement et amiablement, qu'ils désiroyent pour la pluspart que cela continuast, parce qu'ils estoyent bien aises sans rien faire. Bref c'estoit merveilles du peuple qui affluoit aux presches ; car ils abordoyent de six, sept et huit lieues à la ronde.

Ceux de Montélimart de leur costé, estant supportez par Bourjac, séneschal de Valentinois, duquel aussi la juridiction s'estendoit en la ville de Valence, et ès environs pour les cas royaux, prindrent courage, ayant lors un moyne nommé Tempeste, qui preschoit le caresme en son habit, et néantmoins tenoit et enseignoit la doctrine des évangéliques. Mais si ne laissèrent-ils pour cela de faire prescher

---

(1) Mirabel et Quintel, que de Thou nomme de Quint, étaient les chefs de ces assemblées : ce dernier avait servi dans les guerres du Piémont en qualité de capitaine.

leur ministre nommé François de Sainct-Paul, grandement estimé pour son savoir et érudition : et ce au parvis des cordeliers. En quoy ils furent suyvis et soustenus de plusieurs seigneurs et gentilshommes, et entre autres de ceux de Comps, de Montbrun, des capitaines Sainct-Aubin, Condorcet, Nocaze, Sezet et autres.

Ceux de Romans aussi firent le semblable, estant conduits et aidez des seigneurs de Changy et autres gentilshommes. Et firent prescher au temple Sainct-Romans, qui est au plus haut de la ville.

En tous ces lieux durant les assemblées y avoit bon nombre de gens armez pour les garder de surprise, et d'estre saccagez par les adversaires qui les menaçoyent. Sur ces entrefaites, voici arriver les lettres de pardon et d'abolition, dont ci-dessus a esté faite mention contre ceux qu'on disoit avoir pris les armes pour la religion, et conspiré contre la personne du roy et son estat, lesquelles furent apportées par l'un des gens de Montluc, évesque et seigneur temporel et spirituel de Valence, qui se disoit en cela gratifier ses peuples. Mais à la vérité c'estoit pour complaire au duc de Guise, gouverneur de Dauphiné, du tout forcené de ce que ceux de son gouvernement, desquels il attendoit le plus de secours et support, advenant qu'on luy voulust donner quelque venue, contre toute espérance s'estoyent déclarez estre de la religion, et des premiers de tout le royaume. Et de vray, ceste pillule luy estoit de dure digestion. Car il pensoit bien avoir desjà tenu la main si roide à exterminer telles gens de son gouvernement, qu'il n'y en devoit avoir aucun de reste, en quoy se voyant si évidemment trompé, il en accusoit publiquement cest évesque : et de vray, ce n'estoit sans quelque occasion. Car cestuy-ci estant en son évesché, s'estoit meslé de prescher contre la coustume des évesques de maintenant, et faisoit comme un meslinge des deux doctrines, blasmant ouvertement plusieurs abus de la papauté, qui faisoit croire qu'il y en avoit plus qu'il n'en disoit, et qu'on presta plus facilement l'oreille à l'autre party. Montluc donc, voulant regagner la grâce de ceux de Guise, et craignant de perdre son évesché d'une façon ou d'autre, promet faire merveilles, et de descouvrir de grandes choses : et de fait y envoye le plus habile de ses gens qui n'y fit rien pour lors, sinon qu'il tendit les piéges que nous monstrerons cy après.

Le séneschal de Valentinois Bourjac, ayant receu ces lettres de pardon vint à Valence, pour les faire publier en assemblée de ville, comme il luy estoit mandé. Là se trouvèrent tous ceux de la justice : les consuls et les plus notables de la religion, aussi bien que l'official et le clergé. Adonc Bourjac ayant pris son argument sur les patentes, et sur la calamité du temps, commença par l'invocation du nom de Dieu, et à prier pour le roy et la conservation de son estat, le suppliant jetter l'œil de sa clémence sur luy et tout son peuple, notamment sur la compagnie là présente, à ce que chacun s'esvertuast, après avoir entendu la volonté de leur roy et souverain seigneur, à la bien et diligemment accomplir. Ce fait, et la lecture achevée de ces lettres, il leur remontra la grande bonté du roy en une si grande jeunesse, qui devoit donner occasion à ses peuples d'espérer un bon traictement à l'avenir, puis qu'il avoit esté meu d'une si grande compassion, que de vouloir pardonner et oublier toutes ces choses : voire quand même on auroit conspiré contre sa personne et estat, pourveu qu'ils le révélassent. Pourquoy faire il exhortoit chacun de le venir trouver en sa maison, et aussi que puis après chascun vesquist paisiblement, sans se mesfaire ou mesdire en aucune manière. Puis se retournant vers ceux de la religion, demanda s'ils entendoyent s'ayder du bénéfice de l'édit dudit sieur. Surquoy Mirabel prenant la parole, dit que la coustume des Églises réformées estoit de prier Dieu, avant que rien entreprendre ne faire. Parquoy estant question de traiter d'afaires de si grande importance, il requéroit ceste louable observation leur estre ainsi permise. Bourjac regardant les autres assistans, leur dit : « Messieurs, il n'y a celuy en ceste compagnie, comme je croy, qui ne treuve ceste requeste équitable, attendu que toutes choses doyvent estre faites en bon ordre, et avec l'invocation du nom de Dieu, et n'estre jà besoin de recueillir les opinions sur cela. » Surquoy s'estant présenté un des citoyens de la ville, nommé de Saillans, diacre de l'Église réformée, il commença la prière avec une ardente affection, et la prononça fort haut, ayant tous les seigneurs le bonnet au poing, et les genoux en terre. A l'exemple desquels ceux de l'Église catholique romaine s'inclinèrent aussi, hors mis le clergé qui demeura ferme sans se mouvoir. La prière achevée (qui contenoit en somme une supplication à Dieu pour la prospérité du roy, de son estat et royaume, ensemble pour l'accroissement de l'Évangile, et pour toutes les nécessitez des autres estats du royaume), l'un d'eux commença à haut louer et très-humblement remercier la bénignité du roy, d'avoir voulu, en une si grande jeunesse, donner repos à l'Église de si long-temps persécutée, suppliant Dieu leur faire la grâce de ne mettre jamais en oubli un si grand bénéfice, pour recognoissance duquel ils rendroyent à leur prince de plus en plus entière sujection et obéissance. Mais quant à l'article de l'abolition pour ceux qui avoyent conspiré contre sa personne et estat, d'autant que cela ne leur touchoit en rien, ils ne s'en vouloyent aucunement ayder : n'estant, Dieu merci, telle et si lâche pensée jamais tombée en leur entendement, croyant le mesme de tous ceux qui faisoyent profession de leur religion fondée sur la pure parole de Dieu, laquelle au contraire commande de porter tout honneur et toute obéissance à leurs seigneurs, supérieurs et magistrats, encore qu'ils fussent meschans et infidèles. Et pour le regard des armes par eux prises, ce n'avoit esté pour offenser, ou endommager aucun : mais seulement pour se défendre contre les personnes privées, qui autrement les eussent peu outrager, estant prests toutefois à les mettre bas, et sitost qu'il plairoit au roy le leur commander, voire de s'aller eux-mesmes rendre prisonniers, au simple commandement que luy ou autre magistrat légitime leur voudroit faire.

Ce fait, un procureur de Valence, nommé Marquet, print la parole, et dit avoir tenu huit ans le greffe de la ville, durant lesquels ne s'estoit passé une seule nuict que le lendemain ses registres ne fussent remplis de plaintes qu'on faisoit à justice des insolences que commettoyent les coureurs de pavé, en sorte que nul n'osoit aller par la ville, qu'il ne fust battu, volé et pillé, les maisons eschellées, les portes rompues, et icelles maisons saccagées, les filles et femmes violées : bref, que les estrangers y commettoyent tant de meschancetez, qu'il n'estoit loisible, la nuict étant venue, d'aller en façon que ce soit visiter l'un l'autre, pour quelque grande afaire qui eust peu survenir. Mais que depuis qu'il avoit pleu à Dieu allumer sa clarté en leur ville, par le moyen de la prédication de son Sainct-Évangile, tout cela avoit presque cessé, comme s'il fust venu avec le changement de doctrine, changement de vie. Quoy qu'il en fust, nulle de ces violences ne s'estoit exercée par aucun de ceux qui faisoyent profession de l'Évangile, et qui s'estoyent rangez à la discipline ecclésiastique, dequoy il vouloit respondre sur sa vie : combien qu'il n'eust aucunement tenu à quelques-uns (les principaux desquels estoyent là présens) de leur faire perdre patience par une infinité d'injures proférées et de jour et de nuict : voire mesme jusques à avoir attenté en leurs personnes et biens. Ce que toutesfois ils avoyent enduré paisiblement pour l'amour de Dieu, et pour le désir de nourrir paix. Bref, après avoir sommé tous les autres de parler, s'ils avoyent à dire quelque chose au contraire, et tous estant demeurez muets, il commença à les blasmer grandement, de ce qu'ils les diffamoyent en derrière par toutes sortes d'accusations forgées à plaisir, et n'avoyent rien à dire en leur présence. Voilà qu'elle fut l'issue de ceste assemblée. Ces nouvelles parvenues au duc de Guise, voyant que le Dauphiné prenoit goust de plus en plus à ceste doctrine, sa colère redoubla grandement, voire et surmonta tellement sa raison, qu'il résolut leur courir sus, comme à ses ennemis mortels, et qui avoyent intelligence secrette avec ceux qui les estoyent venus trouver à Amboyse. Et d'autant qu'il cognoissoit Clermont (1) lieutenant du roy en son absence, audit pays du Dauphiné, gentilhomme sage et bien advisé, et qui s'estoit modestement comporté en toutes ses actions précédentes, cerchant plustost d'adoucir et modérer les choses que d'user de force et violence trop aspre : outre ce qu'il luy vouloit mal de longue-main (car il estoit parent de Diane) estima qu'il avoit quelque communication avec ses ennemis, ou à tout le moins qu'il ne seroit propre à exécuter ses desseins sur eux. Parquoy il escrivit et donna toute charge à Maugiron (2), tant pour le cognoistre homme violent, que pource qu'il s'estoit rendu de ses plus affectionnez serviteurs, suivant la faveur de la cour, et déclairé ennemy mortel de ceste doctrine, comme s'accordant fort mal avec la vie dissolue qu'il menoit. Cestuy-ci donc, ayant commandement de faire entendre au duc de Guise la vraye cause de ces esmeutes, et cependant de lever gens pour saccager et mettre tous ceux de

---

(1) Antoine de Clermont-Tallard.
(2) Laurent de Maugiron.

la religion de ce pays là à feu et à sang, commença à tendre ses gluaux, et à pratiquer tous ses amis, espérant d'y faire de si bons services qu'il empiéteroit la charge de Clermont, lequel pendant ces nouveautez avoit envoyé le sieur de Vinay à Romans, et d'autres gentilshommes de qualitez aux autres villes, afin de tenir toutes choses en paix.

Vinay, qui pareillement voguoit en la mer des courtisans, afin d'avoir part au gasteau, ayant entendu la charge de Maugiron son grand amy et familier, et eu de luy le mot du guet, sceut si bien se transformer, qu'il jouoit trois personnages. Car faignant d'un costé tenir le party de ceux de la religion, il avoit acquis telle privauté et familiarité envers les principaux d'entre eux, qu'il savoit toutes leurs entreprises et délibérations : mesme il avoit de ses serviteurs suyvant les assemblées et exhortations, les uns de bonne affection, les autres pour espier ce qui se faisoit et disoit. D'autrepart il alloit et venoit deçà et delà devers les autres, pour les esmouvoir à sédition, et à prendre les armes, conviant les pauvres sous l'espérance de gain, et les riches pour acquérir honneur et réputation, en se déclarant ennemis de ceste religion. Durant ces négoces, il parloit souvent et familièrement avec Mirabel et les surveillans de l'église de Valence, et tenant langage à chacun, selon leur humeur, les paissoit tous d'espérance, et leur faisoit croire que ces allées et venues n'estoyent que pour unir les deux religions, et maintenir la paix publique, selon le devoir d'un bon serviteur, et la charge qui luy estoit donnée, comme aussi il les asseuroit l'intention du roy estre telle. Maugiron averti de toutes ces choses par Vinay, et des troubles et divisions qui estoyent, et qu'il avoit semées et entretenues entre ceux de l'Église de Valence, commença à bien espérer de ses afaires. Et les ayant fait savoir à ceux de Guise, vint à Lyon, lever tous les rufiens, pipeurs, coureurs de pavé et coupe-gorges, qu'il fit descendre à Vienne, pour les joindre avec pareille canaille de voleurs et mauvais garçons de Dauphiné, qui faisoyent nombre de trois à quatre cens hommes. Et de là par batteaux arriva à Valence, deux heures devant jour, où il fut receu des consuls et de ceux de l'Église romaine sachant sa venue, et qui s'estoyent apprestez, ayant retiré à Saincte-Apollinaire toute leur artillerie, poudres et munitions, par l'adresse et diligence de Vinay. Leur délibération fut d'aller surprendre ceux de la religion, quand ils seroyent au sermon, afin qu'ils n'eussent aucun moyen de se défendre. Mais quand ils se virent descouverts et que chacun d'eux se préparant au combat se retiroit aux Cordeliers, pour estre conduits par Mirabel, Quintel et les autres gens de guerre là logez, ils eurent belle peur. Car ces canailles, qui ne se hazardent pas volontiers à leur désavantage, avant que sortir de leur tannière, avoyent eu promesse et asseurance de trouver la nappe mise, de butiner et paillarder : non pas entendu qu'il leur fallut combattre en ceste façon. Pourquoy voyant les choses autrement préparées, ils faisoyent mauvaise mine de mordre. D'autrepart, toute ceste troupe savoit qu'ils alloyent assaillir des gens bien délibérez à se défendre : comme pour les choses les plus précieuses, à savoir pour leur religion, leur liberté, leur vie et leurs biens, et pour la défense de leurs femmes et enfans. Et pourtant chacun regardoit la porte, et eust voulu estre hors l'enclos des murailles, afin de gaigner au pied. Adonc Maugiron considérant que si son premier exploit avoit telle issue, il se verroit eslongné de toutes ses grandeurs imaginées, et se souvenant des menées de Vinay, et de la bonne espérance qu'il luy avoit donnée de trouver les chefs ployables et traitables, délibéra d'aller sonder le guay, avant que faire si honteuse retraite, et d'essayer s'il pourroit départir les gens de guerre qui estoyent aux Cordeliers, et les envoyer sous belles et gracieuses paroles, pour chevir (1) aisément puis après de ceux de la ville, ayant l'artillerie à son commandement. Il print donc quinze ou seize gentilshommes de sa compagnie, avec l'espée et la dague seulement, et s'acheminant vers les Cordeliers, demanda à parlementer avec les principaux d'entre ceux de la religion. Mirabel, Quintel et quelques autres s'étant présentez, Maugiron leur déclara estre là venu de la part du roy pour savoir qui les avoit meus à prendre les armes, et à qui ils en vouloyent. Ils respondirent ne s'estre aucunement armez contre leur prince, mais seulement pour se tenir sur leurs gardes, d'autant qu'ils savoyent leur religion estre odieuse, et que l'on faisoit des entreprises secrettes, pour les saccager, sans s'estre enquis de leur bonne ou mauvaise cause, encore qu'ils n'eussent meffait ny mesdit à personne. Lors Maugiron répliqua que s'ils n'avoyent pris les armes pour autre fin, ils les pouvoyent bien mettre bas et les quitter, leur jurant sur sa vie et son honneur, que pour raison de la religion, il ne leur seroit fait aucun tort ne desplaisir : que le roy vouloit et entendoit qu'ils se peussent assembler et faire prescher l'Évangile tant qu'ils voudroyent, pourveu qu'ils ne portassent les armes qui luy estoyent suspectes, à l'occasion des entreprises et esmotions tout fraischement survenues à Amboyse. « Et quant à moi, disoit Maugiron en ces propres termes, afin que soyez plus asseurez de ma personne, et de la bonne volonté que je porte à ceux de vostre religion, je vous jure et atteste, que vous n'avez un meilleur amy que moy, et que je porte si peu de respect à ce b..... de pape, que je voudrois qu'il fust enquoué avec mon levrier. » Finalement après avoir tiré

(1) Venir à bout.

à part Mirabel et Quintel, et eu quelque propos ensemble, il s'en retourna à sa troupe, et d'autre part ceux qui avoyent parlementé, ayant troussé bagage, se retirèrent avec tous les gens de guerre, l'un deçà et l'autre delà, sans dire à Dieu, ny avoir fait donner aucune seureté aux citadins, lesquels voyant ces choses perdirent courage et s'asseurant sur la promesse de Maugiron, quittèrent les armes. Mais ils ne furent plustost séparez et désarmez, que Maugiron et sa troupe se saisirent des portes et places de la ville, ensemble des armes de ceux de la religion, et du plus léger et meilleur de leurs meubles qu'ils butinèrent, comme si on eust pris la ville d'assaut. Les ministres, qui estoyent seulement arrivez deux ou trois jours auparavant, furent mis prisonniers, et les prisons remplies des plus riches de la religion : on pilla leurs maisons, et furent rançonnez à argent sous promesse de les délivrer et mettre en liberté. Mais quand Maugiron eut tiré d'eux ce qu'il en peust arracher, il s'en moqua et les laissa là. Il exigea aussi argent des gens d'église, qu'ils appellent, et en général de ceux de la religion romaine : pour payer, comme il disoit, la solde de ses gens. Mais ils avoyent si bien rempli leurs bouges, que cela luy pouvoit bien demeurer, aussi luy fit-il grand bien, car il en avoit grand besoin. Cependant le duc de Guise ne perdit nulle occasion de luy envoyer renfort : car il fit descendre seize enseignes de gens de pied du Piedmont des vieilles bandes, et y en envoya des nouvelles en leur lieu. Semblablement Tavannes, son favori, y fut envoyé pour chef avec sa compagnie de gens d'armes, et celles de Clermont, du prince de Salerne et autres : qui fit que les gentilshommes qui faisoyent prescher à Romans et à Montélimard, craignant leur fureur, se retirèrent, et pareillement leurs ministres et principaux, ayant charges aux églises. Truchon, premier président de Grenoble, esclave de la maison de Guise, et fait de leur main (1), sentant les forces approcher pour leur faveur, vint à Valence accompagné de ceux du parlement qu'il jugea plus propres pour complaire à ses maistres, à savoir les conseillers Rinard, Ponce, Laubépin, du Vache, Rostain et Belièvre, avec du Bourrel, dit Ponsenas, advocat du roy, pour faire procès aux prisonniers. Passant par Romans, par l'aide et instigation de Vinay, furent pris soixante des principaux et mis ès prisons de Jacquemard. Estant tous arrivez et mis en besongne, Maugiron prit la route de Montélimard. Dequoy les habitans advertis, luy furent au devant en armes, et avec bon équipage: desquels il eut grand peur, car estant surpris, il n'attendoit rien moins que d'estre taillé en pièces, veu le traitement qu'il avoit fait à leurs voisins. Toutesfois, ne sachant que devenir, il retourna à son artifice premier, pour les endormir de belles paroles. Et pourtant alla droit à eux, accompagné de quatre ou cinq gentilshommes des plus apparens de sa compagnie. Il leur demanda qui les mouvoit de prendre les armes, et s'ils ne vouloyent pas obéir au roy et à justice. Ils respondirent qu'ils estoyent très-humbles serviteurs de sa majesté et obéissant à justice; mais ne sachant s'ils estoyent ennemis, ils avoyent pris les armes: au demeurant qu'ils estoyent prests d'obéir, en leur monstrant qui le mouvoit, et quelle estoit sa charge et commission. Somme, après qu'il leur eut juré ne vouloir autre chose que repaistre et passer outre, sans vouloir attenter aucune chose contre la ville, en général, ny en particulier, ils le laissèrent entrer avec toute sa compagnie, et mirent les armes bas; mais il les traita pires encore que ceux de Valence. Et voyant que ceux qu'il cerchoit s'estoient retirez, il saccagea les meilleures maisons,

(1) De Thou le représente comme un magistrat prudent et modéré, et prétend qu'il ne fit une prompte justice des coupables que pour ôter à Maugiron et à ceux de sa sorte toute occasion de piller.

et n'oublia celles du séneschal, sur lequel il avoit une dent de laict, rançonnant jusques à ses servantes. Puis, estant bien goussé, il se mocqua des huguenots qui estoyent si crédules, et disoit qu'il ne leur falloit tenir ny foy ni promesse.

Pendant que le président Truchon poursuivoit ceux de Valence, Montluc, évesque du lieu, fut meu de quelque pitié et compassion de ses citoyens, après avoir entendu qu'ils n'avoyent eu aucune communication avec ceux d'Amboyse. Se voyant donc sollicité de ses plus privez amis, qui luy disoyent, qu'estant conseiller au privé conseil, et ayant autresfois tenu le parti de l'Évangile, il ne pourroit éviter la note d'infamie, s'il laissoit ses sujets au besoin, il fit tant qu'il obtint autres lettres de pardon et abolition. Mais elles ne peurent arriver ny estre vérifiées au parlement si à temps, que les juges n'eussent fait décapiter deux ministres et pendre trois des principaux de la ville, à savoir Marquet, dont a esté faite mention ci-dessus, le chastelain de Soyon, et Blanchier. Les ministres furent exécutez, en qualité d'autheurs de sédition. Et leur furent pendus au col ces titres : *voicy les chefs des rebelles.* Laubépin, raporteur des procès, qui avoit fait profession de leur doctrine, craignant que, si lesdits ministres faisoyent des remonstrances au peuple, ils le pourroyent induire à croire tout le contraire de ce qui estoit porté par leur sentence, attendu leur vie et conversation, et la doctrine par eux annoncée, et que à ceste occasion se pourroit ensuivre quelque sédition dangereuse pour eux, remonstra à ses compagnons qu'il les falloit baillonner, autrement que la dernière condition seroit pire que la première. Ce qui fut trouvé très-bon et ainsi exécuté.

Quant aux autres prisonniers, ils sortirent par la porte dorée, avec abjurations, foüets, bannissemens, et grosses amendes. Et disoit-on que c'estoit à qui mordroit le mieux du président, des conseillers, ou de l'advocat du roy, et qu'ils eussent souhaité d'avoir souvent de telles commissions. Et de vray, cest advocat jouoit à toutes restes. Car ayant quitté l'Evangile et vendu tout son bien pour acheter cest estat, il cerchoit de s'en rembourser au pris de sa conscience, se constituant ennemi de ceux desquels il s'estoit jà approprié les biens par fantaisie. Mais il n'eut loisir de se remplumer, estant prévenu d'une mort estrange et espouvantable, comme il sera dit ci-après.

Ces juges, ayant achevé à Valence, vindrent à Romans, où ils firent pendre deux hommes, à savoir Roberté, qui avoit logé le ministre, et Matthieu Rebours, pour avoir gardé le temple de S. Romain avec une arbaleste et l'espée. Ils estoyent chargez par leurs procès d'avoir fait confession de foy, destesté la messe, et nié que Dieu se voulust mettre ès mains de si malheureuses gens qu'estoyent les prestres, qu'on savoit estre paillards, meurtriers et larrons ordinaires. On les mena de la prison jusques à la place du supplice sus une claye, ayant sous eux du bois et de la paille fourrée parmi, où ils moururent fort constamment, surmontant la violence de leurs ennemis. Ce fait, on fouetta par les carrefours un portefaix nommé Chevillon, pour après estre confiné en gallères. Cestuy estant fustigé, disoit au bourreau : « Frappe, mon amy, frappe bien fort, chastie ceste chair qui a esté tant rebelle à son Dieu : » s'estimant au reste bien-heureux de souffrir pour telle querelle. Voilà en somme ce qui advint de notable en Dauphiné. Quant à la Provence, il faut que je commence un peu plus loin, pour plus facile intelligence des occurrences de plusieurs choses mémorables qui lors y survindrent.

En l'an 1559, Antoine et Paulon Derichiend, seigneurs de Mouvans, après avoir longuement suyvi les guerres, s'estant retirez en leur maison qui est au haut pays de Provence, en la ville de Castelane, désireux de vivre selon Dieu, avec quelques autres, firent tant qu'ils recouvrèrent un ministre. Lequel venu en janvier, tost après, plusieurs personnages et de tous estats s'adjoignirent à ceste assemblée, laquelle du commencement se faisoit la nuict chez lesdits Mouvans. Et combien que l'hyver fust dur et aspre, si ne furent-ils retenus par les neiges et verglas, ni autres difficultez, d'y aborder de fort loin.

Le caresme venu, ceux de Castelane eurent pour prescheur un cordelier à la grand manche, lequel ne pouvant souffrir ces assemblées, les détestoit par toutes sortes d'injures et accusations calomnieuses, si que le populaire commença à murmurer à l'encontre. Voire et d'autant plus que le ministre luy ayant envoyé certain escrit où sa vie et doctrine estoit déchiffrée, il s'en plaignit en pleine chaire, comme aussi des menaces que il disoit luy estre faites par un des deux frères, à savoir Antoine. Ce qui irrita tellement ses auditeurs, que sans enquérir du vray ou du faux, leur recours fut aux armes, et assiégèrent ledit Antoine avec cinq ou six cens hommes. Paulon sur cela vient au parlement d'Aix faire sa plainte, ce que les mutins font aussi de leur part, où ils furent recueillis et soutenus de quelques conseillers qui avoyent la dent sur ces gentilshommes. Si que par leurs doléances, commissaires furent envoyez pour informer d'une part et d'autre. Mais au lieu de ce faire, et tenir la balance droite, on informa simplement contre ces deux frères du pur fait d'hérésie, sans entrer aux voyes de fait. Ce que voyant Paulon, et que desjà on avoit décerné ajournement personnel, il se retira devers le roy Henri, encore vivant, duquel il obtint aisément évocation de leurs négoces au parlement de Grenoble, en considération de leurs services. Laquelle signifiée au parlement d'Aix, ils firent tant envers le cardinal de Lorraine qu'ils eurent lettres de cachet, par lesquelles leur est mandé ne se dessaisir du procès. Ceste matière, ainsi esgarée contre toute équité, fit que lesdits de Mouvans prindrent le frein aux dents, joint que les évangéliques de divers lieux de Provence, lesquels se sentoyent pareillement oppressez d'une infinité d'injustices, leur baillèrent force mémoires et instructions, contenant une infinité de concussions, larrecins, et crimes énormes commis par leurs adversaires du parlement. En sorte que pour arrester le cours de leur tyrannie, ils conclurent de faire une bourse commune, pour les poursuyvre devant le roy. Pour ce faire, jour fut assigné en la ville de Draguignan.

En ce mesme temps, Antoine fut poursuyvi d'entrer en voye d'accord avec ceux de Castelane, et pour ce faire se trouver à Fuyeuse, à la requeste de ses plus proches parens et grands amis, lequel cognoissant que c'estoit son chemin pour aller trouver les autres, s'y achemina. Mais n'ayant trouvé les moyenneurs qui l'y avoyent convié, il alla coucher audit Draguignan, où il ne fust plustost arrivé que les petits enfans de la ville (esmeus et esguillonnez par certains prestres) crièrent si fort au luthérien, qu'à la diligence de ces bons solliciteurs, plus de trois mille personnes eurent en moins de rien environné son logis. Antoine, voyant qu'il ne se pouvoit sauver, usa toutesfois de telle et si vaillante résistance, que les mutins recoururent au Viguier de la ville, entre les mains duquel il se rendit pour obéir à justice. Mais la rage de ce populace esmeu ne peut estre retenue, qu'il ne fust tué en ses mains, et usèrent en son corps de tant d'inhumanitez et cruautez qu'il est impossible les descrire. Entre autres choses par trop barbares, ses entrailles luy furent arrachées du ventre, traînées par la ville, puis jettées dans les fossez d'icelle, en un lieu le plus puant et infect. Son cœur et son foye furent départis, emmanchez dans des bastons, et portez par la ville comme en triomphe. Bref, leur rage fut si desbordée que l'un d'eux présenta un morceau de ce foye à son chien, auquel fut trouvé plus d'humanité qu'aux hommes, car il le refusa, et s'en allant honteux, son maistre courut après, et dit en jurant et reniant Dieu : Serois-tu aussi bien luthérien que Mouvans ? Le parlement, requis par Paulon de luy faire justice d'un si énorme et détestable crime, envoye à Draguignan les conseillers, Henry Victoris, et Esprit Vitalis, lesquels au lieu d'en informer, enquirent de sa vie, mœurs et conversation, et non des meurtriers. Puis ayant fait saller le corps le firent conduire par les assassineurs mesmes, avec un qui fut pris en sa compagnie, nommé Blamaire, jusques aux prisons d'Aix, et leur ordonnèrent salaire. Qui plus est, l'un de ces commissaires tança aigrement ceux de Castelane, qui estoyent venus déposer contre le mort, disant : « Allez, allez canailles, on a ici tué le vieil, pourquoy ne tuez-vous le jeune ? vous ne valez rien, et monstrez bien n'avoir aucun courage. Tuez, tuez toute ceste racaille de luthériens. »

Ce peuple, qui de soy n'est que trop bouillant et acharné, se sentant encouragé par ceux mesmes qui le devoyent retenir, devint si fier et orgueilleux que rien plus. Et n'ayant peu attraper Paulon, tuèrent grand nombre d'autres gens, sans que aucune punition ne perquisition en fust faite, en sorte que toutes choses estoyent licites à ces insensez. Voilà l'estat auquel estoyent les afaires du jeune Mouvans, lors que le roy Henri décéda. Ne pouvant donc avoir justice de l'outrage fait à son frère, et se voyant d'autrepart tellement poursuyvi par ceux de son pays, qu'il luy faloit tousjours entretenir gens pour sa garde : voici arriver de la ville de Nantes le capitaine Chasteauneuf, qui avoit charge de par la Renaudie et ses compagnons, d'assembler les églises de Provence, pour aviser qui on envoyeroit à l'exécution de l'entreprise d'Amboyse, et à qui on bailleroit la charge de tout conduire au pays, advenant qu'il falust prescher publiquement. Le lieu assigné à Mérindol, les députez de soixante églises de Provence, (car autant s'y en trouva lors) s'y trouvèrent, où ledit Mouvans fut esleu d'un commun accord et consentement pour chef et conducteur de leurs gens de guerre. Ce qu'ayant accepté, il usa d'incroyable diligence, allant par toutes lesdites églises savoir le nombre d'hommes de combat, desquels on se pourroit asseurer advenant la nécessité, et y en trouva deux mille, qui avoyent bon moyen de se monter, armer, et entretenir, outre les gentils hommes et soldats voulontaires, qui estoyent aussi en grand nombre. Ayant donc départi ses forces par compagnies, et à icelles pourveu de chefs, et toutes choses nécessaires, selon le temps et la commodité, le temps de la susdite exécution entreprise par la Renaudie s'approcha : qui luy fit assembler les principaux, qui luy avoyent esté baillez pour conseil, lesquels conclurent ensemble d'entrer dans la ville d'Aix, avec le plus grand nombre de gens qu'ils pourroyent, et d'y faire prescher publiquement. Ils y estoyent conviez par ceux de l'église du lieu, estimant qu'à leur imitation, les autres villes prendroyent plus hardiment courage, et ainsi qu'estant déclarez tous en un mesme temps, le roy cognoissant le grand nombre de ses sujets suyvre ceste doctrine, seroit facilement esmeu à leur donner quelque relasche et estat paisible, plustost que d'encliner à la passion desmesurée de ceux de Guise, qui ne demandoyent que faire tout baigner en sang. Je ne doute pas que Mouvans ne fust bien aise de ceste résolution, pour l'espérance d'avoir justice des meurtriers de son frère, et de tant d'indignitez par luy receues, et aussi pour y faire enterrer le mort que l'on détenoit aux prisons, en attendant que le jugement diffinitif fust donné contre luy, pour confisquer son bien. Ce qu'ils n'avoyent encore osé faire, craignant celuy qu'ils eussent désiré tenir compagnie à son frère. Car ils savoyent en quel crédit et authorité il estoit entre ceux de sa religion. Pour exécuter ceste entreprise, Mouvans se mit en campagne, toutesfois secrettement, et avec un rendez-vous à ses gens, lesquels n'y firent faute. Mais quand ce vint au fait, ceux de dedans qui avoyent promis se saisir d'une des portes de la ville, saignèrent du nez, luy estant à trois ou quatre lieues de là, en sorte, qu'estant descouvert des adversaires, le parlement saisi de merveilleuse crainte, envoya en toute diligence à Marseille, devers le comte de Tende, gouverneur et lieutenant général pour le roy en Provence, et vers le baron de la Garde, autrement nommé le capitaine Paulin, pour avoir secours. Ceux d'Arles firent de mesme, avec la pluspart de la noblesse, et donnèrent si bon ordre à contenir le peuple de leur ville, que les suspects qui mettoyent Mouvans en besongne, furent contraints le contremander et se retirer de la ville, pour la crainte des forces qui se préparoyent. Mouvans ayant, par la faute d'autruy, perdu une si belle occasion, et se sentant descouvert, ne se voulut retirer sans quelque exploit mémorable. Parquoy, il se mit à courir le plat pays, et à abbatre toutes les images des temples : en quoy il advint une chose qui est grandement à considérer, à savoir la bonne reigle et discipline qui lors estoit entre ses gens de guerre, non jamais auparavant, ny depuis entendue ny pratiquée. Car de toutes les reliques d'or et d'argent qui se peurent trouver, une seule ne fut pillée ny enlevée par eux. Ains furent toutes fondues en la présence des consuls et syndicqs des lieux où ils passoyent, dont Mouvans retiroit les quitances rière luy. Le pareil fut fait de tous les ornemens de la messe, chose esmerveillable en ceux de ceste nation, qui ont acoustumé de se monstrer les plus insolens de tous les gens de guerre françois. Mais l'on attribuoit cela à ce qu'ils estoyent tous domiciliez et recognus de leurs chefs par nom et surnom. Aussi que s'ils en eussent autrement usé, il estoit dit par leur chef, qu'on les feroit mourir, ou que retournez chez eux, ils seroyent excommuniez en leur église, et livrez au magistrat. Ce bon ordre n'a pas tousjours duré.

Sur ces entrefaites, le comte de Tende assembla l'arrière-ban, et toutes les forces qu'il peut promptement recouvrer, lesquelles jointes avec sa compagnie de gens d'armes, montèrent plus de six mille hommes, avec lesquels il vint trouver Mouvans, lors appelé par ceux de l'église de Sisteron, pour les remettre dans leur ville, qui leur avoit esté fermée après qu'ils en furent sortis, pour aller au sermon, qui se faisoit là auprès. Mouvans, qui n'avoit pas plus de quatre à cinq cens hommes, se sentant poursuivy de si grandes forces, ne voulut se hazarder d'aller assiéger une ville, et en ce faisant avoir à combattre l'ennemy douze fois plus fort que luy. D'autre-part il ne pouvoit seurement départir et renvoyer ses gens, sans les mettre en trop évident danger, estant tous remarquez. Car sans doute, on les eust tous exécutez à la mort à leur arrivée chez eux, ou bien tuez et saccagez par les chemins. Parquoy il se retira en bataille rangée, et se fortifia au mieux qu'il peut au haut pays, en l'abbaye Sainct André, assise au coupet d'une montagne, en lieu où il ne pouvoit estre commandé : et y fit mener vivres de toutes les autres abbayes, priorez et bénéfices là prochains, si qu'en peu de jours il en eut bonne quantité, en sorte qu'il délibéra y attendre des nouvelles de la Renaudie, et de soustenir l'assaut de l'ennemy s'il y abordoit. Le comte de Tende, ayant entendu ceste retraite, s'y achemina. Dequoy Mouvans adverti, laissa quelque petite garnison dans l'abbaye, et l'alla affronter d'une telle alaigresse et asseurance, combien qu'il n'eust qu'une poignée de gens, que le baron de la Garde, qui l'estoit venu recognoistre, s'en retourna hastivement au comte, luy rapporter qu'il avoit trouvé des gens merveilleusement résolus au combat, et que malaisément les pourroit-on avoir sans grande perte des leurs. Ledit sieur aussi, considérant de sa part qu'il ne faloit légèrement espandre le sang des sujets du roy, qui luy pourroyent bien servir ailleurs, et à plus grand besoin, ayant pitié d'eux, et craignant aussi de s'attacher à gens désespérez et résolus au combat, choisit plustost la voye d'accord que d'en venir aux mains. Parquoy il envoya à Mouvans pour parlementer : ce qu'il accorda. Estant arrivé devers luy à my-chemin, le comte luy demanda la cause pour laquelle il avoit pris les armes. Surquoy il commença à se plaindre de la barbare et non ouye cruauté exercée contre feu son frère et luy, par ceux de Castelane et Draguignan, sous ombre de la religion chrestienne, qu'ils avoient receue, et toute leur famille. A quoy tant s'en faloit que la cour de parlement eust donné aucune provision, en retenant et chastiant les meurtriers, que mesme elle avoit authorisé le meurtre, et tellement encouragé les mutins, qu'ordinairement ils s'assembloyent à grandes troupes pour le tuer. Et d'autant qu'il estoit homme de guerre, plusieurs bons soldats, sachant le danger auquel il estoit de sa personne, le seroyent volontairement venus accompagner, et l'avoyent suyvi comme par force, pour la bonne volonté qu'ils luy portoyent, délibérez de mourir plustost à ses pieds que de souffrir aucun outrage luy estre fait. En telle sorte toutesfois que nul d'eux n'avoit attenté en la personne ny aux biens d'autruy. Mesme qu'il n'avoit voulu prendre vengeance de ses ennemis, combien qu'il eust le moyen de les chastier : espérant en avoir quelque jour la raison par la voye de justice, qui seroit plus exemplaire et équitable, que non pas s'il la faisoit luy-mesme. Sur tout il se plaignoit de l'iniquité et injustice de ceux du parlement, et déclara des fautes et meschancetez énormes, lesquelles il offroit de prouver et deuement vérifier. Toutesfois ce qu'il estoit approché d'Aix, n'estoit pour aucun mal, ne sous espérance de fascher personne; mais, pour ce qu'il estoit mal voulu d'eux, et qu'il avoit à faire là auprès, ses amis ne l'avoyent voulu abandonner : ce que venu à la cognoissance de plusieurs autres, ils l'avoyent suyvi les premiers, de façon que le nombre seroit acreu tel que l'on pouvoit voir. Et que d'autant qu'eux et luy faisoyent tous profession de la pure religion et chrestienne, il faloit pour n'estre sans religion, qu'ils eussent la prédication de la pure parole de Dieu, ce qu'avoyent veu et pourroyent tesmoigner ceux ou il estoit passé : ausquels aussi il se remettoit s'il avoit pris d'eux la valeur d'un denier sans payer, non de gré à gré seulement, mais au double. Le comte luy dit : qu'il luy feroit faire justice de l'outrage par luy receu, et de la mort ignominieuse commise en la personne de son frère, en sorte qu'il seroit content pour ce regard. Il luy rendit aussi tesmoignage de ce qu'il disoit n'avoir offensé aucun, ne pris du bien d'autruy. Mais il trouvoit bien estrange, que pour la seureté de sa personne, il eust tant de gens auprès de soy, qui donnoyent occasion de penser qu'il estoit du nombre de ceux qui s'estoyent eslevez à Amboyse, et qui avoyent pris les armes contre la personne du roy, son authorité, et estat, le sommant de déclarer si c'estoit pour ceste raison là. Il jura et afferma que ceste pensée de se dresser contre le roy, en sorte quelconque, ne luy estoit jamais venue en l'entendement : ains au contraire que tout ainsi qu'il avoit esté très-humble et très-loyal serviteur du feu roy Henry, aussi l'estoit-il du roy régnant, qu'il recognoissoit pour son prince et souverain seigneur. Et tout ainsi qu'il avoit souventes fois exposé sa vie et ses biens pour le service dudit feu seigneur, on le trouveroit toujours prest à faire le mesme pour sa majesté, quand elle luy feroit tant d'honneur que de l'employer et luy commander. Finalement après plusieurs autres propos ils capitulèrent et fut dit, que Mouvans se pouvoit retirer, ensemble toute sa compagnie, seurement et librement, sans qu'il leur fust fait aucun tort ne desplaisir. Que pour sa seureté et défense, il en pourroit retenir tel nombre qu'il cognoistroit nécessaire, ausquels et à toute sa famille il pourroit faire prescher l'évangile, comme il avoit accoustumé, sans que pour ce on l'en peust aucunement inquiéter. Et au reste que ledit sieur comte procureroit qu'on luy fist justice. Voilà comment se départirent les forces, après avoir juré d'une part et d'autre, de tenir l'accord inviolablement, et de ce baillé instrument à chacun des chefs, que le comte promit faire ratifier au roy pour plus grande seureté. Cest acte est tel et si généreux, que vrayement il doit recommander la mémoire de ce simple gentilhomme, entre tous ceux de ce temps-là.

Ce néantmoins le baron de la Garde, ancien ennemi mortel de ceste religion, ayant pieça pratiqué au sac de Cabrières et Mérindol, qu'il ne leur faloit garder la foy, voulut de rechef mettre en jeu l'article du concile de Constance. Ce que n'ayant peu obtenir du comte de Tende, luy mesme entreprit d'assaillir Mouvans en un destroit, et le tailler en pièces : ce qu'il estimoit aisé à cause qu'il avoit séparé ses forces, et n'avoit retenu pour sa garde que cinquante soldats, suyvant la permission du lieutenant du roy. Ce qui le mouvoit aussi à ce faire estoit pour rentrer en la bonne grâce de ceux de Guise, qui le tenoyent pour ennemi, d'autant qu'ils l'avoyent despouillé de l'estat de général des gallères, pour en vestir le grand prieur de France, l'un des six frères. Et de fait, si cest homme eust esté tel que le présumoyent ceux qui l'avoyent si honteusement désarçonné, il avoit bien moyen d'avoir sa revanche. Mais luy de si basse lignée, qu'à grand peine scait-on son père ny sa mère (1), et encore plus bas de cœur, tel que tous autres le cognoissoyent, au contraire taschoit de faire qu'on ne luy ostast le demeurant, ou mesme que pour un si bon service il obtinst par leur moyen quelque manière de récompense. Mais quand Mouvans en fut adverty, il ne voulut aller loger au chasteau où on l'attendoit, ains se reposa la nuict en une grange : puis le matin venu, au lieu de donner la peine au baron de l'aller charger, luy-mesme contre toute espérance luy alla au-devant, de telle furie, qu'ayant surpris les coureurs en un village, il trouva la nappe mise pour les gens du baron. Et s'estant présenté en campagne pour le combat, amena ce traistre à telle raison, que espris de crainte, il demanda à parlementer; et fut de rechef accordé et juré que chacun se retireroit par son chemin, sans rien demander les uns aux autres : en quoy faisant il renonça au concile de Constance, dont il fut tellement puis après moqué du comte, et de plusieurs autres grands seigneurs, qu'il fut long-temps sans se monstrer.

Mouvans, estant en sa maison, eut advertissement de plusieurs endroits, qu'on luy brassoit des entreprises pour le faire mourir, et que le duc de Guise luy en vouloit sur tous autres, pour avoir esté le premier qui avoit pris la campagne, et empesché plusieurs de ses desseins. Parquoy il fut conseillé de se retirer de France, et s'aller esbatre pour quelque temps. Ce qu'il fit, et ne fut plustost arrivé à Genève, que le duc de Guise ne luy envoyast un homme pour essayer de le pratiquer, luy faisant des plus belles promesses du monde, tant de bouche que par escrit, louant ses vertus, et l'ad-

---

(1) De Thou le nomme simplement le capitaine Paulin.

mirant sur les capitaines et gens de guerre provençaux. Mais pour tout cela (vertu grandement recommandable) il ne fut aucunement esmeu, ains luy manda, que tandis qu'il le cognoistroit ennemi de sa religion et du repos public, et qu'il occuperoit le rang des princes du sang, il se pouvoit asseurer d'avoir un ennemi en Mouvans, pauvre gentilhomme, mais qui avoit tel crédit et faveur avec les bons sujets et serviteurs du roy, et de la couronne et maison de France, qu'ils estoyent cinquante mille (dont il estoit le moindre) qui employeroyent leurs vies et biens pour luy faire amender ce qu'il avoit commis contre tant de bons sujets et serviteurs de sa majesté : et se pouvoit tenir pour tout asseuré que tandis que l'un d'eux vivroit, il n'auroit repos ne vie asseurée, ny pareillement toute sa race, puis qu'il avoit tant irrité la noblesse et le peuple de France. Ce qu'entendu par ceux de Guise avec plusieurs semblables advertissemens, cela leur fit de plus près aviser à eux, et à jouer à quitte ou à double, pour exterminer tous ceux de la religion, qui s'estoyent ainsi déclarez leurs ennemis mortels.

Devant ces belles sollicitations par ceux de Guise, et devant que Mouvans partist de ces quartiers, il receut lettres du roy, et de la royne sa mère, que j'ay veues, par lesquelles ils le gratifioyent grandement, comme l'un des plus loyaux et affectionnez serviteurs de sa majesté, lui promettant de grands biens, et conferment l'accord du comte de Tende, gouverneur et lieutenant général dudit Sieur audit pays. Mais au mesme instant il eut advertissement que ladite dame avoit escrit à ceux du parlement, qu'ils cerchassent tous moyens de le faire tuer ; et qu'en quelque sorte que ce fust le pays en fust desengé, comme aussi de Chasteauneuf, et de certains autres capitaines, qui s'estoyent meslez de ses afaires.

J'adjousteray icy un acte mémorable et bien certain qui advint après la mort du frère aisné de Mouvans. C'est que deux de ceux qui furent aussi tuez par ceux de Castelane après ledit Mouvans, furent enterrez au rivage de la rivière qui y passe. Ces corps estant descouverts par la ravine des eaux, demeurèrent plus de trois mois sans prendre corruption, encore qu'on leur eust changé de lieu. Ains furent trempans en une fosse jusques au mois de mars, que les trouppes de Mouvans les firent enterrer honorablement, et selon leurs cérémonies; sans qu'auparavant nul l'osast avoir entrepris, pour les aguets des autres du lieu, qui les gardoyent ainsi expressément comme chaussetrappes pour en surprendre quelques uns de la religion. Et tient-on pour très-certain (chose admirable et autrement incroyable) que les playes de l'un des corps se trouvèrent, au temps de leur dernière sépulture, aussi fraisches, et avec le sang aussi vermeil, que s'ils eussent esté tuez à l'heure mesme. Au contraire, on récite qu'un capitaine, l'un des gardiens de ces corps, ayant esté tué durant ces troubles, ne demoura demi jour en la place, qu'il ne fust tellement pourry et infect qu'on n'en peut aucunement approcher : en sorte que les corbeaux et les chiens le mangèrent, avant que ses compagnons y pussent arriver pour lui donner sépulture. Je proteste icy devant Dieu n'escrire rien de ce fait qui n'ait peu se vérifier par ceux du pays en grand nombre, de toutes les deux religions (1).

Quand les prestres et moines seurent que Mouvans estoit

(1) Ce même fait est raconté par de Thou, mais présenté comme une *vaine superstition* : il attribue ce prétendu miracle en faveur des religionnaires au terrain, qui étant sec et sablonneux, conserve les corps, et les corrompt en peu de temps, quand il est gras et humide. La Planche est de bonne foi dans sa *protestation devant Dieu* ; mais elle prouve que les huguenots, les esprits forts du temps, n'étaint cependant pas exempts de faiblesses et de crédulité.

deslogé, ils reprirent aleine. Car on leur avoit fait croire qu'il ne cesseroit tant qu'il les eust tous exterminez, et qu'il alloit prendre en ce royaume le train que tenoit en Allemagne le marquis Albert de Brandebourg. Estimans donc qu'autant qu'il brisoit d'images, autant abbatroit-il de leurs testes, ils ne cessèrent de crier après le populaire, et de l'esmouvoir tant qu'ils l'eussent mis en besongne, pour courir sus pour exterminer ceux de la religion. Et vindrent à tel effect, que ceux qui estoyent tant fust peu soupçonnez de la religion, furent contraints se retirer, et abandonner leurs villes, maisons et patrie, tant la fureur du peuple estoit embrasée et animée à les tuer et massacrer.

Ceux de Castelane de leur part, ayant eu crainte de Mouvans, et qu'il voulust se venger d'eux, envoyèrent devers le capitaine Poulin, son ennemy, pour obtenir garnison du gouverneur. Aquoy il ne demoura lasche ne paresseux; car, pour avoir la vie et les biens de Mouvans, il y fit ordonner un prestre renié, nommé Caille, qui luy estoit fort dévotionné, et avec luy nombre d'hommes désespérez : lesquels n'ayant peu attrapper Mouvans, passèrent leur colère sur plusieurs de sa religion qu'ils mirent cruellement à mort, sans respecter âge, sexe, qualité ne dignité, et sans espargner aucun.

Les autres provinces furent au mesme temps grandement esmeues à venir en avant, au lieu que ceux de Guise présumoyent les avoir du tout estonnées : nommément la Normandie, en laquelle il y eut beaucoup d'églises qui s'émancipèrent et s'enhardirent jusques à prescher publiquement : mesmement en la ville de Sainct-Lo, Caen et Dieppe. Ce que sachant ceux de Rouen, voulurent faire le mesme, sinon qu'ils furent retenus par l'instante prière d'aucuns présidens et conseillers de parlement qui les favorisoyent et exhortoyent à se porter plus couvertement sans rien attenter de nouveau, ains à se contenter de leur estat paisible. Et de vray la cour passoit sous connivence leurs assemblées, et n'estoit aucun contraint d'aller à la messe, ne de rien faire contre sa conscience. Mais Satan, ennemy de la paix et de vérité, ne faillit pas de tenter un autre moyen. Estant donc arresté par les ministres et anciens de l'église qu'ils demoureroyent cois, cela ne peut avoir lieu en l'endroit de quelques libertins et esprits fretillans, amateurs de nouveautez, qui pour leur mauvaise vie et conversation n'avoyent esté receus au nombre de ceux qui s'estoyent submis à la discipline ecclésiastique. Ayant donc trouvé soulier à leur pied, à savoir un certain mestre d'escole de ce pays-là, lequel pour ses resveries et révélations fantastiques qu'il avoit apprises en la boutique des anabaptistes, ayant esté chassé, premièrement de Genève, et puis de plusieurs autres églises de France, s'estoit retiré à son pailler, où il avoit acquis le bruit de bien instituer les enfans en quatre langues tout à une fois, et en peu de temps, par certaines reigles estranges et inconnues, néantmoins tant certaines, comme il disoit, qu'il promettoit d'en faire merveille. Or connoissoit-il le naturel facile des hommes non expérimentez; qui le faisoit parler plus hardiment au simple populaire, lequel à ceste occasion le recevoit comme un oracle descendu du ciel. Bref, il se plaisoit tellement en ses spéculations, et trouvoit tant d'autres aussi fols que luy, qu'on avoit grand peine à contenir ceux qui le hantoyent. Estant donc chassé de l'assemblée de Rouen pour les raisons susdites (au moins la cène luy estant interdite, à cause de ses propositions hérétiques, et pour avoir fait des bandes de ceux qu'on ne vouloit nullement approuver pour leurs débordemens et dissolutions) il conceut inimitié mortelle contre les ministres, disant qu'ils portoyent envie à son savoir, pour n'y avoir aucun d'eux qui en approchast, et entretenoit ainsi son crédit avec ces libertins et gens désespérez. Advint qu'il ouit le vent de la résolution prise qu'on ne prescheroit publiquement. Parquoy ayant nouveau argument de calomnier, il s'adresse à ses compagnons, et leur dit : qu'il y avoit à Rouen d'habiles ministres et prescheurs sous la cheminée, qui avoyent leur vie plus chère que le devoir de leur charge, laquelle les astreignoit à prescher publiquement. Mais quant à luy, qu'il n'estoit tel. Car si on le vouloit suyvre, il estoit prest d'aller prescher en pleine campagne, et de jour, où il diroit choses merveilleuses que Dieu luy avoit revélées. Ces estourdis le creurent facilement, et allèrent de maison en maison advertir leurs compagnons, en sorte que trois ou quatre jours durant, il s'y trouva grande assemblée. Car ceux de l'église de Rouen, qui savoyent qu'on avoit mis en délibération de prescher publiquement, estimant qu'on eust changé d'advis, suyvirent la multitude, pensant que ce fussent leurs ministres qui preschassent. Mais quand ils virent le galand, et entendirent ses songes et resveries, chacun d'eux se retira. Entre autres choses, il disoit l'esprit de Dieu luy avoir revelé, que l'Antechrist seroit ruiné et abbatu de son siége par force d'armes : que Dieu l'avoit esleu pour chef et conducteur de l'armée : qu'il destruiroit et osteroit tous les meschans de la terre : qu'il avoit commandement exprès de mettre à mort tous les meschans princes et leurs magistrats, et qu'il avoit pour certain et asseuré tesmoignage de ses révélations, de ne mourir point qu'il n'eust établi un monde nouveau, et net de tout péché, exhortant par là un chacun de prendre les armes, et ne s'estonner si l'entreprise d'Amboyse n'avoit succédé, car ils ne l'avoyent daigné y appeler; mais pour certain ses prédications adviendroyent de bref. Ce disant, et sur chacun article, il faisoit une infinité de trongnes et mines phantastiques, bouchant ses yeux, ouvrant la bouche grande, la teste renversée, puis se courbant sur sa face se laissoit choir et vautroit par terre, escumant comme un verrat les yeux esraillez. Et ce faisoit-il principalement quand il attendoit quelque révélation du ciel, en sorte qu'il faisoit rire le monde comme un basteleur. Toutesfois il abusa quelques gens simples, lesquels s'amusant à l'apparence extérieure de sa vie, plustost qu'à examiner sa doctrine et la conférer à la vraye pierre de touche, qui sont les sainctes escritures, demeurèrent fort opiniastres et creurent devoir advenir ce qu'il avoit prédit. Entre autres, deux frères ses cousins, le recevoyent chez eux, après avoir esté chassé de toutes bonnes compagnies, et le maintenoyent de toute leur puissance : estant au surplus gens simples et de bonne vie. Le parlement adverty de cecy, envoya à Gaillon où estoit le cardinal de Bourbon, et aussi devers Villebon, lieutenant du roy en l'absence du duc de Bouillon, pour les faire venir à Rouen, afin d'adviser aux moyens d'empescher cest enragé. Lequel preschant en pleine campagne lors de l'arrivée dudit cardinal, et l'ayant apperceu, commença à crier après luy, en telle sorte que ce bon pasteur accoustumé d'assaillir plustost les jambons, que de défendre des loups ses brebis, le gaigna de vistesse, et se sauva à course de mulet dans sa maison; combien que nul se fust mis en effort de le fascher, ny d'aller après : de quoy il fit plainte au roy et audit parlement. Villebon d'autre part, arrivé avec sa compagnie de cinquante lances, et autres gens qu'il avoit levez d'ailleurs pour empescher les esmotions, envoya quérir le prevost des mareschaux, et sans dire mot le mena droict au logis de cet anabaptiste, pour le prendre, cuidant à la vérité que ce fust l'un des ministres de l'Église. Le prévost, qui de son costé favorisoit les assemblées et y alloit secrettement, et mesme avoit retiré les ministres en sa maison, craignant toutesfois qu'ils en fussent sortis pour aller à la ville, et

20.

qu'on les eust suyvis et espiez entrant en ceste maison, ne savoit comment s'y porter. Car il ne vouloit estre ny descouvert, ny moins encore faire les captures. Cependant le phantastique voyant qu'on le cerchoit, perdant son zèle, gaigna un grenier fort obscur, là où estant suyvy du prevost, il se mit dans une lucarne pour gaigner les tuilles : à quoy le prevost mesme luy aida, ne le voyant que par derrière et le prenant pour maistre Jacques Valier, ministre, retourna dire qu'il n'avoit rien veu. L'anabaptiste, se voulant le lendemain sauver hors la ville, fut recogneu des chartiers et brouettiers, qui le prinrent et le menèrent à Villebon : de quoy la cour fut aise au possible, et tous ceux aussi qui faisoyent profession de la religion. Car on leur avoit desjà rejetté toute ceste pernicieuse doctrine sur les espaules : ce qui donnoit une grande couverture aux calomnies de leurs adversaires. Somme, son procès luy fut fait en quatre jours, et à ses deux cousins, lesquels il avoit tellement enyvrez de ses fausses persuasions, qu'ils le pensoyent estre immortel, et ne les pouvoit-on destourner de ses resveries. Mais quand ils le virent brusler, et que ses révélations alloyent en fumée, ils recognurent qu'ils avoyent esté séduits et deceus, et montrèrent un grand signe de repentance avant que d'estre pendus. Ceste condamnation estoit seulement pour leur opiniastreté, et d'avoir logé cest imposteur, mesme de l'avoir mené et fait prescher. Alors tout fut appaisé, et le roy adverty de tout ce qui estoit passé.

Or, puisque nous sommes revenus à la cour, nous reprendrons nos dernières erres. Ceux de Guise, ayant opinion que ceux de Tours leur avoyent esté adversaires, et favorisé l'entreprise d'Amboyse, mirent grosse garnison à l'entour de la ville, et persuadèrent au roy, qu'entre toutes les villes du royaume elle luy portoit très-mauvaise affection, et que presque toute la justice se ressentoit de ceste nouvelle doctrine, qui troubloit ainsi l'estat de son royaume. Partant fut-il conclud, que pour la chastier, le roy iroit faire là son entrée incontinent après Pasques : de quoy on les advertit, pour tenir prests les préparatifs. Cependant pour les rafraischir, on y envoya un moyne renié, nommé Richelieu, avec sa compagnie de harquebuziers à cheval, levez pour la nouvelle garde du roy, et les mit-on en garnison en la ville : ce que le cardinal faisoit expressément pour les harasser, sachant bien que ceste canaille, levée de gens autant vicieux que leur capitaine, ne demeureroit sans remuer mesnage, et que se rebellant tant soit peu les habitans, on auroit argument de leur courir sus. Ce moyne, accomply en toute vilénie et desbordement, pour monstrer sa pétulance, de première abordée se vante à ses plus privez amis de la ville, qu'elle seroit la première mise à sac, pour servir d'exemple aux autres; et leur dit avoir esté expressément là envoyé par ceux de Guise pour les irriter, et trouver la moindre occasion du monde de les attrapper : ce qu'il espéroit faire aisément, les connoissant gens peu endurans et aisez à esmouvoir. Mais comme il se départoit desjà le butin, faisant son compte de mesurer le veloux, satin et taffetas à la pique, et de se faire riche de la despouille des meilleures maisons qu'il avoit jà marquées pour luy et ses soldats; les maires et eschevins de la ville, ayant seu ce secret, donnèrent ordre d'advertir leurs concitoyens du plus grand jusques au plus petit, afin que nul ne s'esmeut : ains que chacun portast patiemment sa violence, et luy laissast jetter son venin. Cependant on faisoit secrettes informations de ses déportemens. Bref, on se gouverna si paisiblement jusques au jour de l'entrée, expressément retardée pour cela, qu'il ne peut esbranler aucun, encore qu'il leur en eust donné toutes les occasions du monde. Les habitans doncques firent tout devoir à recevoir le roy, selon le temps et le loisir qu'on leur avoit donné, et luy allèrent au-devant selon la coustume, mil ou douze cens hommes de pied, départis par enseignes en assez bon esquipage, portant mine de soldats. Ce qu'estant entendu par le cardinal, et craignant qu'en ceste meslée quelque folastre se voulust venger de l'outrage fait à ses parens ou amis (attendu qu'il s'estoit attaché à toutes manières de gens, et que c'est en tels lieux que l'on preste aisément une charité) fit défendre de par le roy, sur peine de la vie, que nul des gens de la ville, ny autre que de la garde du roy, portast aucun baston à feu, se souvenant tousjours de ce qu'on luy avoit pronostiqué, qu'il devoit mourir de ceste mort violente. Voilà l'ordre qu'il y donna pour l'heure, auquel toutesfois ne se voulant asseurer, il ne voulut tenir aucun rang en ceste entrée, ains se mit tout desguisé en une maison privée, où il regarda passer le roy, jettant sa veue par-dessus les espaules de quelques siens gentilshommes qui regardoyent par les fenestres. Il advint en ceste entrevue une chose qui offensa grandement ceux de Guise. Un homme méchanique du faubourg de la Riche, ayant un seul enfant de l'âge de sept ou huit ans, qui le prioit sans cesse de le mener à la monstre, de l'importunité duquel le père vaincu, luy dressa cest esquipage. Estant boulanger de son métier, il print un asne de moulin, sur lequel il mit la garderobe de sa femme pour servir de housse, et son fils dessus tout nud, les yeux bandez, ayant sur la teste un morion de bois, peint en façon d'argent, sur lequel estoit un perroquet, ou autre forme d'oyseau, qui avoit la teste rouge, piccottant sans cesse la teste de cest enfant; l'asne duquel, attaché à deux lesses, estoit conduit par deux jeunes garçons nuds et noircis, comme Maures et gens estrangers, et en ceste façon ceste mascarade marchoit à la queue des gens de pied de la ville. Estant cela remarqué par ceux de

Guise, ils eurent opinion que c'estoit un jeu expressément dressé par les eschevins et principaux de la ville, pour leur faire despit, et représenter en un mystère sans parler, ce que portoyent les escrits des huguenots, à savoir que le roy enfant estoit conduit, gouverné et mangé par un cardinal et des estrangers. Parquoy leur mal talent redoubla de telle furie, qu'ils vouloyent mettre toute la ville à sac, sans autrement attendre; mais finalement l'inquisition faite par ceux mesmes qu'avoit choisis le cardinal, il se trouva que ce pauvre homme l'eut plustost fait que pensé, et qu'il n'en avoit eu aucun advis, et que son esprit ne s'estendoit jusques à telles spéculations. Ce néantmoins on ne le peut arracher de l'opinion de ceux de Guise, qui disoyent qu'on avoit supporté la ville contre eux. Le roy cependant ne fit que disner dedans la ville, et alla coucher en l'abbaye de Marmoustier qui est là auprès, où il séjourna quelques jours à cause du cardinal qui en estoit abbé. Richelieu, fasché de ne pouvoir trouver occasion de commencer la meslée, s'advisa un soir, environ à minuict, de s'aller pourmener par la ville avecques ses soldats, et se mit à chanter des psalmes à haute voix (pensant faire sortir quelques uns de la religion hors des maisons pour le seconder) afin d'avoir l'occasion qu'il cerchoit. Mais il ne fut suyvy que de deux ou trois valets de boutique qui alloyent aussi chantant de loin après luy. Quoy voyant, et qu'il perdoit temps, il commença des chansons dissolues et pleines d'injures contre la majesté du roy, de la royne mère et de ceux de Guise, et alloit de maison en maison heurter aux portes de ceux qu'on soupçonnoit, les conjurant d'aller à l'assemblée, et chanter avec eux. Et le lendemain au matin fut trouver son cardinal, lequel le présenta au roy et à sa mère, pour leur faire entendre que ceux de la ville de Tours avoyent esté si impudens que de faire leurs assemblées de nuict, sans estre aucunement retenus de la présence du roy, et qu'après avoir chanté leurs psalmes, ils avoyent fini leurs synagogues par plusieurs chansons infâmes, et qui touchoyent l'honneur de sa majesté, des roynes, mère et femme. Dequoy le roy fut grandement irrité, en sorte qu'il envoya le prevost de l'hostel pour en informer sommairement. Mais il ne seut estre si diligent que la justice ordinaire et maire de la ville ne le prévinssent. Et sachant ce scandale estre procédé par Richelieu, cela fut joint avec les précédentes informations. Le prevost cependant, ayant enquis les soldats de Richelieu et quelques faquenelles de cour, en fit rapport au roy, qui le trouva si mauvais, que la ville cuida tomber en merveilleux péril : sinon que les juges, le maire et eschevins arrivèrent aussi soudain, lesquels firent vivement entendre à leurs majestez les déportemens de ce moyne, qui ne fut sans faire rougir ceux de Guise. Toutesfois ils ne laissèrent de continuer leurs menaces, et faire infinies reproches à cesté compagnie, taxant spécialement les gens de justice d'être tous hérétiques, si non un (parlant d'un certain advocat nommé Challopin, homme du tout adonné à mal, et à remuer mesnage), et les blasmant de leur connivence au fait de la religion, veu qu'ils n'en avoyent fait mourir aucun de longtemps, ce qui avoit donné faveur aux rebelles. A quoy ils firent de grandes excuses, rabbatant les coups au mieux qu'ils pouvoyent, en sorte que le roy modéra aucunement sa colère : joint qu'il vint ce jour-là nouvelles, que par tous les endroits du royaume on faisoit prescher publiquement. Ce qui estonna grandement la cour, en sorte que tout fut remis à une autre fois, et leur bailla-t-on des gens de pied en garnison, pendant que la gendarmerie faisoit comme un dégast de leurs biens aux champs. Entre autres reproches que le cardinal de Lorraine fit aux présidens et conseillers de Tours, il les blasma aigrement de ce qu'ils avoyent souffert prescher en leur ville, un David, qu'il appelloit apostat de sa religion, et lequel, outre sa fausse doctrine, preschoit en habit indécent. Leur responce fut qu'il estoit à la suite de la royne de Navarre, princesse du sang, autorisé de sa présence : qu'ils ne savoyent quelle estoit sa doctrine, pour ne l'avoir ouy prescher, ny de quelle religion il estoit auparavant. « Vous vous en deviez enquérir, répliqua le cardinal, et ne devez aucunement souffrir telle chose à qui que ce soit, non pas (disoit-il) à moy-mesme, si je le voulois faire prescher, ou autre de sa farine. » De-là se peut voir quel rang il vouloit tenir en France, s'eslevant par-dessus le rang royal, voire mesme par-dessus ceux qui portent tiltres de roys.

La royne mère, depuis le fait d'Amboyse, voyant que les évangéliques ne s'adressoyent plus à elle, mais poursuyvoyent leur pointe par eux-mesmes, entra en grand soupçon que les offensez tascheroyent à se venger. A tant elle s'adressa à un sien maistre des requestes nommé Chastelus, abbé de la Roche, qui favorisoit aucunement ce party, afin de trouver moyen de faire parler à elle, Chandieu, ministre de Paris, par la bouche duquel elle désiroit merveilleusement estre instruite de la vraye source et origine des troubles, et pareillement d'avoir son avis comment on y pourroit pourvoir, et quel moyen on tiendroit pour donner estat paisible à ceux de sa religion, sans qu'il advint aucun inconvénient de l'autre party. « Car, disoit-elle, j'ay ouy réciter tant de vertus et grâces singulières de ce jeune gentilhomme, que je croy qu'il ne me trompera point : joint que ce sont gens de parole. Car quand ils vindrent à Villiers-coste-Rets l'an passé pour parler à moy, ils m'asseurèrent que si je ne faisois cesser les persécutions, on verroit une merveilleuse confusion et désordre en ce royaume, et vous voyez où nous en sommes venus; mais je crains que pis advienne. » Chastelus, ayant eu ce commandement au partement du roy de Chenonceau, s'achemina vers Tours accompagné d'un nommé Hermand Taffin, gentilhomme servant de ladite dame, qui aussi faisoit grande profession de l'évangile, estimant tous deux faire service très-agréable à Dieu et au roi. Estant donc là, Taffin qui estoit mieux connu, pour avoir fréquenté les prédications à Paris, fit entendre la légation de Chastelus à quelques-uns de l'église qui lui furent adressez. On lui fit responce que le ministre, que la royne demandoit, n'estoit pas à Tours, ni mesme au royaume. Et sur ce qu'il demandoit en son lieu le ministre de Tours, nommé Charles d'Albiac, autrement Duplessis, on lui dit qu'il vouloit bien y aller; mais qu'il estoit sous la puissance de son église, laquelle ne le luy permettroit, ayant ses pasteurs trop chers pour les hazarder ainsi : joint que ladite dame avoit donné peu de témoignage de son bon vouloir envers eux par les actions passées, aussi que ce qu'elle désiroit savoir se pourroit bien escrire par lettres. Bref, qu'on connoissoit l'esprit de ceux de Guise estre tel, que s'ils avoyent descouvert un ministre à la cour (encore qu'il y fust allé sous la foy et sauve-garde de ladite dame) il ne seroit toutesfois en sa puissance de le pouvoir garantir. Et pourtant ils la supplioyent d'estre excusez, n'ayant au reste faute de bonne volonté envers le roy, qui les trouveroit tousjours loyaux et fidèles sujets. Ils adjoustèrent aussi pour excuse les indignitez receues par ceux qui en toute humilité, et selon la permission du roy, estoyent allez devers sa majesté luy faire leurs remonstrances. Car on les avoit tellement menacez et intimidez que rien plus, et n'avoyent nullement esté ouys en leurs doléances. Partant ils avoyent avisé en somme de la supplier de rechef de se vouloir contenter de leurs lettres, par lesquelles ils espéroyent la rendre certaine et asseurée de ce qu'elle demandoit, et que Dieu leur feroit la grâce de lui donner des ouvertures grandes, par lesquelles les deux parties demeureroyent contens, et le royaume autant florissant et paisible qu'il fut oncques, lequel autrement estoit en danger d'encourir un lamentable danger, si on continuoit le cours des persécutions. La royne ayant entendu ceste responce, manda qu'on lui escrivit par l'adresse de Chastelus, promettant qu'elle monstreroit par effect n'avoir dédaigné leur conseil. Cependant elle les prioit se contenir en la plus grande modestie que faire se pourroit, afin que leurs adversaires n'eussent occasion de leur courir sus. Mais sur tout elle les prioit très-instamment de tenir secret tout ce qu'ils voudroyent lui envoyer; car elle vouloit s'en aider en telle sorte que l'on pensast que les ouvertures qu'elle feroit, vinssent seulement de son avis et industrie, et non d'autre main : autrement elle gasteroit tout, leur pensant aider. Cela fut cause qu'on mit la main à la plume, et fut ceste remontrance faite sous le nom emprunté de Théophile, qui signifie en françois, Aime-Dieu : et contenoit en somme ceste remonstrance ce qui s'ensuit (1) :

Que tous bons et loyaux sujets du roy devoyent en général et particulier cercher l'accroissement et grandeur de leur prince et souverain seigneur, voire d'autant plus diligemment que de luy dépendoit le travail, ou le repos, l'aise ou la misère de tous ceux qui vivroyent sous iceluy. Que suivant cela, il y avoit trois mois, que luy prévoyant les misères et calamitez depuis advenus, et tendantes à esmotion contre la maison de Guise, meu de pitié et de crainte, il avoit tasché d'en advertir le feu chancelier, mais ces lettres ne luy furent rendues. Que depuis voyant d'un costé le seur accès qu'il avoit pleu au roy donner à toutes personnes, estre interrompu de la part d'aucuns, et d'autre part les dangers

(1) Le mémoire fut rédigé par d'Albiac, selon de Thou.

qui à ceste occasion se préparoyent plus grands que jamais : bref, voyant que telles choses ne lui pouvoyent estre deduites à bouche, sans mettre en danger de la vie ceux qui se présenteroyent, et lui avoit semblé nécessaire de recourir à ce seul remède, de parler à elle par escrit, encore que les escrits fussent sans replique, pour luy faire entendre la cause des esmotions, et lui déclarer le seul moyen (à son jugement très aisé) pour appaiser le mal qui estoit à la porte : sachant bien qu'il estoit en sa puissance d'y remédier, et qu'elle ne refuseroit nuls moyens pour rendre le règne de son fils heureux et paisible. Que si chacun vouloit entendre son office, à ce que la raison fust seule maistresse, et non la force et violence, ceste calamité seroit aisément tournée en une paix et union très-profitable à tous. De là entrant en matière, ce Théophile dit qu'il croyoit qu'elle estoit toute résolue (quelque chose qu'on luy eust voulu persuader au contraire) que les forces qui estoyent apparues près Amboyse, n'estoyent contre la majesté du roy, ni contre elle, ou aucun prince du sang ; mais seulement pour se munir contre ceux qui les voudroyent empescher de se présenter à leurs majestez, pour leur remonstrer les choses qui concernoyent l'estat du roy et la conservation du royaume : estant la mort plus désirable aux bons sujets françois, que de souffrir la domination des estrangers, qui se vouloyent furtivement emparer du royaume, ainsi que portoyent leurs remonstrances publiées par tout : et lesquelles avoyent obtenu grand lieu envers toutes sortes de gens pour estre maintenues. Car autrement on sait bien qu'on ne pourroit excuser une telle entreprise, ains faudroit la détester comme pernicieuse, attendu qu'il n'y a droict divin ni humain qui permette aux sujets d'aller en armes faire doléance à leurs princes, ains seulement avec humbles prières. Et pour monstrer ceste leur fidélité estre sincère, elle se pouvoit souvenir combien de fois, quand on avoit parlé de par le roy, ce nom leur avoit esté si précieusement recommandé, que combien qu'ils eussent assez de force pour repousser une violence contraire, si est-ce que mettant les armes bas, ils avoyent mieux aimé encourir la note de cœur lasche, que de faire acte approchant de rebellion et de désobéissance contre leur prince et naturel seigneur. Ce que n'estant pris en payement, mais au contraire ayant servi d'occasion aux meschans d'estre tant plus audacieux, jusques à faire acte de tyrans, usurpateurs du roy et du royaume, contre toutes les lois et statuts inviolablement observez en France : il a esté finalement licite de repousser ceste violence par autre violence, veu que leurs ennemis empruntoyent les forces du roy pour les destruire. Et ce qui les esmouvoit davantage, c'estoit que mesme les édits du roy faits auparavant et durant les dangers, par quelque petite forme de conseil choisy à la dévotion de ceux de Guise, sans le consentement et vocation des estats, comme requeroyent les anciennes observations, n'estoyent aucunement gardez, et encore qu'ils fussent captieux et sujets à diverses interprétations : ce néantmoins l'exécution en avoit esté interrompue par les menées des dessudits, lesquels outre ce qu'ils avoyent pratiqué, que le retentum fait par la cour de parlement en publiant l'édit de mars dernier, ne fust imprimé (pour cy après attraper ceux qui voudroyent jouyr du bénéfice d'iceluy) ils avoyent aussi mandé à tous les juges particuliers ne le faire publier, ains superséder l'exécution d'iceluy, en quoy ils avoient plustost esté obéis que le roy, pour ce que l'authorité souveraine et les forces estoyent en leurs mains. Et combien que par contredit ledit Sieur eust quitté et remis la peine que pourroyent avoir encourue tous ceux qui avoyent pris les armes, et que tous en deussent estre participans, si n'avoit-on laissé de faire mourir sans aucune figure de procès, et au préjudice de cest édit, tous ceux qui avoyent quitté les armes au simple mandement du roy, et estoient allez parler à lui pour lui remonstrer qui les mouvoit, encore que quelques-uns d'eux eussent la foy promise de M. de Nemours, chose insupportable à ceux ausquels ces meurtres appartiennent, et qui s'en ressentent : joint qu'on n'avoit eu aucun esgard aux accusations par eux proposées contre ceux de Guise, lesquels (disoit-il) n'ont autre soin que de se saouler du sang innocent, dont on les a alaitez durant la guerre des païsans en l'an M. D. XXV. (là où pour un coulpable, dix mil innocens passèrent au fil de l'espée) et depuis consécutivement abbreuvez de ce mesme breuvage. Davantage que pour rendre du tout inutile cest édit, ils poursuyvoyent par tous moyens et sans cesse les autres gentilshommes qui s'estoyent retirez, pour les faire aussi mourir, et s'emparer de leurs biens. Et encore que le roy eust fait ouverture à toutes personnes affligées d'aller seurement devers sa majesté présenter leurs requestes et supplications, si s'estoit-on bien apperceu de l'empeschement que ceux de Guise y mettoyent, accompagné de dures menaces. Et ce qui faisoit de plus en plus paroistre leur mauvaise affection, c'estoit leur déclaration de la manière de tenir un concile, où ils faisoyent parler le roy comme leur inférieur, lequel au lieu d'y présider, et faire tout décider par la parole de Dieu, serviroit seulement d'exhorter les prélats à changer leur mauvaise vie, sans toucher à la doctrine, ny donner aucun lieu aux pauvres affligez, de monstrer comme elle a esté corrompue et pervertie par le clergé, et sans qu'il fust loisible audit Sieur roy y députer juges compétans, d'autant qu'ils vouloyent estre juges et parties, et condamner leurs adversaires sans les ouyr........ Dequoy on inféroit qu'il ne faloit avoir aucune assurance aux édits et promesses du roy, pendant que les dessusdits seroyent près sa majesté. Voilà, dit Théophile, les bruits qui courent, et qui ont tant de force, que ceux qui s'estoyent retirez paisiblement, voire mesme qui n'estoyent encore bougez de leurs maisons, surmontez par impatience, se préparoyent à marcher comme désespérez, jugeant qu'il leur convenoit plustost mourir tous ensemble en combattant, qu'estant pris en leurs maisons l'un après l'autre, tendre le col à un bourreau. Ce qu'elle devoit bien considérer, et penser en elle mesme à la conséquence où pourroyent tomber ces désespérées entreprises, où l'on jouoit à quitte ou à double. Car encore que ce fust la ruine de ceux qui s'esleveroyent, si est-ce qu'elle devoit plustost y remédier promptement, que l'effect advenu procéder à la destruction entière de ceux qui autrement estoyent de ses meilleurs sujets. Et quant au moyen d'y remédier, qu'il falloit en premier lieu pourvoir au gouvernement du royaume, et bailler un conseil au roy, non à l'appétit de ceux de Guise, mais selon les anciennes constitutions et observations de France. En second lieu, qu'il falloit appaiser les troubles de la religion, qui estoyent seulement provenus des traditions humaines, à l'observation desquelles on vouloit contraindre les consciences à les croire et recevoir comme les sainctes escritures, sur peine de damnation, encore que la pluspart fussent directement contraires aux commandemens de Dieu. Car quant aux principes et fondemens de la doctrine, ils en estoyent d'accord, mesme de la vérité et substance des saincts sacremens, desquels abusoyent ceux de l'église romaine, les faisant seulement servir à leur avarice et ambition, et délaissant leur vray et naturel usage. Ce qui ne pouvoit estre souffert de ceux qui avoient la conscience pure et nette devant Dieu, et qui ne demandoient sinon une réformation tirée des sainctes escritures et des docteurs vrayement catholiques et conformes à icelles, devant la corruption parvenue en ce temps, jusques au comble de son pis, et qui ne se défendoit que par continuation d'erreur avec feux et fagots pour toutes raisons, comme si les sainctes escritures du vieil et nouveau testament, ou lesdits docteurs anciens n'estoyent plus anciens que les plus nouveaux survenus depuis. Que ces choses donc meurement considérées, (joint aussi que par le dernier traité de paix, confermé par le roy, ledit concile ayant esté accordé et par ce moyen les poincts à présent contentieux, que l'on vouloit auparavant estre tenus pour certains, estant déclarez disputables) l'on ne pouvoit en bonne conscience, procéder contre eux par feux et tourmens au préjudice du dit accord. Le meilleur donc estoit de faire tenir ce concile, sainct et libre : autrement l'on pourroit à bon droit déclarer toutes les exécutions faites, sinon auparavant, à tout le moins depuis ledit accord, violentes et précipitées par attentats. A ceste cause ladite dame y devoit d'autant plus incliner le roy son fils, et tenir pour certain que le dit sieur et elle n'auroient jamais joye au cœur, s'il estoit trouvé que son règne et domination eust esté souillé du sang innocent, qui demande sans cesse vengeance à Dieu. Car il n'y a vertu au monde plus excellente ny mieux séante aux roys, ne qui les fasse mieux ressembler à la nature divine, que débonnaireté et clémence. Et combien qu'on se fust apperceu y en avoir quelque semence au roy, en l'édit par lequel luy a pleu commander de mettre en liberté ceux qui estoyent retenus pour cause de leur foy : toutesfois c'estoit bien peu d'oster pour un instant la douleur d'une maladie, si quant et quant la cause et la racine n'en estoit ostée. Car de quoi servira-t-il d'avoir ouvert les prisons aux pauvres misérables, si bientost après on recommence plus que devant à les tourmenter? Il est certain que par ceste simple délivrance, ils ne changeront ny de conscience, ny d'opinion, puis qu'ils n'ont peu estre fleschis par longues prisons, gehennes, fagots et feux, ne par aucune autre violence, mais bien par disputes, par textes de la saincte escriture, et par un concile sainct et libre, sinon général, à tout le moins national, auquel toutes les qualitez requises estant observées, et le droit rendu au petit comme au grand, sans exceptions de personnes, toutes choses soient décidées par la parole de Dieu, et non parce qui semblera bon aux hommes. Voilà donc le moyen que bailloit ce Théophile pour appaiser les troubles, lesquels autrement ne prendroyent fin. Et cependant il requéroit qu'on laissast en repos les consciences qui demeureroyent en la simplicité des escritures, et que on leur permist de vivre selon le contenu d'une confession de foy accordée et receüe en toutes les églises réformées de France (laquelle à ceste fin seroit baillée à leurs majestez) donnant assurance certaine par édit irrévocable à ceux qui pour cest effect iroyent devers eux la présenter, et monstrer qu'elle est prise des sainctes et sacrées escritures, ne répugnant en rien, ains se conformant à la doctrine des docteurs anciens et approuvez. Au reste, que ce qui la devoit esmouvoir à cela, estoit la continuelle expérience des choses advenues depuis quarante ans en çà, qui monstroyent assez combien peu ou rien avoyent profité les feux et les glaives, veu que pour un mort deux cens s'estoyent adjoints de nouveau à leurs assemblées : par quoy si on vouloit continuer, il y avoit grand danger, non-seulement que la fleur et l'eslite des sujets du roy fust mise à mort, mais aussi que tout le royaume tombast en désolation et finalement fust du tout destitué d'habitans. Car pour dix mil qui se monstroyent, cent mil se tenoyent cachez. Joint que les anciens, que nous appelons pères, avoyent tenu toute une autre procédure pour destruire les hérésies de leurs temps, et qui se sont attachez à la fausse doctrine, et non à la haine des hommes. Et que quand bien leur cause seroit mauvaise d'elle mesme, ainsi qu'aucuns le jugeoyent :

toutesfois veu qu'une grande partie du royaume en estoit entachée, il seroit plus raisonnable à un chef de supporter ses pauvres membres, que les retranchant les uns après les autres, desfaire tout son corps, et vaudroit mieux avoir un corps malade que de n'en avoir point. Cecy disoit-il, en attendant la médecine d'un concile auquel ceux qu'on condamnoit maintenant sans estre ouys, s'attendoyent de gaigner leur cause.

Ceste remonstrance fut envoyée à Chastelus par un jeune homme nommé le Camus, fils du feu peletier de ladite dame appelé le Prince, lequel eut charge expresse de la mettre ès mains dudit Chastelus, et non d'autres, pour les raisons susdites qui luy furent expressément déclarées. Mais ne l'ayant trouvé en cour, s'adressa à l'escuyer Feuquières et à la damoyselle du Goguier (favorisant pour lors le party, et qui avoit l'aureille de ladite dame), qui furent d'avis pour l'importance du fait, présenter ces remonstrances à ladite dame, sans attendre le retour de Chastelus qui estoit en Piedmont, devers la duchesse de Savoye. Or combien que le Camus préméditast le danger où il se pourroit mettre : si est-ce que préférant le salut public à son intérest particulier, il se résolut de les luy présenter. Ayant premièrement tiré du paquet deux lettres adressantes à des particuliers, au lieu d'icelles il y mit la confession des églises de France, dressée quelque temps auparavant en un synode tenu à Paris. Et pour cest effect prenant couleur de présenter un paquet à ladite dame, pour avoir assignation des deniers qui estoyent par elle deuz à feu son père : après avoir par plusieurs fois essayé sous ce prétexte de la trouver opportunément à part, en fin un jour de l'Assomption, qu'on appelle, en l'abbaye de Beaulieu ès faux-bourgs de Loches, tenant son paquet en une main, luy présenta son paquet de l'autre où estoyent lesdites remonstrances et confession de foy des églises, pour l'avoir trouvée à propos entre deux porches, sans estre aperceu de la jeune royne qui la suyvoit, comme estant aux aguetz de toutes ses actions. Estant entrée dans la chambre, elle se retira à part pour lire où elle en eut tout loisir. Mais durant ceste lecture s'aprocha la jeune royne pour les voir. Ce que ladite dame luy permit, et luy bailla pour les porter au cardinal et duc de Guise. Le Camus s'estant retiré de sa présence et cerchant lieu de seureté en attendant la nuict, fut envoyé quérir par Noblesse valet de chambre de ladite dame, où estant rencontré devant le logis du roy, fut remené en sa chambre, là où interrogué par ces deux roynes qui luy avoit baillé le paquet, et qui estoit l'autheur de ces remonstrances, arriva le roy, le cardinal et le duc de Guise. Le cardinal print la parolle, demandant qui l'avoit chargé de ce paquet. Il respondit que c'estoit un gentilhomme gascon nommé Théophile, autrement Bordenave, en la ville de Tours, qui l'avoit connu à Paris et à Rome, duquel ayant entendu avoir afaire à ladite dame pour chose de très-grande importance qui concernoit la sauveté du roy, de ladite dame et de tout le royaume, luy qui ne demandoit pas mieux que d'avoir ceste ouverture de pouvoir faire un bon service à son prince, n'avoit fait aucune difficulté de le prendre et présenter à sa majesté, la suppliant que s'il y avoit chose dont elle se peust offenser, cela fust pardonné à sa légèreté, de s'estre ainsi aisément laissé persuader, sans avoir assez de prudence pour aviser à ce qu'il entreprenoit.

Le cardinal l'enquit exactement de l'entreprise d'Amboyse, et s'il ne savoit pas bien qu'il y avoit un prince qui en estoit chef (sans toutesfois le nommer pour lors) et sur ce entremeslant plusieurs propos et redites tant de sa religion que du fait d'Amboyse, pour tascher à le surprendre en paroles : en fin le Camus respondit qu'il n'en savoit rien.

Bien avoit-il ouy dire que l'entreprise d'Amboyse n'avoit esté faite à autre fin que pour assembler les estats du royaume, pour remédier aux confusions qui y estoyent : et que ceste entreprise ayant mal succédé, n'avoyent pour cela perdu courage les entrepreneurs, mais qu'ils avoyent délibéré la redresser plus asseurément que jamais, en s'emparant d'une des provinces du royaume, et là s'y fortifier et faire courir tant d'escrits et en tant de langues, que toutes nations entendroyent le mérite de leur cause. Ne pouvant tirer autre chose de Camus, quelque belle promesse que luy sceut faire spécialement le duc de Guise, de luy faire pardonner, ils vindrent aux menaces de le faire mourir, s'il ne vouloit autrement dire la vérité. Et sur ce l'envoyèrent au chancelier de L'hospital, qui l'interrogea en la présence de Marillac, archevesque de Vienne, et de Morvilliers évesque d'Orléans, ausquels le cardinal avoit communiqué le tout. Mais n'en ayant peu tirer autre chose que ce qu'il avoit dit cy-dessus, ils l'envoyèrent prisonnier entre les mains de Grison, lieutenant du prévost de l'hostel, qui dès le lendemain, la cour estant sur son partement, exhorta le Camus de penser à luy, et dire la vérité : ne pouvant autre chose tirer de luy, que ce qu'il avoit dit le jour précédent, l'ayant admonesté de penser à sa conscience, sans l'avoir autrement ouy ni examiné sur aucunes charges et informations, ni observé aucune formalité de justice, luy prononça une sentence simulée, par laquelle il le condamnoit à estre pendu et estranglé ce jour mesme, incontinent après disner, adjoustant que le bourreau estoit là près, pour faire l'exécution : chose qu'il disoit avoir à grand desplaisir, pour la cognoissance qu'il avoit eue de son feu père et de luy ; mais que c'estoit par commandement du roy : ne voyant aucun moyen de pouvoir sauver sa vie, sinon en requérant un prestre pour le confesser, prendre une croix et faire comme un bon catholique, et que lors le roy passant par là, il se pourroit trouver quelque bon gentilhomme qui demanderoit sa grâce, tant pour la bonne amitié qu'ils avoyent porté à son père, qu'aussi en considération de sa jeunesse.

Or combien que le Camus se trouvast saisy d'une merveilleuse crainte de l'appréhension de ceste sentence de mort : si est-ce qu'après avoir prié Dieu, et estant disposé de mourir, puis que c'estoit son plaisir, il dit qu'il seroit bien marry de tenir le roy pour un tyran : mais bien disoit-il que puis qu'il n'avoit commis aucun crime contre la majesté du roy, il ne pouvoit le faire mourir que par manifeste tyrannie. Toutesfois puis que la volonté de Dieu estoit telle, il s'y accordoit : mais quant à demander un prestre pour se confesser, et prendre une croix, qu'il n'en feroit rien, et que cela estoit manifestement contre sa religion.

Et comme ledit lieutenant du prévost sur cela luy proposoit ne trouver autre expédient pour luy sauver la vie, survint un homme pour le mener parler au chancelier, lequel à son retour trouvant le Camus plorant et pensant à sa conscience, luy dit qu'il avoit bien matière de remercier la royne sa maistresse : mais qu'il ne le pouvoit asseurer de sauver sa vie, si luy-mesme ne s'aidoit. Néantmoins la cour partant ce jour mesme pour aller à Romorantin, il le laissa prisonnier au chasteau de Loches.

Arrivé que fut le roy à Romorantin, le duc de Guise despescha un nommé Duplessis valet de chambre du roy, et autres, au chasteau de Loches, pour enlever le Camus, et le mener là par où il sçauroit que seroit ce Théophile Bordenave, afin de s'en saisir. Cependant luy et le cardinal qui auparavant s'estoyent enquis de la qualité, grandeur, proportion et figure de Théophile, qu'il leur avoit si proprement dépeint jusques aux habits et contenances, et ayant fermement creu cest imaginaire personnage, firent toute poursuite et extrême diligence de le faire cercher par tous les endroits du royaume, par leurs serviteurs secrets, où il n'y fut espargné argent ni gens.

Duplessis arrivé à Loches, enleva le Camus des prisons, l'exhortant de luy dire vérité de ce Théophile, qu'il chargeoit luy avoir baillé le paquet par luy présenté à la royne, et de penser l'endroit où il se pourroit estre retiré : disant que s'il cognoissoit qu'il le peust trouver à Paris, Lyon ou Guyenne, qu'il le conduiroit seurement, et que ce faisant, il feroit service très-agréable au roy, et se mettroit hors de peine, où il auroit fort bonne envie de s'y employer. Mais pour toutes ces persuasions il ne tira autre chose que ce qu'il avoit respondu au précédent ; bien, adjousta-il, qu'il ne savoit lieu où l'on pourroit trouver ledit Théophile, si ce n'estoit à Genève, où il avoit quelque parent ou amy, et que si l'on luy vouloit mener, il espéroit le luy faire voir, et par subtil moyen le tirer de la ville et franchises d'icelles. Mais Duplessis descouvrant que par ceste voye il se faisoit chemin pour se sauver, le mena à Tours, où il fit tant par ses allées et venues, qu'en fin il descouvrit par l'indiscrétion des sœurs dudit le Camus, qui alléchées par les promesses de l'eslargissement de leur frère faites par iceluy Duplessis, luy dirent le nom de ce Théophile estoit supposé par leur frère, et par mesme moyen luy nommèrent plusieurs personnages de l'église secrette de Tours, qui l'en pourroyent mieux asseurer. Descouvrant cela au Camus, il luy dit qu'il feroit emprisonner ceux qu'on luy avoit indiquez, pour tirer la vérité de ceste supposition de Théophile. Pour éviter ce danger, et ne mettre ceste église en proye, le Camus confessa ladite supposition de Théophile : promettant que si on le menoit promptement au roy, il luy diroit entièrement la vérité, et non à autre personne, encore que ce fust au danger de sa vie. Ce qu'il fit, et arriva à Villesamin près Romorantin, où estoit lors la cour, le mardy après la Pentecoste. Mené devant la royne mère, la jeune royne, le cardinal de Lorraine, le duc de Guise, et Robertet secrétaire d'estat, il supplia ladite dame luy vouloir pardonner, de ce qu'il avoit dit, lorsqu'il luy présenta le paquet à Loches, dans lequel estoyent les susdites remonstrances et confessions de foy, qu'il les avoit receues par les mains d'un nommé Théophile Bordenave. Toutesfois la vérité estoit qu'il l'avoit receu d'un nommé le contrerolleur Servin, dans la ville de Tours, en la présence de Duplessis, ministre d'icelle ville. Et que ce qui l'avoit incité à user de ceste dissimulation, avoit esté pour ne mettre en danger ledit Servin, lequel il sçavoit estre homme de bien, qui n'avoit fait cela que pour l'utilité du roy et du royaume. Lors ladite dame luy dit que lesdites remonstrances estoyent pleines d'injures et animosité contre le roy son fils et elle. A quoy il répliqua que sous sa correction lesdites remonstrances n'estoyent telles. Le savoit-il pour les avoir leues et releues auparavant que les luy avoir présentées. A quoy ladite dame dit que c'estoit bien contre elle, en tant qu'elles s'adressoyent contre les sieurs de Guise, ministres et oncles du roy. Le Camus insista que ces remonstrances ne tendoyent qu'à induire le roy et ladite dame à faire assembler les estats du royaume, pour remédier aux confusions qui y estoyent, et au mescontentement de ce que lesdits de Guise s'estoyent emparez de la personne du roy et du gouvernement du royaume, contre la volonté des princes du sang et des estats. Alors le duc de Guise, entrant en une colère desmesurée, dit audit Camus, qu'il en avoit menty, et que c'estoit un meschant paillard qui controuvoit ces mensonges, et levant les mains comme forcené, faisoit contenance de le vouloir outrager. Ce qu'il eust fait, sans le respect et présence de ladite dame. Le Camus ne s'estonna pour telles menaces : mais d'une hardiesse asseurée dit que, sous correction, il n'estoit inventeur de ces bruits, mais cela estoit un commun devis entre la pluspart des hommes fréquentant la cour, voire jusques aux laquais, qui en faisoyent des consultations. Et que s'il vouloit députer gens en divers endroits du royaume, il en auroit son cœur esclaircy, et lors se cognoistroit la vérité.

Le cardinal le remit encore au propos de l'entreprinse d'Amboyse, l'admonestant de dire vérité, et disant que, par sa confession mesme, en ce temps-là il avoit logé avec un nommé la Garaye, qui estoit de ceste entreprinse : entremeslant en ses propos une fois de belles promesses, l'autre fois des menaces, luy répéta à diverses fois qu'il savoit bien que le prince de Condé en estoit le chef. Le Camus persista à dire qu'il n'en savoit rien : au moyen de quoy il fut tousjours détenu prisonnier à la suite de la cour, non sans péril de sa vie, où il demeura jusques après la mort du roy à Orléans, qu'il fut renvoyé par devant l'archevesque de Tours, suyvant l'édit de Romorantin, et depuis eslargi en vertu des lettres d'abolition générale faite par le roy Charles, à son advènement à la couronne, aux prisonniers détenus pour la religion. J'ay dit que ceux de Guise, ayant considéré que les escrits qu'on faisoit à l'encontre d'eux pourroyent avec le temps grandement diminuer leur authorité, conclurent de mettre à exécution l'entreprinse qu'ils avoyent faite de longue main, qui estoit d'envoyer devers le roy d'Espagne et autres princes chrestiens. Pour prévenir donc leurs accusateurs, ils disoyent aux catholiques, que pour avoir tenu la main roide contre les hérétiques, on leur avoit brassé une infinité de fausses accusations, outre la voye de fait commise contre le roy et son estat. Et quant mesme aux princes protestans de la confession d'Ausbourg, ils leur faisoyent accroire que pour avoir couru sus aux sacramentaires et calvinistes, on les avoit ainsi vilainement diffamez : mais qu'ils n'avoyent jamais esté ennemis de l'Évangile, et de leur doctrine, laquelle ils désiroyent introduire au royaume. Et pour faire valoir ces répliques, n'avoyent faute de pensionnaires secrets, tant ès villes impériales que près des princes, comme estoyent entre autres les deux frères Rascalons envers Henry, électeur palatin, tous entretenus aux despens du roy : ce qui leur estoit aisé de faire, attendu qu'ils commandoyent aux finances, tout ainsi qu'il leur plaisoit. Mais tout le passé ne fut rien, au prix des moyens qu'ils suyvirent de là en avant, s'estant finalement résolus de venir à l'inquisition d'Espagne, comme au dernier et plus certain refuge pour maintenir leurs grandeurs : s'asseurant qu'en cela, s'ils avoyent quelques ennemis en France, ils auroyent ailleurs une faveur qui remédieroit à tout cela, à savoir toute la faction d'Espagne, qui ne demandoit pas mieux que d'avoir ce moyen appuyé de l'authorité papale, et du zèle de la chrestienté, pour venir à ses desseins. Et de fait cela ne leur eust esté malaisé, veu le bas âge du roy, et que le conseil estoit comme souldoyé par eux, sans la providence de Dieu, se servant mesme de l'intention de ceux qui prétendoyent à s'ayder de l'Espagnol, tout ainsi que le cardinal se servoit d'eux, comme l'effect a monstré. Ils mirent donc en avant et conclurent d'introduire en France l'inquisition d'Espagne, laquelle avoit esté tant de fois refusée par le parlement de Paris, vivant Henry. En quoy ils ne pensoyent estre plus en rien contredits, tant pour tenir le nouveau chancelier en leur manche, ce leur sembloit, que pour avoir tellement matté et atténué les gens vertueux des parlements, principalement de Paris, et pratiqué les mercenaires par dons et promesses de bénéfices, que nul n'oseroit lever le nez de là en avant.

Quant au chancelier de L'hospital, peu de gens se resjouissoyent au commencement de le voir eslevé en ceste dignité, ayant esté si familier du cardinal; en sorte que l'on tenoit qu'il n'oseroit luy contredire en rien, ayant eu tant de faveurs et avancemens de ceste part. Mais tout ainsi qu'il connoissoit le naturel de ceux de Guise, pour les avoir de longue main pratiquez, aussi eut-il ceste prudence de prévenir leurs aguets dextrement, si non comme il devoit, à tout le moins comme il pouvoit, selon la malice du temps, rabatant de leurs plus furieux coups avec une industrie singulière. Car s'estant proposé, si tost qu'il eut esté establi en sa charge, de cheminer droict en homme politique, et de ne favoriser ny aux uns ny aux autres, ains de servir au roy et à sa patrie, il luy falloit user de merveilleux stratagèmes pour contenir les Lorrains en leurs bornes : ce qu'il vouloit toutesfois exécuter en telle sorte, qu'ils ne se peussent appercevoir qu'il les voulust en rien contredire ni leur desplaire, sachant bien que s'ils appréhendoyent une fois ceste opinion de luy, il ne pourroit rien faire qui valust. Voilà comme, avec grande dissimulation, beaucoup de choses passoyent par ses mains, que l'on jugeoit très-périlleuses. Ce néantmoins il en donnoit entre deux vertes une meure, donnant espérance à ceux qui aimoyent le public, que tout tourneroit finalement en bien, pourveu qu'on le laissast faire. Peu de gens entendoyent son intention ; mais le temps fit cognoistre qu'il avoit embrassé le service de son roy et le salut du peuple, tout autrement qu'on avoit cuidé. Et à vray dire, on ne sauroit assez suffisamment descrire la prudence dont il usoit. Car pour certain, encore que s'il eust prins un plus court chemin pour s'opposer virilement au mal, il seroit plus à louer, et Dieu, peut-estre, eust beny sa constance : si est-ce qu'autant qu'on en peut juger, luy seul, par ses modérez déportemens, a esté l'instrument duquel Dieu s'est servi pour retenir plusieurs flots impétueux, où fussent submergez tous les François. Et néantmoins les apparences extérieures paroissoyent au contraire. Bref, quand on luy remonstroit quelque playe prochaine, il avoit tousjours ce mot à la bouche : Patience, patience, tout ira bien.

Pour le faire court, quand il fut question d'expédier l'édit de l'inquisition d'Espagne, sachant que ceux du conseil privé et des parlemens l'avoyent accordée, ce néantmoins il modéra le tout par un édit exprès, et en redit si vives raisons, que ceux de Guyse mesme qui l'avoyent pourchassée, furent de son avis, et le firent trouver bon à l'Espagnol, qui désiroit bien la France estre rangée et compassée à sa mode. Cecy advint au mois de may, en la ville de Romorantin. Aussi fut tousjours depuis cest édit appelé l'édit de Romorantin. L'argument d'iceluy portoit comme le roy avoit deux choses en grande recommandation, à savoir la religion et conservation de son estat. Que l'expérience des temps anciens et modernes luy avoyent appris combien estoit périlleuse la mutation de religion, laquelle attiroit avec soi changement et ruine d'empires, royaumes et seigneuries. Pour à quoy obvier, ses ayeul et père, voyant la grande variété et diversité des nouvelles opinions et hérésies qui couroyent tant ès pays de leurs voisins, que ceux de leurs sujets et obéissans, auroyent esté contraints de prendre en main la cognoissance et punition de tels crimes, et à ceste fin fait plusieurs édits contre les sectateurs de nouvelles opinions, et fait faire par leurs juges de grandes et sévères exécutions; ce que ledit Sieur auroit aussi continué en ensuyvant leur trace; mais il avoit depuis avisé avec son conseil de remettre les choses en leur ancienne forme et estat, espérant par ce moyen, tout ainsi que Dieu avoit mis fin aux diversitez d'opinions qui avoyent esté anciennement en son Église, que pareillement tout seroit ramené à un commun accord et consentement. A tant par édit et ordonnance irrévocable, il bailloit et délaissoit l'entière connoissance du crime d'hérésie aux prélats de son royaume, comme naturels juges d'iceluy, et ainsi qu'ils avoyent anciennement : les admonestant et exhortant de faire résidence en leurs diocèses, et vaquer soigneusement à la reddition et constitution de la Saincte-Église, extirpation des erreurs et hérésies, et par leurs mœurs, exemple de bonne vie et sainctes prières, oraisons, presches et persuasions, réduire les desvoyez à la vérité, et autrement procéder, ainsi que les conciles, canons et décrets ont ordonné : interdisant à ses parlemens et autres juges la cognoissance dudit crime, et de s'en mesler aucunement, sinon en temps qu'ils seroyent requis par les juges d'église de leur prester et bailler secours pour l'exécution de leurs jugemens et ordonnances. Et s'il advenoit que quelques-uns desdits prélats ne fissent résidence en leurs éveschez, il enjoignoit à ses officiers de l'en advertir, pour user et faire user contre eux de telle contrainte qu'il appartiendroit. Néantmoins, pour ce qu'il estoit, n'avoit guères, advenu contre son espérance, que aucuns de ses sujets, sous couleur de religion, avoyent prins les armes, et s'estoyent souslevez pour troubler le repos de ses sujets, cuidant planter à force d'armes leurs nouvelles opinions : dont les uns avoyent prins la hardiesse d'aller jusques en sa maison avec si mauvaise et damnable intention, que si l'exécution s'en fust ensuyvie telle qu'ils désiroyent, il n'en pouvoit venir que la subversion et désolation de son estat. Pour obvier que telles choses n'advinssent, il prohiboit et défendoit toutes assemblées illicites et forces publiques : déclairant ceux qui l'avoyent fait, ou s'y trouveroyent, ses ennemis rebelles, sujets aux peines establies contre les criminels de lèse majesté : enjoignant à tous ses gouverneurs, lieutenans-généraux des pays, et tous autres juges, voire aux prevosts des mareschaux, d'entendre soigneusement à ce que telles assemblées ne se fissent ; et où ils en seroyent advertis, se transporter ceste part, sans attendre la requeste et poursuite de ses procureurs : prendre les délinquans, et iceux punir pour la seule force de sédition ou assemblée illicite, et ce en dernier ressort, par les siéges présidiaux, où se commettoyent lesdits délits, y assistant dix personnes de la qualité requise. Et afin que telles conjurations secrètes fussent tant plustost sceues, il enjoignoit sur les mesmes peines, à tous sachans, consentans ou recélans, de les révéler et déférer incontinent à justice, ausquels s'ils estoyent complices, il pardonnoit ; et s'ils n'en estoyent, ils auroyent 500 livres des premiers et plus clairs deniers des délinquans : déclarant tous prédicans, et n'ayant puissance des prélats, faiseurs de placards, cartels ou libelles diffamatoires tendant à irriter ou esmouvoir le peuple à sédition, imprimeurs, vendeurs et semeurs desdits placards et libelles, rebelles, ses ennemis et du repos public, criminels de lèse majesté, sujets aux mesmes peines des séditieux, et punissables par lesdits juges. Et néantmoins à ce que les malins ne peussent de-là prendre occasion de calomnier, il déclairoit tous ceux qui faussement et malicieusement défereroyent et accuseroyent, estre sujets à pareilles peines.

Cest édit ainsi expédié, ceux du parlement de Paris qui estoyent, comme dit a esté, maniez à la dévotion de ceux de Guise, ne se firent tirer l'oreille à le publier, combien que, vivant Henry, ils n'y eussent voulu entendre, quelques poursuites et menaces qu'on leur eust sceu faire. Mais à présent qu'ils voyoyent l'authorité souveraine ès mains de ceux de Guise, c'estoit à qui leur complairoit le mieux. Or, tant s'en faut que ce remède appaisast aucunement les troubles, qu'au contraire ils redoublèrent de plus en plus de toutes parts. Qui fut cause que la royne envoya à Paris quelques autres moyenneurs avec pareille charge que celle qu'elle avoit baillée à Chastelus, demandant sur toutes choses, que la Roche allast parler à elle : qui fit penser (veu ce qui estoit advenu du Camus) qu'elle cerchoit de le faire tomber ès mains de ceux de Guise, lesquels de leur part faisoyent toutes diligences possibles de le descouvrir, ou quelques autres des ministres de Paris, promettant grosse somme d'argent à ceux qui les livreroyent. Toutesfois ceux qui estoyent les plus proches de ladite dame, affirmoyent qu'elle marchoit lors de bon pied : mais elle n'eut autre responce que celle de Tours.

A l'encontre de ces escrits, Jean du Tillet, greffier de la cour de parlement de Paris, publia un livre intitulé : *La majorité du roy*, par lequel il maintenoit qu'en France les roys peuvent commander en l'âge de quinze ans, et qu'ils sont suffisans d'eux-mesmes pour appeler auprès d'eux tel conseil qu'il leur plaist. Ses raisons estoyent, que par plusieurs coustumes de diverses provinces qu'il avoit amassées ensemble, il apparoissoit qu'en ce royaume on ne regardoit à l'âge de vingt-cinq ans, pour estre quelqu'un censé majeur, et que l'âge de quinze ans, ou autre moindre de vingt-cinq, suffisoit selon la variété de l'usance des pays. Puis déduisoit, pour le fait particulier, plusieurs exemples tirez des histoires de France, pour monstrer que l'on ne regarde à ce conseil légitime des princes du sang : commençant par le roy Henry premier, lequel obmettant Robert, son frère, laissa Philippe, son fils, en la charge de Baudouyn, son beau-frère, comte de Flandres : et par le roy Louys-le-Jeune, lequel il disoit avoir postposé ses propres frères à l'archevesque de Rheims, le donnant tuteur à Philippe-Auguste, son fils, et ce (dit-il) jusques à l'âge de quinze ans, qui est le temps auquel il disoit la tutelle finir. Il venoit puis après au roy Louys huictiesme, qui postposa son frère Philippe à la royne Blanche, laquelle il laissa tutrice de Louys neufiesme. Il mettoit aussi en avant les exemples des roys Louys septiesme et neufiesme, lesquels sortant du royaume, ont, pendant leur absence, laissé quelquesfois des abbez de Sainct-Denis régens en France. Et pour son principal point, il alléguoit les propres mots de l'ordonnance du roy Charles cinquiesme, faite pour le regard de la tutelle du roy Charles sixiesme son fils, lui ayant donné le nom et authorité du roy, nonobstant son bas âge, et osté toutes régences à l'avenir, en quelque âge que les roys peussent estre. Il ajoustoit qu'il seroit bien dur que le conseil de France fust choisi à l'appétit des voisins : voulant taxer aucuns d'avoir solicité les estrangers à la subversion du royaume. Finalement, il s'attachoit à ceux de la religion, disant qu'à faux tiltre, ils appelloyent Évangile leurs nouvelles opinions, appelant les prédicans séditieux et mutins : et concluant que Dieu favoriseroit les armes qui seroyent employées à l'encontre d'eux.

A quoi tout aussi tost presque que le livre fut divulgué, fut respondu, premièrement quant aux coustumes par luy alléguées, que luy-mesme y avoit satisfait, disant en son livre, qu'elles ne s'estoyent jamais entendues que pour les sujets, et non pour les roys de France. Quant aux exemples, que le premier, du roy Henry premier, ne faisoit à propos, parce que son frère qu'il obmit, avoit voulu ravir le royaume audit Henry, et qu'il estoit autant raisonnable de ne l'appeler au gouvernement du roy son fils, comme il estoit aujourd'huy raisonnable pour mesme cause d'en exclure ceux de Guise. Et mesme estoit dit pour responce, que les Gascons, suyvant ce que dit Paule Emile(1),

(1) Paul Émili, italien, est auteur d'une histoire de France, écrite en latin dans le 16e siècle. Louis XII, sur la recommandation d'Étienne Por-

craignant qu'il s'emparast du royaume, s'opposèrent à son gouvernement : joint que nous ne sommes ès termes quand un roy père a pourveu à son fils de gouverneurs. Quant à l'exemple du roy Louys-le-Jeune, ayant postposé ses propres frères à l'archevesque de Rheims, le donnant tuteur à Philippe Auguste son fils, jusques à l'âge de quinze ans : si cela estoit véritable, il s'ensuyvroit que le dit archevesque n'administra jamais rien en France, parce que Philippe-Auguste avoit seize ans quand son père mourut, ainsi que dit Paule Emile. Et accordant qu'il ait administré, il s'ensuyvra que la majorité ne commençoit à quinze ans, mais que c'estoit à juste cause qu'il avoit exclus ses propres frères, parce que le principal, appelé Robert, avoit esté déclaré estre sans entendement : les autres s'estoyent retirez aux moineries, quittant le souci des afaires séculières : et toutesfois qu'il n'apparoissoit que tous fussent lors vivans. Et puis c'estoit une disposition paternelle, qui est hors des termes esquels nous sommes. L'exemple du roy Louys huitiesme estoit en semblable une disposition du père à son fils, approuvée par les estats, ainsi qu'il est récité aux annales. Le fait des roys Louis septième et neufiesme estoit hors de propos, n'estant question de ce que les roys qui pour leur âge peuvent seuls administrer, doyvent ou peuvent faire, comme faisoyent ceux-là, permettant en leur absence hors du royaume de gouverner, à qui bon leur sembloit d'en donner la charge. Au regard de l'ordonnance du roy Charles cinquiesme, que son intention fut véritablement d'avoir donné à son fils le nom et authorité de roy, nonobstant son bas âge, et d'avoir osté les régences, et qu'à cela aussi nul ne vouloit aller au contraire, ni empescher

cher, évêque de Paris, le fit venir en France ; et ce fut par ordre de ce roi qu'il entreprit d'écrire l'histoire de France, depuis le commencement de la monarchie.

que le roy de présent n'eust le nom et autorité de roy et sans régence : mais que cela n'excluoit le conseil légitime des princes, duquel aussi le roy Charles cinquiesme n'avoit voulu priver son fils, pour donner lieu au premier flatteur qui se voudroit ingérer au maniement des afaires. Et que mesme le roy Charles sixiesme administra son royaume par les mains des princes du sang, jusques à l'an vingt-deuxiesme de son âge, ainsi qu'il apparoissoit par les annales. Que ce qui fut fait aux derniers estats tenus à Tours pour le gouvernement du roy Charles huitiesme, monstre bien que c'estoit aux princes du sang d'estre appelez à ce conseil légitime, comme ils furent par les estats. Il estoit adjousté, que l'autheur dudit livre, parvenu à honneur et dignité par la libéralité des roys de France, (duquel la plume devroit estre consacrée et dédiée seulement à maintenir l'équité, les estats, et police de ce royaume, et l'authorité de justice) s'estoit fort oublié, voulant confirmer l'authorité de ceux qui ne cessoyent de pervertir tout l'ordre qui jusques icy a eu lieu en ce royaume, et cependant ne respondant aucunement, et de propos délibéré, à ce qu'on avoit maintenu que ceux de Guise estoyent en tout évènement du tout incapables du lieu qu'ils tenoyent. Et que faisant semblant de n'y penser point, il s'étoit jetté sur les innocens qu'il blasmoit, lesquels se défendroyent en temps et lieu : mais qu'iceluy autheur s'estoit à la parfin représenté et dépeint au vif en la personne d'Achitophel, lui ressemblant naïvement au conseil qu'il donnoit pour conclusion de son livre. Car, comme il conseilloit d'assembler le peuple fidelle qui maintenoit le roy contre Absalon usurpateur, aussi ce personnage enseignoit que l'espée tranchante devoit estre jettée sur eux, se déclarant par là mutin et séditieux, ne demandant que cruauté, confusion, et la ruine de ce royaume.

Il y eut plusieurs autres personnages qui mirent la main

à la plume contre ce livre de du Tillet, mais si je les transcrivois tous, cela pourroit estre ennuyeux aux lecteurs. Ces responces estant tombées ès mains du cardinal, il envoya quérir du Tillet et son frère l'évesque de Sainct-Brieux, et les pria, en la présence de ses plus privez et familiers amis, de mettre la main à l'œuvre pour répliquer. Car, disoit-il, je crains que ces escrits trottent en Allemagne, et rompent les desseins du roy, d'autant que les princes, nommément les protestans que nous voulons entretenir, sont fort curieux de tels livrets : et quand ils les ont imprimés en leurs gros cerveaux, il n'est pas aisé aux serviteurs secrets que nous avons près d'eux, de les pouvoir arracher. Au contraire, cela donne grande ouverture aux Huguenots d'avoir audience, en sorte que nous ne jouyssons pas puis après si aisément de ces princes comme nous voulons, et sommes le plus souvent reculez en nos entreprinses. On dit que du Tillet s'excusa bien fort, parce que la matière estoit difficile, et par trop esclaircie par les histoires de France : en sorte que ce seroit bailler nouvel argument aux Huguenots d'escrire et surcharger lui cardinal et sa maison d'injures. Qu'entre ces personnages désespérez il y avoit de merveilleux esprits, lesquels n'entretenoyent leur crédit, ni faisoyent valoir leur cause que par leurs escrits. A tant falloit-il leur en donner la moindre occasion qu'on pourroit, et qu'au lieu d'escrire, on devoit user contre leurs personnes et biens de toutes les rigueurs qu'on pourroit aviser, afin de ne leur donner pied ferme, ni aucun esprit de livre ; ce qui fut jugé le plus expédient par toute la compagnie, et que le cardinal pourroit escrire particulièrement des lettres aux princes qui serviroyent d'ample défense à toutes les calomnies qu'on luy rejetteroit, lesquelles ne seroyent impugnées, n'estant publiées par impression. Ce qu'il promit faire pour le plus expédient.

Quant à ce que le greffier du Tillet est accusé d'estre fauteur des Lorrains, et d'avoir esté du nombre de ceux qu'ils avoyent employez pour recercher leurs races ès vieilles chroniques et registres du parlement, le cas est tel. Le grand roy François ayant remis sus les sciences et estudes auparavant ensevelies par la malice et ignorance des siècles passez; selon le proverbe : *Tel le prince, tels les subjets*, les esprits des François se resveillèrent et desgrossirent tellement que qui désiroit avoir biens et honneurs, mettoit la main à l'œuvre pour faire ce qu'ils pensoyent estre agréable à leur prince. Du Tillet de son costé, remuant les anciens registres et panchartes du parlement de Paris, commença à les feuilleter ; et trouvant des actes dignes de mémoire oubliés par nos historiographes, fust par nonchalance ou ignorance, il se proposa d'en faire un recueil pour servir à la postérité. Ce qu'ayant fait entendre au roy, il le trouva très bon et utile pour le bien de son service et du royaume ; et pourtant luy commanda d'y travailler diligemment. Et d'autant que le labeur estoit de grands frais, argent luy fut pour ce faire délivré avec promesse de récompense. Par ce aussi qu'il luy convenoit estre aidé des registres et enseignemens de la chambre des comptes, du thrésor, des chartres et autres lieux, il eut lettres contenant mandement très exprès, pour luy faire ouverture, et laisser prendre ce qui luy seroit besoin. En quoi il usa d'une extrême diligence. Mais ayant avancé la besogne, le roy mourut sans que du Tillet eust recueilly le bien qu'il en attendoit. Et ce qui plus l'estonna, ce fut que depuis le décès du roy, tous ses amis se trouvoyent ou eslongnez, ou chassez de la cour, en sorte que son estat du greffe estoit en grand bransle à cause de sa value, et que ceux de Guise avoyent dès lors pris cette coustume, de distribuer tant qu'ils pouvoyent les offices et les plus belles charges à leurs amis. Du Tillet eut lors accès seulement au connestable, auquel il fit entendre la charge qu'il avoit eue dudit feu Seigneur, et le bien que la France en devoit espérer. En quoy il n'oublia ses peines, et requérant pour récompense d'icelles et de ses services, que son estat de greffe de parlement luy fust à tout le moins continué et confirmé. Le connestable, qui avoit receu quelques services de du Tillet, lui promet de le présenter au roy, et de le faire expédier. Mais quant à son livre, d'autant qu'il n'estoit homme de lettres, il ne s'en soucia autrement. Advint comme il en parloit au roy, et que du Tillet avoit ses livres desployez sur sa table, voici arriver le cardinal de Lorraine qui mit l'œil dessus. Et ayant estimé que ceste marchandise seroit fort à propos à l'instruire aux afaires d'estat, et pour adresser les desseins qu'il s'estoit desjà imaginez, commença de faire trouver mauvaise et rendre odieuse ceste bonne entreprise de du Tillet, voire jusques à l'accuser devant sa majesté, de desloyauté, de vouloir mettre en lumière les secrets du royaume et les choses que les roys devoyent tenir cachées plus précieusement, pour n'être veues que de peu de gens. Le connestable n'insista pas fort pour du Tillet ; car il avoit opinion que les lettres amolissoient les gentils-hommes et les faisoyent dégénérer de leurs majeurs, et mesme estoit persuadé que les lettres avoyent engendré les hérésies et acreu les Luthériens en telle nombre qu'ils estoyent au royaume ; en sorte qu'il avoit en peu d'estime les gens savans, et leurs livres : qui fut cause que du Tillet ne trouva tel appuy et support de ce costé-là qu'il estimoit. Toutesfois se sentant ainsi rabroué, il se défendit du commandement qu'il avoit du feu roy, suppliant que ses livres fussent veus et examinez, esquels on trouveroit qu'il n'avoit en rien outrepassé le deu de sa charge. Sur cela, le cardinal se fit commander de prendre ces livres pour les voir et en faire son rapport au conseil. Ce qu'il fit, et les envoya en ses coffres, chargeant du Tillet de se retirer à luy pour luy rendre raison de son fait, et entendre l'intention du roy. Voilà comme ce négoce fut accroché, et comme du Tillet, au lieu de recevoir récompense de ses longs travaux, avoit assez afaire à employer ses amis pour appaiser le cardinal, de sorte que il craignoit de perdre la vie, les biens et les estats. Le cardinal de sa part, ayant fait feuilleter ces livres par les gens doctes qu'il tenoit près de soy, pour l'instruire ès afaires qu'il devoit proposer au conseil, où il estoit lors fort neuf, à cause de son jeune âge et inexpérience, trouva par leur rapport, que ces labeurs luy pourroyent grandement aider et servir; mais que de les publier par impression, il y avoit des choses de trop grande conséquence, et qui mesme pourroyent préjudicier aux droits qu'ils prétendoyent en quelques duchez et seigneuries du royaume. Toutesfois, il leur sembloit qu'il ne devoit ainsi rudoyer l'autheur, ains le caresser et recevoir bénignement, lui faisant avoir la confirmation de son estat. Quoy advenant, il se sentiroit merveilleusement obligé à luy, et pourroit-on sonstraire des livres ce qui faisoit contre ses droits. Davantage que s'estant acquis un tel serviteur au parlement, il n'auroit peu fait, car par son moyen, il entendroit tous les secrets de la cour. A quoy ils s'asseureroyent le faire condescendre, s'estimant encore bien heureux. Le cardinal trouva cela très-bon, et le sceut si bien pratiquer, qu'il parvint en fin au but auquel il vouloit viser, comme ci-dessus nous avons déduit. Du Tillet aussi, s'estimant n'avoir peu fait d'estre entré en la bonne grâce du cardinal, et d'avoir eu la confermation de son office par sa faveur, se constitua son affectionné serviteur, et afin d'avoir moyen de le tenir plus seurement adverti de toutes choses, luy bailla un sien frère pour protenotaire. Par ainsi croissant le cardinal en faveur, biens, honneurs et grandeurs, croissoit aussi l'affection de ce greffier à son service, de sorte qu'il n'eschappoit secret de procès de belles duchez, contez ou seigneuries de respect, qu'il ne fust adverty des moyens de les pouvoir recouvrer. Ayant donc depuis le dit cardinal atteint le haut degré sous le règne de François II, duquel nous escrivons l'histoire, du Tillet print volontairement la défense de ceux de Guise en main, sachant bien que s'il leur advenoit mal, on pourroit un jour recercher sa vie : comme au contraire, il y avoit à penser que cest écrit ayant fortifié leur cause, acroistroit aussi sa faveur, comme à la vérité le protenotaire, qui aussi avoit trouvé moyen d'estre employé par la royne mère, eut pour récompense l'évesché de S. Brieu. La cour de parlement meuë de pareille affection, et voulant entièrement gratifier à ces gouverneurs, adjousta à ce Livre de la Majorité son privilège, faisant tout son possible à supprimer les escrits au contraire, et recerchant les imprimeurs qu'on soupçonnoit y pouvoir mettre la main pour les punir comme criminels de lèse-majesté. Davantage, il y avoit une autre considération particulière qui mouvoit ce greffier à escrire contre ceux de l'entreprise d'Amboyse, à savoir l'inimitié mortelle qu'il portoit à la Renaudie, à cause des procès qu'ils avoyent eus ensemble en matière de fausseté, où l'honneur de du Tillet estoit grandement engagé. Et combien qu'il eust eu arrest à son profit, si est-ce que la Renaudie publioit haut et clair que c'estoit par faveur qu'il avoit trouvée par toutes les cours de France, à cause de son estat, où il pouvoit beaucoup servir à ses amis ; mais qu'il espéroit que si la justice luy estoit jamais ouverte, il feroit apparoir de l'iniquité des jugemens, et de la fausseté de du Tillet, comme de fait il avoit obtenu restablissement, et lettres de révision quelque temps devant la mort du roy Henry. Il reprochoit aussi à du Tillet, que lui et les siens ayant esté nourris et eslevez en la maison de la Renaudie, il avoit esté envoyé à

Paris dès ses jeunes ans pour solliciter leur procès, et là entretenu si curieusement et diligemment en ses estudes, que par leur faveur et diligence il avoit finalement esté pourveu de cest estat de greffier de parlement, où se voyant eslevé, au lieu de rendre à sadite maison loyal service pour les bienfaits qu'il en avoit receus, il avoit par des faussetez toutes manifestes fait tomber ès mains de ses frères quatre ou cinq mille livres de rente en bénéfices que tenoit un des oncles dudit de la Renaudie : et davantage, cerchoit tous moyens de s'approprier le bien demeuré de reste de leur domaine, à cause qu'il en tenoit tous les tiltres rière soy. Mais tout cela fut assoupi par la mort de la Renaudie, la mémoire duquel tenoit encore du Tillet en gehenne.

Quant est des serviteurs secrets desquels il a esté cydessus fait mention, il en va ainsi. Ceux de Guise considérant qu'ils avoyent esté contraints pour se maintenir, d'offenser tant de sorte de gens, qu'à grand' peine pouvoyent-ils discerner qui leur estoit amy ou ennemy, et encore que plusieurs s'offrissent à leur faire plaisir, estimant que cela procédoit plustost pour avoir expédition de leurs afaires en cour, ou pour les surprendre, que pour aucune bonne affection, s'avisèrent d'entretenir ès cours des princes estrangers, et parmy la France, des serviteurs secrets, et aux despens du roy leur donner de grosses pensions, tant pour leur rapporter fidèlement ce qu'ils pourroyent entendre d'eux, que pour les entretenir en la bonne grâce desdits seigneurs. Pour ce faire on pratiquoit, s'il estoit possible, et gaignoit-on à force d'escus les serviteurs qui avoyent l'aureille de leurs maistres. Davantage, il y avoit deux coureurs qui alloyent par les champs, faisant grand' chère aux meilleures et plus fameuses hostelleries des villes et bourgades, qui espioyent les passans, pour sentir quel vent les menoit. Et afin de mieux descouvrir leurs conceptions, eux-mesmes commençoyent à mesdire de la maison de Guise, en telle sorte que le plus souvent les plus rusez estoyent surpris, et tout soudain mis prisonniers sans savoir pourquoy ne comment, où ils demeuroyent jusqu'à ce que ceux de Guise en fussent advertis, et que l'on sceust leur vie, la cause de leur voyage, et qui les menoit. Mais le pis estoit qu'au sortir de la prison, il se trouvoit des gens qui les transportoyent en tel lieu qu'on n'en avoit jamais nouvelles, si ainsi estoit qu'on les soupçonnast, ou qu'on eust opinion tant fust petite qu'ils fussent gens pour beaucoup nuire. Bref, l'article de despense des serviteurs secrets de la France seulement, et qui ne se nommoyent point, montoit plus de vingt mille livres par mois, comme l'on disoit. Voylà comme lors les afaires estoyent acheminez en France par ceux de Guise, lesquels je délaisseray pour quelque peu de temps, pour retourner au duc de Savoye, que nous avons un peu laissé arrière pour la multitude des matières qu'il faloit desvelopper.

Nous avons dit que l'intention des roys faisant leur paix, estoit de ne cesser qu'ils ne eussent exterminé ceux de la religion. En laquelle volonté ceux de Guise avoyent bien sceu entretenir le duc de Savoye : de sorte que passant par Lyon, il avoit fait une expresse promesse aux comtes de S. Jean de Lyon, de ne s'y employer de main morte en ses pays, où estoyent de long-temps habituez ceux qu'on appelle les Vaudois. Mais arrivé en ses pays, il trouva tant d'autres empeschemens, que presque la première année passa sans qu'il leur demandast rien. Aussi estoit-il tellement solicité par madame Marguerite de France, sa femme, princesse de vertu et débonnaire, s'il en fut jamais, qu'il avoit presque conclud de ne les tourmenter aucunement, aimant mieux les retenir en sa sujection par douceur et humanité, qu'autrement : quand quelques altérez qu'il avoit près son altesse, desirant s'enrichir des biens d'autruy, ne cessèrent par leurs menées de l'irriter à l'encontre de ses pauvres sujets : de sorte que quoy qu'il eust voulu se monstrer doux et humain envers eux, pour les raisons que ladite dame et autres seigneurs du pays luy avoyent dites, luy remonstrant qu'il n'avoit point plus beau moyen de rentrer au reste des terres que luy détenoyent les Suisses, que pour ne s'opposer avec violence à ceste doctrine : ce néantmoins le pape et les cardinaux (notamment celuy de Lorraine) rompirent ceste conclusion. Aussi le légat qui suyvoit sa cour, et autres qui favorisoyent l'Eglise romaine, s'employèrent par tous moyens de luy persuader qu'il devoit exterminer tous ces Vaudois, et ne devoit nullement endurer ce peuple si contraire au Sainct Père, si par effect il se vouloit monstrer bon et obéissant fils. Tels soufflets et boutefeux furent cause que la persécution fut esmeuë, et dura assez longuement à l'encontre des Vaudois estant en ces vallées de Piedmont, qui de tout temps avoyent rejetté le joug du Pape : lesquels prévoyant les maux et calamitez qui menaçoyent toutes les églises de Piedmont, d'un commun accord envoyèrent de bonne heure quelque remonstrance par escrit, afin d'estre présentées à son Altesse et à la Duchesse. Ceste remonstrance contenoit en somme trois points. Le premier, que de tout temps eux et leurs ancestres avoyent suyvi ceste doctrine, et vescu en icelle. Le second, qu'ils la tenoyent conforme entièrement aux Escritures sainctes, comme s'ils s'offroyent à la maintenir par icelles, à la condition que s'ils estoyent convaincus d'estre en erreur, ils seroyent aussi tost prompts à se désister de leurs erreurs. Le troisiesme, qu'ils reconnoissoyent son Altesse pour leur souverain seigneur et prince après Dieu, auquel ils vouloyent rendre toute sincère obéissance, jusqu'à la conscience toutesfois, qui ne recognoissoit que Dieu pour souverain législateur. Je ne say si ceste remonstrance parviut jusqu'à son Altesse, ou à la Duchesse : mais tant y a que les persécutions furent bien grandes ès vallées de S. Martin, d'Angrogne, de Luserne, de la Pérousse, et autres circonvoisines, où furent prins et très-cruellement bruslez quelques-uns, et nommément le ministre de Sainct-Germain, bruslé à petit feu, lequel estant comme amorti, on contraignit deux pauvres femmes du lieu d'y porter des fagots, et dire ces propos : « Tien ceci, meschant hérétique, puis que tu nous as mal enseignées : » ausquelles il respondit : « Je ne vous ay point mal enseignées, mais vous avez mal aprins. » Deux gentilshommes frères, l'un nommé Charles Truchet, et l'autre Boniface, leur furent cruels ennemis, et plus encore les moines de l'abbaye de Pignerol ; lesquels, combien que ces pauvres gens se fussent retirez aux cavernes et rochers avec incroyables peines, et protestassent ne vouloir prendre les armes, et s'offrissent avec leurs pasteurs d'estre mieux enseignez, si faire se pouvoit, par la parole de Dieu, ne cessèrent que son Altesse ne leur fist guerre ouverte, et que l'extrémité les contraignit à se défendre, et leurs pauvres familles, en la liberté de conscience en laquelle eux et leurs ancêtres avoyent tousjours vescu, offrant au surplus toute sujection et obéissance à leur prince : et mesme de n'empescher qu'il ne fist dire messe où il luy plairoit, pourveu qu'eux ne fussent contraints d'y assister, et qu'ils peussent servir à Dieu selon leur religion ; demandant pardon du port d'armes advenu par extrême nécessité. Après avoir enfin essayé la seule force, le sieur de la Trinité, chef principal de l'armée, y adjousta la finesse. Il fut parlé d'envoyer à son Altesse demander pardon du port d'armes, et liberté de servir à Dieu, selon leur ancienne religion, avec offre de toute obéissance. Les déléguez pour présenter ceste supplication, furent très-rudement traitez par l'espace de six semaines, et finalement ayant esté contraints à coups de baston de demander pardon au légat du Pape, ne rapportèrent que nouveaux commandemens d'aller à la messe. Cependant il n'y a ni trahison ni cruauté de laquelle on n'usast, nommément en la vallée d'Angrogne. Ceste nécessité, après que les peuples eurent souffert toutes les pilleries, forcemens, bruslemens qu'il est possible, fut cause que le reste bien petit, reprenant courage et recommençant l'exercice de religion entreposé, jusque à donner congé à leurs ministres avec grands pleurs et larmes, se mit en défense, d'une si résolue façon, que j'ose dire que telles exécutions ont esté ouvertement extraordinaires. Deux des principaux y demeurèrent dès la première rencontre au pré du Tour, c'est à savoir Louys de Monteil, qui avoit esté maistre de camp sous le roy, et Charles Truchet, grand et cruel ennemi de ce peuple, auquel un jeune paysan coupa la teste de la propre espée d'iceluy, large de quatre doigts. Plusieurs actes esmerveillables y advindrent, mais un entre autres digne de n'estre jamais oublié. Après plusieurs combats heureux de la part de ce peuple, le sieur de Raconis, désirant que ces combats finissent par quelque bon appointement, honorable à son Altesse et tolérable à ce peuple, y employa un homme de bien nommé François de Gilles, d'un lieu nommé Briqueras. Cest homme, après avoir conféré de ceste afaire avec les syndiques et ministres, s'en retournant à heure assez mal propre, fut tué par deux hommes d'Angrogne, autrement gens bien renommez. Cela notifié à ce peuple, prières solennelles furent faites à Dieu, qu'il luy pleust ne leur imputer tel acte, avec pleurs et gémissemens; le corps fut solennellement enterré, les meurtriers bien apparentez furent prins, et depuis livrez au sieur de Raconis, à trois conditions. La première, qu'on ne les contraindroit en rien contre leur conscience. La seconde, qu'on leur feroit bonne justice, sans préjudicier aux libertez de leur pays. La troisiesme, qu'ils seroyent exécutez sur les confins d'Angrogne pour monstrer exemple aux autres. La fin de tout ce trouble fut que son Altesse bien informée de tout, et cognoissant par expérience qu'il avoit esté par mauvais conseil animé contre ses plus loyaux sujets, leur accorda toute seureté avec exercice de leur religion, moyennant qu'ils luy rendissent toute sujection et obéissance. Ce qu'estant accordé le cinquiesme de juin 1561 (la guerre ayant duré environ quinze mois), leur a esté fidèlement observé jusques à présent. Et combien que l'issue de ceste guerre appartienne au temps du roy Charles neufiesme, si ay-je bien voulu en descrire sommairement toute la teneur.

Pour revenir à nostre histoire, nous avons dit que la cour de parlement faisoit de grandes perquisitions à l'encontre de ceux qui imprimoyent ou exposoyent en vente les escrits que l'on semoit contre ceux de Guise. En quoy quelques jours se passèrent si accortement, qu'ils sceurent enfin qui avoit imprimé un certain livret fort aigre intitulé le Tygre. Un conseiller nommé du Lyon en eut la charge, qu'il accepta fort volontiers, pour la promesse d'un estat de président au parlement de Bourdeaux, duquel il pourroit tirer deniers, si bon luy sembloit. Ayant donc mis gens après, on trouva l'imprimeur nommé Martin L'hommet qui en estoit saisi. Enquis qui le luy avoit baillé, il respond que c'estoit un homme inconnu, et finalement en accuse plusieurs de l'avoir veu et leu, contre lesquels poursuites furent faites : mais ils le gagnèrent au pied. Ainsi qu'on menoit pendre cest imprimeur, il se trouva un marchant de Rouen moyennement riche et de bonne apparence, lequel voyant le peuple de Paris estre fort animé contre ce patient, leur dit seulement : « Et quoy, mes amis, ne suffit-il pas qu'il meure? Laissez faire le bourreau. Le voulez-vous davantage tourmenter que sa sentence ne porte? » (Or ne savoit-il pourquoy on le faisoit mourir, et descendoit encore de cheval à une hostellerie prochaine.) A ceste parôlle quelques prestres s'attachent à luy, l'appellant huguenot et compagnon de cest homme, et ne fut ceste question plustost esmeuë que le peuple se jette sur sa malette et le bat outrageusement. Sur ce bruit ceux qu'on nomme La Justice approchent, et pour le rafreschir le mènent prisonnier en la conciergerie du palais, où il ne fut pas plustost arrivé que du Lyon l'interrogue sommairement sur le fait du Tygre, et des propos par luy tenus au peuple. Ce pauvre marchant jure ne savoir que c'estoit, ne l'avoir jamais veu, ny ouy parler de messieurs de Guise : dit qu'il est marchant qui se mesle seulement de ses afaires. Et quant aux propos par luy tenus, ils n'avoyent deu offenser aucun ; car meu de pitié et de compassion de voir mener au supplice un homme (lequel toutesfois il ne recognoissoit et n'avoit jamais veu), et voyant que le peuple le vouloit oster des mains du bourreau pour le faire mourir plus cruellement, il avoit seulement dit qu'ils laissassent faire au bourreau son office, et que là dessus il a esté injurié par des gens de robbe longue, pillé, volé et outragé par le peuple, et mené prisonnier ignominieusement, sans avoir jamais mesfait ne mesdit à aucun, requérant à ceste fin qu'on enquist de sa vie et conversation, et qu'il se soumettoit au jugement de tout le monde. Du Lyon, sans autre forme et figure de procès, fait son rapport à la cour et aux juges déléguez par icelle, qui le condamnent à estre pendu et estranglé en la place Maubert, et au lieu mesme où avoit esté attaché cest imprimeur. Quelques jours après, du Lyon se trouvant à souper en quelque grande compagnie, se mit à plaisanter de ce pauvre marchant. On luy remonstra l'iniquité du jugement par ses propos mesmes. « Que voulez-vous? dit-il, il falloit bien contenter monsieur le cardinal de quelque chose, puis que nous n'avons peu prendre l'autheur : car autrement il ne nous eust jamais donné relasche (1). »

Nous avons veu cy-devant la diligence faite par la royne, mère du roy, pour s'enquérir de la vraye cause des troubles, et le conseil qu'on luy bailloit de les appaiser. Ce néant-moins, encore qu'elle fust asseurée par l'amiral et autres grands seigneurs desquels elle se fioit beaucoup, que c'estoit seulement à la maison de Guise qu'on en vouloit ; et que pour en avoir certaine preuve elle les pouvoit renvoyer en leur maison pour quelque temps : si est-ce qu'elle n'en vouloit rien faire, soit qu'elle n'osast ainsi ouvertement les désapointer, soit plustost qu'elle se défiast des princes du sang, pour ne leur avoir baillé au commencement de ce règne le lieu qui leur appartenoit. Davantage on luy disoit que lesdits seigneurs princes feroyent assembler les estats pour bailler conseil au roy, pendant ses jeunes ans, auquel ils tiendroyent le premier rang :

(1) Ce pamphlet, qui excita si fort le ressentiment des Guises et qui causa la mort de deux innocents, le libraire l'Hommet et le marchand de Rouen, était devenu si rare, même en ce temps-là, que les historiens de cette époque, tels que Brantôme et La Planche, ne paraissent pas en avoir vu d'exemplaire. Ils lui donnent pour titre *Le Tigre*, mais de Thou prétend que le titre du pamphlet portait : *Au Tigre*; et la découverte récente de ce pamphlet, faite par le libraire Techener, prouve que de Thou avait raison. Cet écrit se compose de sept feuilles et est intitulé : *Epître envoyée au tigre de la France*. On y remarque une imitation évidente de la première catilinaire de Cicéron, et l'éloquence de l'écrivain français n'a pas moins d'énergie que celle de l'orateur romain. Mais quel est cet écrivain? Bayle, sans avoir lu ce libelle, l'attribue à François Hotman, et M. Ch. Nodier, après avoir examiné l'exemplaire de M. Techener, affirme qu'il ne peut y avoir aucun doute à cet égard, et que François Hotman était le seul alors qui *pût s'élever dans notre langue aux hauteurs de cette véhémente éloquence*. Il appuie cette opinion de preuves plausibles, et démontre également que, quoique l'Hommet ait été pendu comme imprimeur du pamphlet, c'est à Strasbourg ou à Basle qu'il fut imprimé par Jacques Estauge, en 1560.

qu'indubitablement on y appelleroit le connestable qu'elle hayssoit à mort, lequel ne faudroit d'embrasser les afaires, et commander ainsi que du vivant de Henry : outre cela, que les estats reigleroyent et compasseroyent les afaires, et luy bailleroyent telles gens pour les conduire et administrer avec les princes du sang, qu'elle ne pourroit de rien disposer; que ceux de Guise estoyent tellement hays et malvoulus, qu'ils n'auroyent aucun lieu en ce conseil; qu'elle les cognoissoit de si grand cœur, que malaisément le pourroyent-ils endurer; et ainsi que ce seroit pour entrer de fièvre en chaud mal. Toutes ces raisons, dis-je, luy firent estimer qu'il seroit meilleur pour elle d'entretenir les choses en l'estat qu'elles estoyent, sans rien innover, et cependant mettroit peine d'adoucir et modérer les passions des malcontens, estimant d'y parvenir aisément, d'autant plus qu'elle cognoissoit les princes du sang vuides d'ambition, et qu'on les contenteroit de peu de chose. Elle pensoit aussi qu'estant ceux de Guise soutenus par son authorité, ils luy demeureroyent plus fidelles et obligez, et partant la maintiendroyent, veu qu'elle leur souffroit tout, et qu'ils avoyent des moyens assez pour faire teste aux princes et à ceux qui leur favorisoyent, sans qu'elle s'en meslast sinon de moyenner. Voylà les coyssins sur lesquels elle se reposoit. Eux de leur part, ayant ouy le vent qu'on taschoit de les escarter de la cour, estimèrent que c'estoit pour faire ouverture aux complaignans, et que pis ne leur pourroit advenir. Parquoy ils ne furent desgarnis de raisons pour prévenir, et mirent en avant que ceux qui parloyent tel langage, ne demandoyent que la ruine du roy et de ses frères, lesquels ne seroyent jamais maintenus que par leur moyen, attendu la conspiration de changer la religion, comme l'espérance leur en estoit donnée par le roy de Navarre et le prince de Condé son frère. Ceste monnoye fut prise en payement, de sorte que tous les monnoyeurs de paix et du repos public, perdirent le temps, le drap et l'argent, avec leur crédit. Bref, ils ne servirent d'autre chose qu'à confermer tant plus l'authorité de ceux de Guise, qui ne faillirent de se remparer de toutes sortes de gens : tellement que le duc de Guise disoit haut et clair avoir la promesse de mil ou douze cens gentilshommes signalez, et le serment de leurs chefs, avec lesquels et les vieilles bandes venues de Piedmont, et autres dont il s'asseuroit, il passeroit sur le ventre à tous ses ennemis. Cela venu à leur cognoissance, et de tous ceux qui faisoyent profession de l'Évangile, fut cause que ceux-là mesme avisèrent de plus près à leurs afaires, qui n'estoyent autrement engagez en l'entreprise de la Renaudie. Entre autres, Maligny l'aisné ne se pouvoit persuader qu'il fust ouy en ses justifications, s'il alloit à la cour pour rendre raison de ce qu'on luy demanderoit. Bien se tenoit-il net de l'entreprise d'Amboyse, et espéroit bien monstrer n'avoir eu aucune communication avec les chefs et conducteurs d'icelle. Mais d'un autre costé, il regardoit que de s'aller rendre entre les mains d'un ennemy tant furieux, ce seroit se perdre à son escient, et qu'on luy objecteroit tant de faux faits, que mal aisément s'en pourroit-il desvelopper. Il conclud donc de prendre autre voye. Car au lieu d'aller devers le roy au temps à luy préfix, considérant que ceste playe estoit universelle, et qu'autant gaignoit bien que mal batu, il assembla quelques siens amis pour entendre l'estat de leurs afaires, et les trouvant quasi hors d'espoir, leur donna courage et promesse d'y employer corps et biens. Ils conclurent donc d'aller, l'un vers le prince de Condé pour luy donner courage, et l'autre par toutes les églises, faire entendre leur ruine prochaine, si chascun ne pensoit à sa sauveté. Ce qui plus les esmeut de cercher nouveaux conseils, ce fut l'advertissement certain que le cardinal de Lorraine avoit de rechef proposé au conseil de se saisir de la personne du prince, et que le duc de Guise se sentant fortifié, et n'ayant aucunes nouvelles que le prince fist amas de gens, estimoit le temps estre propre de luy faire procès sans plus tarder, estimant que puis après on auroit meilleur marché du reste des luthériens du royaume.

Nous avons parlé cy-dessus de ceste première proposition mise en avant au conseil : mais pource qu'elle esclaircira ceste matière, et la cause du partement du prince, je la déduiray avec les causes et fondemens d'icelle. Chascun savoit que le duc de Guise et son frère le cardinal estoyent deux testes en un chapperon, en sorte que ni l'un ni l'autre ne proposoyent rien au conseil qu'ils ne l'eussent prémédité ensemble auparavant. On s'esbahit donques comme le cardinal avoit mis en avant de se saisir de la personne de ce prince, et son frère fut d'avis tout contraire : mesme jusques à rendre raison de son opinion contre sa coustume. Car en toutes choses, il souloit dire : mon avis est tel, et faut faire ainsi et ainsi. Mais en ce fait il harangua assez longuement pour dissuader son frère, disant, que s'attacher aux princes si soudainement feroit esmouvoir une sédition universelle, mesmement pendant les jeunes ans du roy. Que si on le vouloit faire, il protestoit que ce seroit contre son gré et consentement. Autrement ce seroit donner couleur aux placards et libelles diffamatoires publiez par les rebelles, qui taxoyent la maison de Guise de vouloir esteindre et exterminer le sang royal. Mais que bien faloit-il fortifier les preuves, et préparer les forces du roy, avant que de penser à une telle entreprinse. Cela, dis-je, en fit esbahir quelques-uns : mais d'autant que tout au rebours de la conclusion ils dressèrent tout ce qui estoit requis pour surprendre ledit seigneur prince, il fut bien tost aisé à juger que ceste dispute n'estoit qu'un jeu fait à poste. Car ils demandoyent un consentement universel du conseil, à ce que s'il en advenoit mal, on ne leur peust reprocher avoir fait cela de puissance absolue, mais que ç'auroit esté d'un commun accord et consentement de tous.

Voilà pourquoy le prince de Condé print le chemin de Béarn, sachant que s'il tomboit ès mains de ses ennemis, c'estoit fait de sa vie, veu la corruption qui estoit en la justice, tant ès cours souveraines qu'inférieures, desquelles il n'attendoit aucune équité : de quoy il avoit veu tant de preuves qu'il n'en pouvoit ne devoit nullement douter. Son partement fut assez accortement et ingénieusement dressé, et ne le déclaira qu'à peu de gens, dont bien luy en print. Car feignant d'aller à la cour, il envoya son train devant. Puis quand il fut à Bloys, au lieu d'aller à Chenonceau, où le roy estoit, il print la traverse par la voye de la poste, et le chemin de la Gascogne, avant que ses ennemis le peussent apercevoir. Car ils estoyent si aveuglez d'aise de sentir approcher son train, qu'ils le tenoyent pour attrapé, et n'estoit question que de luy préparer son paquet, quand ils eurent advertissement certain, qu'il avoit passé tenant la route de Béarn : de quoy ils furent fort mal contens, mesme de ce qu'ils entendirent que Maligny l'aisné l'attendoit à Poictiers, feignant venir en cour, et que ce néantmoins ils s'en estoyent allez ensemble. Et faut entendre que le prince, estant sur son partement, fut visité de Genly, lequel encore qu'il eust receu grande faveur de ce prince, ce néantmoins suyvant le vent de la cour, s'estoit rangé du parti de ceux de Guise. Estant donc parti en intention de descouvrir quelque chose de nouveau pour estre le bien venu en cour, il fit entendre au prince qu'il alloit trouver le roy, et qu'il n'avoit voulu faillir luy venir faire la révérence, pour savoir s'il luy plaisoit rien mander à sa majesté.

Le prince, qui jà se doutoit de luy, respond qu'il n'avoit autre qué mander. L'autre luy secoue la bride, disant qu'il savoit que le roy ne faudroit à luy tenir propos de luy, sachant qu'il avoit eu cest honneur de luy estre serviteur, et qu'à cause, il désireroit grandement estre chargé de quelques bonnes nouvelles pour les dire au roy : mesmement qu'il eust quitté toutes ces resveries et opinions nouvelles de la religion, d'autant qu'elles ne convenoyent nullement ni à sa grandeur, ni à son âge, pour estre si sage. Le prince sur cela le charge de présenter ses très-humbles recommandations au roy, et à la royne. « Et s'il vous demande, dit-il, plus avant de mes nouvelles, vous luy direz, comme je luy mande par vous, que je luy suis très-humble et très-obéissant serviteur et parent, et que quelque chose qu'on luy ait dit au contraire, il me trouvera tousjours prest de le luy monstrer par effet en tout ce qu'il voudra me commander, sinon contre la religion. Car j'ay protesté (dit-il) comme je fay encore, de n'aller jamais à la messe. » Genly le supplia de donner la charge de si piteuses nouvelles à d'autres qu'à luy. Le prince répliqua que s'il ne luy disoit, il en seroit luy-mesme le messager dedans peu de jours, qu'il espéroit aller trouver le roy de Navarre son frère, et en passant prendre congé du roy. Ces nouvelles venues à la cour res-jouyrent ceux de Guise, pour avoir, ce leur sembloit, double matière de faire le procès au prince, et un tesmoin comme domestique, et non reprochable : joint qu'il y en avoit d'autres avec Genly, qui en pouvoyent parler, pour avoir esté tenu ce propos en grande compagnie. Ils estimoyent aussi que sa venue estoit bien à point, et les délivreroit d'un dangereux voyage et entreprinse, comme celle qu'ils avoyent faite de se saisir de sa personne, en quelque part qu'il fust. Ainsi se reposant et endormant sur les paroles de Genly, ils ne purent imaginer qu'il eust autre volonté que de passer par la cour allant devers son frère, en sorte que cela les engarda de luy dresser des embusches par les chemins, comme ils se repentirent bien, depuis qu'il leur fust eschappé. Toutesfois, comme ils faisoyent de pierre pain, ce leur fut un argument d'asseurer leurs majestez qu'il n'y avoit rien plus vray, que ce dont le prince estoit accusé, et que ceste absence le rendoit attaint et convaincu. Parquoy il ne fut plus question d'autre chose que d'expédier commissions nouvelles pour lever les gens, afin d'aller faire la guerre au roy de Navarre qui l'avoit retiré chez soy.

Le mareschal Sainct-André qui avoit esté, régnant Henry, intime serviteur et amy de ce prince, entreprint un voyage en Gascogne, afin de visiter ses frères. Mais c'estoit pour essayer s'il pourroit rien descouvrir de ses desseins. Ce que le roi de Navarre entendit pour tout certain à l'arrivée de son frère à Nérac, où il estoit lors, qui leur fit croire que on ne demandoit que leur ruine entière, et que partant leur faloit de bonne heure penser à leur salut. En quoy Maligny l'aisné eut belle matière pour les persuader, selon la conclusion prinse avec ses compagnons affligez.

Environ ce mesme temps, la royne mère, feignant de vouloir de plus en plus estre acertenée des causes des troubles qui se accroissoyent, encore que sa conscience, et ce qu'elle en avoit ouy de tant d'autres personnages ne l'en asseurassent que trop, tascha, sous ceste couleur, de descouvrir tout ce qu'elle pourroit des entreprinses qu'elle estimoit se brasser du costé du connestable, irrité de nouveau pour une querelle particulière esmeuë contre le duc de Guise et luy, pour le comté de Dampmartin acheté par iceluy connestable, des poings duquel le duc de Guise prétendoit l'arracher par quelque manière de cassation de contract : le tout tellement couvert sous le voile de procéder par justice, que chacun apercevoit à l'œil l'intention des parties tendre à un moyen plus court, si l'occasion s'en offroit. Désirant donc ceux de Guise cognoistre si le connestable se trouveroit enveloppé parmi ce qui concernoit le prince de Condé qu'ils tenoyent desjà pour surprins en leurs filez, persuadèrent aisément à la royne mère d'envoyer quérir un certain Louys Regnier, seigneur de la Planche (1), et qu'on estimoit dèslors servir de conseil bien avant au mareschal de Montmorency. Cestuy-cy appellé, et introduit au cabinet de la royne mère, le cardinal estant caché derrière la tapisserie, à Sainct-Léger, enquis des vrayes causes de ces troubles et des remèdes qu'il estimoit s'y pouvoir appliquer, après s'estre en vain excusé, fit en somme une responce, puis après rédigée par escrit par luy-mesme, dont le sommaire s'en suit.

Il dit donc que ceux qu'on appelloit huguenots estoyent de deux diverses sortes, et pourtant devoit-on user de divers remèdes pour les appaiser. Les uns, disoit-il, ne regardent qu'à leur conscience ; les autres regardent à l'estat public. Les premiers ont esté esmeus par la Renaudie, voulant, sous prétexte de présenter une requeste, venger la mort de Gaspard de Heu, son beau frère : ne pouvant plus, à la vérité, supporter la rigueur, laquelle on a si long-temps continuée contre eux. Les autres sont irritez de voir l'estat du royaume estrangement conduit par estrangers, les princes du sang en estant forclos. Quant à ceux-là, on les pouvoit appaiser aisément par une assemblée de quelques suffisans personnages, lesquels, sous couleur de traduire fidèlement la Bible, cotteroyent les différens, et trouveroyent finalement qu'il n'y a pas si grande discorde qu'il semble entre les parties. Les autres ne s'appaiseroyent aisément,

---

(1) C'est l'auteur de cette histoire. De Thou parle de cette entrevue, et présente La Planche comme un homme versé dans les affaires et habile dans les négociations.

sinon mettant les princes du sang en leur degré, et demettant tout doucement ceux de Guise par une assemblée des estats. Et pour monstrer qu'il estoit tousjours mal prins aux estrangers, quelques grands qu'ils fussent, voulant enjamber sur les princes du sang, il alléguoit messire Jean de la Cerda, autrement dit d'Espagne, fils aisné du roy de Castille, gendre de messire Charles de Blois, fait comte d'Angoulesme et connestable par Philippe de Valois, son oncle d'affinité : lequel Jean d'Espagne fut finalement tué dedans son lict par la noblesse de France. Item, Estienne de Bavière, frère d'Isabel, femme de Charles sixième, et fils de Louys de Bavière, empereur, lequel fut saccagé à Villeneufve-Sainct-George, et mis hors du royaume. Item, René qui s'intituloit roy de Sicile, père du feu duc de Guise, chassé de la cour et de France par l'amiral Graville, du temps du roy Charles huitiesme. Il ne faut donc pas, disoit-il, qu'estant le royaume de France composé de tant d'illustres maisons, entre lesquelles s'en peut trouver une douzaine issue de droite ligne des roys, la maison de Guise, non pas mesme de Lorraine, en laquelle il n'y eut jamais roys que titulaires, pense avoir paisiblement le dessus. Et devroit bien le duc de Guise se souvenir que feu son père avoit bien pourchassé autresfois d'estre grand veneur, lequel estat auparavant estoit exercé par bien simples gentilshommes, et se contenta bien que sa belle-fille n'eust point de manteau à Fontainebleau, le jour de ses nopces, disant le feu roy François : que cest honneur n'appartenoit qu'aux princesses du sang, et que si ceux de Lorraine vouloyent faire les princes, qu'ils l'allassent faire en leur pays, à leurs despens. Et de fait, monsieur de Sainct-Paul, frère de monsieur de Vendosme, n'ouït jamais le feu duc de Guise, son beau frère, s'appeler prince, qu'il ne dist en se souriant, que « le duc parloit allemand en françois : et que toutes les fois qu'il se voudroit appeller prince, pour parler proprement françois, il devroit adjouster, de Lorraine. » Mesme en plein parlement un advocat en plaidant pour le feu sieur de Guise, ayant prins la qualité de prince, il fut dit et ordonné sur le champ que ceste qualité seroit rayée : ce qu'on estime avoir esté cause en partie de démettre de son estat le feu premier président Liset, à la poursuite du cardinal de Lorraine, sans autre prétexte toutesfois. Sa conclusion fut que si elle vouloit éviter un remuement bien dangereux, il faloit contenir ceux de Guise en leurs limites, ou pour le moins leur bailler comme une bride et contrepoix de François naturels, et tenir les uns et les autres en raison. La royne répliqua qu'elle n'avoit eslevé ceux de Guise, sinon suyvant les traces du feu roy, son mary : qu'elle eust bien voulu que le roy de Navarre et le prince de Condé se fussent rangez à la Cour, à l'exemple de messieurs de Montpensier et de la Roche-sur-Yon, qui s'y voyoyent favorablement traitez et honorez. Et que c'estoit mesme contre la personne du roy que ceste entreprinse d'Amboyse avoit esté dressée. La Planche respondit qu'il n'estoit croyable qu'un François naturel, et surtout un prince du sang, se fust dressé contre la personne de son roy ; mais que ceux qui occupoyent la place des princes du sang, sachant iceux ne pouvoir estre déboutez selon leurs anciens priviléges, que par le seul premier chef du crime de lèse-majesté, avoyent plustost forcé ceste accusation, substituant la personne du roy au lieu de la leur. Et que si elle vouloit entretenir les princes du sang ès honneurs qui leur sont deus, elle gouverneroit comme une mère les uns et les autres. Brief, qu'elle ne sauroit plus faire pour ceux de Guise que de leur persuader de ne s'égaler en rien, à cause de leur maison, aux princes du sang ; mais de se contenter d'estre honorez comme officiers du roy, selon ce qui seroit deu à l'estat qu'ils exerceroyent. Ce propos ainsi tenu le matin, et entendu par le cardinal de Lorraine caché derrière la tapisserie, et la Planche renvoyé disner, il fut conclu qu'on le renvoyeroit quérir après disner pour le tenter plus avant, et finalement, s'il ne disoit tout ce qu'ils estimoyent qu'il savoit bien, il seroit mis en cage pour luy apprendre à chanter. Estant rappellé, la royne mère, accompagnée de madame de Montpensier, luy dit : qu'elle ne se pouvoit persuader que ceste querelle fust advenue pour les honneurs prétendus par ceux de Guise, à quoy il se trouveroit bon remède, donnant le premier lieu aux princes du sang, et le second à ceux de Guise, de sorte qu'après le premier prince du sang marcheroit le premier prince de Lorraine, après le second prince du sang le second prince de Lorraine, et ainsi consécutivement ; mais qu'il savoit bien d'autres choses, s'il les vouloit dire, à quoy elle l'exhorta, luy promettant grande récompense d'un costé, et d'autre part luy faisant assez entendre que mal luy en prendroit s'il ne disoit tout. Et mesme le pria de luy aider pour attraper Maligny, Soucelles, et quelques autres principaux rebelles, sans luy nommer de près ni de loin la maison de Montmorency. La Planche, homme libre et d'entendement, au lieu de s'estonner, après avoir protesté qu'il en avoit dit la pure vérité sans aucune passion particulière, remonstra que jamais ne seroit souffert cest acouplement des princes de la maison de France et de la maison de Lorraine, dont il luy deschiffra toute l'origine. « Car, disoit-il, un temps a esté que la Lorraine estoit comme une forest espesse entre la France et l'Allemagne : et partant ceux de ceste maison de Lorraine faisoyent acroire aux Allemands qu'ils estoyent grands en France, et aux François, qu'ils estoyent grands en Allemagne. Mais ceste forest est tellement esclaircie, et les afaires d'Allemagne tellement cognues jusques au fond, que nul n'ignore le petit rang que tenoit le duc de Lorraine mesme ès assemblées de l'estat de l'empire, de sorte qu'il ne s'y trouvoit prince qui ne fist difficulté de luy céder. Et quant à la France, la grandeur que cette maison y peut prétendre est de madame Yolande d'Anjou, que le feu roy René, son père, avoit mariée en cest endroit-là, pour se racheter de la prison, où il estoit tombé par l'inconvénient d'une bataille perdue par luy, contre le comte de Vaudémont : duquel mariage il a assez monstré par effect quel regret il avoit, ayant osté tout ce qu'il avoit peu aux descendans de sa dite fille, son unique héritière. Mais quoy que soit, la loy salique empesche qu'aucun n'ait grandeur en France à cause des femmes, et la reigle générale porte que nul prince estranger tienne rang en France. Que si le duc de Guise veut tenir rang de François originaire, il ne sauroit mieux faire que de reprendre le nom et les armes de Boulongne, et se contenter de ce rang, si tant est qu'ils soyent issus, comme ils le disent en leurs chroniques, d'un baron de Joinville, qu'ils font le quatriesme frère de Godefroy de Boulongne, surnommé de Bouillon, et mary de l'héritière du duc de Mozelane, dont ils maintiennent estre venus : comme ainsi soit, Madame, que du troisiesme frère d'iceluy Godefroy, feu vostre grand père maternel, comte de Boulongne soit venu, auquel à ceste cause appartiendroyent les petites croix de ce royaume titulaire de Jérusalem, que ceux-cy s'attribuoyent, ayant pris le nom de Lorraine. » Sa conclusion fut, quant à ce point, que ceux de Lorraine ne devoyent nullement tirer au colier avec les princes du sang, ains leur céder et faire place : qui estoit le moyen d'appaiser les plus dangereux huguenots. Et quant à la capture de ces prétendus rebelles, il trancha le mot qu'il n'étoit ni prevost des mareschaux ni espion. La royne, n'en pouvant tirer autre chose, le mit entre les mains des gardes, alléguant que par informations il estoit chargé d'avoir eu intelligence avec la Renaudie : dont il se purgea si évidemment qu'il fut mis dehors au bout de quatre jours. Tel fut le pourparler de la Planche, homme politique plustost que religieux, s'abusant en ce qu'il mit en avant des différens de la religion, non moins qu'en ce qu'il dit de l'intention qui avoit esmeu la Renaudie. Bien est-il vray que Gaspard de Heu, sieur de Buy, chargé d'avoir pourchassé quelque intelligence et association entre le roy de Navarre et les princes protestans d'Allemaigne, et sur ce mené prisonnier au bois de Vincennes, y avoit esté outrageusement torturé ; et puis à la façon d'Italie, et non en forme de vraye justice, pendu au garrot, duquel vilain acte fut ministre Michel Vialart, lieutenant civil, par le commandement de ceux de Guise : et touchoit ceste injure aussi à la Renaudie, d'autant que ledit sieur de Buy et luy avoyent espousé deux sœurs de la maison de Rongnac. Mais c'est chose certaine que si la Renaudie eust esté mené de quelque passion particulière, il avoit bien une autre occasion plus pregnante pour en estre esmeu, à savoir sa vieille querelle avec du Tillet qui tant luy avoit fait de maux, et dont il se pouvoit asseurer de se pouvoir venger, s'il fust venu à bout de son entreprinse. Mais ceux qui l'ont familièrement cognu en jugent autrement : encore qu'il se puisse faire qu'il ne fust du tout exempt de désir de vengeance et de se faire valoir.

Quelques uns d'autre part avoyent fait telle diligence envers toutes les églises de France pour leur remonstrer la machination de ceux de Guise, qu'ils cognurent aisément leur ruine prochaine, s'ils ne pourvoyoyent promptement à leurs afaires. Partant s'estant assemblez, leur délibération fut d'avoir recours à Dieu par jeusnes et prières, et de se rendre entre les bras des princes du sang, comme pères, tuteurs et conservateurs de l'innocence des pauvres affligez, et lesquels estoyent par une providence de Dieu admirable, appellez par les loix naturelles du pays en telles charges, pendant la minorité des roys. Et afin de les esmouvoir à les prendre en leur protection et sauve-garde, on conclud de leur remonstrer la maladie estre commune entre eux et lesdits princes. Et partant que chacun des affligez qui estoyent en nombre infini, y employeroit tout son bien, et la vie, jusques à la dernière goutte du sang, jusques à ce que ces usurpateurs du roy et du royaume fussent déchassez, le roy remis en liberté, et les princes au lieu et rang qui leur appartient pour gouverner les afaires, jusques à ce que ledit seigneur fust parvenu en âge. A tant certains notables personnages furent députez pour aller trouver le roy de Navarre et son frère : lesquels arrivèrent à Nérac bien tost après le prince de Condé, et présentèrent leur supplication et remonstrance que j'ay bien voulu icy insérer de mot à mot, comme contenant plusieurs choses dignes de mémoire, combien qu'au reste elle puisse sembler à aucuns estre procédée d'esprits trop passionnez, pour estre tenue pour partie d'une simple et du tout vraye histoire.

« Sire, et vous messieurs, encore que les peuples qui de long-temps se sentent oppressez de la tyrannie et cruauté de la maison de Guise, qui s'est saisie de la personne du roy, et emparée de la puissance de la France, partie par force, partie par finesse, ne vous ayent jusques à ceste heure publiquement admonesté de votre office et devoir, ni demandé le secours et délivrance qu'ils attendent de vous : si est-ce qu'ils ne se sont tenus par faute de bien entendre et cognoistre ce qui en est, mais plustost pource qu'ils ont espéré que vous n'estes dépourveus de bon jugement et conseil, et que vous entendiez assez l'authorité et puissance qui vous est donnée de droit divin et humain : lesquels droits et prééminences ils ont estimé que pour rien vous ne vouliez laisser perdre, pour le grand intérest que vous auriez et vostre postérité, d'avoir perdu en votre présence la possession de la grandeur et authorité de vostre maison, et aussi pour n'endurer que la France, à laquelle vous devez tout après Dieu, ne souffrist ce que nous voyons qu'elle souffre par faute d'estre gouvernée et administrée par ses vrays, naturels et légitimes princes et gouverneurs.

Nous avons doncques pensé jusques icy, que par quelque prudence secrette, et à nous inconnue, vous eussiez délibéré de conserver votre dignité et degré, et garantir la France des inconvéniens ausquels nous la voyons tombée : et sommes demeurez en ceste opinion jusques à ce que l'esmotion naguères survenue à Amboyse nous a donné juste occasion de ce que nous vous exposerons franchement : c'est à savoir, ou que vous n'estiez suffisamment informez des droits qui vous appartiennent pour le soulagement de ce pauvre royaume, ou pour le moins que vous n'avez en telle recommandation que vostre degré et prééminence le requiert, le devoir qui vous oblige au peuple de France maintenant oppressé par la tyrannie des estrangers, et gémissant après l'aide et secours que vous luy devez, et que vous luy refusez par trop longuement. Car est-il vray semblable que tels personnages ayent dressé ceste entreprinse, sinon en une extrême nécessité, d'autant que voyant vostre longueur, ils ont résolu comme gens courageux et plus affectionnez à leur patrie qu'à leur propre vie, d'exposer au hasard leurs biens et honneurs, leurs femmes et enfans, et leurs propres personnes, plustost que n'essayer de retirer la personne de leur roy et de messieurs ses frères, et de la royne mère, d'entre les mains de ces cruels barbares, et par conséquent de vous délivrer vous et tout ce royaume de l'oppression tyrannique des estrangers ? Car quoy que les tyrans voulant establir et maintenir leur usurpation sous le nom mesme du roy, duquel ils machinent la ruine, ayent tasché par tous moyens à donner à entendre que ce conseil estoit prins contre la personne du roy et de la monarchie de France, si est-ce qu'outre les conjectures contraires qui sont toutes évidentes, outre l'âge et innocence du roy et de messieurs ses frères, outre le naturel des François à l'endroit de leurs roys, le tesmoignage des papiers et mémoriaux qui ont esté trouvez, la déclaration que plusieurs en ont faite publiquement, les uns en allant recevoir la mort par la cruauté et faux donner à entendre des tyrans, les autres par escrits et protestations : toutes ces choses, di-je, servent de preuve plus que suffisante pour descouvrir en ce fait tout notoirement l'impudence effrontée et desmesurée outrecuidance de ces tyrans et publiques ennemis de ce royaume.

Maintenant donc combien qu'il n'ait pleu à Dieu, usant de ses secrets et inscrutables jugemens, et à bon droit courroucé contre nos fautes et péchez, favoriser une telle entreprinse, toutesfois tant s'en faut que pour cela nous soyons prests à nous soumettre au joug des estrangers du tout insupportable, ou que nous perdions courage, qu'au contraire cela nous a comme resveillez pour avoir honte de nous-mesmes, et pour vous esveiller aussi, très-illustres et magnanimes princes françois, à ce que ne souffriez que cest ancien honneur de la maison de France, sous la protection de laquelle, jusques icy, la sujection nous a esté plus agréable que toute la liberté de plusieurs autres nations, ne vous soit ravie d'entre les mains par les estrangers : et que nous de nostre part, qui ne saurions rien trouver plus amer que l'outrage qu'on vous fait, ne soyons en proye à ces malheureux cadets d'une maison estrangère, qui ne vivent aujourd'huy en la grandeur en laquelle ils se sont eslevez, sinon de la moëlle qu'il ont tirée de nos pauvres os, et du sang qu'ils ont succé de nos veines.

N'estimez donc pas, sire, et vous messieurs, en lisant ce présent advertissement, d'ouyr la voix d'un peuple mutin et rebelle, ou désireux de quelques troubles domestiques, mais plustost les gémissemens, et comme les derniers souspirs de tant de milliers d'hommes : lesquels combien qu'ils ayent souffert en peu d'espace de temps autant d'afflictions qu'il est possible d'endurer à pauvre peuple, toutesfois en ont tousjours donné et donnent la coulpe à leurs démérites et à la convoitise de ceux qui ont abusé de la facilité de leurs princes : et encore aujourd'huy se trouvent très-disposez à maintenir la majesté de leur roy et la prééminence des princes de son sang, plustost que d'oublier le devoir et obéissance volontaire qui les y oblige. Car puisque Dieu a maintenant permis que nous ayons un roy, duquel l'âge ne porte d'apercevoir encore les dangers esquels il est tombé : et mesme que tout accès nous est fermé de venir jusques à sa majesté, si ce n'est à la mercy des ennemys jurez de ce royaume : que nous reste-il plus, sinon de prendre les derniers conseils? C'est à savoir d'essayer si nos forces seront aussi peu puissantes pour délivrer la couronne et nous mesmes, que la tyrannie de ces estrangers est forte à retenir ce qu'elle a envahy, et qu'elle prétend de ravir contre tout droit divin et humain. Mais à Dieu ne plaise que le peuple françois en soit venu jusques là, qu'il luy soit nécessité de faire telles entreprinses pour lesquelles on puisse dire que sa patience, tant renommée jusques icy, soit tournée en fureur; et qu'il soit dit que quelque forcénerie nous a plustost conduits en ce fait, qu'une sage et meure délibération.

Voylà pourquoy, sire, c'est à vous et aux autres princes du sang, que nous nous adressons : et afin que ne puissiez aucunement douter de vos droits et devoirs, il vous plaira bien et meurement considérer les articles suyvans, lesquels nous avons bien voulu coucher nuement et simplement, afin que chacun les puisse mieux entendre et poiser.

Premièrement, vous ne devez ignorer ce point que nature mesme nous enseigne, c'est à savoir qu'un chacun est tenu d'avoir un soin particulier de ceux qui luy sont conjoints de sang, qui est une loy et ordonnance tellement et si expressément confermée par les sainctes escritures, que S. Paul prononce celuy estre pire qu'infidèle qui n'a soin des siens.

Ceste loy est tant universelle, que celuy qui s'en veut exempter pèche contre nature mesme, c'est-à-dire contre l'ordre establi de Dieu pour la conservation de ses créatures, et nommément du genre humain. Mais selon que ceux de nos familles ont plus de besoin de nous, et que nous leur attouchons de plus près, d'autant ce lien d'obligation est plus estroit, et par conséquent ceux qui présument le rompre sont du tout desnaturez : et faut confesser qu'outre la corruption naturelle qui est commune à tous les hommes depuis le péché d'Adam, ils sont encore frappez de rechef de la main de Dieu, quand ils en viennent jusques là, selon que dit S. Paul aux Romains, que telles gens qui sont sans affections naturelles sont du tout privez de sens et de jugement.

S'il y a défectuosité en nature qui soit digne de pitié, et qui requière prompt secours, il est certain que c'est celle qu'on appelle minorité. Car deux choses sont du tout nécessaires pour la conduite de ceste vie, c'est à savoir intelligence et expérience : lesquelles défaillent toutes deux aux pauvres mineurs, veu que l'esprit, quelque bon et heureux qu'il soit donné (si ce n'est par spécial privilége et comme miraculeux) a besoin de se confermer; ce qui ne se peut faire que par succession de temps : et le gouvernement du monde est tel, que celuy qui n'a aprins par expérience que c'est des hommes, et qui n'a autre guide que la prudence née en son cerveau, se trouvera mille fois deceu pour une fois qu'il aura bien rencontré : outre dix mille inconvéniens, ausquels il n'est possible que le mineur puisse pourvoir pour s'en garantir, encore qu'il eust préveu le mieux qu'il seroit possible tout ce qui seroit à prévoir et considérer.

Tant s'en faut que les mineurs, ausquels appartiennent les seigneuries et royaumes par droit et succession, ne soyent comprins en ceste ordonnance que Dieu a mise entre les hommes, qu'au contraire d'autant que le maniement des afaires publiques requiert plus grand entendement et plus meure expérience, d'autant est-il plus nécessaire, que les grands seigneurs soyent conduits et gouvernez en leur minorité, lesquels ne doyvent appeler cela sujection, ni estimer que cela desrogue à leur grandeur, comme les flateurs abusant de leur simplicité à leur profit, leur donnent à entendre : ains plustost le doyvent tenir pour l'appuy et entretenement de leurs honneurs et estats.

Ainsi a-t-il esté pratiqué de toute ancienneté en toutes nations pollicées, et nommément en l'empire romain. Ainsi fut Tarquin le premier institué tuteur testamentaire des enfans d'Ancus Martius, quatriesme roy des Romains. Ainsi ce grand empereur et philosophe Marc Antonin remit en la charge et gouvernement de ses anciens amis et conseillers, son fils Commodus, lequel pour avoir plus creu les flateurs qu'obey à son père, se ruina tanstost avec l'empire qui estoit en sa maison. Ainsi fit aussi l'empereur Théodose surnommé le Grand, à l'endroit de ses deux fils Arcadius et Honorius, ausquels il laissa pour tuteurs Stilicon et Rufin, combien que ce fut avec peu heureux événement, comme il sera dit cy-après. Et depuis encore Arcadius laissa pour tuteurs de son fils Théodose deuxiesme, Isdigerdes, roy de Perse. Hiéron, aussi très-heureux roy de Sicile, ordonna quinze tuteurs à Hiérosme, son fils, âgé de quinze ans, duquel il sera parlé cy-après, et nommément les loix et les docteurs veulent que le roy ait un curateur ou régent jusques en l'âge de vingt-cinq ans.

Et pour venir aux François, il ne se peut nier que telle coustume n'ait esté de tout temps observée en ce royaume quand tel cas est escheu, comme à l'endroit de Charles-le-Simple, Philippe premier de ce nom, Sainct Louys, Charles sixiesme, Charles huitiesme, qui ont tous esté gouvernez par tuteurs jusqu'à l'âge de puberté : ce qui peut apparoir par ce que Charles sixiesme ne fut mis hors de tutèle avant le temps, que par l'avis du conseil tenu et congrégé sur ce fait, à Rheims, l'an M. ccclxxxviii, dont ce nonobstant il sortit de grands maux pour ce pauvre royaume : mais s'il est question de considérer particulièrement la manière de faire, laquelle ont suyvie les François, nous trouverons qu'ils ont tenu en cecy un meilleur ordre que toutes autres nations. Car nos ancestres, cognoissant que le naturel des François ne pourroit jamais porter d'estre assujétis aux princes estrangers, et d'autre costé ayant non-seulement préveu, mais aussi apperceu par expérience des choses advenues tant ès autres nations qu'en ce royaume, quel danger il y a pour leurs vrays et naturels princes en leur baillant pour tuteurs quelques princes estrangers, ont en premier lieu par la loy salique forclos de la succession de la couronne, et par conséquent de la tutèle de leurs roys, tous princes alliez de la couronne par seule affinité de femme. Secondement combien qu'une ordonnance testamentaire soit à bon droit tenue pour inviolable, si est-ce qu'après le décez de leurs roys, quelque clause qu'il y eust en leurs testamens, touchant la tutèle de leurs enfans mineurs, ils ont voulu et l'ont ainsi pratiqué, qu'en tels cas les trois estats de ce royaume s'assemblassent incontinent après le décez du roy, pour en ordonner et establir autant que requerroit le profit et intérest du royaume.

Davantage, suyvant la loy naturelle dont nous avons parlé ci-dessus, et les loix civiles tant grecques que romaines, ils ont appellé au gouvernement de leurs roys, toutesfois et quantes qu'il leur a esté possible, les plus proches princes du sang, pourveu qu'ils fussent capables de telle charge, suyvant ce qu'en ordonneroyent les susdits trois estats, au cas qu'il y eust en cela quelque difficulté.

Finalement, pour mieux asseurer l'estat du royaume et conserver la personne de leurs roys mineurs en leur authorité, en reiglant la puissance de tels tuteurs et gouverneurs, ils ont expressément ordonné que le roy seroit couronné dès l'âge de quatorze ans, et que le tout seroit conduit en son nom et expédié soubs son scel. Davantage, que les tuteurs et gouverneurs auroyent un conseil ordonné des plus notables du royaume, auquel ils rapporteroyent les afaires, et par lequel ils se conduiroyent : et si ont voulu que par le meur avis dudit conseil le roy seroit mis hors de tutèle mesme devant les vingt-cinq ans accomplis, s'il estoit trouvé doué de sens et entendement capable de sa charge.

Et pour vérification de ce que dessus, nous disons que ladite loy salique est trop juste pour estre mesprisée, et trop notoire pour estre révoquée en doute. Car qu'y a-t-il plus dangereux pour l'estat d'un royaume, qu'un prince estranger eslevé en authorité, principalement quand il est ambitieux ou avare, comme sont ces messieurs les cadets de Lorraine, qui maintenant nous tyrannisent ? voire si jamais il y eut princes en ce monde, qui par vilaines et deshonnestes taches d'avarice et toute convoitise desmesurée, ayent souillé le nom et tiltre de prince. Ainsi fut jadis, sous ombre de la tutèle, ravy le royaume des Romains de entre les mains des enfans d'Ancus Martius par Tarquin le premier de ce nom, et depuis l'empire de Rome quasi ruiné par l'ambition et trahison de Stilicon et Rufin, tuteurs d'Arcadius et Honorius : mais l'exemple de Hierosme, roy de Sicile, est encore plus approchant de ce que nous sentons aujourd'huy. Car entre autres tuteurs que Hieron, son aycul, luy laissa, il y avoit un certain Andronodorus, gendre de Hieron, et par conséquent oncle dudit Hierosme, ainsi que ce cardinal et ses frères sont oncles de nostre roy, hors-mis qu'Andronodorus avoit espousé la tante du roy, et nostre roy a espousé la niepce de ces messieurs à leur requeste : lequel Andronodorus, pour gouverner tout sous le nom du roy son neveu, ne faillit pas à faire en sorte qu'il le fit déclairer capable de régner en l'âge de quinze ans : mais qu'en advint-il? c'est que par ce moyen il ruina le roy et soy-mesme. Et pour venir à nostre nation, qui a jamais leu chronique de France, qui ne sache combien de calamitez a souffert la nation françoise en partie par faute d'avoir gardé ladite loy salique, en partie par faute d'avoir assemblé les trois estats afin de maintenir les princes en leur authorité, chacun selon leur rang et degré, contre l'ambition des nouveaux venus? Qui est celui qui ne sache la misère en laquelle estoit ce pauvre royaume du temps des maires du palais, du temps de Charles-le-Simple, du roy sainct Louys, de Charles sixiesme et autres, par faute de ce que dessus.

Nul donc ne se doit esmerveiller, si maintenant nous, aux despens desquels tous ces piteux jeux ont esté jouez, nous voyant tous prests d'estre précipitez en mesmes ou plus grands inconvéniens, délibérons de nous en garder par tous moyens licites, c'est à savoir, en vous advertissant et vous sommant de vostre devoir, comme ceux desquels la ruine est conjointe avec la perdition totale de la maison royale, et de tout ce royaume, si vous n'estes autrement soigneux de vous acquiter de ce que vous devez au roy, à messieurs ses frères, à vous-mesmes, à vostre postérité, et à tant de milliers d'hommes pauvres et obéissans sujets de la couronne. Et pour monstrer que ladite loy salique a esté ainsi pratiquée, et que les susdites ordonnances touchant les tutèles et gouvernemens de ce royaume de France, durant la minorité des roys, ont esté ainsi conduites, il nous suffira d'alléguer trois exemples formels de ce qui en fut décidé touchant le roy Philippe de Valois, successeur du roy Charles-le-Bel, son cousin germain, l'an 1327, touchant le roy Charles sixiesme, qui succéda à son père Charles cinquiesme, l'an 1375, et le roy Charles huitiesme, successeur de Louys onziesme, l'an 1484. Estant donc décédé Charles-le-Bel, en laissant grosse sa femme madame Jeanne d'Evreux, Edouard, roy d'Angleterre, fils de madame Ysabel, sœur germaine dudit Charles, et par conséquent nepveu d'iceluy, querella le gouvernement de ladite Jeanne et du posthume qui en sortiroit, à l'encontre de Philippe de Valois, fils de Charles de Valois, oncle dudit Charles-le-Bel, et par conséquent seulement cousin remué de germain du posthume dont il estoit question ; sur lequel différent il fut arresté par les trois estats que ledit Philippe de Valois seroit gouverneur de sadite cousine, tant pource que le royaume de France ne se pouvoit gouverner par estrangers, que pour estre le plus prochain héritier selon la loy salique, qui forclost de la couronne toute ligne féminine : ce qui fut tellement pratiqué, que ledit Philippe de Valois, au lieu de régent, fut déclairé roy après que la royne Jeanne fut accouchée d'une fille.

Semblablement le roy Charles-le-Quint, à bon droit surnommé le Sage, ayant ordonné par testament que Charles sixiesme, son fils et successeur, avec Louys son autre fils, qui depuis fut duc d'Orléans, seroyent quant à leurs personnes et nourriture mis en la garde de Philippe, duc de Bourbon, prince du sang et leur oncle de mère, et les afaires du royaume entre les mains de Louys, duc d'Anjou, leur oncle de père, en attendant que ledit Charles eust quatorze ans accomplis pour estre couronné roy : ce néantmoins les trois estats furent assemblez sur ce fait, par lesquels fut dit, nonobstant ladite ordonnance testamentaire, que ledit Charles dès lors seroit couronné roy, et le royaume administré en son nom, mais que Louys d'Anjou, son oncle de père comme le plus proche, auroit le gouvernement et régence du royaume, en quoy il se conduiroit par le conseil des princes et seigneurs députez pour cest effet : et quant à la personne du roy et de monsieur d'Orléans son frère, qu'ils seroyent mis entre les mains des ducs de Bourgogne et de Bourbon, tous deux princes du sang et ses oncles en ligne masculine : l'un de père et l'autre par mère, afin de les conduire en bonnes mœurs jusques en âge de puberté, et fut pratiquée ceste ordonnance jusques à tant que ledit Charles sixiesme, surnommé le bien aymé, fust mis hors de la tutèle de ses oncles, par privilége et ordonnance desdits estats en l'âge de vingt-deux ans ou environ, pour la faveur que le peuple luy portoit, et pour le sens, discrétion et beauté qui estoyent en luy.

Pareillement, après la mort du roy Louys onziesme, le roy Charles huitiesme, son fils unique, venant à la couronne, les estats furent assemblez à Tours : là où il fut arresté que madame Anne de France, sa sœur aisnée, auroit le gouvernement d'iceluy touchant sa nourriture, et quant aux afaires, nonobstant que monsieur Louys, duc d'Orléans, qui puis après succéda à la couronne, demandast d'en avoir le gouvernement comme le plus proche, si est-ce qu'il fut dit, que d'autant qu'il n'avoit pour lors qu'environ vingt-trois ans, il ne seroit régent, ains que le tout seroit conduit par le conseil des princes et plus grands seigneurs du royaume à ce députez, et sont encore aujourd'huy imprimez les actes desdits trois estats tenus à Tours, par lesquels se peut voir tout ce que dessus.

Nous entendons, sire, avoir suffisamment prouvé par ces allégations, quelle est vostre prééminence en ce royaume, comme de celuy qui est le plus prochain héritier de la couronne de France, et par conséquent quel tort vous est fait par les usurpateurs estrangers, lesquels, encore qu'eussiez délibéré de souffrir, soit par la douceur de vostre naturel, ou autrement, nous sont toutesfois et seront à jamais intolérables. Car à quel tiltre ont-ils usurpé ce degré où ils sont? Est-ce qu'il leur appartienne de droit naturel? Au contraire nous avons monstré que vous estes naturellement appellé à cest estat. Est-ce par droit ou coustumes de France? Ains tout au rebours, par ordonnances et coustumes expresses, tous estrangers, entre lesquels sont contez ceux qui ne sont alliez de la maison de France que par femmes, en sont entièrement forclos. Allégueront-ils quelque volonté testamentaire du feu roy Henry? Il n'y en a point: et quand lesdits tyrans en oseroyent supposer, quelle en seroit la vigueur si elle dérogeoit aux statuts et coustumes du royaume? Se défendront-ils de la faveur du feu roy Henry, de la bonté duquel ils ont si long-temps abusé, et lequel, s'il vivoit encore aujourd'huy, les eust pieça du tout déchassez, comme chacun sait qu'il avoit conclu peu de temps avant sa mort. Que leur reste-il donc pour couverture de leur ambition desmesurée, de leur avarice insatiable, de leur cruauté enragée, de leur impudence incroyable, de leur audace intolérable, sinon ce qu'ils ont acquis aisément par faute de s'y estre opposé virilement? C'est à savoir le vouloir de notre roy et prince souverain n'estant encore d'age pour appercevoir la captivité et le danger où il est, et ne pouvant rien voir que par les yeux d'autruy, ni ouyr que par les aureilles de ces tyrans, abusans si effrontément de la simplicité de son âge? Mais s'ils ne veulent à leur manière accoustumée que tout leur soit loisible sans aucune exception, par quelle loy, ni raison, ni coustume trouveront-ils que celuy qui doit estre gouverné par autruy, soit d'assez ferme jugement pour se donner des gouverneurs, et par conséquent pour destituer ceux qui lui sont establis? Et quant à la royne mère, de laquelle aussi ceux-cy se couvrent ; hélas, sire, que pouvons nous dire autre chose, sinon que nous ne sommes esbahis que de voir une femme si trompée et tant abusée par ceux auxquels il a esté par trop aisé de luy faire croire tout ce que bon leur a semblé, et que cependant nous n'avons moins de pitié de la voir entre les pattes de ces loups, avec l'heureuse lignée que Dieu nous a donnée par son moyen, que de désir de la voir jouir du repos que le chastiment de ces malheureux tyrans lui apporteroit et à ce pauvre royaume? Mais peut-être que leur impudence leur fera alléguer leur capacité et suffisance, et les grands bienfaits à l'endroit de ce royaume : surquoy pleust à Dieu que nous n'eussions tant de justes, raisonnables et nécessaires repliques.

Premièrement, fut-il jamais une telle impudence, de vouloir estre seuls juges de leur capacité et bienfaits, et s'en donner eux-mesmes la récompense? Mais quels bienfaits pourront-ils alléguer pour la récompense desquels il leur soit loisible de fouler aux pieds toutes les sacrées loix qui sont, après Dieu, le fondement et establissement de ce royaume? ravir, voler et brigander la couronne? rediger en leur puissance la propre personne du roy, de messieurs ses frères et de la royne mère? changer et rechanger toutes loix et édits à leur poste? dégrader et eschaffauder les parlemens et toute la justice? ottroyer à l'ennemy tout ce que bon leur a semblé ? faire la paix et la guerre à leur appétit? se nourrir du sang de la noblesse françoise? se saouler de la mouëlle des os du pauvre peuple ? se crever de bénéfices et confiscations sous ombre du zèle de la foy catholique? et finalement quant à vous, sire, avec le surplus des princes du noble sang de la maison de France, vous mespriser jusques là que d'attenter sur vos propres personnes, en oubliant mesme le respect particulier qu'ils doyvent à vostre maison, sire, pour l'honneur de l'alliance qu'elle en a receu ?

O prudent et excellent roy François, combien s'en faut-il que tu n'ayes esté vray prophète, quand tu prédis ce que nous voyons quasi à l'œil, que si jamais ceste meschante maison de Guise gouvernoit le roy ton fils, elle le mettroit en chemise? O pauvre France, as-tu maintenu si courageusement et si longuement la grandeur de la majesté de tes roys et princes, pour estre la proie et le butin des plus lasches et deshonnestes de tout le monde? Mais encore est-il besoin de spécifier toutes ces choses par le menu, afin que le monde universel cognoisse nostre juste complainte.

Nul ne doit ignorer combien est exprès le serment, par lequel les cardinaux sont asservis aux papes, desquels aussi ils s'appellent les créatures, et comme ils se sont entièrement exemptez de toute la jurisdiction des princes, de l'amoindrissement desquels ils ont basty et entretiennent encore leur grandeur, laquelle n'a nul fondement, ni en l'escriture saincte, ni en aucun autre ancien concile ni canon. A quel titre donc un cardinal aura-t-il la charge d'un royaume de France, veu qu'il s'est astraint par serment à un autre qui souventes fois mesme sera ennemy de France, et duquel les droits tant souvent sont peu accordans au proufit du royaume? Car ainsi mesme en est-il advenu de nostre temps que ce monsieur le cardinal gouverne. Et quand ceste raison cesseroit, comme seroit propre à gouverner les finances d'un tel royaume, celuy qui n'est responsable devant aucun juge séculier, quand il seroit question de luy en faire rendre compte, voire mesme quand il n'auroit que son privilège de cléricature. Et de fait, le roy Jean, pourveu de bon conseil, osta les sceaux et le maniment de ses afaires à son chancelier, nommé messire Jean des Dormans, après qu'iceluy se fut fait cardinal : et ne sont encore aujourd'huy admis les cardinaux au conseil de la seigneurie de Venise, ni d'autres républiques bien policées.

Davantage par combien de conciles et canons est-il défendu aux ecclésiastiques de se mesler des afaires profanes et négoces séculiers, et principalement du fait de la guerre? mais peut-estre que monsieur le cardinal allèguera la nécessité qu'a le peuple françois de sa prudence et éloquence : mais à qui le pourra-il faire accroire, soit grand ou petit? Et quoy qu'il en soit, les tristes et malheureux exemples de ce qui est advenu en ce royaume par le gouvernement des cardinaux, estoyent suffisans pour nous faire prévoir ce que nous avons par trop expérimenté en ce malheureux surnommé à bon droit le cardinal de la Ruyne. Car ainsi en print-il du cardinal d'Amiens du temps du roy Charles sixiesme, qui ne sceut jamais en avoir raison, pource qu'iceluy cardinal s'estoit retiré à Rome avec ses larrecins : et le cardinal Balue, du temps du roy Louys onziesme, n'eust failly d'en faire autant, si la prudence du roy n'y eust pourveu.

Autant en print-il naguères au royaume d'Angleterre par le gouvernement du cardinal d'Yorck : et de fresche mémoire le moine et cardinal de Transylvanie a-t-il point esté celuy qui a ravy ce royaume à la chrestienté, et qui pour son ambition l'a mis en la désolation en laquelle il est aujourd'huy ? Outre cela, il est expressément ordonné par les loix que ceux qui sont detteurs et comptables à la république ou au fisq, ne soient admis à telles administrations devant que d'avoir compté et payé. Il estoit donc requis en premier lieu que ces messieurs rendissent compte de l'administration des finances qu'ils ont eue si longuement, et qu'ils ont conduite si consciencieusement que nul n'ignore que le feu roy Henry, le plus benin et le plus endurant prince du monde, s'appercevant à la fin où l'avoit conduit l'ambition de ces malheureux, estoit entièrement résolu de leur faire rendre compte, et de les déchasser arrière de soy.

C'estoit donc par où ils devoyent commencer s'ils vouloyent suyvre le droit chemin qui mène aux honneurs légitimement acquis, en souffrant que ceux ausquels le cas attouche, fussent juges de leurs mérites, si aucuns y en a, et de la récompense qui se trouveroit leur en estre deue.

Item, il est assez connu de tous, comme leur fierté s'est desbordée jusques là de tascher d'aliéner de la couronne la souveraineté du duché de Bar et de quereler le duché d'Anjou, et comté de Provence, et qui plus est de débattre mesme la couronne, allégans qu'ils sont de la race de Charlemaigne, sur la postérité duquel ils prétendent que Hue Capet a occupé le royaume, voire comme si l'histoire françoise ne nous fournissoit de dix mille repliques sur ce fait. Mais quoyqu'il en soit, quand il n'y auroit que ces seuls actes, que pouvons-nous attendre de l'issue de leurs usurpations, sinon ce que l'un d'entre eux a bien osé dire ouvertement, voire jusques aux femmes, afin que chacun entende combien est grande leur discrétion ou leur impudence? c'est à savoir l'usurpation du royaume mesme, avec une servitude plus misérable que la mort, et laquelle vous enveloppe des premiers après la personne du roy et de messieurs ses frères : voire de plus près que la plus part de nous. Car quant à nous, c'est de nostre misérable servitude qu'ils espèrent s'agrandir : mais quant au roy et à toute vostre maison, qui peut douter que la ruine totale et la mort mesme ne vous soit apprestée par eux : d'autant que sans cela il leur est impossible de venir à bout de leurs desseins?

Et pour passer encore plus outre, posé le cas qu'ils fussent princes du sang, et que les susdites incapacitez n'eussent lieu, y eut-il jamais en France aucuns coulpables du crime de lèse majesté, y eut-il jamais criminels dignes d'estre en perpétuel exemple jusqu'à la fin du monde, y eut-il jamais gens desquels nos ancestres se peussent plaindre à meilleur droit s'ils ressuscitoyent aujourd'huy, que ces malheureux monstres en l'estat de noblesse, pestes et furies de ce pauvre royaume? Car premièrement qui a empesché et qui empesche encore aujourd'huy l'assemblée des trois estats suyvant les statuts du royaume, sinon ces malheureux? toutesfois y eut-il oncques occasion de ce faire, plus nécessaire qu'après le décez de nostre dernier roy Henry, estant le roy en minorité, la paix encore incertaine, quelque ignominieuse qu'elle fust pour toute la nation françoise, le royaume du tout espuisé par les guerres esmeuës au moyen de la seule ambition insatiable de ces malheureux : et finalement estant survenus tels et si grands troubles domestiques sur le fait de la religion? et sous quelle couleur a esté empeschée ceste assemblée? d'autant, disent-ils, que c'est pour réduire le roy en servitude, et priver la royne mère de son authorité. O malheureuse et fausse parolle : ce qui a esté de si long-temps ordonné par nos ancestres et pratiqué avec un tel et si heureux évènement : ce qui a maintenu tant de fois ceste monarchie en telles et si grandes tempestes, que cela soit un lasset tendu contre le roy et les siens ! que cela soit non-seulement mesprisé, mais aussi condamné, et que ce pauvre royaume en soit venu jusques-là, d'avoir pour juges sans appel en tout ce que bon leur semble, non pas leur roy, lequel n'a pas encore l'âge pour cognoistre ce qui est dressé contre lui : non pas les princes de son sang, qui mesme ne sont pas seurs de leurs personnes, tant s'en faut qu'ils puissent asseurer les autres : mais ceux qui sont moins dignes de comparoir en place, sinon pour recevoir condamnation digne de leurs démérites, que les moindres gentils-hommes de ce royaume ?

Davantage, quel autre nom que de crime de rapt et de lèse majesté pourroit-on donner à ceste audace insupportable, de s'emparer ainsi par leur seule authorité de la personne du roy mineur et de messieurs ses frères et en déboutant tous ceux que bon leur semble (jusqu'à vous, sire, et à tous les autres princes du sang, ausquels, comme d'une héréditaire succession, appartient le maniement des afaires de ce royaume, avant tous autres) s'attribuer toute puissance absolue sans réserve ni exception quelconque ?

Et quant au reste de leur gouvernement, s'il est question, non pas d'esplucher par le menu les bougreries du cardinal, que son propre frère l'enragé luy a reprochées, ni les incestes, violemens, cruautez, inhumanitez et extorsions commises, en especial par le grand prieur et le marquis d'Ellebeuf ses frères ; ains seulement considérer comment ils se sont acquittez du gouvernement des afaires depuis que ce vaillant cardinal fut admis au conseil par le feu roy Henry : que trouvera-t-on, sinon que leur seule intention a esté d'entortiller si bien ceste pyramide de la monarchie françoise, qu'il falust de deux choses l'une, c'est à savoir, ou qu'ils la tirassent bas à fine force de la serrer et miner dedans et dehors, ou bien, qu'elle ne s'en peust jamais desvelopper sans esbranler le royaume ? Et de fait nous voyons que nous en sommes venus à ce dernier point, par faute d'y avoir pourveu d'assez bonne heure.

Ainsi donc pour descouvrir leurs desseins, nous disons que ces messieurs considérant qu'ils avoient besoin de gaigner tout le cœur du feu roy, et puis de faire bonne provision d'honneur et de bénéfices : quant au premier de ces deux points, il leur fut aisé de l'avoir, tant à cause de la débonnaireté du feu roy, que par autres moyens, qu'ils y tindrent, en s'accommodant à tout ce que l'âge d'iceluy pouvoit requérir de volupté et de plaisir : au lieu que s'ils eussent eu esgard à autres choses quelconques qu'à leur grandeur, il faloit essayer à modérer par leurs bons conseils et graves advertissemens tous les désirs, esquels il est aisé à un grand prince, en la fleur de son âge, de se laisser transporter et tomber. Mais que pourroyent faire autre chose ces malheureux, que tout le rebours de leur devoir, puisque leur intention n'estoit que de se servir de leur maistre pour establir leur grandeur ? et que cela soit vray, les parois mesmes de l'hostel de Rheims et de l'Évesque borgne à Paris, en pourroyent porter tesmoignage, lesquelles ont eu honte, par manière de dire, des paillardises, adultères, et macquerélages, dont ces messieurs (qui maintenant gouvernent ce royaume par-dessus vous, princes du sang !) ont esté les ministres et officiers : voire après qu'il n'a tenu à eux que notre feu roi Henry ne répudiast la royne, à présent mère du roy et de messieurs ses frères et sœurs.

Voilà aussi pourquoy en premier lieu ils s'allièrent avec celle qui pour lors possédoit le nostre pauvre roy (comme un chascun sait) de laquelle ils se vouloyent servir comme d'une esponge pour succer la substance de ce royaume.

Premièrement ils en ont succé par ces moyens et attiré en leur maison, par droit de succession qui les attend, ce qu'on appelle le tilletaige, c'est-à-dire une somme inestimable qui revient du renouvellement des offices de ce royaume : laquelle somme payée à une fois, excède toute la prodigalité des princes qui furent oncques. Sur ces entrefaites, estant question de s'amasser des bénéfices, il ne luy fut difficile d'avoir un chapeau du pape Paul troisiesme, veu le crédit qu'il avoit envers le roy son maistre, duquel ledit pape ne taschoit pour lors que de s'accointer contre l'empereur Charles, pour venger la mort de cest abominable Pierre Louys son fils, comme aussi ce monsieur s'efforçoit de sa part de faire son proufit, en vendant la faveur de son maistre.

Voilà qui fut cause que, sous ombre du concile de Boulongne et de telles afaires qu'il voulut imaginer, il dressa un voyage en Italie pour deux principales raisons. La première, afin de moyenner l'alliance de son frère aisné avec l'aisnée de la maison de Ferrare. La seconde, afin de se faire cognoistre à Rome, pour mieux bastir ses entreprinses à l'avenir. Cependant, ô vilaine et détestable ingratitude! n'ayant patience que le feu cardinal de Lorraine son oncle, par la faveur duquel il estoit venu du collége de Navarre à la cour, homme, quant à l'ambition, de tout autre naturel que ses nepveux, l'enrichist de sa despouille par son décez, il ne cessa de luy tirer de dessous l'aisle tout ce qui luy fut possible, par une importunité non guères esloignée de violence : et trouva façon de luy faire envie de s'esloigner de la cour, luy aposta des serviteurs tels qu'il luy pleut, le destitua de ceux qui estoyent les plus loyaux, sous telle couverture que bon luy sembla, et fit en sorte qu'il ne tint pas à luy qu'il ne le mist tout en chemise, tellement qu'en fin une mort bien soudaine l'emporta au retour de l'élection du pape Jules troisiesme, en laquelle tout le monde sait comme ce cardinal se porta fidèlement, et quant à sa conscience, et quant au royaume de France. Tant y a qu'il y gaigna un chapeau pour son frère qui est aussi cardinal : joint que lors fut achevé et accompli le mariage de son dit frère aisné. Estant de retour, Dieu sait quels mystères il a fait jouer à son maistre. Il a chassé de la cour tous ceux qu'il pensoit lui pouvoir nuire, hors mis ceux-là qui estoyent trop forts et plus anciens amis, et ceux avecques lesquels il partissoit le butin. Mais sur tout il n'oublia pas de confiner à Rome les autres cardinaux, afin de ronger les os du crucifix tout seul à la cour. Et puis voyant le chancelier Olivier, homme sage et expérimenté, ne lui servir que d'obscurcir son lustre, il luy fit venir envie de se retirer de la cour pour faire place à un homme de foin, autrement une vraye beste nommée Bertrandi, qui lui servit d'un fantosme de chancelier, feignant cependant de gratifier à celle dont il avoit afaire pour lors, lequel aussi ils firent cardinal puis après : combien qu'à la fin force luy ait esté de rappeler ledit Olivier pour ne s'en pouvoir passer.

Outre cela, il n'y a eu office ni bénéfice dont ils n'ayent trafiqué, obligeant par ce moyen le plus d'amis qu'ils ont peu : et comme s'il ne vaquoit pas assez d'offices, ils en ont forgé de tous nouveaux tant qu'il leur a pleu, changeant et rechangeant tout à leur poste, tant en l'estat des finances que de la justice, sous belle apparence d'abréger les procès ; comme ainsi soit tout au rebours que rien n'entretienne plus les procès que le changement et la multitude des loix et officiers. Mais entre autres ruses, il y en a quelques unes fort notables qu'ils ont inventées pour bien tost s'acquérir une merveilleuse puissance. La première est qu'ils ont donné ordre de savoir toutes les bonnes maisons de France, esquelles il y avoit des mauvais mesnagers, ou gens faciles à tromper, ou procès de conséquence : et là dessus ont eu des soliciteurs apostez, pour estonner les créditeurs, pour fleschir les plus fascheux, et pour allecher les plus sots par toutes sortes d'espérances et de promesses. Bref, il n'y a rien qui leur ait esté trop pesant ne trop chaud : de sorte que les uns leur ont fait transport de leurs droits, les autres leur ont tout donné, les autres les ont fait leurs héritiers, et par ce moyen ayant fraudé les uns et les autres, destruit une infinité de pauvres créditeurs de bonne foy, ruiné innumérables pauvres veuves et orphelins, abattu infinies bonnes maisons de toutes sortes, ils ont tellement basty leur maison des ruines des autres, qu'ils ont surmonté en peu d'années les plus grands et les mieux fondez de ce royaume : voire avec une ambition si vilaine et si effrontée qu'ils n'ont espargné ni amis ni ennemis, ni biens spirituels ni temporels, tesmoin le mauvais traittement pourchassé à madame Renée, duchesse de Ferrare, pour la récompense de son alliance : tesmoin aussi le comté de Nantueil, et les principaux bénéfices du cardinal de Lenoncourt, ancien serviteur de leur maison : tesmoins les biens de monsieur le marquis de Neelle, de monsieur de Grignan, le chasteau de Meudon, la maison de Marchais, la terre de Chevreuse, et autres semées par tout ce royaume : desquelles n'estant encore assouvie leur avarice, il a falu qu'ils ayent assailli monsieur le connestable pour lui arracher le comté de Dampmartin : laquelle injure pour le moins le doit admonnester de son office envers la couronne, et de ce qu'il doit attendre de ces meschans, si leur audace n'est réprimée comme il appartient.

Finalement, pource qu'il leur estoit difficile de tenir ce train, et que tout ce qu'ils pouvoyent desrober en paix n'estoit rien au prix de ce qu'ils avoyent entreprins, c'est à savoir de ravir mesme la couronne de dessus le chef de leur maistre, ils ne peurent ni ne vouleurent souffrir que la France jouïst du repos auquel le feu roy François l'avoit laissée : car ils voyoyent que mille commoditez leur revenoyent de la guerre, d'autant qu'en premier lieu ce leur estoit une ouverture pour s'avancer, veu la furie de leur aisné et de celuy qui le seconde : lesquels le cardinal n'a jamais craint de hazarder, sachant qu'en tout évènement la chose le valoit, et que s'ils estoient plus heureux que sages, ce luy seroit un vray moyen de s'eslever jusqu'au bout : et s'ils mouroyent, leur mort serviroit de pont pour passer les autres plus outre : davantage ayant le principal maniement des deniers de ce royaume, combien leur estoit-il plus aisé de pescher en eau trouble qu'en eau claire? et puis outre tout cela, il voyoit que par un mesme moyen il s'acquéroit la faveur de ceux de la querelle desquels il délibéroit faire le proufit de sa maison aux despens du pauvre peuple : il diminuoit les forces du roy, duquel il voudroit bien voir la couronne sur la teste de son frère, comme les trois couronnes papales sur la sienne : et finalement que ce luy estoit un vray moyen pour hazarder le roy, les princes du sang, et tous ceux de la destruction desquels dépend l'accroissement de sa grandeur.

Voilà, sire, les braves occasions de la guerre tant longue et malheureuse par tout le royaume, à laquelle il leur fut aisé de tourner le cœur du roy, désireux de nouvel honneur au commencement de son règne, sur l'ennemy juré de la maison de France, lequel pour lors ayant (comme on jugeoit) domté l'Allemaigne, sembloit trop redoutable à ce royaume, si on ne rompoit de bonne heure tous les desseins qu'il pouvoit avoir. Or advint-il trois occasions de le bien empescher : la première fut en rompant le cours du concile de Trente, de l'authorité duquel iceluy empereur se servoit pour du tout unir les Allemans à sa dévotion, afin de faire puis après, en Italie et ailleurs, ce que bon luy eust semblé. La seconde, en prenant la querelle de la maison des Farnèses, deschassez de Plaisance par l'empereur. La troisiesme, en pratiquant l'armée de l'électeur Maurice et du marquis de Brandebourg estant au siége de Magdebourg, et grandement irritez contre l'empereur à cause de la détention du landgrave de Hesse, avecques lesquels il y avoit apparence que le fils dudit landgrave et autres princes allemans se joindroyent aisément. Et combien qu'il n'y eust pas une de ces trois occasions qui fust correspondante à ce que ledit cardinal a cerché de tout temps : c'est à savoir à ce qu'il soit tenu un vray pillier de la foy catholique, veu que la première sembloit troubler le repos de la chrestienté : la seconde mettoit le roy et le royaume en danger d'un interdit et excommunication papale, et contrevenoit notoirement à la grandeur du siége apostolique dont il contrefait le zélateur : la troisiesme conjoignoit manifestement le roy avec les luthériens, et leur donnoit moyen de se relever et fortifier plus que jamais ; toutesfois ce fatal ennemy de Dieu et de tous hommes n'en voulust laisser pas une, ains mit en teste au roy, par dessus lequel il régnoit, de se servir de toutes les trois l'une après l'autre. De là vint la protestation contre le concile, et puis la guerre de Parme dressée contre le pape, à l'appétit de ce suppost de la papauté, aux despens excessifs de ce pauvre royaume, et au proufit du fils d'un bastard, qui en a depuis rendu le salaire que toutes gens de bon esprit en ont attendu.

De là vint la première source des plus piteuses et lamentables calamitez qu'ait jamais endurées la pauvre France : car enfin il falut que l'apostume crevast, et que ces furies dressassent une guerre civile en Allemaigne, par laquelle nonobstant que Dieu ait justement chastié les iniquitez de plusieurs, si est-ce que tant de meurtres et tant de maux s'en sont ensuivis, que si maintenant le Turc, venant assaillir les Allemans, ne les trouve assez forts pour luy résister, et de-là s'en vient jusques à nous qu'il trouvera du tout desgarnis et de gens et d'argent, ce sera à bon droit que la principale coulpe sera donnée à l'ambition et désespérée convoitise de ceste meschante et cruelle race.

De là donc s'ensuyvit le voyage de Allemaigne, auquel ces malheureux faillirent, Dieu mercy, à leur entreprinse, en ce qu'il ne permit que l'Allemaigne tombast en leurs pattes; mais leur cruauté fut telle que leur propre païs de Lorraine en fit pour lors la première expérience, comme à la vérité elle semble n'en avoir esté indigne pour avoir produit de telles et si venimeuses vipères au monde. Et pour preuve de nostre dire, quand il n'y auroit qu'une seule ville de Mets pour en tesmoigner, quel tesmoignage plus suffisant sauroit-on requérir? Car qu'est-ce que cette pauvre ville n'a souffert en peu d'années et par dedans et par dehors, estant despouillée de sa liberté sous ombre de la protection d'icelle, desmembrée de l'empire, ruinée pour la plus part, et, qui est le comble de toutes misères, réduite en la servitude du cardinal, qui, sous un nom emprunté, en tire tous les ans pour le moins cent mille livres, n'en laissant au roy que le deshonneur de l'avoir surprinse sous ombre de la défendre, la charge de la garder avec despens inestimables, la perte de nos pauvres vies, et l'inimitié de l'empire qui est tout prest de redemander le sien avec une main non moins armée de force que de très-juste querelle en cest endroit, pourveu qu'on s'en adresse à ceux qui sont cause d'un tel et si manifeste outrage.

Mais c'est merveilles si là-dessus le cardinal n'est si présomptueux d'alléguer la ville de Mets défendue sous la conduite de son frère aisné. Car voilà le fondement de leurs mérites, et par où ils ont commencé ouvertement à plus ne dissimuler leur orgueil, comme si la France estoit appuyée sur leur prudence et vaillance : c'est-à-dire, comme si la pyramide de la monarchie françoise ne se comportoit point sur la base, mais ainsi qu'une vieille ruine caduque se soustenoit tellement quellement sur la vigueur de quelque branche de lierre l'entrelaçant et environnant, comme porte la belle devise du cardinal. Mais pleust à Dieu que nous n'eussions tant de repliques à l'encontre de leur orgueil intolérable, se voulant hausser jusques-là, de nous faire croire que nous devons de retour à ceux qui n'ont peu s'eslever qu'en nous ruinant. Car quel besoin estoit-il de racheter ce trophée, en offensant Dieu et les hommes? Et combien nous a esté cher vendue ceste tant vaillante défense d'une ville estrangère qui jamais ne nous avoit fait outrage quelconque, si on n'appelle outrage d'avoir creu trop légèrement aux paroles d'un cardinal son nourrisson, et qu'elle tenoit pour son évesque et pasteur? Et de fait le contre-eschange a bien chèrement esté payé par nous, quand la Picardie en fut brûslée et saccagée jusques à Noyon : et sous la conduite d'un autre Guisart, non guères moins estourdy que ce vaillant Hannibal, la noblesse françoise receut la plus grande playe qu'elle eust receue depuis la journée de Pavie, estant sans cause ni raison amenée à la boucherie plustost qu'à la bataille, pour rendre la ville de Sainct-Nicolas en Lorraine, longuement mémorable par une piteuse desconfiture et occision. Et l'année suyvante que nous rapporta elle, sinon deux pertes redoublées et non jamais recouvrables? C'est à savoir la ruine totale de Therouanne et de Hesdin, qui estoyent les deux clefs de Picardie. Desquelles ruines il est assez notoire à chacun combien ce monsieur le cardinal faisoit son profit, comme s'il n'y eust eu en ce royaume personnage digne d'avoir charge que monsieur son frère l'enragé. Et depuis, quand ils ont voulu racheter leur autre frère, prisonnier du marquis de Brandebourg, ont-ils voulu y employer quelque partie de leurs larrecins? ont-ils eu quelque pitié de nous, qui estions desjà mangez jusques aux os? Rien moins. Ils ont bien trouvé un autre moyen fort bel et honneste : c'est à savoir en tourmentant tous ceux que bon leur a semblé, sous ombre d'hérésie, pour en attraper les confiscations. Car ce n'estoit pas assez que cestuy-là par sa témérité, que ceux-cy appellent magnanimité et ruse de guerre, eust esté cause de la mort d'une grande partie des grands seigneurs de France, à l'heure de sa prinse ; mais il faloit encore que sa délivrance coustast la vie de ceux qui estoyent demeurez de reste : voire jusques à n'espargner les femmes des bons et vertueux capitaines, durant mesme le temps qu'ils exposoyent leurs vies et leurs biens pour le service du roy; comme ainsi soit que par toutes loix civiles, toutes actions cessent contre ceux qui sont absens pour les afaires de la république. Et de cecy, pour le moins, seroit suffisant tesmoin le feu seigneur de Teligny, si depuis il n'estoit mort au service du roy : duquel la femme fut en ce mesme temps-là faussement accusée d'hérésie par la subornation d'un de ces messieurs les estafficrs du cardinal, et b..... comme luy, autrement appellez nos maistres de la Sorbonne, gens ignorans de tout bien et tout honneur, fiers, cruels, mutins et séditieux, s'il y en a au monde, sous ombre de la religion qui leur sert de couverture, comme le feu roy François, prince de fort bon cerveau et singulier jugement, le cognoissoit très-bien, et descouvrit pieça en la cause de nostre maistre Beda et Picard, tous deux convaincus de conspiration manifeste contre le roy et sa couronne.

Et s'il faut que nous mesmes récitions tous nos dommages, la perte de la ville de Sienne, qui tant a cousté d'argent et de vies à ce royaume, qui a embelli Florence de nostre ignominie, qui a apporté perpétuelle servitude, et quasi totale destruction aux pauvres citoyens d'icelle, à qui peut-elle estre à meilleur droit imputée qu'à la jalousie de ces meschans, aymant trop mieux différer le secours promis, et mettre par ce moyen toute l'armée en désespoir, que de souffrir qu'il fust dit que sans eux la Toscane fust acquise au roy, ou pour le moins contrainte à recevoir telle composition qu'on luy eust accordée?

Or enfin nostre Seigneur ayant pitié non seulement de ce pauvre royaume, mais aussi de toute l'Italie, des Espagnes et Pays-Bas, aussi abreuvez du sang des pauvres humains, par l'inhumanité et insatiable ambition de ces tyrans, abusant de la crédulité et faveur de leur maistre, donna quelque espoir de repos à la terre. Et pour monstrer aux hommes s'ils n'eussent esté par trop aveuglez, quelle estoit la source de tous ces maux, voulant chasser la guerre hors de ce royaume, il en fit départir premièrement ce faux et malheureux cardinal, lequel poussé de son ambition accoutumée, n'alla point, mais courut au plustost qu'il luy fut possible, pour empietter les trois couronnes de la papauté, qu'il dévoroit par une sotte espérance, lorsqu'elles estoyent vacantes par le décez de celuy qu'il avoit fait pape luy mesme, d'autant qu'il ne pouvoit mieux obtenir pour lors, et pour lequel débouter puis après il avoit ensanglanté toute l'Italie, comme nous avons dit cy-dessus.

Estant donc le cardinal emporté en poste par le vent de son ambition, l'expérience nous monstra bien qu'il traînoit tout malencontre avec soy. Car luy estant party, incontinent les cœurs du feu empereur et de nostre feu roy furent aussitost enclins à donner lieu aux meilleurs conseils de ceux qui parloyent du repos de tant de pauvres peuples : et combien que la paix ne peust estre du tout arrestée, si est-ce que moyennant l'avis et prudence de monsieur le connestable, trèves furent accordées et solennellement jurées, voire si longues que nul n'en pouvoit espérer sinon une paix, et tant honorables et avantageuses pour la France, qu'une pleine victoire à grand'peine nous eust peu apporter plus honneste et raisonnable contentement. Mais quoy? nostre ingratitude, et la mesconoissance d'une si grande grâce de Dieu, rappela tost après le cardinal, après qu'il eust brassé en Italie tout ce qui luy estoit possible; et mesmement ayant ensorcelé le duc de Ferrare pour le faire fourrer en ceste meslée, sous je ne sais quelles vaines espérances : et le tout aux dépens de nous tous, desjà mangez jusques aux os. Et ne fut pas plustost le cardinal retourné en France, qu'il n'apparust que des diables, ennemis de Dieu et du repos des humains, estoyent racourus avec luy pour nous envelopper ès calamitez depuis survenues, et pour certain irréparables.

Car de quel autre esprit peut estre procédé ce détestable et malheureux conseil, donné par ce bon chrestien de cardinal, et en vain empesché par monsieur le connestable, qui depuis en a porté la peine? Ce conseil, dis-je, de fausser la foy des trèves tant solennellement et expressément jurées? Et ce bel estaffier le cardinal Caraffe, depuis condamné pour un monstre de nature par le feu pape son oncle, que nous apportoit-il autre chose avec ceste espée qu'il présenta au feu roy, sinon un certain présage des malheurs qui bientost s'en ensuyvirent? Or de s'enquérir là-dessus si nostre roy estoit intéressé au traité des trèves, c'est une chose hors de dispute, non seulement non vraysemblable, mais aussi du tout superflue. Car à qui pourront faire croire le cardinal et ses frères, sinon à ceux qui ont conjuré avec eux contre leur patrie, que ceux qui manièrent ces trèves n'eussent plus de certaine cognoissance qu'eux des afaires du royaume, plus de jugement, d'expérience et sincère affection envers l'estat de la France, de la conservation duquel dépend leur authorité : comme au contraire la grandeur de ces estrangers n'est fondée que sur la ruyne totale de la maison de France?

Et quand la chose ne parleroit point assez par soy-mesme, principalement si on fait comparaison de ladite trève avec la dernière paix ottroyée par la nécessité en laquelle nous a précipitez l'ambition de ceste maudite race, les calamitez et misères qui ont ensuyvi l'infraction et roupture de la trève, ne crient-elles pas haut et clair, que Dieu a esté justement courroucé et irrité contre un tel mespris de son très-sacré et précieux nom? l'honneur duquel il veut estre préféré à toute utilité que les hommes pourroyent prétendre. Tellement que le bon catholique de cardinal ne sauroit nier qu'en ce cas il n'ait bien monstré qu'il ne sait que c'est de Dieu ni de conscience, horsmis que pour se couvrir, il allègue le complot du royaume de Naples, basty avec le feu pape dernier décédé : duquel l'issue terrible et la mémoire encore aujourd'huy exécrable à l'Italie a bien monstré quels pouvoient être ses conseils et entreprinses.

Mais que pouvoit-on attendre, sinon cela, de ceux ausquels l'ambition et l'athéisme a crevé les yeux pour se précipiter les premiers, et attirer en mesme ruine tous ceux sur lesquels Dieu voudra exécuter ses justes jugemens par leur moyen?

S'il est question de vérifier cela, nous disons que le discours des choses pour lors advenues en descouvre assez la vérité : car comme ainsi soit que Dieu ait acoustumé d'user de deux principaux moyens, pour condamner l'audace des hommes : c'est à savoir en leur ostant tout jugement et discrétion : et puis en renversant tout au rebours l'issue de leurs entreprinses : Dieu nous a fait sentir l'un et l'autre durant ces tristes afaires : desquels le cardinal a esté le promoteur et gouverneur. Car combien ont esté despeurveus de jugement ces malheureux, qui ont irrité par une infraction de trèves un si puissant et voisin ennemi : et cependant envoyé au loin la fleur de la gendarmerie et infanterie françoise?

Voilà donq le fruit de ton parjure, meschant homme, par lequel tu as obligé la pauvre France aux justes vengeances de Dieu. Car d'où est advenue la perte de la journée de Saint-Laurens, et la prinse de Sainct-Quentin, la ruine de la Picardie, la paix forcée tant calamiteuse et honteuse pour nous, sinon de ceste division des forces de France, pour servir à l'ambition insatiable de toy, qui abayois la papauté, et ton frère affectant la couronne de Naples et de Sicile? D'où vient, sinon de ton malheureux et maudit conseil, que les cymetières de l'Italie et des Alpes sont encore aujourd'huy si bossus des sépulchres de tant de gentils-hommes et autres gens de toutes sortes, que ton frère a tirez du cœur de France pour les mener non à une mort honneste et digne de leurs courages, mais à toute misère et langueur? Et quant à ce chevaleureux exploit de Calais et de Thionville dont toy et ton frère avez accoustumé de si souvent vous vanter, en premier lieu, penses-tu qu'on ne sache assez quant au fait de Calais, que tu t'attribues ce qui appartient à meilleur droit à monsieur le connestable? Car qui est celuy qui ne sache que si les desseins d'iceluy eussent peu avoir lieu long-temps au paravant, comme tu t'en es servy puis après, il eust esté aisé d'avoir ceste mesme ville à petits frais et sans effusion de sang? Et quant à Thionville, te semble-t-il, cardinal, qu'il n'ait esté trop chèrement achetté de la perte de la bataille de Dunkerque, dont fut cause ton malheureux frère, contraignant le seigneur de Thermes à séjourner là contre son avis et délibération? Mais quoy? quand tous ces exploits seroyent deus à ton conseil, ou à la prouësse de ton frère, Dieu n'a-il point tout clairement maudit l'issue de toutes ces victoires, puis qu'il n'en est ensuyvi que la perte de plus de pays, villes, et forteresses rendues par la paix, que jamais ennemy n'en sceut arracher par force? Et d'autre costé, la guerre que nous voyons s'allumer entre nous et l'Angleterre, nous menace d'un autre déluge de misères et calamitez. Et ne faut point que tu t'excuses de n'avoir esté cause de ceste paix tant honteuse et ignominieuse : car à vray dire, nous pensons bien que plus sage que toy s'en est meslé, et que toute tranquillité te desplaist. Mais à qui en doit estre donnée la coulpe, sinon à toy qui as amené le roy et le royaume en telle nécessité, sous laquelle les autres ont aussi prudemment fléchy par contrainte, comme tu l'as meschamment et volontairement amenée sur nous? Davantage, penses-tu qu'on ne sache quelle a esté l'administration des deniers du roy en Italie, quand tu luy as mesme presté son argent par personnes interposées à tel intérest que ton avarice a porté? penses-tu qu'on ne sache, durant telle extrémité, estant monsieur le connestable prisonnier, le peuple foullé jusques au bout, les finances du roy espuisées, le domaine, les receptes, les villes engagées, la guerre plus forte que jamais, la frontière de Picardie en la main de l'ennemy, quelles excessives donations toy et ton frère avez obtenues de la facilité du roy, au lieu du gibet qui estoit bien deu à vos meschantes et maudites entreprinses? Penses-tu aussi qu'on ne sache comme tu as receu et mescontenté les ambassadeurs des principaux princes d'Alemaigne, que Dieu nous avoit envoyez comme à poinct nommé environ la journée de Sainct-Laurent, pour offrir toute amitié au roy, en traitant plus humainement les prisonniers qui tenoyent le party de la mesme religion qu'ils tiennent? Mais alors estoit encore en sa vigueur ceste ambition desbridée, en laquelle te nourrissoit quelque apparence de prospérité, qui fut cause que tu cuidas que rien ne te fust impossible, et entretins le roy en l'opinion que tu jugeois t'estre la plus proufitable, d'autant que tu ne sceus jamais bien conjoindre l'honnesteté avec le proufit. Ce que toutesfois tu devois avoir apprins pour le moins par la lecture des Offices de Cicéron, au collége de Navarre, dont tu fus tiré à la malheure, pour venir gouverner le feu roy, qui pour lors estoit dauphin.

Et voylà comment tu mesprises les offres que tu as puis après rachettées si chèrement aux despens de nostre vie et de la substance de nous et de nos enfans, quand nostre Seigneur se fut moqué de tes vaines et sottes espérances.

Autant en avois-tu fait par deux fois auparavant, et fis encore après aux ambassadeurs des principaux des ligues, aymant mieux leur refuser ce qu'ils requéroyent et qui ne coustoit rien au roy, et que toy mesme as puis après en vain pourchassé et requis, que de diminuer rien de ceste rage et furie, qui t'est naturelle et à tous tes frères. Non pas pour aucun respect de la religion chrestienne, dont tu te moques ouvertement, mais pour ce que quant à toy, tu as tousjours pensé qu'il n'y avoit moyen plus propre à couvrir tes convoitises insatiables, que le manteau de la religion : et quant à tes frères, desquels la vie est exécrable aux plus grands athéistes et épicuriens du monde, ils ont pensé que toutes leurs dissolutions, concussions, violences, rapines, meurtres, rapts, incestes, sodomies, et autres telles vertus, dont tu n'ignores aussi ny la théorique, ny la pratique, seroyent très-bien couvertes d'un tocquet, ou chappeau ou manteau de cardinal, couverte des abominations si grandes que le diable mesme en a horreur, s'il peut advenir meschanceté au monde qui luy desplaise.

Finalement penses-tu, cardinal, que la France ait tellement forligné de ses ancestres, et perdu tout jugement et discrétion, de ne sentir la moquerie manifeste, à laquelle tu l'exposas lors que pour faire mine de je ne say quelle antiquité, tu n'eus point de honte de faire une assemblée que tu nommois les trois estats, sans qu'il y eust forme quelconque, ni manière de faire qui respondist au nom que tu luy donnas, comme si tu eusses voulu eschaffauder toutes les villes de France, pour publier ta tyrannie couverte sous le crédit que te donnoit la trop grande patience du roy?

Et s'il est question de venir à ce qui est advenu depuis le dernier traicté de paix, et trespas du feu roy, il suffira pour une preuve plus que suffisante du tyrannique gouvernement de ces malheureux, d'alléguer seulement quelques uns de leurs actes plus notables, entre tout ce que cy dessus a esté dit et prouvé touchant l'usurpation du gouvernement du roy et du royaume, et la rejection des princes du sang.

Premièrement, il n'y a celuy qui ne sache que celle dont cy dessus a esté parlé, ne leur ait servi d'eschelle pour monter où ils sont parvenus. Mais quoy? ce vaillant cardinal avec ses frères, ne se souvenant plus de l'alliance faite avec elle, ni combien ils luy estoyent redevables, voyant que leur esponge estoit si pleine qu'elle regorgeoit de tous costez, et désirant d'autre part de se joindre de plus près à la pyramide de France par double alliance de mariage, commencèrent à gaigner le cœur de la royne, en voulant déchasser celle avec laquelle jusques à ceste heure-là ils avoyent notoirement conjuré, et conjoint tous leurs conseils et entreprinses. Et de fait, combien que la chose fust difficile, et que plusieurs trouvassent fort estrange, que la royne portast affection à ceux ausquels il n'avoit tenu qu'elle ne fust répudiée, et qui lui avoient si long-temps et tant de fois desrobé le roy son mary : toutesfois ils firent tant en l'absence de monsieur le connestable que ledit double mariage fut conclu et accomply, c'est à savoir de monsieur le dauphin, à présent roy, avec leur niepce royne d'Escosse, et de la deuxiesme fille de France, avec leur cousin duc de Lorraine, nonobstant que l'âge dudit seigneur dauphin et de la susdite deuxiesme fille de France, ne fust aucunement capable de mariage, et que ce qui a accoustumé d'avancer aucunes fois tels mariages entre les princes, c'est à savoir quelque très-urgente occasion du proufit de leurs maisons, n'eust aucun lieu en cecy, ains seulement la convoitise de ces malheureux, craignant que le retour de monsieur le connestable, homme sage et expérimenté, s'il y en a en ce royaume, ou que quelque espérance de paix ne rompissent leurs entreprinses. Finalement estant advenu ce piteux inconvénient, qui apporta la mort au feu roy, le cardinal et les siens prévoyant leur ruine, si les trois estats estoyent assemblez afin de pourvoir tant à la personne du roy que de messieurs ses frères et sœurs, et au gouvernement du royaume : et davantage craignant que la susdite paillarde estant mise en justice et despouillée de ses larrecins, un grand bien ne fust perdu pour un d'entre eux gendre et héritier d'icelle, ils sceurent très-bien pourvoir à tout en l'absence de vous, sire, qui fustes tard adverti des choses advenues, et qui fustes puis après, à dire la vérité, trop lent à y remédier, et trop patient à les endurer. Et le chemin qu'ils tindrent fut en partie d'abuser de la jeunesse et simplicité du roy desjà marié à leur niepce, et lui faisant gouster les appats de toutes voluptez, devant mesme que son âge fust assez meur pour l'en laisser jouir : et d'autre costé de gaigner de plus en plus le cœur de la royne mère, ce qui ne leur fut difficile, pource que personne ne les empescha : et pour ce faire, sachant très-bien que l'un des plus grands plaisirs qu'elle peust avoir, c'estoit de voir ceste-la déchassée, et mesme que cela seroit fort agréable à tout le monde, ils ne faillirent aussi de commencer par là, sous ombre de quelque bon vouloir, mais cependant en telle sorte que rien ne fust perdu pour eux. Car s'estant contentez de luy oster ce qu'ils savoyent qu'aussi bien il luy estoit impossible de retenir, ils se gardèrent très-bien de la faire traitter plus rudement : ains se contentèrent que elle se retirast en l'un de ses palais, pour leur espargner force deniers. Et là maintenant elle n'attend sinon que la mort la saisisse bien tost, ou bien qu'elle expérimente le mestier d'empoisonneurs, que ceux-cy ont si bien pratiqué de tout temps, que mesme le commun bruit a couru, que leur propre père en avoit fait l'essay, par l'indiscrétion de celuy qui vouloit en servir un autre, ou plustost par un juste jugement de Dieu.

Secondement un chacun sait quelle incroyable somme d'argent a esté prestée au feu roy, principalement par les estrangers, et combien solennelles promesses leur ont esté faites de leur rendre tant le principal que l'intérest. Maintenant donc quelle est l'issue ? C'est que monsieur le cardinal, qui n'a fait difficulté d'obliger sa conscience et celle du roy, fait du théologien, pour rescinder tels contrats comme usuraires : voire après avoir retiré en ses bouges une grande partie de ce qui estoit deu aux capitaines, soldats, et tous autres officiers du roy. Mais cependant que sera-ce de la conscience du roy obligée, et de son honneur engagé ? Que sera-ce du royaume maintenant plus foulé que jamais il ne fut durant la guerre, et qui plus est, ayant perdu tout crédit pour l'advenir par la desloyauté de ce malheureux, voire maintenant qu'il est sommé par les princes de l'empire, menacé d'une nouvelle guerre contre les Anglois, aliéné des Escossois, esmeu de toutes parts, et le tout par les menées, par l'ambition, orgueil, avarice, cruauté, et inhumanité de ceste maudite race ? Car n'est-ce pas toy, cardinal, qui as retenu et retiens encore les villes impériales sous le nom et aux despens du roy, pour en faire ton proufit particulier? N'est-ce pas toy qui as, par ton conseil non moins badin que présomptueux et dommageable pour ce pauvre royaume, tant désireux de la paix, moyenné que ta niepce, maintenant royne de France, usurpast le titre du royaume d'Angleterre, comme si elle en estoit la vraye héritière? D'où viennent maintenant les troubles qui nous menacent, et qui ne nous peuvent faillir, s'il ne plaist à Dieu les destourner de nous pour les verser sur toy et les tiens, qui en estes les autheurs et promoteurs? N'est-ce pas toy aussi qui as souffert et voulu qu'un certain curé, nommé monsieur d'Ozonay, tant amy de ta sœur la douairière d'Escosse qu'elle a mesme pourchassé d'en faire un chevalier de l'ordre, maniast ce pauvre royaume-là à ta fantaisie, dont puis est venue la première origine des troubles qui en ont dépossédé ta niepce, après tant de meurtres et malheurtez advenues? Car voilà le plaisir que tu as fait à ta niepce par ta prudence correspondante à la prouësse de ton frère le marquis, que tout le monde recognoit pour un monstre en toute paillardise et vilenie, plustost que pour un homme. Voilà, dis-je, comment Dieu par son juste jugement a voulu payer ton ambition insatiable, en ostant le juste titre du royaume à celle à qui tu conseillois d'en usurper un qui ne luy appartient point.

Finalement, qu'on interrogue ceux qui s'esmeuvent pour le fait de la religion : qu'on interrogue la noblesse pourquoy elle se mescontente si fort : qu'on s'enquière des gens de justice, pourquoy ils sont prests à tout quitter et abandonner : qu'on examine les communautez des villes, les marchans, le commun peuple, et gens de toutes sortes, d'où vient qu'ils sont ainsi esmeuz et esbranlez; voire qu'on sonde mesme les cœurs du clergé, et de ceux dont le cardinal fait profession de s'appeler à fausses enseignes le défenseur et protecteur, pourquoy en leur conscience ce cardinal leur est puant et abominable : tous respondront d'une voix que c'est pour les cruautez, pour les vilenies, pilleries, oppressions, pour l'avarice insatiable et fierté intolérable de ceste race maudite de Dieu et des hommes.

Tiercement, comme ainsi soit que les bleds, vins, et autres fruits de la terre soyent les minières de la France, et le commerce d'iceux ait esté accordé par le traicté de la paix, que ont fait ces envieux du bien public, et qui voudroyent, s'il leur estoit possible, vendre l'air, sans lequel nous ne pouvons vivre ? ils ont incontinent corrompu les pactions de la paix, en les restraignant par certains édits sordides et questuaires (1) pour leur particulier proufit, ne permettant ladite trafique sinon à ceux qui leur ont payé finances, ou à leur commis.

Et de là est advenu que tous sont privez du bien de la paix, d'autant que les estrangers refusent de s'accommoder à telles exactions nouvelles : et les marchans du pays n'osent prendre le hazard de leur en mener, en danger de n'avoir nul proufit. Ainsi est demourée la France toute pleine de bleds et de vins, et vuide d'argent. Cependant ces tyrans sans pitié ne miséricorde, abusant de l'authorité qu'ils se sont donnée, ne cessent de faire imposts plus que jamais, sans acquitter cependant les dettes du roy et du royaume, de sorte qu'ils méritent qu'on leur responde ainsi qu'il fut jadis respondu à un prince demandant doubles exactions à son peuple : c'est à savoir, qu'il faloit quant et quant redoubler le cours du soleil, et faire qu'on eust doubles cueillettes. Au moins leur pourroit-on dire, puisqu'ils sont tant envieux de l'argent qui vient en France par les traffiques

---

(1) Mercenaires.

des bleds et des vins, qu'ils se payent en bled et en vin, et que eux en fassent la marchandise avec les estrangers.

Et quant au fait de la religion, de laquelle ces hypocrites couvrent la plupart de leurs cruautez et pilleries, afin que personne ne soit plus abusé quant au cardinal contrefaisant le prescheur (car quant à ses frères, je croy que nul ne les prend pour chrestiens, ayant cognu le moins du monde quelle est publiquement leur sale et orde conversation) il vous plaira, sire, considérer ce que s'ensuit.

Il y a maintenant en France une manière de gens qu'on appelle luthériens, huguenots et hérétiques. Eux nient d'estre hérétiques, et requièrent d'estre légitimement ouys devant qu'estre condamnez, estant au surplus ennemis des anabaptistes, libertins, et autres tels monstres : et quant à leur vie, sans comparaison plus irrépréhensibles que nos prestres, ni nos moynes, et des plus obéissans sujets de ce royaume, hors mis que le cardinal les charge de la dernière entreprinse faite à Amboyse, comme dressée contre le roy : ce qu'ils nient, et protestent que ç'a esté en partie pour le roy contre la tyrannie du cardinal et de ses frères : et en partie aussi pour présenter au roy une confession de foy, et ce pendant se munir contre la violence de ces tyrans, par lesquels ils ne doutoyent qu'ils ne fussent empeschez et outragez.

Or quoy que ce soit (car maintenant nous ne délibérons d'entrer en matière sur le fait de la religion qu'ils maintiennent) si telles gens se sont accreus si grandement à l'occasion de la guerre, à qui s'en doit-on prendre plustost qu'au cardinal et aux siens, qui ont fait et nourry ceste guerre ? Et puisque telles gens ne demandent sinon d'estre ouys en un concile libre, et jugez par la saincte escriture (et nul ne peut nier que l'estat de l'église ne soit merveilleusement perverti et corrompu) quelle raison y a-il de leur refuser une si juste demande? Car au moins l'expérience devoit avoir apprins qu'une si longue et extrême rigueur, n'ayant de rien servy, il est plus que nécessaire de cercher un autre moyen : et la multitude de telles gens estant si grande qu'elle est, il appert que tels violens remèdes ne peuvent avoir lieu en cest endroit, d'autant qu'ils apporteroyent plus de dommage beaucoup que de proufit.

Davantage, tout ainsi que les hérétiques méritent rigoureuse punition, et l'opinion de ceux qui les exemptent de la jurisdiction du magistrat, est à bon droit réprouvée, aussi faut-il y procéder avec grande révérence de Dieu et discrétion, de peur de condamner vérité pour mensonge, et pour attirer ceux qui sont en erreur plustost à répentance qu'à la peine. Ceux donc qui non-seulement n'ont donné ce conseil, ains au contraire, ne l'ont voulu recevoir des plus sages et expérimentez de ce royaume, et qui plus est, qui ont puni ou fait punir de mort ceux lesquels, selon le devoir de leur office, en ont donné leur opinion : ceux, dy-je, qui ont pensé rompre l'anguille au genouil (1), et qui ont empiré la playe jusqu'à la rendre incurable, sont-ils pas les vrais autheurs de tout ce qui en est advenu et qui en adviendra?

Mais qu'est-il besoin d'insister sur ce poinct? Quand il seroit bien prouvé que telles gens sont hérétiques, qui est l'homme si sot qui se puisse persuader (ayant veu et considéré le train du cardinal et de ses frères) qu'ils les pourchassent par aucun zèle de la religion, et non plustost pour leur proufit particulier? Car quel zèle peuvent avoir ceux qui ne savent que c'est de chrestienté non plus que les juifs, et qui sont plus infâmes en leur vie que nuls mescréans ni infidèles? Et nommément, quant au cardinal qui fait du

(1) Proverbe qui veut dire : *Faire l'impossible*. Rompre l'anguille au genouil signifie rompre une étoffe nouée, à l'endroit du nœud.

prescheur et théologien, trouvera-t-il que l'escriture saincte approuve pluralité d'éveschez ou d'abbayes, dont il est accablé : ou que l'évesque fasse ordinaire d'estre absent de son évesché, ou que pour faire fraude aux décrets et canons, il soit permis d'avoir des masques à louage, qui ayent les titres dont monsieur l'insatiable engoufre le proufit? Trouvera-t-il qu'un pasteur doyve appliquer les biens des pauvres à son appétit et sans en rendre compte, pour l'acquest des seigneuries, comtez, duchez, et bastimens de magnificence et superfluité enragée, pour l'accroissement de sa maison? Les anciens canons ont-ils permis que les titres du monastère de Monstiérendé fussent bruslez par le cardinal, et les moines en fussent chassez plus estrangement que jamais ne firent ceux qu'ils appellent luthériens, et le tout pour enrichir la maison de Ginville? Conscience et équité vouloyent-elles que pour une mesme cause il fist brusler le grenetier (1) de Sainct-Disier pour luthérien, comme ainsi soit que tous les jours il allast à la messe par le tesmoignage de tout le pays? Bref, celuy peut-il estre zélateur du siége apostolique, lequel en moins de trois ou quatre ans, a dressé la guerre pour et contre le patrimoine papal, et qui a fait déclairer le roy, protecteur et libérateur de ceux que le pape avoit tant de foys anathématizez, et ausquels du temps du feu roy François, le cardinal de Tournon avoit empesché de donner secours? Et disons ces choses non point pour blasmer un tel devoir, mais simplement pour monstrer de quel esprit sont menez les bons et religieux zélateurs de la papauté.

Car à ce compte, qui nous pourra accorder le Sainct-Esprit de Lorraine et de Tournon, tant contraires, quant à ce fait, et plusieurs autres? Mais à condamner ce qu'ils ne savent,

(1) Officier au grenier à sel.

à gaigner par ce moyen quelque opinion d'estre bons zélateurs du sainct-siége, auquel ils voudroyent estre assis, à s'entretenir en la bonne estime de ceux qui se laissent mener par le nez comme buffles, à faire leur proufit d'un million d'extorsions et cruautez en couvrant le tout sous ombre de punir les hérétiques : bref à se mocquer de toute religion et s'en servir, en tournant selon le temps, et selon leurs commoditez : voilà où on les trouvera pareils, et tous deux faits comme de cire.

Mais quoy! deux choses nous garderont de passer plus outre : c'est à savoir, la multitude et la grandeur de nos misères qui en sont procédées. Car l'une nous rendroit par trop longs, et l'autre nous feroit oublier le principal, et perdre toute patience. Ainsi donc pour venir à conclurre, c'est à toy, cardinal, plus rouge de nostre sang que d'autre teinture; c'est, dy-je, à tes parjures et desloyautez, à ton ambition et avarice, à la furie de tes frères exécuteurs de tes maudites et sanglantes entreprinses, ausquels la France redemande la vie de tant de gentilshommes et grands seigneurs, que tu as envoyez à la boucherie, en Italie, en Allemaigne, en Corsègue, en Escosse; bref, en toutes les parts du monde : et nommément c'est à toy qu'elle redemande l'un de ses princes, feu monseigneur d'Enghuien, cruellement occis à l'occasion de tes maudits conseils. C'est à toy qu'elle redemande, par mesme raison, les frontières de Champaigne, de Bourgongne, de Lyonnois, de Daulphiné et Provence, puis que tu l'as amenée en ceste nécessité de s'en devestir. Car elle dit, devant Dieu et les hommes, que c'est toy qui as, contre Dieu et raison, obligé la simplicité du feu roy, ton maistre, à la peine d'un parjure : que c'est toy qui as consumé et baigné en sang l'Italie, par la conjuration avec les nepveux de deux papes : que c'est toy qui nous as fait voir, avec le grand opprobre de France, ce que jamais on n'avoit veu, c'est à savoir le pape, le Turc et les François conjoints à la poursuite d'une mesme querelle : c'est de toy que se plaignent tant de pauvres esclaves de tout sexe, ordre et qualité, surprins ès rivages d'Espagne, de Provence et d'Italie, par les ennemis de la chrestienté. C'est toy qui as divisé les forces de ce royaume pour te faire pape, et ton frère roy de Sicile, dont puis après sont survenus tant de malheurs. C'est à toy qu'on demande compte de tant de millions d'or, en partie desrobez manifestement, et partie employez à ton appétit. C'est à toy que tant de femmes vefves demandent leurs maris, tant de maris la chasteté de leurs femmes, tant de pères leurs enfans, tant d'orphelins leurs pères et mères, criant juste vengeance à Dieu contre toy et les tiens!

C'est toi, cardinal, qui nous as donné ton frère pour second roi, sous ombre de lieutenant-général, laquelle ignominie et servitude, il faut que tu saches que jamais la France n'oubliera. C'est à toi que ce royaume demande son roy, avec messieurs ses frères, et la royne mère que tu nous as ravie. C'est toy qui, pour donner authorité aux édits que tu forges chacun jour à ton appétit, n'abuses pas seulement du nom du roy, mais aussi des princes du sang, comme s'ils avoyent esté présens à l'expédition des édits et lettres patentes que tu bastis avec tes complices, estant assis au lieu duquel tu as débouté ceux ausquels il appartient d'y estre devant nul autre. C'est à toi qu'elle demande la couronne d'Escosse, perdue par ton outrecuidance desmesurée. C'est de toy que se plaignent les cours et parlemens de France, lesquels tu as deshonorez, desgradez et eschaffaudez en toute sorte; car c'est toy qui as amené en France ceste horrible et barbare coustume de faire mourir les hommes secrètement, sans forme ni figure de procès ; qui as changé et rechangé toute police, et remply les parlemens de plusieurs infâmes et deshonnestes personnes attitrez à exécuter tes volontez ; qui as désappointé les fidèles serviteurs du roy, pour appointer tes complices. Bref, c'est toy malheureux, duquel nos ancestres se plaignent aujourd'huy en leurs sépulcres, de ce qu'il n'y a bonne loy ni ordonnance qui ne soit vilainement et effrontément foullée aux pieds par toy et par ceux de ta faction.

Et voilà pourquoy premièrement, ô Dieu éternel (qui as si long-temps favorisé la monarchie françoise), nous te présentons nos larmes et gémissemens, te suppliant que la grandeur de nos iniquitez, estant couverte par ta bonté et grâce, nous puissions voire et sentir tout ensemble le plaisir que nous apporteront tes justes jugemens à l'encontre de ces monstres tant ords et infâmes, et la joye que peut avoir un peuple délivré d'une si cruelle et intolérable tyrannie. Et puis en second lieu, sire, d'autant que vous, avec les princes de vostre sang, estes redevables au roy et à messieurs ses frères, de toute bonne nourriture et loyal conseil pour leurs personnes et leurs afaires, et pareillement estes obligé à la protection et défense de ce pauvre peuple, nous vous adressons aussi nos larmes et justes complaintes, en vous sommant de vostre devoir en ceste extrême nécessité.

Nous lisons que souventes fois, quand les Israélites ont esté oppressez par les estrangers, Dieu leur a suscité des libérateurs de leur nation d'entre les gens privez, et qui n'avoyent nulle charge publique. Quant à nous, combien que Dieu nous ait encore par sa grâce réservé la couronne sur le chef d'un vray et légitime roy, que nous le supplions vouloir bénir et garder, toutesfois puisque maintenant le seul titre de roy luy demeure, et ce pour autant de temps qu'il plaira à ceux qui n'ont faute ni de meschante volonté, ni de puissance pour la luy ravir, quand le temps leur en semblera propice, si on n'y pourvoit de prompts et bons remèdes, que reste-t-il plus, sinon quelque peu de temps pour nous voir du tout semblables aux Israélites assujettis aux Philistins, Moabites, Ammonites et autres nations estrangères? Mais, Dieu mercy, nous pensons avoir un avantage en ce qu'il n'est besoin que Dieu nous suscite un Samson, un Gédéon, un Matatthias, ou autre homme privé. Car nous croyons qu'ils sont tous trouvez en vous, sire, et autres princes du sang, qui estes naiz hommes et nos protecteurs tout ensemble. Bien est vray que nous ne pouvons ni devons dissimuler qu'en cela nous avons dequoy nous complaindre que vous avez par trop tardé à rendre vostre devoir au roy et à ce royaume, veu que rien n'a plus eslevé l'orgueil de ces tyrans, et nourri leur ambition et avarice naturelle, que vostre par trop longue tardiveté, qu'eux-mesmes appellent faute de cœur et de magnanimité. Mais nous espérons, sire, que le cœur de la plus illustre maison du monde, et les courages françois ne tarderont guère à leur faire sentir et esprouver qu'il n'y a moins de différence entre couardise, laquelle faussement ils vous attribuent, et une nature bénigne et patiente comme est la vostre, qu'entre la vraye magnanimité qu'ils n'eurent jamais, s'ils n'en tiennent quelque peu de leur costé maternel, et une fierté qui s'est tousjours trouvée en ceux qui de petits sont devenus plus grands qu'ils n'eussent jamais osé songer ni espérer.

Au surplus il y a deux choses principales qui doivent pousser les hommes à dresser et poursuivre entreprinses, c'est à savoir, le devoir de bonne conscience, et les moyens requis pour l'exécution d'un conseil.

Quant au premier et principal de ces deux poincts, nous pensons avoir suffisamment monstré que tout droit divin et humain, non seulement vous oblige à ce que nous requérons avec larmes et soupirs, mais aussi vous reprend et condamne en plusieurs sortes, si vous n'y employez à bon escient tout ce que Dieu vous a donné de moyens, pour cest effect. Et s'il est question du second poinct, c'est à savoir des moyens requis à l'exécution d'une telle et si grande entreprinse, quand vous n'auriez, sire, autre appuy que Dieu et vostre bonne conscience, cela n'est-il pas plus que suffisant pour vous asseurer comme Samson, Gédéon, Matatthias, contre ces brigandeaux, athéistes et épicuriens? Mais outre cela, s'il est question des forces de ce royaume ou estrangères, qui seront les desnaturez François qui ne suyvront les enseignes et guidons de leurs princes, s'exposant à la mort pour la délivrance du roy et de messieurs ses frères, n'appercevant encore le danger et la servitude où ils sont, et pour la conservation de tous les estats de ceste monarchie contre ces estrangers usurpateurs et ruineurs d'icelle? Et qui sera de leur costé, si ce n'est quelques poignées d'hommes complices de la desloyauté de ces tyrans, ou bien d'un cœur lasche et vilain jusques à se bander pour des cadets estrangers contre le roy, contre leurs princes et contre toute leur patrie, pour l'espérance de quelque gain deshonneste et incertain? Pourroit bien la royne mère s'oublier maintenant jusques-là, de se fier plustost qu'en vous, vrais princes et parens du roy et de messieurs ses autres enfans, en ces estrangers, lesquels après avoir fait tout leur effort de la despouiller du tout du titre de royne, en la faisant répudier au feu roy son mary, le luy ont ravy et pollué si longtemps par leurs infâmes maquerelages, et ont si long-temps soustenu à son veu et sceu ceste-là, dont cy-dessus mention a esté faite? Pourroit bien la noblesse de France obéir aux commandemens de ces tyrans contre vous, princes et protecteurs du roy et du royaume, après avoir esté tant de fois par iceux malheureusement livrée entre les mains des nations ennemies, si mal récompensée, tant de fois abusée, mesprisée, destruite et ruinée par eux? Pourroyent bien messieurs les parlemens se joindre contre vous avec ceux qui ne leur ont rien laissé que le titre vain de leur authorité, qui ont bandé le roy contre eux, qui leur ont osté toute liberté d'ouvrir la bouche; bref, qui les ont fait servir de bourreaux et exécuteurs de leurs cruautez, qui les ont changez, rechangez, tracassez, vilipendez et dégradez en toutes sortes? Pourra l'estat de l'Église, sous ombre de ce beau zèle que prétend ce mocqueur de toute religion, contre vous vrais défenseurs d'icelle, favoriser à l'hypocrisie de ces tyrans, qui l'ont ainsi foulée, mangée et rongée jusques aux os? Pourront les marchans se fier en ces perjures qui les ont tant vilainement déceus, et qui retiennent encore aujourd'hui leurs deniers sans vouloir ni compter, ni plaider, ni payer qu'à leur appetit? Pourront les communautez des villes aider à ceux qui les ont du tout espuisées, desnuées et pillées eux-mesmes, ou exposées en proye à l'ennemy? Pourra le commun peuple à l'encontre de vous, desquels seul après Dieu il attend soulagement, employer ce peu de vie et de force qui luy reste pour ceux qui ne luy ont laissé que la peau et les os qu'ils rongent encore aujourd'huy si cruellement.

Et quant aux estrangers, sera-ce l'Italie qui se bandera pour eux, après avoir esté fourragée et consumée par leur ambition? Sera-ce l'Allemaigne, en laquelle ils ont entretenu et dressent encore aujourd'huy les guerres civiles, et du sang de laquelle ils se sont jouez, jusques à ce que pour recompense il ne tient à eux qu'elle ne se ruine maintenant soy-mesme? Sera-ce l'Espagne ou la Flandre qui les doivent recognoistre pour autheurs de toutes les calamitez qu'elles ont souffertes? Seront-ce messieurs des Ligues, qu'ils ont mesprisez et vilipendez tant de fois, combien que ce soit par leur seul moyen que leur bisayeùl, le duc René de Lorraine, a eu vaillant un seul denier en ce monde? Sera-ce l'Angleterre ou l'Escosse qui sont aujourd'huy armées pour se maintenir contre l'audace intolérable de ces publics ennemis de tout le monde? Que leur peut-il donc rester, sire, sinon une vengeance de Dieu qui les presse, une conscience effrayée, une rage aveuglée, une grandeur mal fondée, richesses mal acquises et maudites de Dieu, avec quelques troupes de gens qui sont ou leurs complices, ou sans conseil ni jugement, ni conscience? Et de vostre part, sire, que reste-t-il plus sinon que vous vous acheminez à une si saincte, si juste, si nécessaire, si belle et vertueuse entreprinse, ayant pour votre guide le Dieu tout puissant, vengeur de tant d'iniquitez, et protecteur du roy et de ce royaume? pour vostre compagnie, les princes de vostre sang et grands seigneurs de ce royaume? pour suyte et pour serviteurs tous les estats de France, criant miséricorde à Dieu, et jettant l'œil sur vous, sire, comme libérateur de leur roy, de messieurs ses frères et de la royne mère, défenseur des ordonnances de nos ancestres, juste vengeur de tant d'oppressions souffertes par la tyrannie de ces estrangers, appaiseur par tous moyens licites, selon Dieu et raison, de tous les troubles survenus tant en la religion qu'en la police, par faute de juste et loyal gouvernement? Car voilà, sire, où nous prétendons, voilà ce que nous requérons avec pleurs et gémissemens, et non point ce que les meschans voudroyent faire acroire, c'est à savoir que nous machinons contre le roy, ou contre le royaume, ou que nous sommes une poignée de gens qui voulons amener confusion en l'estat de la religion, et autre police de ce royaume. Ce n'est point cela, sire, où nous prétendons, mais plustost tout le rebours En quoy faisant, et Dieu donnant accomplissement à nos désirs, nous espérons voir ce pauvre royaume, par la grace de Dieu et vostre moyen, plus fleurissant que jamais. Sinon, s'il plait à Dieu, et si Dieu l'a ainsi déterminé, pour le moins une saincte et honneste mort de nous, de nos femmes et enfans pour nostre roy et nostre patrie, frustrera l'attente de ces tyrans, en mettant fin tout ensemble à nostre pauvre vie, et à la misérable servitude qu'il nous est impossible de plus longuement porter (1). »

Telle fut ceste remonstrance, qui conferma grandement les princes, et en esmeut plusieurs autres qui en eurent cognoissance, à poursuyvre vivement le restablissement de l'estat du royaume, comme sera dit cy-après.

Nous avons déclairé cy-devant le succès de l'entreprinse de ceux de Valence et de Montélimard de faire prescher publiquement, et comme plusieurs gentils-hommes qui leur favorisoyent s'estoyent retirez en leurs maisons, espérant y vivre paisiblement sans estre recerchez et aucunement inquietez pour le fait de la religion. Cela donna courage à plusieurs autres gentils-hommes de quitter le party des catholiques romains pour prendre le contraire, puis que les édits du roy le contenoyent ainsi. Entre les autres le sieur de Montbrun (2) de très-ancienne maison, ayant épousé la niepce du cardinal de Tournon, avec ceux de sa maison, s'abstenoit entièrement d'aller à la messe, et taschoit par tous moyens et persuasions d'en détourner tous ses voi-

---

(1) Cette remonstrance, non moins habile que violente, est rapportée ici en entier par La Planche, avec tant de complaisance que nous avons tout lieu de croire qu'il en est lui-même l'auteur. La passion qui y règne, et qui se montre souvent injuste dans les accusations contre les Guises, n'empêche pas que ce tableau rapide du gouvernement des princes lorrains ne soit un des documents les plus curieux de cette époque de notre histoire. On remarquera, à l'appui de notre assertion, que le style de ce mémoire est absolument le même que celui de l'historien qui le rapporte.

(2) Charles du Puy-Montbrun était d'une illustre famille de Dauphiné. Un de ses aïeux, Hugues du Puy, avait suivi Godefroy de Bouillon en terre sainte.

sins et sujets, et de les gaigner à sa religion. Ce que rapporté au parlement de Grenoble, et joint avec les informations que le président Truchon et ses compagnons avoyent faites, contre ceux de la religion, Montbrun en ouit le vent, et qu'on le menaçoit. Partant il escrivit lettres au sieur d'Avanson, l'un de ses anciens amis, lequel il savoit estre arrivé à Grenoble depuis peu de jours, contenant qu'il ne s'estoit jamais déclairé jusques alors pour le fait de la religion, et n'avoit aucunement suyvi les prédications publiques, dont il s'estimoit davantage. Ce néantmoins, on ne laissoit de le menacer, mesmement la cour du parlement, comme s'il eust esté le chef et conducteur d'icelles. Ce qu'il trouvoit merveilleusement estrange, attendu qu'il n'avoit en rien contrevenu aux édits de sa majesté, pour jouir des bénéfices desquels il se tenoit coy en sa maison, enseignant sa famille en toute simplicité et modestie, sans scandaliser aucun de ses voisins. Que s'il n'estoit allé au parlement requérir qu'on le laissast jouir du bénéfice des édits, ce n'avoit esté pour aucunement mespriser l'authorité de justice, à laquelle il seroit tousjours obéissant; mais d'autant qu'il avoit trouvé cela n'estre aucunement nécessaire, comme aussi les mandemens du roy ne portoyent point qu'il le deust ainsi faire, ains au contraire silence estoit imposé au procureur général dudit sieur et tous autres. Parquoy il le prioit affectueusement de faire cesser telles poursuites, et tant faire envers cette compagnie, qu'on le laissast vivre en paix et repos de sa conscience, puisque tel estoit le vouloir et intention de sa majesté. Il escrivit aussi lettres de pareille substance à quelques siens plus privez amis dudit parlement, toutes lesquelles jointes ensemble, estant veues en pleine assemblée, au lieu de luy accorder sa demande, fut fait commandement à Marin de Bouver, prevost des mareschaux en

Dauphiné, d'aller prendre Montbrun, et de le leur amener prisonnier vif ou mort. Ce prevost se transporta au commencement de juillet, avec ses lieutenans et archiers, en une petite ville prochaine d'un quart de lieue du chasteau de Montbrun, nommée Raillanette, en laquelle il avoit promesse du secours de la commune, si bien il n'estoit assez fort, et s'il ne le pouvoit attirer hors de sa maison. Ce prevost passant chemin et trouvant un des gens de Montbrun, fut si mal advisé que de le retenir prisonnier. Dequoy luy adverty, ensemble du commandement de la cour, il envoya vers Marin savoir qui l'avoit meu de prendre son homme, excédant en cela le deu de sa charge, qui estoit seulement de le prendre et non ses gens. Et pource qu'il estoit ignorant pour quoy le parlement le poursuyvoit si rigoureusement, il désiroit bien l'entendre plus privément de luy. Parquoy le prioit l'aller voir en sa maison, où il se pouvoit asseurer n'avoir autre pire traitement que celuy qu'il y avoit receu le passé, qui estoit tout bon accueil, et toute courtoisie : mais que faisant autrement, il se pourroit morfondre et séjourner trop longuement à Raillanette.

Finalement, après plusieurs allées et venues ils accordèrent de s'entrevoir seuls à mi-chemin de la ville et du chasteau : auquel lieu après avoir tenu quelques propos communs, le prevost nia avoir aucune charge de le prendre, disant toutesfois que s'il l'avoit entreprins, il l'exécuteroit aisément, et en despit de luy. Montbrun, se faschant d'estre bravadé d'un tel personnage qui n'estoit de sa qualité, luy tint des propos assez avantageux. Somme, de paroles ils vindrent aux mains, en sorte que Bouver fut terrassé du haut en bas de son cheval, et prins prisonnier par celui qu'il devoit emmener vif ou mort. Ce fait, Montbrun envoya douze ou quinze des gentils-hommes et soldats qu'il tenoit avec soy pour sa garde, lesquels entrez en la ville firent tel effort sur les lieutenans et archiers qu'ils les emmenèrent aussi prisonniers à Montbrun, et se saisirent de leur commission, sans qu'aucun de Raillanette osast lever le nez. Et afin de n'estre surpris, il assembla gens de tous endroits : mais quelques jours après, il relascha le lieutenant et archiers, et retint seulement le prevost.

En ce mesme temps, pource que Clermont, lieutenant en ce gouvernement de Dauphiné, se portoit trop modestement en ceste afaire au gré de ceux de Guise, et qu'il taschoit de modérer les choses plustost par douceur que par force et violence, il leur fut pour suspect, d'autant qu'il estoit parent de Diane (1), laquelle durant son règne l'avoit fait mettre en cest estat. Ils s'aydèrent de cette occasion envers la royne mère, pour lui faire trouver bon qu'il fust osté de ceste charge, mettant en son lieu la Motte Gondrin, qui s'estoit naguères rendu de leur party, ayant quitté celuy du connestable, lequel toutesfois avoit esté cause de son advancement. On estime qu'il fut choisi par ceux de Guise, tant parce qu'ils le connoissoyent homme de guerre très-hardy, comme toute sa vie il avoit monstré en ses entreprinses, que pour estre d'un naturel approchant du leur, accompagné d'une félonnie, fort prompt à exécuter toutes choses hazardeuses, pourveu qu'il y sentist du proufit, sans religion et irréconciliable ennemy de ceux de la religion, nourry soldat toute sa vie, et qui, devenu courtisan sur ses vieux jours, taschoit de se conformer à trouver bon tout ce que les mignons du roy trouvoyent bon, et à trouver mauvais ce qu'ils vouloyent estre hay. Sa réception fut empeschée par la noblesse du pays, tant pource que leurs privilèges portoyent qu'ils seroyent gouvernez par quelques seigneurs du pays, que pour estre issu de petit et bas lieu d'autour le pays de

---

(1) La duchesse de Valentinois.

Toulouse, et estre chargé d'avoir suyvi les bandoliers dans les montagnes Pyrénées, et couru et brigandé le Languedoc, dont il estoit party pour se sauver au Piedmont. Que s'il y avoit acquis authorité par le moyen des armes, c'estoit plustost comme homme désespéré que pour estre de cœur noble et vaillant : joint qu'on savoit assez que tout son avoir n'estoit procédé que de pilleries, et voyes illicites, de toutes lesquelles choses il devoit estre purgé, autrement il estoit à craindre qu'il les continuast au destriment du pays.

Toutesfois l'authorité du duc de Guise, qui par les privilèges des gouverneurs pourvoyoit à tous offices, et lequel à ceste occasion avoit garni la justice de gens à sa dévotion, le gaigna. Et sachant le parlement que ce personnage luy estoit agréable sur tous autres, et qu'il seroit propre à exécuter leurs desseins, encore qu'en autres choses ils s'efforçassent de garder inviolablement les franchises et libertez du pays, ils le receurent lieutenant du roy, en l'absence du duc de Guise, par manière de provision. Ce qui n'estoit jamais advenu.

La Motte Gondrin, à ce nouvel advènement, ayant sceu l'acte de Montbrun, et qu'il levoit gens de guerre, conclut avec le parlement de luy mander qu'il eust à relascher le prevost, et qu'il vinst au parlement se purger des crimes à luy imposez, adjoustant que ses actes estoyent signe de rebellion contre le roy et ses officiers, en quoy s'il continuoit, il le puniroit comme séditieux, et luy feroit cognoistre sa témérité.

Sur ces entrefaites arriva devers Montbrun certain Alexandre Guyotin, natif de Voreas au comtat de Venisse, homme de lettres, et qui faisoit profession de loix, lequel lui fit entendre, que pour la tyrannie et oppression du pape, usurpateur dudit comtat sur les vrays héritiers, son père et luy avoyent de long-temps absenté le pays pour le fait de la religion, la pureté de laquelle ne pouvoit estre soufferte par iceluy. Que luy toutesfois voulant proufiter à sa nation autant que Dieu et le devoir de nature l'y avoyent obligé, y estoit depuis quelque temps retourné pour cercher les moyens de dresser église des fidèles espars par le pays, et les faire vivre selon la réformation de l'évangile, en quoy il avoit aucunement proufité. Mais que luy et plusieurs qui avoyent de long-temps absenté le pays comme luy à cause des persécutions, ne pouvoyent estre aucunement soufferts par le légat du pape et ses officiers, lesquels ne leur vouloyent pas mesme permettre de disposer de leurs biens pour eux retirer ailleurs, ains les leur vouloyent ravir avec les vies, combien qu'ils se fussent mis en devoir de leur faire entendre la justice de leur cause, outre le tesmoignage qu'en avoyent rendu tant de martyrs cruellement et inhumainement meurtris, et ce qui en estoit amplement déclairé par leurs livres et escrits publiez par tout, où apparoissoit clairement leur doctrine estre conforme à celle des prophètes et apostres. En laquelle extrémité s'estant assemblez bon nombre de députez de ceste grande compagnie pour adviser à leur seureté, et aux moyens qu'ils tiendroyent pour empescher cette tyrannie, on auroit allégué la loy pénultième *de Jure fisci* au 10e livre du code, suyvant laquelle ils avoyent remonstré à celui qui se disoit leur seigneur, le mauvais traitement receu pour cause injuste et du tout desraisonnable. Que s'il estoit loisible de résister à la violence et rage effrénée d'un magistrat légitime, quand il se conduisoit au contraire des loix et de toute espèce de droit, combien plus contre un tyran qui auroit usurpé le pays, contre toute équité et sous ombre de religion? Comme à la vérité le pape s'estoit approprié le pays sur le comte Raimond de Touraine, de la maison d'Albret, et après l'avoir excommunié, et mis ses pays en interdit, il auroit pris ledit comtat pour sa part. Il alléguoit aussi les papes ne pouvoir tenir lieu de magistrat légitime, veu que toute seigneurie et authorité terrienne leur est défendue de Dieu, et qu'il est dit en sainct Matthieu, vingtiesme chapit., deuxième vers. Jésus-Christ parlant aux apostres : « Vous savez que les princes des peuples seigneurient sur eux, et les grands usent d'authorité sur iceux. Il ne sera point ainsi entre vous : mais quiconque voudra estre le plus grand entre vous, soit vostre ministre, et qui voudra estre entre vous le premier, soit vostre serviteur. » Par où ils concluoyent que la domination du pape et la seigneurie qu'il exerçoit sur eux estoit intolérable, et ne devoit estre soufferte entre chrestiens. Davantage, disoit estre survenues des plaintes, que par les pratiques et menées du pape, les sujets non seulement dudit comtat, mais des pays du roy, à savoir de Provence, Languedoc, Dauphiné et d'ailleurs, estoyent tellement maltraitez, que n'ayant aucune retraite, et ne sachant où héberger, et fuyans par les déserts et pays inhabitez, ils estoyent en proye avecques leurs femmes et enfans aux bestes sauvages, comme de vray il s'en trouvoit grand nombre à dire, et qu'on ne savoit qu'ils étoyent devenus. A ceste occasion, disoit Guyotin, tant en son nom que de ses compagnons, qu'estant destituez de toute demeure, ils ne pouvoyent moins que de s'aller habituer ès terres de celuy qui estoit la cause mouvante de tout leur meschef. Et pourtant après n'avoir peu obtenir aucune provision de leur ennemy, ils auroyent encliné au dernier remède, et conclud de prendre par force ce qu'ils n'avoyent peu obtenir avec douceur et raison. Surquoy ayant esté constitué leur procureur et receu d'eux toute puissance de disposer de leurs personnes et biens, il auroit entendu ledit seigneur de Montbrun estre semblablement oppressé par la suggestion et instigation des catholiques romains, en sorte que pour se défendre il auroit esté contraint de recourir aux armes. Parquoy avoit advisé se retirer devers luy pour le supplier prendre semblablement leur cause et défense qui leur estoit commune en main, et se retirer de leur part, pour leur estre chef et conducteur en ceste afaire.

Montbrun, ennemy mortel du pape, et qui ayant desjà environ 300 hommes, cerchoit à vuider le royaume pour n'encourir la note de séditieux et rebelle, et ne vouloit, disoit-il, rien entreprendre contre l'authorité du roy, fut bien aise d'avoir trouvé ceste occasion. Parquoy ayant veu le pouvoir d'Alexandre estre bien ample, et ses desseins aisez et faciles, qui estoyent de se saisir de Vezon (1) ville forte et inaccessible au comtat de Venisse, et pareillement de Malossène, autre ville prochaine, où estoyent le magazin de l'artillerie, pouldres et munitions du pape, il jugea ces lieux estre de seure retraite pour soy et ceux dont il estoit question, pendant que la malice du temps s'escouleroit, et qu'il pourroit adviser d'autres plus seurs moyens, en tenant, comme il pourroit aisément, tout le comtat de Venisse en sujetion. Il fut donc lors conclud que le 6 d'aoust, Alexandre se saisiroit de Vezon, à cause de l'intelligence qu'il avoit avec bonne partie des habitans; et qu'au mesme instant Montbrun s'empareroit de Malossène; ce qu'ils espéroyent faire sans effusion de sang et sans perte de gens, tant bien les afaires estoyent dressez.

Or comme les préparatifs s'en faisoyent, et que le jour approchoit, Alexandre tomba malade d'une grosse fièvre. Ceux de Vezon aussi, voyant tant d'alées et venues, et que leurs voisins remuoyent les armes, commencèrent à se douter et tenir sur leurs gardes, veillant et regardant de

---

(1) Vaison, dans le comtat Vénaissin.

près tous ceux qu'ils soupçonnoyent. Ce que venu à la cognoissance de Guyotin, et craignant ne pouvoir si tost exécuter son entreprise, il retira coyement quelques soldats qu'il avoit jà dedans la ville, afin qu'ils ne fussent descouverts, et manda à Montbrun, qu'il estoit besoin de superséder quelques jours, tant à l'occasion de sa grande maladie, que pour adviser d'autres plus convenables moyens d'avoir Vezon, qui estoit de toute autre importance et conséquence que l'autre place. Car si on failloit à la prendre, tout iroit de mal en pis, comme au contraire leur entreprinse venant à bien, ils amèneroyent les ennemis à telle composition que la reste de la guerre seroit aisée et facile, ayant si bonne et seure retraite. Toutesfois Montbrun qui ne demandoit qu'à vuider les pays du roy avec ses gens, cuydant que faute de cœur fist parler ce langage à Alexandre, ne laissa au jour préfix d'exécuter son entreprinse, et se saisir de Malossène, pensant puis après aller à Vezon : mais il n'y peut parvenir. Et combien qu'il eust 800 hommes de guerre, si n'estoit-il assez puissant de tenir contre les habitans et ceux qui iroyent l'assaillir. Parquoy il envoya devers Guyotin pour avoir renfort, et le faire venir devers luy, quelque maladie qu'il eust : ce qu'il fit, et luy mena 150 ou 200 hommes.

Le légat du pape Alexandre Farnèze avoit pour lors en Avignon un vice-légat nommé Jacques Marie Sala, évesque de Viviers, lequel adverty que Montbrun s'estoit saisi de Malossène, et qu'il venoit gens de tous costez à son renfort, envoya Caderousse et Aubignan, deux des principaux du comtat, pour parlementer avec luy, et savoir qui le mouvoit, et à qui il en vouloit. Ils menèrent avec eux deux capitaines, à savoir Crillon (1) et Novezan, pour cependant

(1) De Thou le nomme Berton de Grillon.

qu'ils parlementeroyent regarder les moyens avec les citadins de couper la gorge à tous ces guerriers.

Estant arrivez et ayant exposé leur charge, Montbrun leur fit respondre par Alexandre que ceste assemblée n'estoit pour offenser personne : mais de dire les raisons qui les menoyent, il n'estoit encore saison : ce qu'ils feroyent toutesfois en temps et en lieu. Cependant Crillon et Novezan ne sceurent manier les afaires si secrettement, s'estant vanté aux papistes d'avoir descouvert les lieux par où ils entreroyent de nuict, pour tailler bien tost en pièce toute ceste canaille, que Montbrun n'en fust adverty : comme aussi on luy rapporta au mesme instant, que le légat avoit arresté trois mulets chargez d'armes, et force gens qui le venoyent trouver, pensant que Caderousse et sa compagnie seroit jà en chemin de retourner, et qu'à son arrivée il feroit pendre tous les prisonniers. Surquoy Montbrun leur déclaira la trahison du légat, et le peu de fiance qu'il y avoit en ses paroles, veu qu'en envoyant traicter de paix, et sans attendre responce, il usoit d'hostilité plus que barbare, et qu'à ceste occasion il les retenoit jusques à ce qu'on luy eust rendu ses gens et armes. Ce que le légat fit non sans grand regret. Mais au desloger de Caderousse, Montbrun, après l'arrivée de ses prisonniers et armes, retint les deux capitaines susnommez, tant pour raison de leurs menaces, que pour estre entrez dans la ville sans congé comme espies, contre le droit de guerre, à quoy leurs compagnons ne firent grande résistance pour l'envie qu'ils avoyent de sortir des mains de Montbrun, et de peur qu'autre nouvelle occasion les arrestast. Estant sortis ceux-là, la guerre ouverte commença entre Montbrun et le légat, qui avoit levé quelques compagnies : mais pour avoir gens mal aguerris n'approchoit que de loin, joint qu'il ne vouloit rien hazarder, craignant que s'il lui advenoit mal, sa condition empirast. Ceste lascheté apportoit telle allégresse et hardiesse à leurs ennemis, qu'il ne se faisoit course ne saillie, en laquelle ceux du légat n'eussent du pire, laquelle prospérité enclina ceux du pays à favoriser Montbrun, en sorte que les forces ennemies diminuoyent, et celles de Montbrun croissoyent à veue d'œil. Ce que craignant le légat, et ayant receu argent frais, il pratiqua la Motte Gondrin qu'il savoit lever gens en Dauphiné, et luy offrit 1200 escus, (1) à la charge de s'acheminer ceste part avec ses forces.

La Motte Gondrin, homme avaricieux, voyant trotter deniers, les receut allaigrement : mais avant qu'approcher envoya sommer Montbrun de vuider les terres de la saincteté, se monstrant obéissant sujet du roy, et qu'il se submist humblement à la discrétion de la justice, promettant de luy faire grâce s'il le faisoit volontairement. Montbrun respondit n'estre entré au comtat pour désobéir au roy, ni à ses officiers ; mais plustost pour prévenir les calomnies qu'on luy avoit impropérées de vouloir mettre le royaume en trouble et en proye : dont il estoit exempt, ayant volontairement quitté le pays. Et quant à ce qu'il s'estoit retiré et avoit prins les armes au comtat de Venisse, il l'avoit fait et peu faire légitimement, tant pour estre appelé des sujets dudit comtat pour leur tuition et défense, que pour n'avoir peu choisir retraite ailleurs qu'ès terres de celuy qui par sa tyrannie et ambition avoit animé tous les princes de France à exterminer les enfans de Dieu. Quoy entendu, la Motte envoya quérir l'artillerie de Grenoble, et dressa son armée des ban, arrière-ban et légionaires de Dauphiné et pays circunvoisins, comme aussi fit le vice-légat sous la conduite de Saincte Jalle (2) et Rosset, lesquels pour leurs meurtres et vo-

---

(1) De Thou porte le chiffre à 12,000. Il est à croire que cette version est la véritable.

(2) Saint-Jaille.

leries avoyent abandonné le pays du roy. Entre autre choses l'un pour avoir tué de guet à pensée le sieur de Mirebeau, afin de demeurer quitte de l'argent qu'il luy devoit, et l'autre pour avoir volé la maison de la Roche Sainct Serret en Dauphiné. Cest équipage dressé d'environ 4000 hommes de pied et de cinq cens chevaux, tant des compagnies de gendarmerie de la Motte Gondrin, du prince de Salerne, que dudit de Clermont, il tira en la ville de Bolenne à six ou sept lieues de Malossène, mais ce ne fut sans recevoir de grandes pertes, à toutes les fois que ses gens approchoyent de Montbrun, lequel aussi de sa part ne les laissoit guères en repos. Pendant que ces choses se faysoyent, le cardinal de Tournon, retournant de Rome, arriva par la voye de la mer à Marseille, et se faisant monter le long du Rosne droit à Lyon, accompagné du capitaine Paulin, entendit l'entreprinse de Montbrun : ce qui luy fut dur à porter, tant pour ne savoir quelle seroit l'issue de ces esmotions, que pour les voir maniées par ses parens : car Montbrun (comme j'ay dit) avoit pour femme sa niepce, fille de son frère de Tournon. Parquoy, il luy escrivit pour le destourner de son entreprinse, promettant de luy faire avoir sa grâce, le remettre en ses biens, et luy faire donner permission de vivre en sa maison et en toute liberté quant à la religion. Puis le flattant, disoit qu'il s'estoit laissé mener à l'appétit de certains personnages, le conseil desquels ne luy pouvoit apporter que ruine et perdition, tant du corps que de l'âme. Montbrun luy fit responce bien ample, en laquelle il rendoit raison de son fait, et de la cause qui le mouvoit, disant n'estre conduit ne mené à l'appétit des hommes ; mais qu'il avoit cerché et cerchoit d'advancer la gloire de Dieu, en tant qu'il pouvoit, et le repos de tant de gens de bien qui avoyent esté si longuement persécutez pour la vérité de son évangile. Et afin qu'il en fust plus asseuré, il luy envoya une confession de sa foy, en laquelle il protestoit vouloir vivre et mourir. En somme, il luy maintenoit n'avoir rien fait à la légère, mais avec meure délibération; ne pouvant mieux faire son salut et le devoir de sa conscience. Voilà ce que le cardinal peut arracher de son nepveu.

La Motte Gondrin approché (comme il a esté dit), encore qu'il fust accompagné de cent contre dix, estoit toutesfois tant malheureux à toutes ses rencontres, et ses gens tellement harassez, que n'attendant de jour à autre sinon de recevoir quelque honte, et sentant ses gens escouler d'heure en heure, pource aussi que le légat ne lui graissoit le poignet assez à son gré, après avoir consulté avec les gentils-hommes de Dauphiné qu'on avoit là amenez comme par force, envoya devers Montbrun, pour traicter la paix, les capitaines Blacons, Saincte Marie, le Port, la Roche et autres : non seulement avec charge de lettres patentes du roy, contenant un pouvoir bien ample, mais aussi de mandement et charge expresse de toute la noblesse du Dauphiné, laquelle s'obligeoit par serment de faire inviolablement garder et observer les conditions telles qu'elles seroyent accordées par les députés. Ces conditions estoyent alternatives, à savoir, que Montbrun et ses gens quittassent les armes, se retirassent en leurs maisons, et vescussent selon les traditions de l'Église romaine, ou bien qu'ils vuidassent le royaume et le pays du comtat, en quoy faisant leur seroit permis de vendre et aliéner tous et chacun leurs biens, et que pour ce faire, leur seroit baillé délay compétant, et caution de toute la noblesse de Dauphiné et comtat, pour les faire jouir de l'une ou de l'autre des conditions, qui seroit par eux choisie, sans en rien estre outrepassé, ou aucunement altéré. Montbrun, voyant les conditions qui luy estoyent offertes, et que le jeune Maligny et Mouvans estoyent après ses gens, pour les pratiquer par une autre entreprinse, dont il sera tantost parlé, et que chacun prenoit leur parti, accepta la dernière condition. Et fut accordé que luy et ses gens, comme aussi tous les fidèles du Dauphiné et du comtat auroyent un an entier pour disposer de leurs biens. Qu'ils se retireroyent dedans un mois à la file, et deux à deux, comme ils s'estoyent assemblez, comme aussi la Motte Gondrin et les siens romproyent sur le champ leurs forces. Que les prisonniers d'une part et d'autre seroyent rendus. Que nulle querelle ou moleste soit par justice, ou autrement, ne seroit faite à tous lesdits gens de guerre, ains qu'ils seroyent soufferts se retirer paisiblement et demeurer en leurs maisons durant ledit temps. Que pendant un mois Montbrun pourroit aller en sa maison avec telle et si grande compagnie qu'il voudroit pour sa seureté, et que le tout seroit ratifié et accordé par le roy et le pape, dans vingt jours lors ensuyvans, comme aussi par les parlemens de Dauphiné, Provence, et autres jurisdictions dudit comtat, à ce que chacun peust jouir pleinement du contenu dudit traité. Montbrun donc, s'estant retiré en sa maison, suyvant la capitulation, commença à casser ses soldats, et dès le lendemain en renvoya cinquante. Mais comme il vouloit faire le semblable des autres, il fut adverti que les prestres (1) les tuoyent par tout où ils les pouvoyent prendre à leur avantage : qu'on leur refusoit l'entrée des villes, et le séjour en leurs maisons : et que Chavenelle, amy de la Motte Gondrin et du vice-légat, en avoit devalizé plus de deux cens, et iceux mis en chemise, comme en semblable ceux du comtat les prenoyent l'un après l'autre, et les faisoyent mourir le plus cruellement qu'ils pouvoyent. Davantage que les prestres mettoyent, par la permission de la Motte Gondrin, des garnisons ès environs du chasteau

---

(1) On ne peut entendre ici les *prestres* que par les troupes du pape.

de Montbrun, à savoir, ès villes de Vaupierre et de Serre, et en l'abbaye de la Grave : et que la Motte n'avoit rien moins de volonté que de garder le traité de paix, non plus que le vice-légat, qui contre sa promesse emprisonnoit ceux qu'il pouvoit rencontrer : bref, qu'on n'attendoit sinon qu'il eust achevé de rompre ses forces pour l'aller assiéger. Toutes ces choses, dis-je, accumulées ensemble firent que Montbrun escrivit plusieurs fois à la Motte Gondrin, luy ramentevant sa promesse et protestant que s'il advenoit quelque inconvénient ce ne seroit que de sa faute. Et finalement après n'avoir peu en avoir que des responces ambiguës, avec bravades des capitaines de ces garnisons, rassembla jusques à deux cens soldats seulement, et alla assiéger Vaupierre qu'il prit, et fit ses prisonniers le capitaine et les soldats. Il fit le semblable ès autres lieux, sans toutesfois aucune effusion de sang, et qu'aucun des habitans souffrist aucune perte ne dommage, sinon les prestres qui payèrent l'escot, pource qu'ils avoyent resveillé ces nouveaux troubles après l'accord juré. Cela intimida tellement la Motte Gondrin, luy semblant que Montbrun estoit accompagné d'une forte et puissante armée, qu'il n'osa l'aller assaillir, comme il eust peu aisément s'il eust sceu le nombre de ses hommes. Et de vray, il estoit si mal servi d'espions, qu'il ne le pouvoit savoir.. Car pour deux soldats qui s'escartèrent de la troupe, et qui furent en une grange prochaine, on luy rapporta y en avoir plus de deux cens, en sorte que tous quittoyent le plat pays, et se retiroyent ès villes.

En ce mesme temps, advint une chose merveilleusement estrange et digne de mémoire. Il a esté fait mention des diligentes poursuites faites à l'encontre de ceux des églises réformées de Valence et de Romans environ Pasques, et comme entre les autres juges Laubespin conseiller, et l'advocat du roy Ponsenas, qui avoyent fait profession de l'Évangile, s'estoyent rendus ennemis de cette doctrine, jusqu'à la persécuter plus ardemment que pas un des autres. Laubespin donc, estant espris de l'amour d'une damoiselle, en fut si extrêmement passionné, qu'il quitta son estat et toute honnesteté pour la suyvre par tout où elle alloit. Estant mesprisé d'elle, il s'anonchalit tellement, que ne tenant compte de sa propre personne, il fut accueilly de poux, qui prindrent une telle habitude en luy, qu'on ne l'en peut jamais désenger. Car ils croissoyent sur luy, et sortoyent de toutes les parties de son corps, comme l'on voit les vers sortir d'une charongne pourrie. Finalement, quelques jours devant sa mort, se voyant attaint de la main de Dieu, il commença à désespérer de la miséricorde divine d'iceluy : et pour abréger ses jours, conclud de se laisser mourir de faim, joint que les poux le tenoyent de si courd à la gorge, qu'il sembloit qn'ils le voulussent estrangler. Ceux qui voyoyent ce piteux spectacle furent grandement esmeus, et de pitié conclurent de le parforcer à manger, voulust-il ou non, et pour luy faire prendre des coulis et pressis, d'autant qu'il y résistoit de toute sa force, ils luy lièrent les bras, et le bâillonnèrent d'un baston pour tenir sa bouche ouverte, pendant qu'on luy mettoit la viande. Et estant ainsi bâillonné mourut comme une beste enragée de l'abondance des poux qui entrèrent jusques en sa gorge. Et ainsi disoit-on entre les catholiques mesmes, que du mesme tourment qu'il avoit inventé contre les ministres de Valence, les envoyant à la mort baillonnez, il avoit esté puni par un juste jugement de Dieu.

Quant à Bourrel, dit Ponsenas, après avoir aliéné tout son patrimoine, et celuy de sa femme, et de ses amis, pour acheter cest estat d'advocat, il consomma le surplus à tenir maison ouverte, espérant d'en estre bien tost remboursé au double. Mais estant tombé malade d'une façon inconnue aux médecins, il entra en désespoir de l'aide et miséricorde de Dieu : et se représentant ordinairement devant les yeux la mort de ceux de Valence et de Romans, renioit Dieu, comme enragé et forcené, appeloit les diables, et faisoit toutes les sortes d'imprécations qu'il est possible de penser.

Son clerc le voyant en ce désespoir, luy parla de la miséricorde de Dieu, et luy mit devant les yeux tous les passages de la saincte Escriture, qu'il savoit servir à ceste matière, comme autresfois ils en avoyent conféré ensemble : mais au lieu de se retourner à Dieu, et de luy demander pardon de ses offenses, il luy dist : « O Estienne, que tu es noir ! — Je suis noir ? respondit le serviteur : sauf vostre grâce, je ne suis ni Turc, ni More, ni Bohémien, mais bien Gascon et de poil roux. — Non, non, dit Bourrel, tu es noir : mais c'est de tes peschez. — Trop bien cela, réplique Estienne : mais j'ay espérance en la bonté et miséricorde de Dieu, en sorte qu'ils ne me seront imputez de Dieu, pour l'amour de Jésus-Christ son fils, mort pour nos peschez, ressuscité pour nostre justification, et qui est là haut au ciel intercédant pour tous ceux qui l'invoquent, et qui en vraye et vive foy, mettent leur espérance en luy. » Sur quoy, Ponsenas, redoublant sa rage, se prend à crier après son serviteur, l'appelant luthérien, huguenot, et le détestant comme l'un des plus meschans et misérables hommes du monde. A ce cry arrivèrent de ses amis, ausquels il commande Estienne estre mené prisonnier, et qu'il fust bruslé comme hérétique. Bref, la rage s'esmeut tellement en luy, qu'avec sanglots et hurlemens, il rendit l'esprit d'une façon espouvantable. Ses créditeurs ne donnèrent quasi loisir de tirer le corps hors du lict. Car chacun envoya en sa maison ravir si peu de meubles qui luy estoyent restez de tout son bien : mais il s'en falut beaucoup qu'ils eussent leur compte : ce que l'on trouvoit merveilleusement estrange. Car avant qu'il se ruast sur les offices, il estoit homme riche et aisé autant que nul de son estat. Ce néantmoins, jamais telle pauvreté ne fut veue. Car il ne demeura que la paille à sa femme et à ses enfans, qui furent par pitié et compassion, pris l'un deçà et l'autre delà pour les nourrir, autrement ils estoyent prests d'aller mendier, ou mourir de faim, tant cette pauvre maison se trouva desnuée. Voilà l'estat des afaires de Dauphiné pour lors, que je laisseray pour retourner aux autres provinces.

Il a esté fait mention comme ceux de Guise avoyent pris à cœur la retraite du prince de Condé, et comme ils envoyèrent après luy le mareschal Sainct-André, lequel s'enhardit d'aller voir le roy de Navarre à Nérac, et luy fit entendre, qu'estant venu visiter ses terres de delà, il n'avoit voulu approcher si près sans luy aller faire la révérence, et au prince son frère. Mais il ne peut se porter si finement que l'on ne s'apperceust bien qu'il alloit espier de descouvrir ce qu'ils faisoyent : ce que le prince ne luy céla aucunement, luy reprochant son ingratitude et d'avoir pris telle charge, que de le suyvre, veu l'amitié qui estoit entre eux, et l'honneur que luy prince luy avoit fait, vivant le roy Henry, de n'avoir voulu dépendre d'autre que de luy, et de recevoir tous les bienfaits et courtoisies dudit feu roy par son moyen, combien qu'il en eust d'autres plus grands : et ce pour la démonstration que luy mareschal luy avoit toujours monstrée de luy estre loyal ami et serviteur affectionné. Il luy dit davantage, que ce qui luy faisoit encore trouver plus mauvaise ceste entreprinse, c'estoit qu'il savoit très certainement que le roy n'avoit esté en rien offensé par luy ni par ceux de son parti, et que partant il espousoit la querelle de ceux de Guise, et se constituoit exécuteur de leurs vengeances. Sur quoy le mareschal s'excusant promit de pacifier toutes choses : mais le prince luy fit si mauvais visage qu'il fut très content de s'en retourner hastivement et avec sa courte honte, après avoir toutesfois descouvert, par les serviteurs secrets, ce qui se faisoit, et les moyens qu'on avoit de ce costé-là.

En ce mesme temps, le roy estant à Fontainebleau, fut pris un Basque, dit la Sague, qui avoit esté despesché par le prince de Condé devers plusieurs grands seigneurs, pour les prier de ne luy faillir au besoin. Il passa à Chantilly, et de là à Paris, où il eut lettres du vidame de Chartres et autres, puis alla à la cour et présenta celles du prince à ses amis de cour. Or, ainsi qu'il poursuyvoit sa dépesche, il rencontra le capitaine Bonval, qu'il avoit connu en Piedmont, sergent-major des bandes françoises, et avec lequel il avoit eu grande amitié et privauté. Après les caresses accoustumées, la Sague lui demande depuis quand il estoit courtisan, et la cause. Lors Bonval commença de luy faire ses doléances du long temps que il estoit à la suite de ceux de Guise, pour avoir récompense de ses services, sans qu'il en peust avoir raison : de sorte qu'il avoit consumé à la poursuite si peu de bien qui lui estoit resté : ce qui le rendoit tellement désespéré, qu'il voudroit avoir tenu le bassin à ceux qui leur couperoyent la gorge. Que si ce temps duroit guères, et que la guerre se présentast, fust-ce en Asie, il iroit plustost se rendre Turc, pour se venger de ce que ses services avoient esté si mal reconnus. Bref, il détestoit tellement et disoit tant de maux de la maison de Guise, de leurs meschancetez et mesme des entreprinses qu'ils dressoyent contre les princes du sang, que ce Basque fut esmeu de luy dire le temps estre venu, qu'il ne faloit aller cercher sa bonne aventure si loin, et qu'il y avoit à employer les gens de service tels que luy. A tant, s'il le vouloit croire, luy jurer et promettre de tenir secret ce qu'il luy diroit, il sauroit le moyen de non seulement le faire récompenser de ses services, mais de parvenir aux plus grandes charges et honneurs où aspirent coustumièrement gens de guerre. Bonval le luy accorda avec grands sermens et embrassemens en signe d'amitié. Lors le Basque luy récite les outrages et injures que le prince de Condé avoit reçues de ceux de Guise, et la délibération par luy faite de remédier à tout l'estat du royaume, par les estats, appuyez de ses armes, si autrement il n'en pouvoit avoir raison, pour à quoy parvenir, il avoit promesse des plus grands seigneurs du royaume, si qu'il se tenoit presque asseuré de la victoire. Que si elle sortoit son effet, il pouvoit bien penser que rien ne seroit espargné à ceux qui auroyent servy en si bonne afaire : et que le prince estant venu à bout de ses ennemis auroit bien autre moyen de l'advancer que ceux qui estoyent coustumiers d'abuser du labeur et service des gens de bien. A ceste cause luy conseilloit ne plus tarder de venir trouver le dit seigneur prince, au meilleur équipage qu'il pourroit, l'asseurant de luy faire donner bon appointement en attendant mieux, et que cependant il luy bailleroit argent pour s'esquipper. Bonval respond qu'il y penseroit, et lui en rendroit responce le lendemain matin : et de ce pas, cuidant avoir bon moyen d'avoir ce qu'il poursuyvoit, venant trouver le duc de Guise, il luy raconta au long tout ce qu'il avoit tiré de la Sague, l'asseurant de luy estre loyal serviteur : lequel le remercia, luy priant de continuer à descouvrir ce qu'il pourroit du secret de ce Basque, et avec ce l'asseurant de luy faire grands biens. Bonval avec ceste promesse, revenant trouver la Sague, luy dit avoir pensé à son offre et qu'il avoit eu de tout temps telle envie de faire un bon service au prince, qu'encore qu'il n'eust occasion de se plaindre du tort que lui tenoit monsieur de Guise, si est-ce qu'il ne voudroit faillir en si bon afaire, veu mesme qu'il estoit question d'oster ces tyrans qui causoyent tant de maux au royaume : partant avoit délibéré de prendre son party, et de s'en aller avec luy, le priant luy dire le temps de son partement. « Davantage, disoit-il, vous savez que je suis soldat, et que nous autres ne entreprenons légèrement, si nous ne savons la cause et les moyens. Parquoy, je vous prie puisque vous avez mon serment m'en descouvrir davantage plus particulièrement et par le menu, afin que j'entende comme se pourra conduire une telle et si haute entreprinse, et que j'aye plus d'occasion d'y mener avec moy une troupe de bons hommes. » Sur cela, le Basque luy récita ce qu'il en savoit, et luy dit qu'il partiroit le lendemain, ensemble le chemin qu'il devroit tenir. Bonval réplique qu'il ne pourroit partir sitost, mais qu'il se rendroit bientôt à Nérac avec bonne troupe et gaillarde, et qu'il en asseurast le prince. Ce que le duc de Guise ayant entendu, il luy commanda d'espier son partement, afin de le faire prendre avec toutes ses lettres et despesches. Mais le Basque, soit qu'il eust esté hasté de partir plustost, ou bien qu'il se doutast d'en avoir trop conté à Bonval, ou qu'autrement il se fust apperceu de quelque chose, partit ce jour mesme sans luy dire à Dieu. Bonval, ayant sceu ce partement inopiné, fut grandement contristé, tant pour crainte d'encourir la male-grâce de ceux de Guise, et d'estre tenu pour un affronteur et mensonger, que pour avoir failly à un afaire, duquel il espéroit sa grandeur et advancement. En cette extrémité il eut recours audit duc de Guise, et lui raconta comme la Sague s'en estoit allé, et sa desconvenue, disant toutesfois, que s'il vouloit luy faire bailler gens et chevaux, il espéroit user de telle diligence qu'il le luy rameneroit. A quoy il ne fut paresseux, ne Bonval aussi à faire sa poursuite, de sorte que la Sague, ne estant encore à une journée de la cour, fut attrappé et ramené avec toutes ses lettres et instructions à Fontainebleau.

Entre autres choses, se trouvèrent lettres du vidame de Chartres, par lesquelles il mandoit au prince de Condé, qu'il se devoit asseurer de luy comme de son très-humble serviteur et parent, et qu'il maintiendroit son party et ceste juste querelle contre tous, sans excepter que le roy, messieurs ses frères et les roynes. Ce qui anima tellement ceux de Guise, que aussi soudain les capitaines des gardes furent envoyés à Paris pour le mettre estroittement prisonnier en la Bastille. Ce qui leur fut bien aisé, car il estoit à grand peine sorti d'une grande maladie, et n'eut-on esgard à autre chose qu'à exécuter le commandement, sans mesme permettre aux médecins de le pouvoir assister. Les lettres du connestable estoyent d'autre style. Car il exhortoit le prince à la paix, luy conseillant qu'il se gardast bien d'entreprendre chose que sa majesté peust trouver mauvaise : que s'il se sentoit offensé d'aucuns, il luy faloit avoir patience, car le temps luy en apporteroit la raison, sans se mettre en peine de rien attenter par armes ; mais que s'il cognoissoit qu'on le recerchast par force et violence, lors il prendroit sa querelle en main, autrement non, tandis qu'il sentiroit quelque voye de justice estre ouverte en France. A ceste cause, il l'exhortoit de venir vers le roy au plustost que faire se pourroit, pour se justifier des crimes à luy imposez. Ce langage fut cause que l'on n'osa lors attenter à la personne dudit connestable : combien que l'on sceust, ce disoit-on, tant par la confession de la Sague sur la torture, que par l'advertissement des autres espions, qu'il avoit promis secours. Mais cela fut remis à un autre temps, afin de ne trop entreprendre à la fois, joint que le connestable estoit tousjours bien accompagné, et qu'il estoit malaisé de l'avoir sur son fumier. Aussi ne craignit-il de recommander le vidame au roy et à la royne mère, les suppliant ne permettre qu'il receust trop rude traitement. Car sa fidélité et ses grands services méritoyent toute autre récompense, ce que ne pouvoyent ignorer ses ennemis, et qu'il n'eust despendu cinquante mille livres de rente, et un million d'escus pour le service de ses prédécesseurs roys.

Ce Basque fut donc tant tiré sur la gehenne à l'occasion de Bonval, qu'il déclaira tout ce qu'il savoit et davantage, qui fut cause que ceux de Guise hastèrent de plus fort leurs entreprinses, et fut le comte Ringrave envoyé aux frontières de Lorraine pour tenir prest un régiment de Lansquenets et deux mille pistoliers. Ils firent aussi descendre le long de la rivière de Loire les vieilles bandes venues de Piedmont en Dauphiné, feignant les vouloir envoyer en Écosse : mais ils séjournèrent à Gyen et à l'entour de Montargis pour espier les maisons de l'admiral. Et ne sont croyables les maux qu'ils commirent avec impunité pour en tirer meilleur service. Bref, toutes les bonnes maisons estoyent ou pillées ou rançonnées, les plus belles filles et femmes violées, et si on en faisoit plainte, il suffisoit de charger les complaignans d'estre huguenots, pour empescher que punition en fust faite.

Bonval après avoir fait un tel service à celuy auquel il s'estoit voué, ne demeura paresseux à poursuivre sa récompense, et à faire sonner haut et clair son grand devoir, et afin d'estre plustost expédié, leur faisoit acroire qu'on le menaçoit à tuer, les suppliant à ceste occasion de luy donner un lieu de seure retraite, en attendant qu'il eust moyen de se jetter en campagne avec les autres. Sur quoy, le duc de Guise, l'ayant mis au choix d'une récompense, il considéra que la France ne luy estoit seure, veu sa lascheté commise contre un prince du sang et tant de grans seigneurs du royaume, et pourtant inventa ceste ruse. Il y a un chasteau au marquisat de Salusse, nommé Verzol, entre le Mont-Cenis et Carmagnoles, demeuré par le traité de paix sous l'obéissance du roy, duquel estoit gouverneur le capitaine la Guarigue, grand ami et familier de Bonval. Cestuycy sachant que Bonval estoit allé en cour pour ses afaires, le chargea aussi des siennes, et de poursuivre le payement de ses estats et pensions, et pour cest effet luy bailla lettres et blanc signez, comme ont accoustumé de faire bien légèrement les gentils-hommes et grans seigneurs de France, de l'un desquels blancs Bonval se servit, comme s'ensuit. Se souvenant des propos qu'ils avoyent tenus autrefois amiablement ensemble, à savoir que la Guarigue eust bien désiré avoir baillé sa charge à un sien amy, et avoir quelque bonne récompense en France, par ce que sa femme ne se trouvant bien en Piedmont désiroit fort s'approcher de son pays, s'aydant de ceste occasion il remplit l'un des blancs signez de la Guarigue, d'une lettre missive de pareil suject et substance, par laquelle il prioit son compagnon de demander sa capitainerie pour récompense de ses services, et pour moyenner envers monsieur de Guise une autre charge pour luy. Ledit sieur duc de Guise, entendant le contenu de ceste lettre, fut bien aise de se despestrer de cest importun, et sans que bonnement il eust autre charge ne procuration, luy fit despescher ses lettres en titre d'office, qu'il accompagna de ses missives à la Guarigue, pleines de bonne affection envers luy, le priant de le venir incontinent trouver pour le service du roy, et pour chose de grande importance, délaissant cependant à la garde de Verzol le capitaine Bonval, qu'il avoit choisi comme l'un de ses plus intimes amis. Voilà comme Bonval fut despesché, lequel afin que sa ruse ne fust descouverte (d'autant aussi que celuy auquel il avoit afaire estoit homme accort) print la poste pour porter les premières nouvelles : arrivé en Piedmont assembla le plus de gens de guerre qu'il cognut luy vouloir bien, pour luy faire compagnie à Verzol. Mais auparavant il advertit la

Guarigue de sa venue, et luy manda que le voulant aller voir, il avoit tellement esté suyvy de ses amis, qu'ils ne le pouvoyent encore laisser, pour l'aise qu'ils avoyent de son retour : à cause aussi d'une nouvelle querelle qui luy estoit survenue, comme il luy diroit à bouche : le priant à ceste occasion ne le trouver mauvais, mais penser seulement de leur faire bonne chère, car ils estoyent tous amis. Surquoy il eut responce qu'il seroit le très-bien venu. Or ne partit-il pas à jour nommé, ains ayant fait espier l'absence de la Guarigue et de la plus part de sa compagnie, il s'en vint droit à Verzol, là où la femme le receut benignement avec toute sa trouppe. Puis ayant visité la place, et trouvé qu'il y avoit peu de résistance, il se saisit de la forteresse, et mit hors la damoiselle de la Guarigue, avec les lettres dudit sieur de Guise à son mary : lequel se voyant ainsi vilainement trahi par celuy auquel il avoit le plus de fiance, et qu'il tenoit un second luy-mesme, fasché au possible, ne peut avoir recours qu'à ceux de Guise pour se plaindre du tort à luy fait, et les supplier de luy en faire raison. Surquoy ils se mirent à rire, et pour toute récompense dirent que Bonval estoit homme de bon esprit.

Nous avons cy-dessus fait mention de la guerre d'Escosse esmeue par ceux de Guise, du secours et support que les Escossois avoyent de la royne d'Angleterre, et finalement comme ceux de Guise avoyent envoyé devers le roy d'Espagne pour moyenner la paix, voyant que leur cas alloit mal de ce costé là. Après donc avoir descouvert ce que l'on brassoit contre eux, craignant sur toutes choses que les princes leurs ennemis fussent secourus des Anglois, ils firent tant qu'il y eut accord entre le roy, la royne d'Angleterre, et les Escossois, lequel fut concluded le vingt-troisiesme jour de juillet en ceste forme.

« Que le roy et la royne d'Écosse réputent les armes

avoir esté prinses par les protestans escossois (ainsi leur pleut-il nommer ceux de la religion) leurs sujets, pour le bien de leur service et la conservation de leur estat, ensemble des priviléges et franchises du pays, sans que pour raison de ce ils en peussent, de là en après, aucunement estre recerchez ny molestez.

Que lesdits protestans, leur suite et compagnie, réservez les hommes de l'Islebourg, sortiront de ladite ville le lendemain au matin, sans qu'il y demeure aucun de leurs gens de guerre, suyvant ce qu'il a pleu à la royne régente le désirer.

Qu'ils rendront tous les coins de la monoye par eux prins, remettront le palais assis près l'abbaye Saincte-Croix, entre les mains du concierge, ou de celuy que ladite dame nommera, au mesme estat qu'il fut receu, et ce avant que partir de la ville. Pour quoy faire accomplir les seigneurs de Rufflen et de Potako sont entre pleges.

Lesdits protestans et tous ceux qui en dépendent demeureront sujets au roy et à la royne leurs souverains, comme aussi à la royne régente, et obéiront à toutes les loix et coustumes du royaume, lesquelles demeureront en leur force et vertu tout ainsi qu'elles estoyent usitées auparavant ces troubles : excepté ce qui concerne le fait de la religion. Qu'ils ne troubleront ny molesteront les gens d'Eglise en leurs personnes, ne biens : ains les laisseront jouyr et disposer franchement et librement selon les coustumes du royaume, et jusques au dixiesme de janvier prochain, qu'il seroit assigné un parlement auquel toutes choses s'accorderoyent et pacifieroyent amiablement.

Que pour le gouvernement des afaires du royaume d'Escosse douze personnes seroyent députées, dont les sept seroyent esleues par lesdits seigneurs et dame, et les cinq par les deux estats, à savoir la noblesse et le peuple. Et si on trouvoit bon d'y en adjouster davantage, on en nommeroit un de chacune part.

Leurs majestez pourvoiront aux estats, offices et dignitez du pays : mais ce sera de gens de la nation escossoise, et non d'autres.

Que le fort du Petit Lict sera abatu et desmantelé, et que les capitaines et gens de guerre estant dedans et en tout le pays, autres que de la nation escossoise, se retireront en France, et chacun en son pays.

Que le fort de l'Isle-aux-chevaux, et le chasteau de Dembarre demeureront en la garde du roy et de la royne. Ce qui avoit esté fortifié depuis le sixiesme de mars seroit desmoli. Qu'on ne pourra tenir esdites deux places plus de six vingts hommes, à savoir 60 en chacune : mais s'il se dressoit quelque entreprinse sur ces places, lesdits deux estats seroyent tenus les défendre de tout leur pouvoir.

Que la ville de l'Islebourg choisira sans contrainte, et usera de telle forme de religion qu'elle voudra, afin que les habitans d'icelle puissent vivre en liberté de conscience jusques audit jour.

Que lesdits seigneurs et dame, ne pareillement la royne régente n'interposeront aucunement leur authorité pour molester ou empescher les prédications ou autres exercices de la religion d'iceux protestans, ny aussi ne sera attenté en leurs corps, biens, terres ou pensions, et ne souffriront le clergé, ayant la spirituelle et temporelle jurisdiction, les troubler en aucune manière pour le fait de la religion, ou autre action qui en dépende, jusques audit jour. Et que chacun pourra cependant, tant en général qu'en particulier, vivre selon sa conscience.

Que si quelque seigneur escossois, ou autre du pays, vouloit entreprendre aucune chose par le moyen des armes, faire quelque assemblée ou esmotion, les estats luy courront sus, avec toutes leurs forces, pour les punir comme rebelles.

La royne d'Angleterre retirera toutes ses forces qui sont en Escosse, sans qu'elle s'entremette plus des afaires du pays.

Les traitez de Castel en Cambresis demeureront en leur force et vertu, nonobstant tous les actes d'hostilité depuis ensuyvis.

Le roy de France et la royne d'Escosse, sa femme, se désisteront de plus porter les titres et armoiries d'Angleterre. » Voylà la somme des articles de cest accord.

Et pource que la royne d'Angleterre demandoit argent pour les frais par elle faits en ceste guerre, et que les députez desdits roy et royne n'y avoyent voulu entendre, ils accordèrent d'essayer de s'en remettre d'accord entre leurs ambassadeurs : sinon à l'arbitrage du roy d'Espagne qui en prononceroit dans un an.

Telle fut l'issue de ceste entreprinse de ceux de Guise, pour avoir voulu changer les loix et anciennes observances du pays, et entreprendre sur les terres et possessions d'autruy, sous ombre de vouloir reigler et compasser les afaires de la religion et de la police à leur aulne et mesure : tellement que le nom de Guise et celuy de l'Église romaine furent renvoyez de çà la mer. Par ainsi ceux qui avoyent voulu avoir le tout perdirent le tout par leur hastiveté. Et de vray le bruit couroit entre leurs plus familiers serviteurs et domestiques qu'ils ne se monstroyent ainsi passionnez et affectionnez contre ceux de la religion, sinon pour l'espérance de leur grandeur, et qu'estimant le cardinal que la papauté ne pouvoit eschapper, il avoit ses moyens prests de faire son frère grand, et cependant pour entretenir son estat, il ne vouloit donner aucun pied ferme à ceux ausquels il vouloit courir sus, comme à ses ennemis mortels.

Estant donc sortis de ce bourbier, toute leur industrie s'estendit à cercher les moyens de se venger des huguenots sur lesquels ils rejettoyent la cause de leur avoir fait quitter une si belle prinse qu'ils avoyent projectée sur l'Angleterre et l'Escosse, sachant bien que si telles gens demeuroyent sus pieds, ils ne pourroyent rien faire qui fust asseuré. Parquoy mettant tous autres moyens sous les pieds, ils résolurent d'entendre à cestuy-cy, sans espargner petit ni grand, foible ne fort. Car aussi estoit-ce à leur advis le meilleur chemin qu'ils pouvoyent tenir pour parvenir à leur grandeur prétendue, à savoir de rendre toutes choses tellement confuses qu'on en vinst au pis aller à une sédition populaire, en laquelle ils s'asseuroyent de faire mourir tant de gens que le champ leur demeureroit asseuré.

La royne mère estonnée finalement de voir les choses tendre à une guerre civile, veu le mescontentement des princes, qui les avoit amenez à ce point d'assembler leurs amis : davantage considérant le murmure qui couroit entre les plus grands du royaume, de la manière du gouvernement, print conseil avec le chancelier et l'admiral de ce qu'elle avoit à faire. Et de fait, ils advisèrent ensemble de proposer au conseil, qu'il estoit requis que le roy assemblast tous les princes et seigneurs du royaume, chevaliers de l'ordre et gens d'authorité, pour regarder les moyens de pacifier les troubles, qu'ils estimoyent principalement procéder à cause des persécutions pour la religion, puisque les édits précédens avoyent plustost rafreschi que consolidé la playe. Ce qu'estant venu aux aureilles de ceux de Guise, ils le trouvèrent bon, sachant que c'estoit la meilleure occasion du monde pour attraper le roy de Navarre et son frère. Aussi s'asseuroyent-ils tellement de la plus part des chevaliers de l'ordre, et autres seigneurs qui auroyent voix en ceste assemblée, que rien ne seroit mis en avant ne décrété à leur préjudice : ains plustost le tout arresté à leur avantage. Ce qu'ils n'eussent peu attendre ni espérer de la part des estats, lesquels en ce faisant ne pourroyent à l'advenir faire plainte qu'on les eust desdaignez, veu que la fleur des plus sages du royaume auroyent esté assemblez. Parquoy, il ne fut question que d'escrire par tout au nom du roy. Le formulaire des lettres portoit en somme : que sa majesté voulant pourvoir aux troubles et esmotions survenues en son estat puis quelques jours, avoit advisé d'en prendre le conseil et advis des principaux de son royaume. A ceste cause les prioit de se rendre à Fontainebleau, au quinziesme jour d'aoust, afin que par leur diligence et bon conseil il peust asseurer son estat qu'il voyoit grandement esbranlé, et pourvoir au repos de ses sujets.

Ces lettres, pour la plus grand part, estoyent accompagnées d'autres de ceux de Guise, pleines de toutes bonnes espérances et promesses, afin de disposer mieux les cœurs de chacun à leur dévotion, et qu'ils peussent par l'advis de ceste compagnie estre confirmez en l'authorité qu'ils s'estoyent donnée.

Le roy escrivit pareillement au roy de Navarre, le priant de s'y trouver, et son frère aussi, ensemble les seigneurs qui estoyent lors avec luy. Mais quand ceux de Guise eurent descouvert qu'ils y pourroyent venir si forts qu'ils seroyent en danger de perdre la partie, ils aimèrent mieux éviter ce hazard, et donnèrent ordre que le roy de Navarre en fust adverty par leurs propres serviteurs secrets que ceux de Guise entretenoyent près de luy, de sorte qu'il se résolut d'attendre quelle seroit l'issue de ces afaires. Cela fut entièrement contre le conseil et avis du connestable et de tous les autres seigneurs qui tenoyent son party, sachant que ce retardement empireroit sa cause, et apporteroit quelque ruyne. Car ils insistoyent qu'il s'acheminast avec ceux qu'il avoit en sa compagnie, qui accroistroit par les chemins plus qu'il ne voudroit. De manière que joints avec les connestablistes, ils seroyent les plus forts, et bailleroyent la loy à leurs ennemis.

Le chancelier de l'Hospital voulant régler les ordonnances de France et la justice, suyvant la bonne volonté qu'en avoit eu Olivier, son prédécesseur, fit aussi au mesme temps expédier un édit du roy pour restraindre la libéralité des vefves, lesquelles estant plus recerchées pour leurs richesses que pour leurs personnes, sous couleur de mariage abandonnoyent leurs biens à leurs nouveaux maris, mettant en oubli le devoir de nature envers leurs enfans, dequoy s'en estoyent ensuyvies de grandes querelles et divisions à la désolation des bonnes familles, et par conséquent à la diminution de la force et estat public. A quoy les empereurs ayant pourveu par bonnes loix, le roy, pour la mesme considération, les approuva par ses édits, ordonnant que les femmes vefves, ayant lignée de leurs premières nopces, si elles convoloyent aux secondes, ne pourroyent en façon que ce fust donner de leurs biens meubles ou propres acquests, à leurs nouveaux maris, leurs père, mère, enfans et autres personnes qu'on peut présumer estre interposées, plus que la coustume n'en donne au moindre des enfans, advenant qu'il y eust division inégale. Le semblable seroit des dons et libéralitez acquises des maris à leurs femmes et des femmes à leurs maris, lesquels retourneroyent après leur mort aux enfans de ceux desquels les biens estoyent provenus. Toutesfois il n'entendoit pas cest édit donner plus de pouvoir aux femmes d'user de leurs biens, que ne leur en déféroit la coustume des lieux.

Il fit aussi une autre ordonnance, pour accorder les procès par amiables compositeurs, qui seroyent esleus et accordez d'un commun consentement des parties. Et afin de ne contrevenir à ce qu'on auroit ainsi accordé, ledit sieur confermoit et authorisoit les jugemens qui seroyent donnez sur les compromis des parties, encore qu'il n'y eust aucune peine apposée, pour avoir telle force et vertu que les sentences des juges. Et que nul ne fust receu appellant, que préallablement lesdits jugemens ne fussent entièrement exécutez, tant en principal, comme despens, et la peine apposée, laquelle ne se pourroit répéter, ores que la sentence fust infirmée.

Et afin de donner quelque bonne espérance du soulagement que le roy promettoit au peuple, il défendit par un tiers édit à tous gouverneurs, leurs lieutenans, présidens, thrésoriers généraux et autres officiers royaux, de ne prendre ni exiger sur le peuple aucuns deniers, pour quelque cause et occasion que ce fust, sans son congé et permission expresse : d'autant que le peuple en avoit esté merveilleusement grevé et foulé, mesmement aux provinces où l'on tenoit assemblée des estats par chacun an. Toutesfois on disoit que cecy avoit esté expressément fait, pour frustrer le roy de Navarre et le connestable des dons gratuits qu'ils recevoyent annuellement de leurs gouvernemens de Guyenne et Languedoc, comme aussi pour rendre criminels et punissables ceux qui levroyent deniers ou contribueroyent aux frais de la guerre que le roy de Navarre sembloit vouloir faire pour le bien public. Et à vray dire, cest édit n'eut aucun lieu à l'endroit de ceux de Guise et leurs partisans ; car par lettres patentes, on y déroguoit si bien qu'elles authorisoyent tant mieux leurs levées de deniers.

Il a esté dit cy-dessus, que le roy de Navarre, séduit par les secrets serviteurs de ceux de Guise, n'avoit voulu croire le connestable et autres grands qui le pressoyent d'aller à l'assemblée de Fontainebleau ; fust en grande ou petite compagnie. Ce nonobstant, ledit sieur connestable, lequel se confiant que ledit roy de Navarre suyvroit son advis, avoit mandé tous ses parens et amis, encore qu'il eust sceu pour certain que ledit sieur roy ne s'y trouveroit point, et qu'il fust très-mal voulu de ceux de Guise pour avoir pris l'autre party, ne laissa de se trouver au lieu et terme assigné ; mais en compagnie de plus de huict cents chevaux. Ce qui fit entrer ceux de Guise en grande crainte, lesquels ayant sceu pour certain que les princes ne viendroyent point, avoyent envoyé rafreschir leurs gens au loin. Voilà qui les fit filer doux, et caresser le connestable et ses nepveuz, comme s'ils eussent esté bons amis.

L'ordre de l'assemblée fut tel. Le 21 d'aoust, après midy, se tint le grand conseil en la chambre de la royne mère, où furent assis, avec le roy et ladite dame, la royne régnante et messieurs frères du roy, les cardinaux de Bourbon, de Lorraine, de Guise et de Chastillon, les ducs de Guise et d'Aumalle, frères, le duc de Montmorency, connestable, de l'Hospital, chancelier, Sainct-André et de Brissac, mareschaux, Chastillon, admiral de France, Marillac, archevesque de Vienne, Morvilliers, évesque d'Orléans, Montluc, évesque de Valence, Dumortier et d'Avanson, tous conseillers au privé conseil. Le reste de la compagnie, à savoir des chevaliers de l'ordre, maistres des requestes, secrétaires d'estat, thrésoriers de l'espargne, et thrésoriers généraux, estoyent debout.

Avant que l'on entrast en matière (1), l'admiral tenant une requeste en sa main alla devers sa majesté, et luy déclaira que suyvant son commandement à luy fait allant dernièrement en Normandie, s'estant curieusement enquis de la

---

(1) De Thou diffère ici de La Planche en ce qu'il prétend que l'amiral de Coligny ne prit la parole pour présenter au roi sa requête que le second jour de réunion, et après les discours du roi, du chancelier, du duc de Guise et du cardinal de Lorraine.

cause des troubles et esmotions, il avoit sceu certainement que ce n'estoit à luy à qui on en vouloit ni à son estat; mais que le plus grand mescontentement de ses sujets procédoit des grandes et extrêmes persécutions que l'on faisoit pour la religion, sans que la cause eust esté juridicquement débattue et condamnée. A l'occasion de quoy et que ceux de ce parti offroyent de monstrer leur doctrine et leurs cérémonies estre conformes entièrement aux sainctes escritures et aux traditions de la primitive Église, il avoit pensé faire chose très-agréable à sa majesté de prendre leur requeste et se charger de la luy présenter, afin qu'il advisast avec son conseil en si notable assemblée, quelle provision on leur pourroit donner pour mettre le royaume en repos. Puis après il adjousta avoir bien préveu qu'une requeste de telle et si grande importance devoit estre signée; mais que cela ne se pouvoit faire sans que préallablement ledit Sieur eust permis de s'assembler: quoy advenant on l'avoit assuré qu'il se trouveroit de la Normandie seulement, cinquante mil personnes. Suppliant au surplus le roy de prendre en bonne part ce qu'il en avoit fait. Sa majesté sur cela declaira qu'il avoit telle asseurance sur sa fidélité, comme aussi toutes ses actions passées en avoyent rendu certain tesmoignage, qu'il ne doutoit nullement que nulle autre chose ne l'avoit meu que le zèle de son service, de quoy il luy savoit bon gré.

Ce fait, sa majesté commanda à de Laubespine, secrétaire d'estat, de prendre et lire tout haut ceste requeste, laquelle contenoit, comme les fidèles chrestiens espars en divers lieux et endroits de son royaume, recognoissoyent ledit Seigneur pour leur prince et souverain Seigneur à eux donné de Dieu pour les gouverner et conduire; et par conséquent estoyent ses loyaux et bons sujets, presls à porter tous les subsides et charges qu'il plairoit à sa majesté leur imposer, si ce qu'il prenoit ordinairement ne suffisoit. Et tout ainsi que les sainctes escritures leur commandoyent de porter le joug de leurs princes en toute sujétion et obéissance, aussi estoyent-ils instruits de Dieu à luy rendre un pur service et adoration sans adjouster ou diminuer à sa parole, ne consentir à chose qui y fust contraire. A l'occasion de quoy et pour n'avoir liberté de s'assembler publiquement pour recevoir la pasture céleste, force leur estoit d'y aller en secret et de nuict. Ce qui faisoit qu'on leur avoit imputé une infinité de calomnies, pour lesquelles éviter, ils supplioyent très-humblement sa majesté leur ordonner des temples, où on peust publiquement prescher la pure parole de Dieu et administrer ses sainets sacremens, et qu'il députast tels commissaires qu'il luy plairoit pour faire rapport de leurs vies et mœurs.

Ceste requeste leuë, la compagnie entra en admiration, s'esmerveillant de la hardiesse de l'admiral, attendu les dangers où il se mettoit. Bref, aucuns le louèrent d'avoir rendu à son roy ce loyal service en temps si nécessaire. Autres le blasmoyent d'avoir fait telle ouverture, et prins la cause en main de ceux qu'ils désiroyent estre exterminez, sans aucune forme ne figure de procès, comme estant les plus détestables du monde.

Après cela, et l'admiral retourné en son lieu, le roy fit sommairement entendre la cause de l'assemblée, remettant le surplus sur son chancelier, le cardinal de Lorraine et le duc de Guise ses oncles : priant toute la compagnie vouloir librement et sans aucune crainte ou passion luy donner conseil, selon que l'occasion et la nécessité le requéroit. La royne mère les requit de mesme, et les pria affectueusement de conseiller le roy son fils en telle sorte que son sceptre luy fust conservé, ses sujets soulagez, et les mal-contens satisfaits, si faire se pouvoit.

Le chancelier remonstra par une longue déduction l'estat des afaires du royaume, les comparant à une maladie, et disant qu'il seroit aisé de guérir le mal, pourveu qu'on en sceut la cause et la racine. Que l'on voyoit les estats troublez et corrompus, la religion divisée en opinions, la noblesse mal-contente, le peuple appauvri et grandement refroidi du zèle et bonne volonté qu'il souloit porter à son prince et à ses ministres. Que si la source et racine de tant de calamitez se pouvoit descouvrir, le remède seroit aisé. Parquoy c'estoit en cela qu'il faloit travailler, et pour raison de quoy il avoit pleu au roy de faire ceste assemblée, légitimement composée de tous les estats du royaume, hors mis le tiers estat, qui n'y estoit nullement nécessaire, parce que le but et la fin où le roy tendoit n'estoit qu'au soulagement, paix et repos d'iceluy.

Le duc de Guise suyvit, et mit papiers sur table, voulant rendre raison de sa charge touchant la gendarmerie et les forces du royaume. Le cardinal de Lorraine fit le semblable, touchant les afaires d'estat et des finances, et monstra par un abrégé les charges ordinaires surmonter le revenu du royaume de deux millions cinq cens mille livres, estimant que compter ainsi en bloc et en tasche estoit suffisant pour ne luy en demander jamais rien, et que par là son frère et luy en demeurcroyent quittes et deschargez. Mais ils estoyent lors les comptables, et les auditeurs et maistres de leurs comptes tout ensemble : car nul qu'eux ne visita les papiers.

Voylà ce qui fut fait pour ce jour-là, le reste remis au 23 dudit mois, et afin que l'on se préparast pour ce jour-là, on bailla à chacun un bulletin de ce dont le roy demandoit conseil, ce que l'on estimoit avoir esté expressément inventé par ceux de Guise, afin qu'on n'entrast plus avant en matière qu'ils ne vouloyent : mais cela n'empescha les gens de bien de passer outre.

Au jour assigné toute la compagnie assise en l'ordre que dessus, le roy fit entendre son intention estre, que ceux qui seroyent ordinairement en son conseil privé eussent à opiner, et qu'à leur imitation chascun des autres s'esvertuast. Puis il commanda à Montluc, dernier des conseillers, de parler, et les autres après en leur ordre, ce qu'il fit. Ses remonstrances tendoyent à la réformation du clergé, comme aussi celles de Marillac, Morvilliers, Dumortier et d'Avanson, qui opinèrent tous ce jour-là. Mais Charles de Marillac, archevesque de Vienne, emporta l'honneur : car comme il estoit personnage doué de dons et grâces singulières, employé de long-temps ès ambassades d'importance près et loin avec grande louange, aussi fut-il non-seulement estimé d'avoir très-doctement opiné, mais aussi contenta la plus part de la compagnie : la harangue duquel j'ay bien voulu insérer ici de mot à mot pour la postérité.

« Combien que la proposition qui nous a esté faite, soit de grand et long discours, pour estre indéterminée et générale, et d'autant plus malaisée à résoudre, qu'il conviendra de la généralité venir aux particularitez, où la diversité des jugemens de ceux qui en disputeront produira, comme il est vraysemblable, variété d'opinions : si est-ce qu'en fait d'estat l'on doit tenir ceste maxime : qu'après avoir bien consulté, il faut estre certain de ce qui reste à faire ; et que la plus dangereuse chose qui puisse estre pour le regard de ceux qui en ont le maniement, est de fluctuer en délibérations, sans pouvoir tenir parti qui soit ferme et arresté. Or si ceste règle tant célébrée par les anciens, et si bien observée par tous les roys, républiques, et potentats qui ont prospéré, nous doit inciter à suivre ce chemin, la nécessité en laquelle nous sommes nous réduit à ce point, que ne pouvons autrement faire. Et mesmement que tout homme de jugement confessera que les choses ne peuvent demeurer en l'estat qu'on les voit, et qu'on ne peut nier qu'au commencement de ce règne les difficultez ne soyent aussi grandes qu'on les vit oncques.

Et pour n'estendre plus avant nostre propos, les troubles naguères advenus, la crainte d'autres nouveaux, le grand mescontentement qui est en plusieurs, l'extrême pauvreté qu'on voit aux autres, et l'estonnement qui est généralement en tous, nous doit bien inciter un chacun à penser d'heure aux remèdes qui sont propres, pour nous tirer du danger qui nous menace de quelque altération d'estat; et sur tout en ceste adversité conserver le royaume entier : en quoy il n'y a pas moins de gloire et d'honneur, qu'en temps de prospérité en conquester un autre.

Pour le faire court, j'estime qu'il y a deux choses comme deux pilliers ou colonnes principales, sur lesquelles est fondée la seureté de l'estat du roy : l'intégrité de la religion, et la bénévolence du peuple : lesquelles estant fermes, il ne faut point craindre que l'obéissance se perde ; mais venant à s'esbranler, comme maintenant nous l'appercevons, il est grandement à douter qu'il n'advienne quelque altération de ce grand édifice, qui est dessus assis. Parquoy il les faut nécessairement asseurer, de peur que la ruine ne s'ensuyve bien tost. Il convient donques tourner en cest endroit tous nos desseins et délibérations, soit pour la nécessité qui nous y contraint, ou l'utilité qui nous invite à ce faire, puisque de là dépend l'obéissance qui est deue au roy, et la conservation de son peuple : estant ces deux parties si connexes ensemble, que l'une sans l'autre ne peut subsister. Quant à la nécessité, l'on la doit considérer pour le regard du roy, de ses premiers ministres qui commandent sous luy, et du surplus des autres qui doivent obéir.

En premier lieu, le roy doit considérer à quoy il est appellé, et pourquoy il est establi de Dieu, qui luy fait tant de grace que de luy bailler l'obéissance d'un si grand peuple. En quoy il trouvera que c'est pour contenir ses sujets en la cognoissance et service de Dieu, les régir par bonnes loix, et les défendre par armes, et en tout se rendre si enclin à procurer leur bien, qu'il puisse estre aimé et révéré comme père du peuple. Car l'on ne fait différence entre le roy et le tyran, sinon que le roy règne avec bénévolence et consentement du peuple, et le tyran domine par contrainte. Au roy donques se voit l'ordonnance de Dieu, qui est autheur et conservateur des polices de bonne ordre : au tyran l'œuvre du diable, qui pervertit la fin pour laquelle les roys sont ordonnez. Dont s'ensuit que l'un est aimé de tous, et ne peut estre hay que des mauvais, qui sont desobéissans à la loy : l'autre, pour estre craint sans distinction, est hay de tous, selon l'ancien proverbe qui porte, que ceux qui seront craints seront tousjours hays. A tant, si le roy veut estre aimé, et satisfaire au commandement de Dieu, et retenir l'obéissance de ses sujets, il luy est nécessaire d'establir la religion, et ouyr les plaintes de son peuple, pour lui donner tel remède que le père doit à ses enfans, puisqu'il est roy pour cest effet, et qu'il ne peut faire autrement, s'il ne se veut rendre indigne de la grace de Dieu, par laquelle il confesse régner, et que Dieu ne translate ceste grace à d'autres, ainsi que les exemples du vieil testament nous le tesmoignent : et sans aller plus loin, ceux de la maison de France y sont notoires.

Le premier lien donques qui conferme, arreste et retient l'obéissance, est la religion, laquelle n'est autre chose que cognoistre Dieu, ainsi qu'il appartient, et faire ce qu'il commande. Or puis qu'il convient le recognoistre pour créateur, autheur et conservateur de toutes choses, il s'ensuit que toutes nos œuvres doyvent estre rapportées à l'honneur de son nom : et partant il est nécessaire de conserver entier ce grand lien de toutes les actions des hommes, et par lequel les sujets du roy luy obéissent, qui est religion. Et pource que le lien s'est desnoué, tant par la malignité des uns, que négligence des autres, et corruption de nostre temps, nous devons inférer par là, que c'est une signification de l'ire de Dieu, qui nous menace d'une grande ruine, laquelle ne peut estre que prochaine, s'il n'y est bien tost remédié. Car outre la variété des doctrines, qui vit oncques la discipline ancienne de l'Église plus dissipée, plus abattue, plus négligée, les abus plus multipliez, les scandales plus fréquens, la vie des ministres plus reprenable, et les tumultes du peuple plus grands?

Pour obvier à ce danger, le vray remède ancien et accoustumé seroit le concile général : mais à ce qui se voit, l'on ne s'y doit point attendre, pour deux raisons : l'une, qu'il n'est en nostre puissance de faire que le pape, l'empereur, les roys et les Alemans soyent d'accord incontinent du temps, du lieu, et de la forme qu'on y doit tenir : où bien souvent se trouvent tant de difficultez, que l'un venant à le promouvoir, l'autre tasche à le rompre ou reculer : l'autre, que nostre mal nous presse si fort, le feu estant allumé en plusieurs endroits de ce royaume, que ne pouvons attendre un remède esloigné et incertain : tout ainsi qu'un malade de fièvre continue, ou autre maladie aiguë, où la saignée et autre remède prompt est nécessaire, ne peut attendre qu'on soit allé quérir un médecin bien loin, lequel on n'est certain encore qu'il viendra.

Il faut doncques venir au concile national, qui a esté cy-devant conclu et arresté, le roy l'ayant fait escrire et publier par tout : parquoy il est nécessaire de l'accomplir, tant pour la nécessité qui nous presse, pour le pauvre estat auquel l'Église est maintenant réduite, que pour la réputation du roy qui l'a ainsi délibéré et déclairé par lettres : et mesmement qu'il n'est survenu chose qui nous doyve dissuader de faire autrement, ains au contraire tous les jours les causes croissent pour nous faire haster, si nous ne voulons tout perdre. L'empereur Charles cinquiesme naguère décédé, estant venu à Boulongne pour y estre couronné, et venant à conférer des afaires de la chrestienté avecques le pape Clément, fit proposer par son chancelier le concile, tant pour réformer les mœurs des ecclésiastiques qui estoyent corrompus, que pour establir la doctrine qui estoit en controverse. A ceste proposition le pape contredit aigrement, remonstrant qu'il n'estoit besoin d'assembler le concile, ni pour les doctrines, veu que toutes les nouvelles opinions avoyent esté réfutées et damnées par les anciens conciles : ni pour la discipline ecclésiastique, laquelle y avoit esté si bien ordonnée touchant les mœurs, qu'il n'estoit requis que de faire garder les décrets qui sur ce y avoyent esté faits. Mais l'empereur ne demeura satisfait de ceste response : ains répliqua que les grandes assemblées ne pouvoyent estre que bonnes, tant pour retrancher le mal, qui de jour en jour pouvoit croistre, que pour remémorer, rafraischir et conserver ce qui avoit esté introduit auparavant, et empescher qu'il ne fust oublié, ains entretenu tousjours en vigueur. Et suyvant ceste saincte délibération persista toute sa vie en ce propos, de procurer le concile, où à la fin il ne trouva plus grands adversaires que ceux qui le doyvent procurer.

Les anciens observoyent de faire conciles de cinq ans en cinq ans, comme il se peut voir par les décrets. Et quant aux nationaux, par le discours des histoires de France, à commencer du roy Clovis jusques à Charlemaigne, et depuis jusques au roy Charles septiesme, l'on trouvera quasi en tous ces règnes assemblée de l'Église gallicane, maintenant de

32.

tout le royaume, autresfois de la moitié, par fois de deux ou trois provinces : dont jamais ne procéda que grand fruict, comme de réformer les mœurs, qui peu à peu se corrompent, et bien souvent les doctrines, selon que les occasions se présentoyent.

L'on ne doit doncques plus différer à suyvre le chemin que nos majeurs ont tenu, ni craindre en cest endroit d'estre accusez de nouvelleté, puisque nous en avons tant d'exemples : ni estimer qu'il en puisse advenir autre chose que bien, puis que Dieu assiste à ceux qui sont assemblez en son nom : ni aussi plus attendre, puisque la nécessité nous presse de si près, que sans nous haster, nous voyons les présages de la désolation, qui nous représentent et mettent devant les yeux l'exemple et pauvre estat des églises de Judée, Égypte, Grèce, Afrique, et autres qui estoyent anciennement les plus florissantes, où maintenant à peine le nom de chrestien y est demeuré.

Par ces raisons je viens à conclurre, qu'il ne faut plus différer de s'assembler, soit par forme de concile national, soit sous le nom de consultation, sans s'arrester aux obstacles que le pape y voudroit mettre, puisque il nous est permis, et qu'il est question de nostre conservation. Et autrement, quand nous aurions perdu une partie du royaume, qu'il n'est en sa puissance de le nous restituer : et qu'en tout événement nous ne voulons périr pour luy complaire, ains suyvre la règle que Dieu nous a laissée, et que nos prédécesseurs ont si souvent pratiquée. Mais en attendant que ceste assemblée se fasse, j'estime qu'il seroit grandement à propos d'entendre à trois ou quatre préparatifs, par lesquels une si saincte entreprinse seroit fort bien acheminée.

Le premier est la résidence des prélats en leurs diocèses, sans qu'il y eust homme qui en fust dispensé, et mesmement en France, où la planche et dispense estant faite pour un, la conséquence induit tous les autres à vouloir passer par là. Et sur ce ne faut espargner les Italiens, qui occupent la troisiesme partie des bénéfices du royaume, ont pensions infinies, succent nostre sang comme sangsues, et ne tiennent aucun compte de résider : ains en leur cœur se mocquent de nous, qui sommes si mal advisez de ne le cognoistre point : et si nous le cognoissons, de nous retenir par leurs belles paroles, et autres façons de n'y pouvoir remédier. Si le roy payoit grand nombre de gens de guerre, comme il fait de gendarmerie, et qu'au fort de la guerre, au lieu d'aller contre les ennemis, ils se tinssent tous en leurs maisons ou à leurs plaisirs, n'auroit-il pas cause de dire qu'il seroit mal servi, de les casser, et bailler la soulde et estat à d'autres? Ainsi est-il des prélats, qui au temps des hérésies, de l'athéisme qui croist à veuë d'œil, et qui est la plus grand' guerre que l'Eglise sauroit avoir, se reculent de la bataille : ayant à faire contre si forts ennemis, qui sont d'autant plus à craindre que ceux du roy, d'autant que ceux-cy sont spirituels et invisibles, et les autres charnels et visibles.

Le second préparatif est de monstrer par quelque acte insigne, que nous avons résolu de nous réformer à bon escient, afin que nos adversaires ne puissent dire que nous assemblons un concile pour establir nos prérogatives et priviléges, sans autrement avoir volonté de nous réformer. En quoy il me semble qu'il n'y a chose plus convenable à leur faire sentir que l'on entend y procéder de bon zèle, que de tenir la main à ce que cependant il ne se fasse rien en l'Église par argent, afin que ceste grande beste babylonique qui est avarice, laquelle a introduit tant de superstitions, tant d'abominations, et tant de maux en l'Église de Dieu, donne des cornes en terre : et trouverons par ce moyen que la pluspart des controverses qu'avons sur la doctrine, se pourront par là facilement composer : pour le moins ceux qui parlent mal de nous auront cause de se taire. Et si l'on dit qu'il seroit fort estrange que si petit nombre, comme maintenant nous sommes, introduist chose de telle importance, et sans attendre la détermination de la grande assemblée : je responds que ce n'est pas introduire chose nouvelle, ains exécuter ce que Jésus-Christ nous a commandé, que les saincts conciles ont déterminé, les roys de France, qui sont exécuteurs des décrets desdits conciles, ont ordonné, et que de nostre temps les plus grands personnages, et les plus renommez en l'Église romaine ont advisé. Ceste sentence de Jésus-Christ est éternelle, *Gratis accepistis, gratis date.* Les choses spirituelles se baillent de Dieu gratuitement : il ne nous est donc licite en faire marchandise ; ains est commandé de les dispenser en la mesme sorte que les avons receues, qui est gratuitement. De là vient qu'on appelle simoniaques ceux qui font telles pratiques réprouvées, et dont il y a tant d'exemples aux actes des apostres, et en toute l'ancienne Église, qu'il n'est besoin en faire plus long discours.

Au regard des conciles, il est tant de fois ordonné qu'il ne se fist rien par argent, que non-seulement l'on a voulu en oster l'invention, mais encore pourvoir sur le soupçon : de sorte que ceux qui faisoyent don aux pauvres, en consignant selon leur dévotion à l'Église leur charité, estoyent interdits et prohibez de faire tels dons en temps qu'ils recevoyent les sacremens, de peur qu'on ne vinst à interpréter que ce fust pour la perception d'iceux, comme il se lit au concile d'Ancyre, et autres subséquens. Sainct Louys, roy de France, voyant ce désordre qui commençoit, ne fit aucune doute d'ordonner que les prélats résideroyent en leurs éveschez, et qu'on ne porteroit plus d'argent à Rome : moustrant par là combien ceste marchandise luy desplaisoit, encore qu'il fust prince catholique, et des plus obéissans qui fut oncques à l'Église romaine.

Le pape Paul troisiesme, de la maison de Farnèze, de nostre temps voyant la défection que plusieurs pays faisoyent de l'Eglise romaine, et craignant que ce mal se vinst à estendre par tout, recognoissant assez qu'il y avoit des abus en l'Eglise, lesquels il désiroit oster et empescher, par la crierie des protestans : commanda à certains personnages qui estoyent les plus apparens en doctrine de leur temps, de luy mettre par escrit ce qui leur sembloit estre digne d'estre réformé en l'Eglise, y adjoustant l'excommunication, en cas qu'ils ne s'en acquitassent franchement et librement : et davantage exigeant particulièrement serment de chascun d'eux, qu'ils ne luy céleroyent rien. Entre les personnages esleus à donner cest ordre, estoyent le cardinal Contarin, tant estimé par tout, et qui est assez cognu en Allemaigne, où il avoit esté légat au temps de la grande controverse en la religion : y estoit aussi le cardinal Théatin, qui depuis a esté pape, surnommé Paul quatriesme, qu'on estimoit des premiers de l'Eglise en intégrité de vie et en sublimité de doctrine : les cardinaux Sadolet et Paul d'Angleterre y estoyent pareillement, dont il n'est besoin de parler, pour estre assez cogneus par tout, avec cinq autres grands personnages esleus comme les plus suffisans qui fussent à Rome. Ces seigneurs, après avoir ensemble conféré, donnèrent leur advis, qui est publié par tout, contenant un premier point: Qu'en l'usage et administration des clefs, c'est-à-dire, de la puissance de l'Eglise, ne se pouvoit ni ne devoit rien prendre, sans contrevenir directement au commandement de Dieu et décrets des conciles. Et toutesfois ni le pape Paul tiers, qui avoit demandé cest advis, avec tant de conjurations et fulminations, n'en fit autre chose : ni le pape Paul quart ne tint compte de restablir ce qu'il avoit estimé estre si sainct et nécessaire du temps qu'il estoit cardinal. Je laisse ce que sainct Bernard et autres saincts personnages en ont dit, et diray seulement, que si nous ne prestons autrement le cœur et la main à extirper ceste racine qui est mère de tous maux, que Jésus-Christ, qui est autant puissant qu'il fut oncques, descendra du ciel, et reprendra le foüet pour nous chasser du temple, ainsi qu'il fit les marchans.

Le troisiesme préparatif est de confesser nos fautes, qui est la première partie de la guérison, en faisant indiction de jeusnes publics, comme au vieil Testament en ancienne Eglise estoit accoustumé de faire, lors qu'il y avoit apparence d'une grande calamité publique, comme peste, famine et guerre, où maintenant tous ces maux sont concurrens. Car quelle plus grande peste y pourroit-il avoir, que celle qui tue les ames, ni plus grande famine que de la parolle de Dieu, ni guerre plus cruelle que la corruption de la pure et saincte doctrine, qui nous veut aliéner de Dieu nostre roy, et faire perdre ce grand royaume, auquel sommes appelez par le bénéfice de Jésus-Christ? Il faut donc recourir aux armes accoustumées des anciens qui sont jeusnes publics, oraisons et larmes : et sur tout prendre le glaive de Dieu qui est sa parole, dont maintenant nous n'avons plus que la gaine, c'est-à-dire l'extérieur : et ne penser plus que les mitres, crosses, rochets, chapeaux et tiares, qui estoyent anciennement introduits pour accompagner l'intérieur, qui est la doctrine de bonne vie, et pour nous rendre par là plus admirables, soyent pour nous garantir du mespris du peuple : puisque l'intérieur n'y est plus, et qu'il n'y a que le masque extérieur. Et nous faut proposer devant les yeux ceste horrible sentence : Que la coignée est mise à la racine, et tout arbre qui ne portera pas bon fruict sera coupé.

Le quatriesme préparatif, est qu'en attendant le concile, les séditeux soyent cohibez et retenus, en sorte qu'ils ne puissent altérer la tranquillité et le repos des bons, et prendre ceste maxime indubitable : Qu'il n'est permis de prendre les armes pour quelque cause que ce soit, sans le vouloir, commandement et permission du prince, qui en est seul dispensateur. Je le dis pour les piteux exemples naguères advenus, et dont de jour à autre en avons advertissemens. D'une part s'est veu le tumulte d'Amboyse sous couleur de présenter une confession, au lieu que l'on devoit venir en toute humilité : d'autre part, y a eu des prescheurs, lesquels pour extirper les protestans, vouloyent faire eslever le peuple, sous couleur d'une saincte sédition : comme s'il y avoit religion qui permist, que pour la planter ou retenir il fust permis d'user de sédition.

Ainsi des deux costez y a eu de la faute, comme cy-devant ont esté tuez des hommes sous couleur qu'ils estoyent protestans : au contraire on a forcé les juges, et violé la justice ordinaire pour faire délivrer des prisonniers protestans : et ainsi sous ce masque de religion, plusieurs ont usurpé l'authorité du magistrat, de prendre les armes : ce qui ne leur est aucunement licite, ains défendu à tous. Car la fin de la loy est vivre selon Dieu, et n'offenser personne : et la fin des armes, est de faire que la loy soit obéye. Le roy donques estant conservateur de la loy, ainsi ordonnée de Dieu, par conséquent est seul dispensateur des armes, qui luy sont baillées pour punir les contrevenans à la loy. Parquoy pour conclusion, celuy se fait roy, qui les prend de son authorité, et n'estant ordonné de Dieu pour tel. Il s'ensuit que tout le monde luy doit courir sus, comme celuy qui contrevient à l'ordonnance de Dieu, qui est l'establissement du roy. Pour parvenir à ceste afaire les baillifs et séneschaux ont commandement de faire résidence ès lieux de leur charge, et les gouverneurs de visiter leurs gouvernemens : afin que comme estant envoyez du roy, ils empeschent que (sous quelque couleur que ce soit) les armes ne soyent prinses par autres que ceux à qui le roy le commandera. De ce que dessus appert que le premier lien pour retenir l'obéissance du roy, est d'establir la religion avec telle modération, que nul n'en puisse abuser pour exécuter ses passions contre l'authorité et but de la loy, qui est d'obéyr à Dieu et au roy.

Pour venir au second poinct, qui concerne le peuple obéissant, le vray moyen de le retenir, est d'ouyr les plaintes qu'il peut faire, en y appliquant tel remède que le mal le requiert. En quoy il y a différence entre les plaintes publiques et privées. Car si les plaintes estoyent faites de privé à privé, je confesse qu'il seroit aisé d'y pourvoir par l'establissement des juges, qui sont si bien ordonnez, que le roy mesme se rend sujet aux loix qu'il exerce envers son peuple. Mais quand elles sont générales, et regardent la seureté et l'altération de l'estat, il faut nécessairement recourir aux anciennes ordonnances, sur lesquelles l'estat est fondé, qui n'est autre chose que les trois ordres que nous appelons les estats, afin que chacun ayant proposé par ensemble ce qui tend à difformation, et consulté des remèdes qui sont propres, le roy, pour l'amour naturelle qu'il porte à ses sujets, ordonne ce que justement est requis à l'honneur de Dieu, et à la satisfaction d'un chascun : dequoy dépend la bénévolence que tous luy portent, et le contentement qui luy doit demeurer, en ce qu'ayant obéy à sa vocation envers Dieu, il a retenu le gré des hommes. Et en ceste sorte il conserve non-seulement le nom de roy, et les qualitez qui en dépendent, mais encore il peut commander sans armes, puisque la bénévolence des siens les induit à plus faire de gré, que la contrainte ne pourroit exiger par force.

Agis, le roy des Lacédémoniens, disoit que le roy pouvoit régner sans armes, quand il commandoit aux siens comme le père à ses enfans.

Or pour monstrer que les plaintes sont de telle nature, qu'elles requièrent estre ouyes et examinées en l'assemblée des estats, je toucheray celle qui est générale. Que les surcharges extraordinaires imposées sur le peuple sont creuës et multipliées de sorte, que non-seulement il ne peut plus porter ce grand faix, mais encore ne peut satisfaire aux anciens devoirs. N'est-ce pas plainte digne d'estre traitée aux estats? Si le roy au contraire veut faire entendre la calamité des guerres qui ont si longuement duré, les despenses qui s'en sont ensuyvies, la faute des finances, et les grandes dettes qu'il a trouvées à son advènement à la couronne, n'est-ce pas propos digne d'estre remonstré aux estats, puisque la pluspart du peuple d'un costé fait ses doléances, et que d'ailleurs la nécessité demeure telle, qu'on a plus de désir de le soulager, que de pouvoir promptement l'exécuter? Et mesmement que vouloir ouyr la plainte des affligez, est commencement de consolation. Et faire démonstration de les vouloir relever d'oppression, est une bonne partie de la guérison : laquelle pour le moins les garde de tomber en désespoir, et de cercher mutation.

Si le peuple remonstre que le roy doit vivre de son domaine, faire la guerre des aydes, et payer la gendarmerie des tailles, lesquels à cest effect furent cy-devant accordées : et que le roy au contraire fasse cognoistre qu'il a trouvé le domaine de sa couronne quasi tout aliéné, la pluspart des aides engagées, et néantmoins demeuré chargé des dépences accoustumées et de dettes infinies, pour obtenir avec le gré du peuple que les charges estant aucunement diminuées continuent encore pour quelque temps, en attendant qu'on ait exécuté les moyens qu'on invente et pratique tous les jours, pour ravoir le domaine, et descharger les aides, pour cependant empescher que les sujets ne se soustrayent de l'entière obéissance qu'ils doyvent à leur roy et les rendre capables de ce fait, y-a-il autre moyen que d'assembler les estats ?

S'il est par nécessité besoin de retrancher les despenses du royaume, et que ceux qui en ont la charge ne le puissent exécuter sans s'attirer une envie incredible, procédant du mescontentement de ceux qui ne se soucient si la bourse du roy est vuide pourveu que la leur soit pleine : comment se peut-il mieux, ne plus seurement exécuter, que par l'advis de grande assemblée, puis qu'autrement peu de gens ne le peuvent faire ? Il faut donques que ce soit aux estats.

Si le mescontentement se trouve en tant de gens, que tous les jours l'on cerche moyen d'altérer la seureté de l'estat : ne sachant les uns en quelle disposition sont les afaires, ni le fond des finances du roy : les autres abusans de ce prétexte, pour mouvoir les simples à sédition : pour contenter les bons et fermer la bouche aux mauvais, y-a-il remède plus prompt ni plus recevable, que de faire entendre en pleins estats comme toutes choses passent, puis qu'il est permis là de s'enquérir, et y sçavoir la vérité ?

Si les premiers ministres du roy sont calomniez, comme autheurs et cause de tout le mal passé et qui peut advenir, comme ceux qui tournent toutes choses à leur avantage, et font leur proufit particulier de la calamité de tous : y-a-il autre moyen pour se néttoyer de tous soupçons, que de faire entendre en telle assemblée en quel estat l'on a trouvé le royaume, comme il a esté administré, et comme ceux qui sont asseurez d'avoir bien versé ne veulent fuyr la lumière, ains sont appareillez d'en rendre si bonne raison, qu'on aura cause d'en estre satisfait ?

Bref, s'il y a crierie publique sous quelque couleur que ce soit, où peut-elle estre mieux ouye qu'en assemblée générale? Et si elle est juste, d'où peut procéder le remède plus asseuré, que celuy qui sera consulté et trouvé bon par tant de gens? Et si elle est fausse, où se peut mieux effacer le soupçon que là? Car autrement advient que bien souvent les opinions, encore qu'elles soient fausses, s'insinuent en la teste des hommes, et les occupent si avant, que la vérité après n'y peut entrer. Parquoy les remèdes de les dissuader sont propres, quand devant tout le monde on leur monstre qu'ils ont été mal persuadez.

Il y a une autre considération de nécessité, qui dérive des inconvéniens qui peuvent advenir, quand en ces difficultez on ne s'aide des remèdes ordinaires. En premier lieu, le roy en ses loix et commandemens n'est obéy, qui est un des plus grands présages de sédition qui puisse être considéré. Car d'autant que le peuple n'est escouté en ce qu'il dit estre grevé, il vient à perdre peu à peu l'espérance d'estre soulagé. Et finalement tombe en ce désespoir de se soustraire des charges qu'il portoit, sans révérer ny le commandement du roy, ny l'authorité de sa justice : ains se dispose à tout ce qui peut advenir, prenant pour maxime qu'il ne peut pis avoir que la mort, qui mettra fin à ses malheurs.

Les mal-contens d'ailleurs, voyant le peuple mal édifié, procurent de l'aigrir davantage par fausses persuasions, dont ils s'aident, remettant toute la coulpe sur le gouvernement qu'ils disent estre mal conduit : et sous prétexte de quelque occasion qui semble avoir quelque couleur de vérité, ils y adjoustent une infinité de mensonges, qu'ils font divulguer par placars, libelles fameux, lettres sans nom d'auteur, et par autres moyens obliques. Ce qu'ils peuvent d'autant plus aisément persuader, que le peuple estant ulcéré, reçoit volontiers ce qui est conforme à sa passion. Et les plus simples qui n'entendent le fond des afaires du roy, se laissent aller à croire ce qui est divulgué par tout.

De là procède par degrez que les uns, abusant du nom de religion, violent l'authorité de la justice, contreviennent aux édits du roy, forcent les juges, et font tous actes de rebelles : les autres, sous confiance d'impunité, font assemblées réprouvées, tiennent les champs, foulent le peuple, et commettent une infinité de maux, et rejettent après la cause de tout le mal sur le fait du gouvernement, voyant que plusieurs s'en plaignent : dont il s'ensuit que les plus desbordez et téméraires parlent ouvertement, et les plus malins osent bien faire pratiques avec les princes et nations estrangères, et cependant asseurent le peuple de liberté, ou d'autre mutation, selon qu'ils voyent qu'il y est plus disposé.

Il n'est jà besoin de particulariser ce qui est dit en général, pour estre chose notoire : seulement ajousteray, que si une province de ce royaume venoit à s'exempter des tailles et charges accoustumées, comme l'on en voit signification en quelques parts, il y auroit danger que les autres pays ne suyvissent leur exemple. Pour le moins, les deniers qu'on recevroit d'ailleurs, ne seroyent suffisans à mettre forces pour réduire à la raison ceux qui seroyent refusans : et mesmement que le feu, estant une fois allumé, pourroit sauter de lieu en autre, et finalement s'estendre par tout.

Parquoy pour éviter si grand mal, et si prochain péril, il semble en toutes sortes estre nécessaire d'assembler les estats. Et quand ores les causes des nécessitez dessus discourues cesseroyent, encore l'utilité de convoquer telle assemblée est si grande, que tout le monde la doit désirer. Car peut-on plus souhaiter, pour apprendre un jeune roy à régner, que de luy faire entendre par le menu toutes les afaires de son royaume, d'examiner les mœurs de son peuple et cognoistre ce qui se fait pour luy, et ainsi se former à mesurer la despense : en sorte qu'il s'y porte comme le bon pasteur, lequel tond son troupeau doucement, sans autrement l'offenser : et qui prend par là une reigle d'éviter toute superfluité et luxe, voyant que ce qui sort de la bourse hors son domaine, est la substance et le sang de son pauvre peuple, que Dieu a mis en sa garde et protection. De là procédera une bonne et saincte éducation, qui après produira bonnes mœurs : et après s'ensuyvra la bonne fortune, laquelle accompagne communément les meilleurs : et finalement s'acquerra ce grand nom de Père du peuple, duquel la mémoire au roy Louys douziesme est plus célébrée, et reluit pour exemple à toute la postérité, plus que toutes les conquestes et victoires de ceux qui ont esté auparavant.

L'autre utilité est, que le peuple françois ayant entendu les nécessitez de son roy, et mesmement quand elles ne procèdent de son fait, n'a jamais reculé de luy subvenir de tout ce qui a esté en son pouvoir. Ce que ceste nation sur toutes autres a toujours démonstré. Parquoy l'on doit bien prendre garde que ceste promptitude et débonnaireté ne soit si mal receuë, et si souvent offensée qu'à la fin elle ne se convertisse en rage et désespoir.

Ces utilitez sont conjointes avec une grande honnesteté, en ce que le roy, sur ces commencemens de son règne, reprend l'ancienne observance et coustume : à quoy tout homme sage aura toujours recours, quand il verra la corruption avoir tant gaigné, que les loix ne retiennent plus leur vigueur. Car combien que le roy soit seul autheur de la loy, et qu'à luy seul appartienne de commander : toutesfois ce qu'il ordonne en telles assemblées a plus de force, et le peuple s'y rend d'autant plus obéissant, qu'il voit ceste ordonnance estre conforme à l'advis de plusieurs. Or, quand peu de gens y ont esté appelez, on vient à interprester que la loy a esté forgée selon la passion d'aucuns, et sans examiner les raisons qu'eussent peu alléguer les absens, s'ils eussent esté ouys.

En ceste sorte la maison de France s'est maintenue environ onze cens ans, et n'y a royaume bien ordonné qui ne suyve ceste ancienne et saincte coustume d'assembler les estats, comme l'on voit en l'empire, où l'on tient les diètes; et d'ailleurs aux royaumes d'Espagne, d'Angleterre, d'Escosse, de Dannemarch, Suède, Bohesme, Hongrie, et partout ailleurs : qui est une autre considération qui doit estre poisée. Car puisque tant de roys se trouvent bien de telle observance, et estiment ne pouvoir autrement maintenir leurs estats, l'on ne se peut honnestement départir de ce que nous avons si long-temps gardé.

Reste à respondre à ceux qui ne peuvent trouver bonne telle assemblée, alléguant que c'est chose dès long-temps discontinuée, qui tend à diminution de l'authorité du roy, et qui surtout est dangereuse en temps de division. Si ceux qui mettent en avant la discontinuation de convoquer les estats, examinoyent les maux et les biens qui en sont depuis provenus, certes ils trouveroyent que si telle observance eust eu lieu, l'on ne fust tombé en tant de calamitez que nous voyons en ce temps, d'autant qu'on n'eust permis la corruption procéder si avant, sans y remédier en tout ou en partie. Car tout ainsi que par intermission des conciles en l'Église, s'est accumulé le comble du désordre que l'on voit nous menacer de grande mutation : ainsi la discontinuation des estats a ouvert la porte à toutes les inventions mauvaises, lesquelles sont augmentées de sorte, que le seul moyen d'y remédier est de reprendre l'ancienne forme de nos majeurs, qui est d'assembler les estats.

Ceux qui adjoustent que l'authorité du roy seroit diminuée, me semblent ne cognoistre point le cœur des François, qui a toujours fait pour son roy ce qu'il a peu : et d'en requérir plus ce seroit injustice, et de l'exiger, impossibilité. C'est doncques establir l'authorité du roy, et non pas la diminuer, de leur proposer choses justes, puisque sans violer le nom du roy, l'on ne peut faire autrement : et par là d'attendre l'ottroy de tout ce que le roy veut, puisqu'il a si bon peuple, qu'il ne luy refuse rien.

Et si l'on réplique, que le roy se bride de n'avoir rien sans le consentement du peuple, je responds que puisque sans assembler les estats, et sans entendre les raisons qui meuvent le prince à croistre les charges anciennes, le peuple a cy devant obéy, et sans contradiction : que devra-il faire quand il sera persuadé que la cause de la demande faite aux estats sera trouvée juste?

Si l'on persiste à dire que par là le peuple seroit juge s'il y auroit justice à ce que le roy demanderoit, l'on peut adjouster qu'entre tant de gens assemblez, la pluspart tend au bien commun, et que le peuple est capable d'entendre ce qui est à son proufit : et par tant y consentir, puisque la voix du peuple est communément celle qui est approuvée de Dieu.

En ceste sorte ont régné ceux qui ont esté auparavant, dont les plus renommez ont eu tant d'esgard à contenter le peuple, que sans creuës et autres surcharges ont plus fait que nous n'avons depuis avecques toutes les inventions qu'on a peu trouver pour espuiser le peuple. En quoy pour l'heure je ne me départiray de l'exemple de ce bon roy Louys douziesme, lequel avec son revenu ordinaire, força et print tout l'empire des Vénitiens, excepté le seul corps de la ville; conquesta le duché de Milan, et donna terreur à toute l'Europe : où nous depuis ayant fait preuve de tout ce qu'avons peu inventer pour exiger deniers, à peine avons peu retenir une seule ville conquise sur nos ennemis.

Davantage l'on voit que la facilité d'obtenir et trouver trop aisément deniers, nous rend faciles à faire trop de despenses : ou nous mesurant selon nostre revenu, nous eussions retenu le cœur d'attenter sur les estats d'autruy, et les mains de fouiller si avant ès bourses du pauvre peuple, dont à la fin n'avons tiré aucun fruict, sinon que les nations estranges ont triomphé de nos escus, ne nous laissant que l'exemple de leurs vices.

Aucuns ont voulu mettre en avant ce qui advint du temps du roy Jean, où les estats réduirent le dauphin à prendre plusieurs partis indécens. En quoy je me pourrois contenter de dire, qu'entre tant de proufits qui sont procédez de l'assemblée des estats, l'espace de plus de mil ans, c'est un foible argument de vouloir rompre telle observance pour un inconvénient une fois advenu. Car de là s'ensuyvroit qu'on devroit oster les parlemens et autres magistrats, pour autant que parfois il s'est trouvé des juges lesquels ont mal versé. Mais pour autant que l'on fonde l'inconvénient, qui advint lors, sur la division, concluant par exemple, qu'il est dangereux de faire telle assemblée en temps de division, comme seroit au nostre : l'on peut aisément respondre, qu'il y a grande différence entre une division desjà commencée et ouverte, ou celle que l'on craint qu'il se fasse. Comme au premier cas estoit celle du temps du roy Jean, auquel le roy estant prisonnier, le peuple sans chef, et la guerre continuant contre les Anglois, qui avoient esté en tout victorieux, la division estoit telle, que ceux des grandes villes tenant un party, et estant soustenus par les plus grands princes du royaume, qui procédoyent de force ouverte : il estoit aisé à penser que la plus forte part acheminoit les afaires à sa dévotion. Ainsi n'est de merveilles, si en telle calamité le royaume estant si affligé et divisé, le dauphin, en l'absence du père, céda à l'infélicité du temps, et à la violence de ceux qui estoyent les plus forts.

Mais en cestuy-cy, où nous avons paix avec tous nos voisins, et le royaume demeure entier, où nul refuse obéyr au roy, nul querelle son estat, nulles forces se peuvent descouvrir, lesquelles on ne peut aisément repousser : ains se trouvent seulement aucuns malins esprits qui veulent subvertir le peuple, sous diverses couleurs, et prendre par là occasion de piller, rober et s'enrichir de la pauvreté d'aultruy : pour faire cesser leurs menées et rompre entièrement leurs desseins, et contenter le peuple, le vray moyen est de faire entendre aux estats comme les afaires sont traictez, les deniers dispensez, les nécessitez qui nous ont réduits à ne pouvoir satisfaire à tous ceux qui demandent, le désir qu'on a de réformer l'Église, d'ouyr et soulager tous les affligez, relever les opprimez, et entendre à toute bonne œuvre.

Ce seroit donc couper les racines de la division, non pas de celle qui est formée, car il n'y en a point qui puisse produire grands effets, si l'on y entend d'heure; mais de celle qui se pourroit brasser, laquelle aisément pourroit croistre, si par remonstrances faites ès estats, édits, loix et pragmatiques n'y est obvié : comme il se fit du temps du roy Charles huitiesme, où le roy estant moindre de quatorze ans, et les contentions pour le gouvernement estant telles qu'on vint jusques aux armes : néantmoins les estats après avoir recognu leur roy, luy supplièrent en toute humilité d'entendre à ce qu'ils luy remonstroyent pour le bien de son royaume, sans user d'un seul terme qu'on peust interpreter porter contrainte.

Donc par plus grande raison, ils se porteront maintenant en mesme dévotion, estant le roy hors de minorité accompagné de la royne sa mère, de tant de princes du sang, de l'estat de l'Église et de la noblesse, qui ne voudroyent tous espargner chose qui soit en eux, jusques à la dernière goutte de leur sang, pour la conservation de l'authorité du roy, qu'il a pleu à Dieu leur donner, sans craindre les folles machinations de ceux qui ne voudroyent cheminer droit : dont la foiblesse et la mauvaise cause nous doyvent asseurer, que leurs efforts ne sont grandement à craindre ni à douter, s'il y est bien tost pourveu par l'assemblée des estats. »

Telle fut la docte, sage et chrestienne harangue de ce grand personnage, qui ne vescut guères depuis, estant, comme l'on dit, intimidé par ceux ausquels il avoit despleu : les autres disent que voyant comme tout alloit de mal en pis, il en mourut de regret.

Le lendemain 24 du mois, le rang d'opiner escheut à l'admiral, lequel fit entrer toute l'assistance en admiration par ses grandes et singulières remonstrances, tant pour le fait de la religion, que pour les afaires politiques et d'estat, s'accordant et suyvant si dextrement la déduction des propos de Marillac, qu'il sembloit rien ne pouvoir plus estre allégué. De manière qu'ils emportèrent l'honneur d'avoir donné le meilleur et plus certain conseil pour rendre ce royaume paisible et plus florissant que jamais.

Entre autres choses notables et remarquables pour l'histoire de nostre temps, il insista longuement sur la nouvelle garde, disant que c'estoit chose de périlleuse conséquence de nourrir le roy en ceste opinion d'avoir crainte de ses sujets, lesquels se voyant à tort soupçonnez, pourroyent engendrer avec le temps une mesfiance, qui attire une haine après soy, de voir leur prince armé contre eux, au lieu de leur donner seur et libre accès pour entendre leurs plaintes et doléances : joint que les François ont ce naturel d'estre plus contens quand ils ont descouvert leurs conceptions à leur roy, encore qu'il ne leur donnast aucune expédition correspondante à leur souhait, que de toutes les autres expéditions que leur pourroyent donner ses ministres, si la voye d'approcher de sa majesté leur estoit ostée. De sa part, il ne pouvoit penser sur quoy estoyent fondez ceux qui avoyent ainsi armé ledit sieur contre ses sujets : mais si son honneur, ses biens, sa vie et celle de sa femme et enfans estoyent gages suffisans, il les mettroit volontiers pour pleige que le roy n'estoit nullement hay ne mal-voulu de ses sujets, et a ceste confiance qu'il pourroit aller seul par tous les coings de son royaume : car il trouveroit une telle obéissance que receut jamais prince, en sorte que par ceste démonstration et communication familière, le peuple iroit au devant de luy avec offres et présens de leurs biens et vies. Bref, il se trouveroit tellement honoré du plus grand jusques au plus petit, que chacun s'efforceroit à qui mieux mieux, à luy monstrer leur naturelle inclination envers leurs roys et princes. Que si aucuns de ses ministres craignoyent d'estre offensez, aussi en devoyent-ils retrancher l'occasion, comme à la vérité il avoit entendu tout le malcontentement estre contre ceux qui manioyent les afaires du royaume, ce qu'il trouvoit aisé d'appaiser, pourveu que toutes choses fussent réglées et compassées par bon ordre et selon les loix du royaume. Son advis et conclusion portoit trois chefs : l'un de l'assemblée des estats généraux du royaume suyvant les anciennes constitutions, afin que le roy entendist par la bouche de ses sujets leurs plaintes et remonstrances. Le second tendoit à oster la nouvelle garde, pour oster la jalousie du roy et de ses peuples. Le troisiesme, qu'il donnast relasche aux persécutions pour le fait de la religion, jusques à l'issue d'un sainct et libre concile, fust général ou national. Et que cependant, en faisant droit sur la requeste présentée, il permist à ceux de ladite religion, de se pouvoir assembler pour prier Dieu, ouyr prescher sa parole, et communiquer aux saincts sacremens. Et pour ce faire leur dédiast temples, ou autres places en chascun lieu, et commist de ses juges ou autres gens, pour garder que rien ne se fist contre l'authorité du roy et le repos public. Quoy faisant, il s'asseuroit de voir aussi soudain le royaume du tout paisible, et les sujets contents.

Il n'y eut rien de notable aux autres opinions de ceux du conseil privé, hors mis que le duc de Guise, ayant prins fort à cœur les remonstrances et advis de l'admiral, se monstra tant passionné, qu'au lieu de conseiller le roy en une afaire de telle et si grande importance, il ne s'arresta qu'à contredire son opinion; et print fort à cœur ce qu'il avoit ainsi librement parlé de la nouvelle garde, disant que c'estoit mal advisé, de nourrir le roy en crainte de ses sujets, et qu'ils ne luy vouloyent nul mal, mais à ses ministres. Car, disoit-il, ce n'est aux sujets de bailler instruction à leur prince, mesmement lors que chacun savoit qu'il estoit de soy assez accomply en toute plénitude de vertu. Et quant il luy defaudroit aucune chose, il avoit la royne sa mère pour vraye règle de nourriture : parquoy tel langage ne devoit avoir esté tenu. Et sur ce qu'on avoit dit, que ceux qui présentoyent la requeste cy dessus mentionnée se trouveroyent en nombre de cinquante mille, ou plus, de leur secte, le roy leur en opposeroit un million de la sienne. Au regard de la nouvelle garde, jamais il n'en avoit esté d'advis, sinon depuis que les sujets avoyent pris les armes contre le roy. Ne servoit rien de dire, que ce n'estoit contre ledit Seigneur, ains contre aucuns de ses ministres. Car son frère ne luy n'avoyent jamais offensé ou mescontenté aucun, pour le regard de leurs afaires privées. Que si on avoit pris occasion de quelque mescontentement, c'estoit à cause de l'administration des afaires du royaume. Parquoy si on s'attachoit à eux, c'estoit directement prendre les armes contre le roy, sous prétexte de s'attacher à ses principaux ministres. Et n'y avoit encore aucune raison pourquoy la nouvelle garde deust estre ostée. Quant à la religion, il s'en remettoit à ceux qui estoyent plus savans que luy en théologie. Bien s'asseuroit-il que tous les conciles ne le pourroyent destourner, ne luy faire changer l'ancienne manière et forme de ses prédécesseurs, principalement quant aux saincts sacremens. Et pour le regard de l'assemblée des estats, il s'en remettoit à la majesté dudit Seigneur.—Cecy fut dit par le duc de Guise, de telle sorte que chascun s'apperceut que sa passion le dominoit, et y a grande apparence que dèslors se forma en son cœur la haine contre l'admiral, qu'il a toujours gardée depuis, et qui a esté cause de grands maux.

Le cardinal de Lorraine n'avoit moindre mescontentement, mais comme il estoit plus retenu, aussi y procéda-il d'autre sorte, et tirant son argument de la requeste présentée par l'admiral, dit qu'il n'y avoit rien moins que fidélité et obéissance en tels supplians. Car bien qu'ils se dissent très-obéissans, c'estoit toutesfois avec condition que le roy fust de leur secte et opinion, ou pour le moins qu'il n'y contredist. Il se remettroit donc au jugement d'un chascun, s'il estoit raisonnable que le roy et messieurs de son conseil fussent plustost de l'opinion de tels galans, qu'eux de celle du roy et de son conseil. Quant à leur bailler temples, ce seroit du tout approuver leur hérésie, ce que le roy ne sauroit faire sans estre perpétuellement damné. Pour le regard du concile général ou national, il n'y voyoit pas grande raison, puisque ce n'estoit que pour réformer les mœurs des gens d'église. Car chascun le feroit de soy-mesme et facilement, par le moyen des admonitions générales et particulières qu'on leur pourroit donner. Qu'au surplus, l'estat de la religion pour le regard de la doctrine, avoit esté si souvent conclu et arresté qu'il ne faloit qu'en observer les décrets. Et que l'assemblée de tous les conciles du monde ne sauroyent ordonner nulle autre chose que l'observation des précédens. Il estoit, au reste, aisé à voir de quel zèle estoyent menez les supplians par les placars et libelles diffamatoires qu'ils produisoyent tous les jours contre tout le monde, desquels il dit qu'il en avoit sur sa table vingt-deux faits contre luy, lesquels il gardoit très-soigneusement, comme le plus grand honneur qu'il ne sauroit jamais recevoir que d'estre blasmé par tels meschans, espérant que ce seroit le vray éloge de sa vie, pour le rendre immortel. Parquoy il concluoit à ce que tels séditieux et perturbateurs du royaume et du peuple fussent grièvement punis, et principalement ceux qui s'esleveroyent avec armes, comme ils avoient cy-devant fait. Bien estoit il d'advis, quant à ceux qui sans armes et de peur d'estre damnez iroient aux presches, chanteroyent des pseaumes, et n'yroyent à la messe, et feroyent autres choses qu'ils observoyent, puis que les peines n'y avoyent servy jusques à lors, que le roy commandast qu'on n'y touchast plus par justice et voye de punition, estant de sa part bien marry de ce qu'on avoit fait de si grièves exécutions; et voudroit que sa vie ou sa mort eust peu en cela servir de quelque chose à ces pauvres desvoyez, ce qu'il exposeroit de très-grand courage et libéralement. Son advis doncques estoit que les évesques et autres doctes personnages devoyent travailler de les gaigner, et corriger, disoit-il, selon l'évangile, comme il est escrit: Corrige ton frère entre toy et luy : et que cependant les baillifs et séneschaux fussent envoyez résider en leurs charges pour punir ceux qui porteroyent armes, et les évesques et curez en leurs diocèses pour administrer et prescher les autres. Et que dedans deux mois prochains ils se rendissent résolus et informez des abus de l'Eglise, pour en acertener le roy, afin de regarder à la nécessité d'assembler un concile général ou national. Et pour le regard des estats généraux du royaume, il en estoit d'advis, afin de rendre un chacun résolu de la bonne administration que le roy faisoit des afaires de son royaume, et leur faire voir au doigt et à l'œil l'espérance qu'ils devoyent avoir de mieux.

Le lendemain les chevaliers de l'ordre opinèrent tous au mesme lieu et heure l'un après l'autre; et d'une suite, sans aucunement haranguer, conclurent à ce qu'avoit proposé le cardinal. Ce fait, le roy et la royne sa mère remercièrent très-affectueusement un chascun de leur bon conseil, promettant de l'ensuyvre, et se conduire selon iceluy. Le cardinal dit qu'il feroit l'arrest et conclusion, pour le communiquer à toute l'assemblée, et le résoudre. Et aussi que sa majesté feroit esbaucher le surplus des afaires qui auroyent esté proposées ou commencées, pour les relever de peine, et pareillement en faire conclusion, y ayant toutesfois un arrest mental au cerveau du roy, pour faire descovrir l'impudence des fols.

Voilà en somme quelle fut la résolution de ceste assemblée, la pluralité des voix de laquelle estant enclinée de la part du cardinal, lettres du roy du dernier d'aoust furent expédiées à tous baillifs et séneschaux, contenant la bonne volonté qu'il avoit euë dès son advènement à la couronne, de pourvoir au fait de la religion et au soulagement de son peuple. Pour à quoy pourvoir il avoit fait assembler les princes de son sang, gens de son conseil privé, mareschaux de France, gouverneurs et chevaliers de son ordre, pour consulter des plus propres moyens, tant pour establir ce qui estoit convenable au service de Dieu, que pour relever le pauvre peuple des grands frais qu'il portoit et avoit portez. Lesquels après y avoir bien pensé, auroyent d'un commun accord proposé deux points. Le premier estoit la réformation de l'Eglise par un bon concile général, si tant estoit qu'il se peust obtenir, sinon par un national. Et l'autre, la convocation des trois ordres qu'on appelloit estats généraux, pour en pleine assemblée d'iceux, ouyr et examiner les plaintes de tous les affligez, et sans exception de personne donner tel remède que le mal le requerroit : les soulager entant que ses afaires le pourroyent porter, et y pourvoir de sorte que chascun peust cognoistre le zèle qu'il avoit de leur faire sentir les fruicts qu'ils attendoyent tant de la paix que de son naturel amour et bénévolence envers eux. Laquelle proposition luy avoit semblé non-seulement utile, mais aussi très-honneste, pour au commencement de son règne, recognoistre la grâce que Dieu luy faisoit de procurer que toute corruption fust desracinée de son Eglise. Et d'ailleurs reprendre l'ancienne forme de communiquer avec tous ceux de son obéissance, et leur faire cognoistre combien il désiroit les favoriser, et aussi confesser ce qu'ils faisoyent pour luy. Et d'autant que la convocation desdits estats luy avoit semblé devoir précéder celle des ecclésiastiques, tant pour estre universelle des trois ordres, et que les matières qui y seroyent proposées, pourroyent prendre briève résolution, que pour avoir plus de temps et loisir de procurer la célébration du concile général, selon l'espérance que le pape, l'empereur, le roy catholique et autres princes luy en avoyent donnée (en quoy il n'omettroit nul devoir), comme aussi pour ne plus différer à ouyr les plaintes de son peuple, ausquelles il désiroit promptement remédier : à ceste cause il leur signifioit l'assemblée générale desdits estats au 10 de décembre ensuyvant, en la ville de Meaux. Vouloit et entendoit que chascun en son bailliage et seneschaucée fist faire particulière assemblée des trois estats de leur ressort, pour s'accorder ensemble tant des rémonstrances, plaintes et doléances qu'ils auront à luy proposer et faire entendre, que pour eslire certains personnages d'entre eux, et pour le moins un de chascun estat, qui auroit la charge de proposer ce qui leur auroit semblé tourner au bien public, soulagement et repos d'un chascun. Et que cependant les gouverneurs et lieutenans des provinces visiteroyent respectivement leurs villes, pour entendre par le menu et luy rapporter les doléances du peuple, et adviseroyent de ce qui seroit utile d'estre ordonné pour le bien de leurs provinces. Leur faisant entendre le désir dudit seigneur pour les soulager à l'advenir, ainsi qu'il avoit jà commencé par la réduction des tailles en l'estat où elles estoyent en temps de paix.

Et au regard des évesques, prélats et membres de l'Église de son royaume, iceluy seigneur disoit les avoir exhortez de se retirer en leurs diocèses, et outre ceux qui seroyent députez pour aller devers luy, il les advertiroit se tenir prests et appareillez pour s'acheminer vers la ville de Paris, ou la part qu'il seroit, pour comparoir au vingtiesme de janvier au lieu qu'il leur feroit entendre : afin qu'estant là assemblez, et ouys tous ceux qui auroyent à remonstrer quelque chose concernant l'honneur de Dieu et la réformation de son Église, ils advisassent entre eux ce qui seroit digne d'estre remonstré audit concile général, où il y auroit apparence qu'il se tint bien tost. Et qu'attendant iceluy, ils retranchassent et réformassent ce que par intermission des conciles, négligence des prélats, ou autrement par corruption de temps leur sembleroit digne d'estre retranché ou réformé, comme chose répugnante à la doctrine de Dieu et des saints conciles de l'Église. Cependant il vouloit qu'ils eussent l'œil à ce que les esprits malins qui pourroyent estre composez des restes de la rebellion et tumulte d'Amboyse, et d'autres gens convoiteux de nouveautez et d'altération d'estat, fussent tellement descouverts et retenus selon la sévérité de ses édits, que par leurs machinations et sous quelque couleur qu'ils prinssent, ne corrompissent ceux qui les pourroyent escouter, attirant à leur faction les simples, par l'exemple de leur impunité, et sous la fiance de la clémence de laquelle il avoit cy-devant usé : ou autrement que par leur artifice ils n'altérassent la tranquilité de ses bons et loyaux sujets, lesquels devoyent attendre toutes bonnes choses de l'issue de si sainctes assemblées.

Ceux de Guise donc ayant rompu ce coup, et par ce moyen pourveu à tout ce que le roy de Navarre eust peu quereler et demander, ne voulurent plus dissimuler ce qu'ils savoyent de son entreprinse : et pour la prevenir de bonne heure, envoyèrent autres lettres du roy, du premier de septembre, aux baillifs et séneschaux, par lesquelles ils disoyent la mauvaise intention des séditieux d'Amboyse estre tellement empirée, qu'ils se préparoyent plus que jamais à faire les fols. A quoy voulant remédier, il avoit délibéré de départir par les provinces du royaume quelques grands seigneurs, accompagnez des gens de ses ordonnances, selon qu'il avoit jugé nécessaire, et suyvant l'estat qu'il leur envoyoit, voulant estre publié en chascun ressort que tous les hommes d'armes et archers desdites compagnies eussent à eux retirer dans le vingtiesme dudit moys, en armes et équipage requis à luy faire service, au lieu qui leur estoit ordonné, sur peine d'estre cassez des ordonnances et déclairez inhabiles de jamais y revenir, et qu'estant là ils eussent à obéir à ce qui leur seroit ordonné par les chefs dénommez par ledit estat chacun en son endroit. Le département estoit tel :

Le duc de Montpensier iroit, par le commandement du roy en son gouvernement de Tours, et auroit, outre sa compagnie, celles de Gonnor, de Vassay, et la bande des Escossois.

Le prince de la Roche-sur-Yon, allant en son gouvernement d'Orléans, auroit avec sa compagnie celles des ducs d'Orléans et d'Angoulesme, de la Trimouille, et vidame de Chartres.

Le duc de Nivernois, gouverneur de Champaigne et Brie, se retireroit à Troye avec sa compagnie et celle des princes de Condé, dom Francisque d'Est, la Roche du Maine et Beauvais.

Le mareschal de Montmorency demeureroit en son gouvernement de l'isle de France, avec la compagnie du connestable et la sienne.

Le mareschal Sainct-André, allant en son gouvernement de Lyonnois et Bourbonnois, demeureroit à Moulins, et auroit avec sa compagnie celle de Damville, Bourdillon, la Fayette, comte de Villars et Montluc.

Le mareschal de Brissac, en son gouvernement de Picardie, auroit avec sa compagnie celles de Senerpont, Morvilliers, Humières, de Chaulnes et Genly.

Le mareschal de Thermes iroit à Loches, et auroit avec sa compagnie celles du prince de Navarre, de Sansac, comte de la Rochefoucault, de Randan, de Charny, du Lude et de la Vauguyon.

Villebon, en la basse Normandie, auroit, outre sa compagnie, celles du marquis d'Elbœuf, d'Annebaut et de la Meilleraye.

Vieilleville, en la ville de Rouen, auroit les compagnies de l'admiral et d'Estrée.

Plusieurs personnes ayant veu ce département, jugèrent incontinent que ces compagnies avoyent esté entrelacées avec une merveilleuse dextérité. Car celles, desquelles on doutoit les capitaines favoriser aux princes, estoyent meslées avec tant d'autres, qu'on s'asseuroit qu'elles ne pourroyent jouer faux bond sans estre aussi tost descouvertes, et chargées à dos. Toutesfois ceux qui avoyent plus d'expérience de la guerre, disoyent que ceux de Guise n'eussent peu avoir pis fait, d'autant qu'au joindre il y eust eu plus de danger pour eux que de seureté. Voylà comme se manioyent les afaires, et l'ordre qu'ils donnèrent pour empescher que les princes ne peussent assembler leurs forces. Car les chefs ainsi départis avoyent le mot du guet, pour prendre ou tailler en pièces ceux qu'ils estimeroyent marcher au secours desdits seigneurs. Et quant au duc de Montpensier, il portoit telle inimitié à la religion, et avoit esté de telle sorte pratiqué par ceux de Guise, qu'il se bandoit du tout contre soy-mesme, sans pouvoir gouster la conséquence des entreprinses contraires. Ne leur restoit donc plus que ce seul point, ce leur sembloit, à savoir, de gaigner et pratiquer le populaire, duquel ils attendoyent tel secours, que ce seroit celuy qui les délivreroit de leurs ennemis, leur mettant les armes au poing pour exterminer les Huguenots. Pour quoy faire, et pour effacer l'opinion mauvaise qu'on avoit conceuë à cause des escrits et libelles diffamatoires publiez contre eux, mesmement ceste remonstrance aux princes, qui leur estoit de très-mauvaise digestion : il se présenta un jeune advocat (au refus de du Tillet et de son frère l'évesque) nommé Guillaume des Autels de Charrolois, qui fit une harangue au peuple françois autorisée d'un privilége du roy, à laquelle il fut aussi soudain respondu, de sorte que le cardinal mesme désadvoua ce que sous main il avoit fait faire, disant que le temps et ses actions luy feroyent assez tost raison de tous ses ennemis.

17 decembre   12

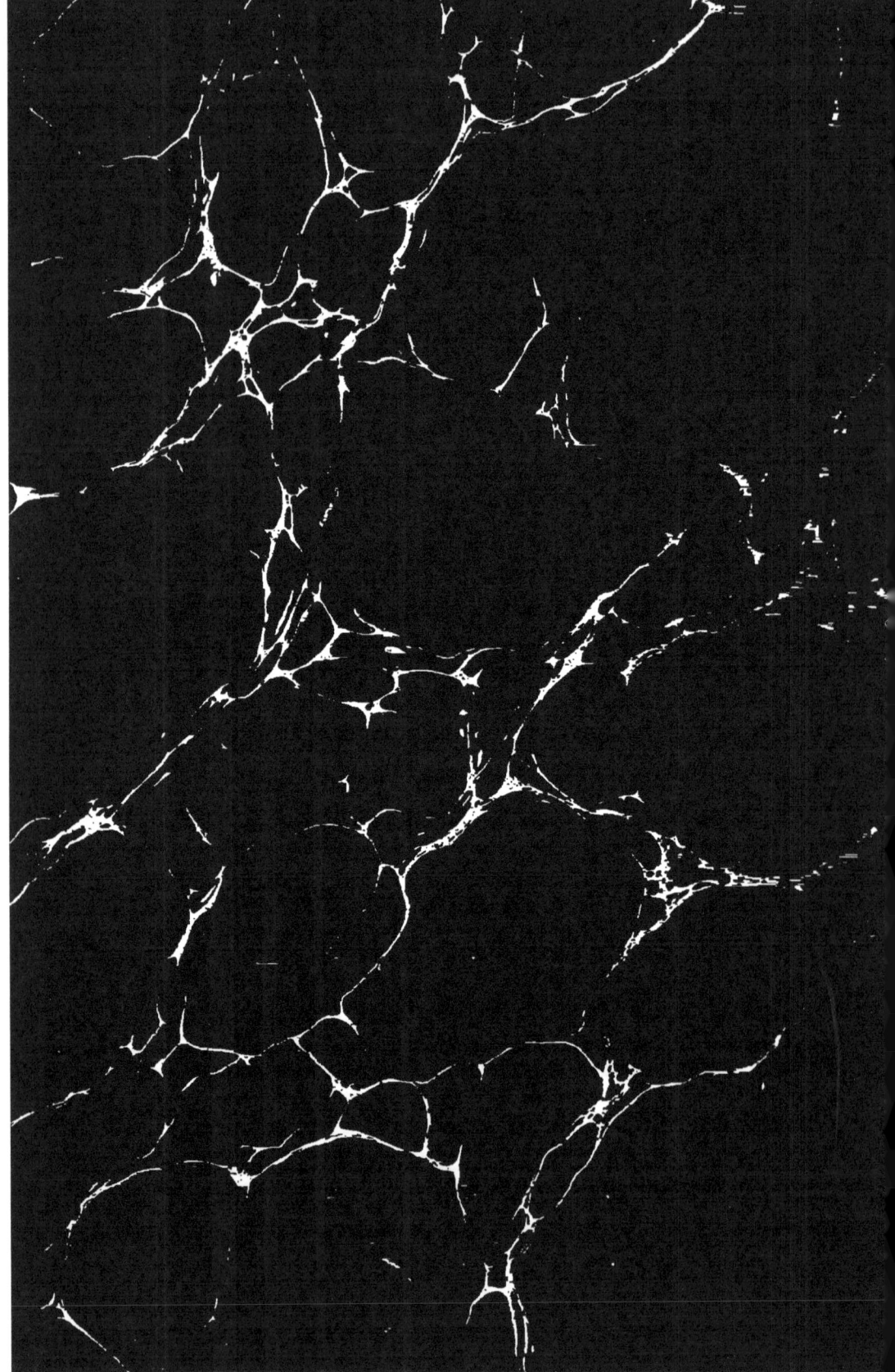